존 스미스 성 이그나티우스 데 로욜라 토머스 트러헌 장자 성 아우구스티누스 아난다 쿠마라스와미 성 거트루드 데이비스 흄 찰스 E. 레이븐 혜능 무문 석두 존 액턴 아이스킬로스 요하네스 타울러 성 대 그레고리오 성 토마스 아퀴나스 존 러스킨 존 밀턴 상가라 어거스틴 베이커 존 울먼 노자 료넨 바뤼흐 스피노자 아부 사이드 플루타르크 아상가 예수 마이스터 에크하르트 프랑수아 보르고잉 윌리엄 블레이크 N. 그루 토마스 아 켐피스 붓다 설두 성 필립 네리 성 이그나티우스 데 로욜라 붓다고사 한스 덩크 월터 힐턴 피터 스테리 비스툰의 바야지드 제노바의 성 카타리나 세바스티안 프랑크 아빌라의 성 테레사 폴 래딘 에밀 메이에르송 아빌라의 성 테레사 헨리 본 성 프란체스코 아난다 쿠마라스와미 장 피에르 드 코사드 황벽 다이오 성 채프먼 잘랄루딘 루미 보이티우스 존 에버라드 프랑수아 드 페늘롱 세바스티안 프랑크 플로티누스 윌리엄 펜 조지 폭스 마틴 부버 시에나의 성 카타리나 윌리엄 워즈워스 윌리엄 로 성 베르나르

영원의 철학

영원의 철학

1판 1쇄 발행 2014. 7. 14.
1판 10쇄 발행 2025. 4. 10.

지은이 올더스 헉슬리
옮긴이 조옥경

발행인 박강휘
편집 김동현 디자인 조명이
발행처 김영사
등록 1979년 5월 17일(제406-2003-036호)
주소 경기도 파주시 문발로 197(문발동) 우편번호 10881
전화 마케팅부 031)955-3100, 편집부 031)955-3200 | 팩스 031)955-3111

저작권자 © 올더스 헉슬리, 2014
이 책은 (주)한국저작권센터(KCC)를 통한 저작권자와의 독점계약으로 김영사에서 출간되었습니다.
저작권법에 의해 한국 내에서 보호를 받는 저작물이므로 무단전재와 복제를 금합니다.

값은 뒤표지에 있습니다.
ISBN 978-89-349-6862-7 03210

홈페이지 www.gimmyoung.com   블로그 blog.naver.com/gybook
인스타그램 instagram.com/gimmyoung   이메일 bestbook@gimmyoung.com

좋은 독자가 좋은 책을 만듭니다.
김영사는 독자 여러분의 의견에 항상 귀 기울이고 있습니다.

영원의 철학

The Perennial Philosophy

올더스 헉슬리 | 조옥경 옮김 | 오강남 해제

김영사

THE

PERENNIAL

PHILOSOPHY

일러두기

1. 이해를 돕기 위해 원서에 없던 주석을 모두 새로 덧붙였습니다.
2. 필요한 용어에는 원어를 함께 표기했습니다.
3. 외래어는 국립국어원 외래어 표기법을 원칙으로 했으며, 브라흐만Brahman 등 통용되는
   일부 표현은 알려진 표기를 그대로 살렸습니다.
4. 가톨릭과 프로테스탄트(개신교)를 함께 또는 구분 없이 지칭할 경우, 원문 그대로
   모두 '그리스도교'로 옮겼습니다.
5. 성경은 영문의 경우 저자가 인용한 킹제임스성경(KJV)을 기준으로 했고, 한글 성경은
   공동번역을 기준으로 하되 본문의 다른 표현과 의미가 통해야 할 경우 표현을 일부
   수정했습니다.
6. 'God'은 모두 '신神'으로 옮겼습니다.

'영원의 철학'으로 세계 종교의 심층을 보다

오강남(캐나다 리자이나 대학교 종교학 명예교수)

'올더스 헉슬리'라고 하면 한국 독자들에게는 무엇보다 《멋진 신세계》의 작가로 생각될 것이다. 그러나 비교종교학을 전공한 나는 그가 쓴 수많은 책 중에 단연 이 책 《영원의 철학》이 가장 중요한 저작이라 단언하고 싶다. 이 책 영어 원본은 40년 가까이 애장하며 필요할 때마다 참고하고 인용하는 책이다. 캐나다에서 가르치던 대학 상급반의 교과서로도 사용하고, 학생들에게 읽고 서평을 쓰라는 과제물로 주기도 했다. 이번에 이 책이 김영사를 통해서 한국어로 번역되어 나온 것은 그야말로 만시지탄이지만 기쁘기 그지없는 일이다.

이 책을 처음 접했을 때 받은 강한 인상을 잊을 수 없다. 그것은 세계 종교의 깊은 심층에 들어가서 발견하게 되는 '공통적 요소' 27가지를 일목요연하게 정리해주고, 그중 가장 중요한 것으로 "당신이 그것이다Tat tvam asi"라는 범아일여梵我一如, 신인神人 일치, 절대자와 나의 합일을 내세웠다는 사실 때문이다. 이것이 그동안 종교학을 공부하면서 계속 나를 이끌어 온 기본 원리 중 하나라고 할 수 있다. 불교·신유학·동학·수피·노장 등 모두가 '하나'를 강조하고 있음을 발견했기 때문이다.

다음 글은 그동안 이 책에서 가장 자주 인용한 구절 중 하나다.

> 백 년 전에는 산스크리트어·팔리어·중국어가 유럽에 거의 알려져 있지 않았다. 유럽 학자들의 무지가 그들의 편협주의를 충분히 설명해 주고 있다. 어느 정도 적절한 번역이 풍성해진 오늘날에는 그럴 이유가 전혀 없으며 변명의 여지 또한 없다. 그럼에도 불구하고 종교와 형이상학에 관해 집필하는 대부분의 유럽 및 미국의 저자들은 유대인, 그리스인, 지중해 연안 지역과 서구 유럽 사람들만이 이 주제에 관해 생각해 본 것처럼 쓰고 있다. 완전히 자의적이면서 고의적인 무지가 20세기에 와서야 이렇게 드러난 것은 어리석을 뿐만 아니라 불명예스럽기까지 하다. 게다가 사회적으로 위험하기까지 하다. 다른 형태의 제국주의와 마찬가지로 신학적 제국주의는 영원한 세계 평화에 위협이 되고 있다. (336쪽)

이 중에서 특히 '신학적 제국주의'라는 말이 하나의 충격으로 다가왔다. 내가 캐나다로 유학 가기 전 한국에서 대학을 다닐 때만 해도 철학이라 하면 당연히 서양 철학을, 종교라 하면 당연히 서양 종교를 중심으로 배웠고 또 그렇게 가르쳤다. 한국에 드리워 있던 철학적·종교적 제국주의를 의식하지 못한 셈이다. 동양 사상에 대한 서구 학자들의 무지를 꾸짖는 1945년의 글을 35년 이상이나 지난 1970년대에 접하면서 한국 학계의 현실을 생각하고 부끄러움을 금할 수 없었다. 지금은 얼마나 달라졌을까.

'영원의 철학philosophia perennis'은 여러 종교 전통 속에 보편적으로 감추어져 있는 '비전秘傳의 핵심esoteric core'이 있다는 사실을 전제로 하는 철학이다. '영원의 철학'이라는 말 자체를 쓰지는 않았지만 스위스 심리학자 카를 융, 미국의 종교 사상가 윌리엄 제임스와 랠프 월도 에머슨, 인도 사상가 라다크리슈난, 과학자 아인슈타인 등 수많은 사람들이 '영원의 철학'의 기본 취지를 받아들인 사람들이다. 독일 철학자 라이프니츠가 이전부터 내려오던 이 말을 널리 퍼트렸고, 최근에는 미국의 초인격transpersonal 심리학자 켄 윌버가 그의 저술에서 이 용어를 그대로 쓰면서 이를 자기 이론의 기본 원리로 삼고 있다. 이 사실에 대해서는 역자 후기에 상세히 논의되었기에 여기서 길게 논의하지 않는다.

그러나 한 가지 분명히 할 것이 있다. '영원의 철학'은 '철학'이라고 표현했지만 우리가 요즘 일반적으로 생각하는 그런 '철학'이 아니라, '영원'이라는 말이 암시하듯 인류 역사를 관통해서 종교적 인간이 이를 수 있는 가장 심오한 경지를 이야기한다는 사실이다. 《종교들의 초월적 일치The Transcendent Unity of Religions》라는 책을 쓴 스위스의 종교 사상가 프리초프 슈온은 더 구체적으로 '영원의 종교religio perennis'라는 말을 쓴다.

한 가지 더 분명히 해야 할 점이 있다. 이른바 '영원의 철학'을 강조하거나 동의하는 사람들perennialists은 상당수, 위에서 언급한 슈온의 경우처럼, 여러 종교 전통 속에서 발견되는 핵심은 모두 '동일'하다거나 '일치'한다고 주장한다는 사실이다. 쉽게 말해 모든 종교가 그 깊이에서는 결국 같다는 생각이다. 같으냐 다르냐 하는 문제는 그리 간단하게 대답할 문제가 아니다. 각 종교에서 발견되는 기본 요소들이 '같다'고 말하기보다 '서로 통한다'고 하는 편이 안전하다. 나는 이렇게 여러 종교 전통 중 서로 통하는 요소를 총체적으로 '심층 종교'라 부르고 있다.

최근 우리 사회에서 종교가 순기능보다 역기능의 역할을 한다고 비난받고 있다. 종교가 사회를 걱정해야 하는 것이 정상인데 지금은 사회가 종교를 걱정하는 형국이다. 종교들 사이에 소통과 협력보다 배타적 태도와 대결이 일반적이다. 많은 젊은이들과 지식인들이 종교를 떠나고 있다. 종교의 바탕에 동서를 꿰뚫는 심층이 있다는 사실을 알지 못하고 우리 주위에서 흔히 볼 수 있는 표층만이 종교의 전부라고 알고 실망하기 때문이다. 현대 종교인들이 진정으로 원하는 것은, 문자 그대로 받아들일 경우 맹신·광신·미신으로 떨어질 수밖에 없는 종교의 표층이 아니라 우리에게 우리가 누구인가를 '깨닫도록' 해주고 이로 인해 '변화'를 얻어 참된 '자유'를 누리도록 해주는 심층 차원의 종교다.

20세기 가톨릭 최대의 신학자 카를 라너Karl Rahner는 21세기에 들어가면 그리스도교가 심층적으로 심화되지 않을 경우 아무 것도 아닌 것이 되고 말 것이라는 취지의 말을 했다. 이제 더욱 많은 사람들이 종교의 표층에 고착된 상태에서 벗어나, 우리를 시원하게 해주고 우리의 삶을 의미 있게 해주는 종교의 심층에 접할 수 있게 되길 바란다. 이 일이 가능하게 도와주는 책 중 하나가 바로 올더스 헉슬리의《영원의 철학》이라 할 수 있다.

미국 인터넷 서점 아마존닷컴에 올라온 수많은 독자 서평 중 하나는 이 책을 두고 "올바른 사유와 삶을 위해 없어서는 안 될 매뉴얼"이라 했다. 한국 독자 중에도 이 말에 동감하는 이들이 많을 것이라 믿는다.

'영원의 철학Philosophia perennis'은 라이프니츠[1]가 최초로 사용한 용어이다. 이것은 사물·생명·마음의 세계에 본질적인 '신성한 실재 divine Reality'가 있음을 인정하는 형이상학이자, 인간의 영혼에서 '신성한 실재와 유사하거나 동일한 무언가'를 발견하는 심리학이며, '모든 존재의 내재적이면서 초월적인 바탕Ground에 대한 앎'을 인간의 최종 목표로 두는 윤리학으로, 아득한 옛날부터 전해져온 보편적인 개념이다. 모든 원시민족의 전통 구전설화에서 영원의 철학의 기초를 발견할 수 있으며, 모든 고등종교에서 완전하게 발달된 형태를 찾을 수 있다. 모든 신학에 담긴 이러한 '최고의 공통요소Highest Common Factor'의 한 형태가 적어도 2,500년 전 최초로 기록되었다. 그 후에도 이 무궁무진한 주제는 모든 종교적 전통의 입장에서, 아시아

---

1 고트프리트 빌헬름 라이프니츠Gottfried Wilhelm Leibniz (1646~1716): 근대 독일의 수학자이며 철학자. 뉴턴과 별개로 무한소 미적분을 창시. 독일 근세 철학의 원조.

와 유럽의 모든 주요 언어를 통해 되풀이해서 다루어졌다. 본문에서는 이런 저술들로부터 많은 구절을 골라 제시했는데, 문장 그 자체가 지닌 본질적인 아름다움이나 기억할 만한 점 외에도 중요성까지 고려하여 선택하였다. 왜냐하면 그런 구절들은 영원의 철학의 전반적인 체계 속에서 어떤 특별한 면을 효과적으로 보여주기 때문이다. 선택된 글들은 다양한 제목들 아래 배치되고 나의 해설 속에도 언급되는데, 해당 주제를 분명히 보여주고 연결·발전시키며 필요하다면 더 자세히 설명하기 위함이다.

'앎knowledge' 이란 존재의 한 기능이다. 아는 자에게 변화가 생기면 앎의 질과 그 양에 있어서도 그에 상응하는 변화가 일어난다. 예를 들어 어린아이는 성장과 교육을 통해 한 인간으로 변모하는데, 이러한 과정에서 앎의 방식이나 알게 되는 대상의 양과 성격에 있어서도 혁명적인 변화가 일어난다. 한 사람이 성장함에 따라 그의 지식은 형식면에서 더욱 개념화·체계화 되며, 사실적이고 실용적인 내용이 엄청나게 증가한다. 하지만 직접적인 이해력의 질적 저하나 직관력의 둔화 및 감소에 의해 지식의 증가는 상쇄된다. 도구를 사용하는 과학자에게 발생하는 존재적 변화를 생각해보자. 분광기와 60인치 반사망원경으로 무장한 천문학자는 시력에 관한 한 초인적인 존재가 된다. 당연한 얘기지만, 이런 존재가 가지는 지식은 맨눈으로 별을 보는 사람이 얻을 수 있는 지식과는 양적으로나 질적으로 매우 다르다.

아는 자의 생리적 또는 지적인 변화가 그의 앎에 영향을 주는 유일한 요소는 아니다. 우리의 앎은 도덕적 존재로서의 우리가 스스로를 완성시키기 위해 무엇을 선택하는가 하는 것에도 달려있다. 윌리엄 제임스[2]의 표현을 빌리면, "연습Practice이 우리의 이론적 지평을 변화시킬 것이다. 이것은 두 가지 방식, 즉 새로운 세계로 이끌고 새로운 힘을 확보하는 방식으로 일어난다. 우리가 현재 모습으로 남는다면 앎에 결코 도달할 수 없을 것이다. 우리가 도덕적으로 성취할 수 있는 차원 높은 힘과 삶의 결과로 앎에 도달할 수 있을 것이다." 더 간결한 표현도 있다. "마음이 깨끗한 사람은 행복하다. 그들은 신을 뵙게 될 것이다(마태복음 5:8)." 이슬람교 신비주의 시인 잘랄루딘 루미[3]는 동일한 생각을 과학적인 은유를 사용해 표현했다. "신의 신비를 측정하는 천문기계는 사랑이다."

거듭 말하지만 이 책은 영원의 철학 선집anthology이다. 그런데 선집임에도 불구하고 전문적인 문필가의 글은 거의 싣지 않았고, 철학을 언급하면서도 직업적인 철학자의 글은 거의 다루지 않았다. 이유는 아주 간단하다. 영원의 철학은 주로 사물·생명·마음으로 구성된 다원적 세계의 근본이 되는, 일원적인 신성한 실재와 연관되어 있다. 그런데 이 유일한 실재는 특별한 조건을 만족시키는 선택된 사람, 스스로를 사랑스럽게 만들고 가슴이 순수하면서 마음이 가난한 사람 이외에는 직접적이고 즉각적으로 파악할 수 없다는 특징이 있다. 왜 그런지는 알 수 없다. 우리가 좋아하든 싫어하든, 수용하기 어렵더라도 이것은 받아들여야 할 사실이다. 물이 수소와 산소로 구성되어 있

---

2 윌리엄 제임스William James (1842~1910): 미국의 심리학자·철학자. 기능주의적 경향의 심리학·실용주의의 창시자.
3 잘랄루딘 루미Jalāl ad-Dīn Muhammad Rūmī (1207~1273): 13세기 페르시아의 시인·법학자·신학자·신비주의자. 아프가니스탄 발흐에서 출생한 페르시아 문학의 신비주의를 대표하는 시인.

다는 사실은 일상의 경험을 통해서는 도저히 알아낼 수가 없다. 그렇지만 물에 극단적인 처리를 가하면 그 구성 요소들의 성질이 드러난다. 마찬가지로 일상의 경험을 통해서는 감각에 매여 있는 보통 사람의 마음이 다양한 세계의 근본을 이루는 실재Reality와 유사하거나 이와 동일한 무언가를 지니고 있다는 사실은 추정하기 어렵다. 그러나 마음에 매우 극단적인 처리를 가하면, 적어도 마음의 일부를 구성하는 신성한 요소가 마음 자체에뿐 아니라 외부로 드러나는 행동에도 반영되어 다른 마음에게 그 모습을 드러낸다. 물질의 본질적인 특성과 잠재력이 물리적인 실험을 통해 밝혀지듯, 마음의 본질적인 특성과 잠재력은 심리적이고 윤리적인 실험을 통해서만 발견 가능하다. 이런 잠재력들은 감각에 매인 평범한 삶에서는 좀처럼 드러나지 않는다. 이것을 깨달으려면 특정한 조건을 충족시키고 어떤 규칙을 따라야 하는데, 이것은 경험을 통해 그 타당성이 입증되었다.

전문적인 철학자와 문필가들이 '직접적인 영적 앎'이라는 필요조건을 충족시키고 있음을 보여주는 증거는 거의 없다. 시인이나 형이상학자들이 영원의 철학이라는 주제를 다룰 때는 간접적으로 전해들은 것이 대부분이다. 그러나 어느 시대에서든 직접적인 영적 앎을 얻고자 하는 사람들이 얼마간 존재해왔으며, 실제로 그런 앎을 얻을 수 있었다. 이들 중 몇몇은 그런 식으로 포착할 수 있었던 '실재'에 대한 설명을 기록으로 남겼고, 하나의 포괄적인 사상 체계 속에서 이런 경험적 사실들을 그들의 다른 경험들과 연관시키려고 노력하였다. 이렇게 영원의 철학을 직접 체험하고 주장한 사람들에게는 보통 '성인' '예언자' '현자' 혹은 '깨달은 자'라는 호칭이 붙었다. 내가 선택한 사람들은 전문적인 철학자나 학자들이 아니라 주로 이런 사람들 인데, 그들은 자신들이 말하는 바를 알고 있다고 가정할 만한 충분한 근거가 있기 때문이다.

인도에서는 경전을 두 가지 종류로 나눈다. 슈루티Shruti는 영감을 받아 작성된 것인데 그 자체로 권위가 있다. 왜냐하면 궁극적인 실재 를 직접 통찰하여 쓰였기 때문이다. 다른 하나인 스므리티Smriti는 슈 루티에 근거하고 있으며, 거기에서 권위가 비롯된다. 샹카라[4]의 표현 을 빌리면, "슈루티는 직접적인 인식에 의존한다. 스므리티는 부분적 으로 귀납법과 유사한데, 귀납법과 마찬가지로 자신의 권위를 다른 것의 권위로부터 끌어오기 때문이다."

이 책은 여러 시대와 장소의 슈루티와 스므리티에서 뽑아낸 구절 들에 해설을 덧붙인 선집이라 할 수 있다. 전통적으로 신성시되는 저 술들은 익숙하기 때문에 불행히도 그 가치가 온전히 받아들여지지 않는 경향이 있다. 성스러운 말씀의 의미에 대해 일종의 경건한 무감 각, 정신적 마비, 내적인 귀머거리가 되어버리는 것이다. 이런 이유 로 서구에서 표현된 영원의 철학의 원리를 분명히 보여주는 자료를 선정할 때는 언제나 성경 이외의 자료를 찾으려고 애썼다. 이런 그리 스도교 스므리티는 고전서적의 슈루티에 근거하고 있지만 잘 알려져 있지 않아서 더 생생하며 알아듣기 쉽다는 커다란 이점이 있다. 게다 가 이 스므리티 중 상당수는 자신이 무엇을 말하고 있는지를 명확히

---

4 샹카라Adi Shankara (788~820): 인도 불이일원론 베단타Advaita Vedanta의 교리를 통합한 힌두교 철학자.

아는, 진실로 성인 같은 이들의 작품이다. 이것은 영감을 받아 생겨났으며 스스로 타당성을 지닌 슈루티의 형태로 간주할 수 있다. 그리고 이것은 현재 성경 정전[5]에 포함되어 있는 수많은 저서들보다 훨씬 수준이 높다.

최근 경험신학[6]의 체계를 구축하기 위한 많은 시도가 이루어지고 있다. 그러나 솔리Sorley, 오만Oman, 테넌트Tennant와 같은 저자들의 섬세함과 지적 능력에도 불구하고 그 노력은 부분적인 성공만 거두었다. 가장 유능한 사상가조차도 경험신학에 특별한 설득력을 부여하지 못한 것이다. 그 이유는 경험신학자들이 '거듭나지 않은 자the unregenerate'라 불리는 낡은 학파의 신학자들, 즉 영적 지식의 필요조건을 충분히 갖추고 있지 않은 사람들의 경험에만 주의를 두었기 때문이다. 그러나 사랑스럽고 순수하며 마음이 가난한 사람들 외에는 궁극적인 실재를 분명하고도 직접적으로 파악할 수 없다는 것은 2~3천 년에 걸친 종교 역사에서 거듭 확인된 사실이다.

사정이 이러하기에, 성품은 좋지만 평범하면서 종교적으로 거듭나지 않은 자들의 경험을 바탕으로 한 신학이 그다지 설득력이 없다는 점은 놀랍지 않다. 이런 종류의 경험신학은 맨눈으로 관찰하는 사람의 경험에 근거한 천문학과 동일한 기반을 갖고 있는 것이다. 도구 없이 맨눈으로 오리온성좌에서 작고 희미한 얼룩을 발견한 다

---

5 성경 정전Biblical canon: 특정 종교단체가 권위 있는 경전으로 간주하는 책들의 목록.
6 경험신학empirical theology: 휴머니즘과 무신론의 도전에 대해 인간의 체험과 과학적 지식을 근거로 맞서는 신학.

음, 이 관찰에 근거해서 당당한 우주이론을 전개할 수는 있을 것이다. 그러나 그런 이론은 아무리 정교해도 훌륭한 망원경과 사진기, 분광기 같은 도구를 사용하는 것만큼 은하계성운과 외부성운에 대해 많은 것을 알려줄 수 없다.

마찬가지로, 거듭나지 않은 평범한 경험을 통해 다양한 세계를 희미하게 엿본 것만으로 만들어진 이론들은 초연함·명료함·겸손의 상태에 있는 마음에 의해서만 직접 파악될 수 있는 신성한 실재에 대해 아무것도 말해줄 수 없다. 자연과학은 경험적이지만, 스스로 변화를 거치지 않은 미약한 인간의 경험에 한정되지 않는다. 경험신학자들이 이런 약점에 대해 왜 굴복할 수밖에 없다고 느끼는지는 신만이 알고 계시리라. 물론 그들이 지나치게 인간적인 한계에 실증적 경험을 한정시키는 한, 그들이 기울인 최선의 노력이 영원히 무의미해지는 운명을 피할 수 없다. 그들이 선택한 자료를 가지고는 아무리 탁월한 재능을 지닌 마음일지라도 일련의 가능성, 혹은 기껏해야 그럴듯한 확률밖에 추론할 수 없다. 스스로 타당한 직접자각의 확실성은 본질적으로 '신의 신비를 측정하는 도구'라는 덕성을 갖춘 사람만이 달성할 수 있다. 스스로 현인이나 성인이 아니라면, 형이상학에서 할 수 있는 최선의 길은 이런 사람들과 그들의 작품을 연구하는 것이다. 그들은 자신들의 인간적인 존재양식을 변화시켰기 때문에, 한낱 인간적인 앎의 질과 양을 뛰어넘는 것이 가능했다.

1
그대가 그것이다
That Art Thou

　영원의 철학은 세 가지 방식으로 접근할 수 있다. 실천과 도덕성이라는 밑바닥에서 시작하거나, 형이상학적 진리를 고려하며 꼭대기에서 시작하거나, 마음과 물질, 행동과 생각이 인간의 심리학에서 만나는 장소에 초점을 두는 중간에서 연구를 시작하는 것이다.

　낮은 문은 고타마 붓다처럼 철저하게 현실적인 스승들이 선호하는 방법으로, 이들은 사변을 이용하지 않고 인간의 가슴에서 탐욕·분노·미혹과 같은 끔찍한 불을 끄는 데 주로 관심이 있다. 높은 문을 통과하는 사람들은 생각하고 분석하는 것이 천직인 타고난 철학자와 신학자들이다. 중간 문은 이른바 '영적 종교'의 옹호자들에게 입구를 제공한다. 인도의 헌신적인 명상가들, 이슬람의 수피들, 중세 후기의 가톨릭 신비주의자들, 그리고 프로테스탄트 전통에서는 뎅크[7], 프랑크[8], 카스텔리오[9], 에버라드[10], 존 스미스[11] 및 초기 퀘이커교도들과 윌리엄 로[12] 같은 이들이다.

이 책의 주제로 들어가는 문은 중간 문인데, 이 문이 중심에 있기 때문이다. 영원의 철학의 심리학은 형이상학을 그 근본으로 삼고 있으며, 논리적으로는 특징적인 삶의 방식과 윤리체계의 문제들을 담고 있다. 이 중간 지점의 교리에서 출발해야 마음이 양방향으로 움직이기 쉽다.

이 장에서는 이런 전통적인 심리학의 유일한 양상, 가장 중요할 뿐 아니라 영원의 철학 옹호자들이 가장 강조하면서 주장한, 가장 덜 심리학적이라고 덧붙일 수 있는 양상에만 우리의 주의를 국한시킬 것이다. 왜냐하면 이 장에서 보여주는 교리는 심리학보다는 자기학autology, 즉 개인 에고가 아닌 개별화된 특정 자아들의 심연에 존재하는 신성한 근본바탕Ground과 동일하거나 적어도 유사한 영원한 참자아Self에 관한 과학에 속하기 때문이다. 그런 앎에 필요한 조건을 충족시킨 사람들의 직접적인 경험에 근거해볼 때, 이런 가르침은 "tat tvam asi(그대가 그것이다)"라는 산스크리트 문구로 가장 간단하게 표현된다. 아트만Atman, 혹은 내재하는 영원한 참자아는 브라흐만

---

7 한스 뎅크Hans Denck(Denk) (1495~1527): 종교개혁기에 재세례파의 지도자 중 하나였던 독일의 신학자. 성경을 넘어서는 인간 내면의 빛을 강조.

8 세바스티안 프랑크Sebastian Franck (1499~1542?): 16세기 독일의 신비주의자·인본주의자·급진적 개혁가.

9 세바스찬 카스텔리오Sebastian Castellio (1515~1563): 칼뱅의 탄압에 반대하여 종교적 관용, 양심과 사상의 자유를 지지한 프랑스 목회자·신학자·인문주의자. 초기 종교개혁자 중 한 사람으로 스위스로 망명하여 제네바에서 종교 및 정치적 개혁을 일으킴.

10 존 에버라드John Everard (1584?~1641): 영국 전도사이자 연금술사이며 서양의 밀교전통에 영향을 준 헤르메스주의의 사상가이자 신플라톤주의자.

11 존 스미스John Smith (1554?~1612): 영국 청교도 운동의 일파인 침례교 설립자.

12 윌리엄 로William Law (1686~1761): 영국 국교회(성공회) 성직자였으나 조지 1세에 대한 충성의 맹세를 거부하여 지위를 잃고 기도와 명상, 저술에 전념함.

Brahman, 즉 모든 존재의 절대 원리와 하나이다. 모든 인간의 최종 목표는 그 사실을 스스로 발견하고 자신이 실제 누구인가를 발견하는 일이다.

신께서 만물에 깃들수록 그 바깥에 계시도다.
내부에 계실수록 더욱 외부에 계시네.

에크하르트¹³

초월자이면서 완벽히 타자여야만 거주하는 곳에 따라 변화되지 않고 내재할 수 있다. 영원의 철학은 영혼 속에서뿐만이 아니라 바깥세상에서도, 그리고 세상과 영혼을 넘어선 초월적인 딴 세상인 '천국heaven'에서도, 만물의 영적인 근본바탕을 아는 것이 바람직하고 실로 필요한 일이라고 가르친다.

신께서는 모든 곳에 계시지만, 그대 영혼의 가장 깊고 가장 중심적인 곳에만 존재하신다. 타고난 감각으로는 신을 포착하거나 그대를 신과 하나 되도록 하지 못한다. 이해·의지·기억이라는 내적 능력은 신을 향해 손을 뻗지만, 그대 안에서 신의 거주처가 될 수는 없다. 그러나 이

13 마이스터 에크하르트Meister Eckhart (1260~1328): 독일의 대표적인 그리스도교 신비주의 사상가. 가톨릭 도미니크 수도회 출신의 철학자·신학자·설교가. 신God과 신성Godhead을 구분하고, 절대적 실재로서의 신성 그 자체는 인식과 표현이 불가능하며 인간 속 '영혼의 불꽃Funken der Seele'을 통해 신성으로서의 신과 합일할 것을 강조함. 이를 위해 자신을 무Nichts로 돌리고 신이라는 개념도 버려야 한다고 가르치는 등 범재신론적 경향으로 교회로부터 비난받음. 형이상학적 개념들을 라틴어 외에 독일어로도 서술하여 후대의 종교·철학·사상 뿐 아니라 독일어 자체에까지도 널리 영향을 끼침.

모든 능력들이 나오는 그대의 뿌리, 심연depth이 존재한다. 마치 중심에서 뻗어나온 선들처럼, 나무기둥에서 뻗어나오는 가지처럼, 이 심연을 영혼의 중심, 근원 또는 밑바탕이라고 한다. 이 심연이 그대 영혼의 단일성unity이자 내가 거의 무한이라고 말했던 영원성이다. 왜냐하면 그것은 너무 무한해서 신의 무한성만이 그것을 충족시키거나 거기에 휴식을 줄 수 있기 때문이다.

윌리엄 로

이 인용문은 앞에서 언급한 내용과는 모순되는 것 같지만 이는 실제상의 모순이 아니다. 내면의 신과 외부의 신, 이 두 개의 추상적 개념을 이해할 수도 있고 언어로 표현할 수도 있다. 그러나 '영혼의 가장 깊은 중심 부분'이 아니고서는 이 개념이 지시하는 사실을 깨닫거나 경험할 수 없다. 외부의 신은 다름 아닌 내면의 신이다. 비록 두 추상개념을 동일한 장소에서 깨닫는다고 하더라도, 내면에서 신을 깨닫는 것의 본질적 속성은 외부에서 신을 깨닫는 것과는 질적으로 다르며, 이들 각각은 내면이면서 동시에 외부인 것, 지각하는 자의 참자아인 동시에 (《바가바드기타》의 표현을 빌면) '이 모든 세계에 충만한 것'으로서의 근본바탕을 깨닫는 것과는 다르다.

스웨타케투Svetaketu가 12살이 되었을 때 스승에게 보내져서 24살이 될 때까지 그와 함께 공부하였다. 모든 베다Veda를 배운 뒤, 그는 아주 비판적이고 완벽하게 잘 교육받았다고 믿고는 자만심에 가득 차서 집으로 돌아왔다.

아버지가 그에게 말했다. "스웨타케투, 내 아들아, 학식을 많이 쌓고 비판력이 뛰어난 너는 들을 수 없는 것을 듣고, 지각할 수 없는 것을 지각하며, 알려지지 않는 것을 아는 그런 지식을 청해보았느냐?"

"무엇이 그런 지식입니까?" 스웨타케투는 물었다.

아버지는 대답했다. "진흙 한 덩이를 앎으로써 진흙으로 만들어진 모든 것을 알게 되는 것처럼, 그 차이란 이름에 불과하다. 하지만 그 모두가 진흙이라는 사실이 바로 그런 지식이란다. 우리가 모두 알고 있는 지식이지."

"그러나 존경하는 제 스승님들께서는 그 지식을 모르셨습니다. 알고 계셨다면 제게 전수해주셨을 것이니까요. 그러니 아버지께서 그 지식을 제게 전해주십시오."

"그러마."라고 아버지가 대답했다. 그러고는

"보리수나무 열매를 하나 가져오너라."라고 말하였다.

"여기 있습니다, 아버지."

"쪼개보거라."

"쪼갰습니다."

"거기 무엇이 보이느냐?"

"씨가 보이는데, 아주 작습니다."

"씨 한 개를 쪼개보거라."

"쪼갰습니다."

"무엇이 보이느냐?" "아무것도 안 보입니다."

"아들아, 거기 그 정수라 할 수 있는 곳에서, 네가 인식할 수 없는 미묘한 본질이 거대한 보리수나무를 세우고 있다. 미묘한 본질인 그곳에, 존재하는 모든 것이 자체의 본성self을 가진다. 그것은 진리요, 참자아Self이며, 스웨타케투야, 네가 바로 그것이니라."라고 아버지가 대답했다.

아들이 말했다. "아버지, 제발 더 이야기해주세요."

"그렇다면 좋다." 아버지가 대답했다. "나의 아들아, 이 소금을 물에 넣고 내일 아침 내게로 오너라."

아들은 아버지가 시키는 대로 했다.

다음 날 아침 아버지가 말씀하시길, "물속에 넣은 소금을 가져오너라."

아들은 소금을 찾아보았지만 찾을 수 없었다. 소금이 물에 녹아버린 것이다.

아버지는 말했다. "표면에 있는 물을 약간 찍어 맛보거라. 어떠냐?"

"짭니다."

"중간의 물을 맛보거라. 어떠냐?"

"짭니다."

"바닥의 것을 맛보거라. 어떠냐?"

"짭니다."

"물을 버리고 내게로 다시 오거라."

아들은 아버지가 시키는 대로 했지만 소금은 사라지지 않았다. 소금의 본질은 영원히 존재하기 때문이다.

그러자 아버지가 말하였다.

"아들아, 소금물 속의 소금과 마찬가지로, 네가 진리를 인식하지 못한다 해도 그것은 실제로 거기 있단다. 감지하기 어려운 본질인 그곳에, 존재하는 모든 것이 자체의 본성을 가진다. 그것은 진리요, 참자아이며, 스웨타케투야, 네가 바로 그것이니라."

《찬도기야 우파니샤드》[14] 중에서

'그대'인 '그것'을 알고 싶어 하는 사람은 다음의 세 가지 방법 중 어느 한 가지를 실행할 수 있다. 첫 번째는 개별적 '그대'라는 자신의 내면을 들여다보는 것에서 시작하여, 이성·의지·감정의 자아에서 '자아에 대해 죽는' 과정을 거쳐 마침내 내면의 참자아Self에 대한 앎에 도달하는 방법이다. 다음으로, 자신의 외부에 존재하는 '그대들'에서 시작하여 신과의 본질적인 합일, 그리고 신을 통한 그들 서로의 합일과 자기 존재와의 합일을 달성하려고 노력하는 방법이 있다. 세 번째 가장 좋은 방법은 내면과 외부 양쪽에서 궁극의 '그것'에 접근하는 것인데, 그럼으로써 그 자신의 '그대'와 모든 다른 '그대들(생물이든 무생물이든)'의 본질로서의 신을 경험적으로 깨닫게 된다. 로Law에 의하면, 완전히 깨어난 존재는 신이 '자기 영혼의 가장 깊고 가장 중심적인 곳에 존재한다'는 사실을 알고 있다. 그러나 동시에 플로티누스[15]의 말을 빌리면 그는 다음과 같은 사람 중 하나다.

모든 사물을 '되어가는becoming 과정'이 아닌 '존재Being'로 보고, 타인 속에서 스스로를 본다. 각각의 존재는 그 속에 온전히 실재하는 세계Intelligible world(예지계叡智界)를 담고 있다. 그러므로 모두All는 모든 곳에 있다. 각각은 모두에 있고, 모두는 각각이다. 지금 그대로의 인간은 그 모두가 아니다. 그러나 그가 개체이기를 그만둘 때, 그는 스스로

---

14 찬도기야 우파니샤드Chandogya Upanishad: 아트만과 세상의 근원에 대한 탐구를 다룬 가장 대표적인 우파니샤드 중 하나. 《우파니샤드Upanishad》는 기원전 800년경부터 기원전 300년경 사이에 인도 문화권에서 형성되었으며, 베다의 뒤를 이어 힌두교의 이론적·사상적 토대를 이루는 형이상학적 문헌들의 모음.

15 플로티누스Plotinus (205?~270): 신플라톤주의Neoplatonism를 체계화한 로마의 철학자. 서양의 신비주의, 특히 그리스도교 신비주의에 많은 영향을 끼침.

를 다시 일으켜세워 세상 전체를 관통한다.

단일성에 대한 다소 모호한 통찰로부터 철학이 그 근원으로 삼고 있는 모든 다양성의 근원과 원리가 나온다. 철학뿐 아니라 자연과학도 마찬가지다. 메이에르송[16]의 표현대로 모든 과학은 다양성을 동일성으로 환원시킨다. 다자多者 내부와 다자 너머의 일자一者를 꿰뚫어보면서, 우리는 다양성을 단일한 원리로 설명할 수 있는 내재된 가능성을 발견한다.

《우파니샤드》의 철학이 발전하고 풍부해져서《바가바드기타》의 형태로 재출현하였으며, 9세기에 마침내 샹카라에 의해 체계화되었다. 영원의 철학을 진정으로 옹호하는 모든 사람들과 마찬가지로, 이론적이면서 동시에 실천적인 샹카라의 가르침은 시로 표현된 그의 논문《지혜의 최고 보석Viveka-Chudamani》[17]에 요약되어 있다. 다음의 글은 짧고 쉽게 써진 이 작품에서 발췌한 것들이다.

아트만은 우주에 충만해있지만 어떤 것도 거기에 침투하지 못한다. 만물을 빛나게 하지만, 만물은 그것을 빛나게 할 수 없다…

실재Reality의 본질은 분명한 영적 지각을 통해서 알려져야 한다. 학

---

16 에밀 메이에르송Émile Meyerson (1859~1933): 폴란드 태생 프랑스의 인식론자·화학자·과학철학자.

17 지혜의 최고 보석Viveka-Chudamani (또는 Crest Jewel of Discrimination, 분별정보分別頂寶): 8~9세기경 샹카라에 의해 저술된 것으로 여겨지는 산스크리트 운문. 불이일원론不二一元論 베단타Advaita Vedanta 철학을 자세히 설명하고 있으며, 영적인 삶에서 분별능력Viveka의 계발이 가장 중요함을 역설하여 이를 해탈Moksha의 본질적 요소 중에서도 가장 보배로운 것이라고 묘사함.

식 높은 사람pandit을 통해서는 알 수 없다. 마찬가지로 달의 형상은 자신의 눈을 통해서만 알 수 있다. 다른 이의 눈을 통해서 어떻게 달을 알 수 있단 말인가?

아트만 이외에 누가 무지·격정·자기중심적 행동의 속박을 제거할 수 있겠는가?

개별적 영과 보편적인 근본 영Spirit이 동일함을 지각하지 않고서는 자유를 성취할 수 없다. 요가(신체적 훈련)나 상키아Sankhya(사변적 철학), 종교의식의 실행, 단순한 배움을 통해서는 자유를 성취할 수 없다…

질병은 약의 이름을 외워서 치료되는 것이 아니라 약을 먹어야 치료된다. '브라흐만'이라는 말을 반복한다고 해방이 성취되는 것이 아니라 브라흐만을 직접 경험해야 한다…

아트만은 개별 마음과 그 작용의 주시자다. 그것은 절대적인 앎이다…

브라흐만과 아트만의 본질은 순수한 의식이며, 이 둘이 완전히 동일하다는 사실을 아는 자, 그가 현명한 자다. 수백 권의 신성한 경전들은 브라흐만과 아트만이 동일하다는 것을 확인시켜주고 있다…

브라흐만 속에는 카스트 계급, 종교적인 신념, 가족, 혈통 같은 것들은 존재하지 않는다. 브라흐만은 이름도 형상도 아니다. 미덕과 부덕을 초월하며 시간·공간·감각경험의 대상을 초월해있다. 그런 것이 브라흐만이며 "그대가 그것이다." 그대 의식 안에서 이 진리에 대해 명상하라.

그럼에도 불구하고 표현할 수 있는 언어의 힘을 넘어선 지고의 브라흐만을 순수한 광명의 눈으로 포착할 수 있다. 브라흐만은 순수하고, 절대적이며, 영원한 실재이다. "그대가 그것이다." 그대 의식 안에서 이 진리에 대해 명상하라…

브라흐만은 일자One이지만 다자the many의 원인이 된다. 그 이외에는 어떤 원인도 존재하지 않는다. 그러나 브라흐만은 인과법칙과는 독립되어 있다. 그런 것이 브라흐만이며, "그대가 그것이다." 그대 의식 안에서 이 진리에 대해 명상하라…

브라흐만의 진리를 지성적으로 이해할 수 있을지도 모른다. 그러나 (그렇게 이해하고 있는 사람들조차도) 개인적 분리를 향한 욕망은 뿌리 깊고 강력하다. 왜냐하면 그런 욕망은 시작을 알 수 없는 때부터 존재해왔기 때문이다. 그것은 '나는 행위자며, 경험하는 자'라는 생각을 만들어낸다. 이런 생각이 조건적 존재, 탄생, 죽음이라는 속박을 야기하는 원인이다. 끊임없이 브라흐만과 합일해서 살아가려는 진지한 노력만이 이런 생각을 없앨 수 있다. 개인적 분리에 대한 갈망과 이러한 생각이 근절되는 것을 현자들은 해탈Liberation이라고 하였다.

우리 스스로를 몸, 에고, 감각, 그리고 아트만이 아닌 무언가와 동일시하도록 만드는 것은 무지ignorance이다. 아트만에 헌신하여 이런 무지를 극복하는 자가 현명한 자다…

세속의 길, 육체의 길, 전통의 길을 따를 때(즉, 종교의식과 경전의 글자들 그 자체를 본질적이고 성스러운 것인 양 믿을 때), 그의 내면에는 실재에 대한 앎이 일어나지 않는다.

이 세 가지 길은 쇠사슬과 같아서, 세상이라는 감옥에서 탈출하려는 사람의 발을 묶어놓는다고 현명한 이는 말한다. 스스로 그 사슬에서 풀려난 사람만이 해방을 성취한다.

샹카라

영원의 철학에 대한 도교道敎적인 표현에서는 모든 존재의 초월적인 영적 근본바탕의 보편적 내재성을 《우파니샤드》《기타Gita》, 샹카라의 저서들만큼이나 강하게 주장하고 있다. 다음의 글은 도가 문헌의 위대한 고전 중 하나로, 대부분 기원전 3~4세기경에 저술된 《장자莊子》에서 발췌한 글이다.

이것 혹은 저것 속에 근본원리가 있는지 묻지 말라. 그것은 모든 것속에 있다. 이런 이유로 지고한, 보편적인, 전부 라는 형용사를 거기에 붙일 수 있다…

만물은 자신의 한계를 갖고 있지만 그것은 한계가 없고 무한하다. 현시된 것과 관련해서 근본 원리는 그 모습이 연속적으로 변하는 원인을 제공하지만 그 자체는 연속된 변화가 아니다. 그것은 원인과 결과를 창조하지만, 원인과 결과는 아니다. 그것은 모이고 흩어지도록 주관하지만(탄생과 죽음, 상태의 변화), 그 자체는 모이거나 흩어지지 않는다. 만물이 거기에서 일어나고 그 영향을 받는다. 그것은 만물에 존재하지만 만물과 같지는 않다. 왜냐하면 그것은 구별되지도 않고 한계를 갖지도 않기 때문이다.

《장자》

도교에서 대승불교로 넘어가 보면, 대승불교는 극동에서 도교와 밀접한 관련을 맺으며 서로 영향을 주고받아 마침내 이 둘은 선禪으로 융합되었다. 아래의 글은 《능가경Lankavatara Sutra》에서 발췌한 글인데, 이 경은 선불교 창시자[18]가 자신의 첫 제자들에게 특히 추천했던 경전이었다.

진리를 이해하지 못한 채 헛되이 추론하는 사람들은 비즈냐나 Vijnana(식識: 여러 형태의 상대적 지식)의 정글에서 길을 잃고 이곳저곳을 달리면서 자기 에고의 관점을 정당화시키기 위해 애를 쓴다.

그대의 가장 깊은 곳에 있는 의식에서 깨닫게 되는 자아는 순수한 모습으로 드러난다. 이것은 여래장如來藏, 문자 그대로 붓다를 품은 자궁 Buddha-womb으로서, 단순한 추론으로는 다루어지지 않는 영역이다…

그 본성이 순수하고 유한·무한의 범주에서 벗어난 우주심Universal

---

18 달마達磨.

Mind[19]은 더럽혀지지 않는 여래장으로, 중생은 이를 잘못 알고 있다.

《능가경》

하나의 성품性이 완전하고 충만하게 모든 성품에 통하고,

하나의 법法이 전체를 포괄하여 모든 법을 담고 있네.

하나의 달이 물이 있는 곳 어디에나 스스로를 비추고,

물속의 모든 달은 하나의 달로 아울러지네.

모든 붓다의 법신法身(절대성)이 나의 성품으로 들어오고,

나의 성품은 다시 여래와 합하도다…

칭찬과 비난을 넘어서 있고

허공과 같아서 한계가 없다.

바로 여기, 우리 안에 있으면서 그 고요와 충만을 늘 보존하네.

오직 찾으려할 때 잃을 것이요,

잡을 수도 없고 버릴 수도 없으니,

잡지도 버리지도 못하는 가운데 이렇게 얻을 뿐이라.

침묵할 때 말하고, 말할 때 침묵하네.

큰 자비의 문이 활짝 열리니 막힐 것이 없도다.

영가 현각[20] 《증도가》 발췌

---

19 《능가경》의 '아뢰야식阿賴耶識(Alaya-vijnana)'. 이 책에서 저자는 다양한 종교의 공통적인 핵심을 설명하기 위해 '아뢰야식'이나 '마음의 길心路' 등의 표현을 '우주심'이라는 말로 묶어서 표현하기도 함.

20 영가永嘉 현각玄覺(665~713): 중국 당나라 때의 승려. 남종선의 시조인 6조 혜능慧能을 찾아가 문답하여 깨달음의 인가印可를 받은 후 하룻밤을 묵고 돌아와 선풍을 일으킴. 《증도가證道歌》와 《선종영가집禪宗永嘉集》을 남김.

불교와 힌두교 간의 교리적 차이를 논할 역량이 내게는 없으며, 여기는 그럴 장소도 아니다. 붓다가 인간은 본래 '아트만이 아니다non-Atman'라고 주장했을 때 그는 분명 우주적 자아가 아닌 개인적 자아에 대해 말하고 있었다는 점만을 지적하는 것으로 충분하다. 어떤 팔리 경전에 등장하는 브라만 계급의 논쟁자들은 아트만과 신성이 동일하고 에고와 아트만은 동일하지 않다는 베단타Vedanta 교리를 언급조차 하지 않았다. 그들이 주장하고 고타마가 부정한 것은 개별 마음의 본질적 성질과 영원한 지속성이었다. "악기의 몸체에서 음악의 거주지를 찾듯이, 어리석은 자는 오온五蘊(개별 심신체mind-body가 구성되는 물질적·심리적 집합체)에서 영혼을 찾는다." 브라흐만인 아트만의 존재에 대해, 붓다는 대부분의 다른 형이상학적 문제와 마찬가지로 언급하기를 꺼렸는데, 그런 논의는 그가 설립한 것과 같은 수행단체 구성원들의 영적 성장이나 교화에 도움이 되지 않기 때문이었다.

마음을 가장 몰입하게 만듦에도 불구하고, 형이상학적 사유는 위험성을 안고 있는데, 왜냐하면 마음을 산란하게 하는 것 중 가장 진지하면서도 고결한 것이어서 피할 수 없을 뿐 아니라 결국 필요하기도 하기 때문이다. 소승불교 옹호자들도 이것을 알게 되었으며, 후기 대승불교 옹호자들도 자신의 종교적 수행과 관련해서 우주론적·윤리적·심리적 사유에 대한 눈부시도록 인상적인 체계를 발전시켰다. 이런 체계는 엄격한 관념론이 제시하는 가정에 근거를 두고 있지만 신에 대한 관념을 없앴다고 공언한다. 그러나 철학적 이론이 되기에는 도덕적·영적 경험이 지나치게 강하며, 직접경험의 영감에 힘입은 대승경전 저자들은 자신들의 창의력을 최대한 발휘하여 여래Tathagata

와 보살Bodhisattva이 왜 실제로 존재하지도 않는 존재들에 대해 무한한 자비심을 보여주어야 하는지를 설명하였다. 동시에 그들은 주관적 관념론의 틀을 확장시켜 우주심을 수용할 여지를 마련하였으며, 개별마음이 정화되면 우주심 또는 여래장과 같아질 수 있다는 교리로 영혼이 존재하지 않는다는 생각을 완화시켰다. 또한 그들은 신이 존재하지 않는다는 주장을 하면서, 깨달을 수 있는 우주심은 영원한 붓다의 내적 의식이며, 불심Buddha-mind은 살아있는 모든 존재들의 해방을 원하고, 인간의 최종 목표를 달성하려고 진지하게 노력하는 모든 사람들에게 신성한 은총을 베푸는 '위대한 자비의 가슴'과 연결되어있다고 주장하였다. 한마디로 말해서, 대승경전의 진수는 영원의 철학에 관한 진정한 표현, 어떤 면에서는 (앞으로 4장 〈세상 속의 신〉에서 보게 되겠지만) 그 어떤 것보다 완벽한 표현을 담고 있다.

신은 초월적인 동시에 내재적이라는 교리를 통해, 이슬람 사상은 페르시아에서와 마찬가지로 인도에서도 풍요로워졌다. 묵상contemplation이나 신성Godhead과 결합하는 앎을 위해 영혼을 준비하는 도덕적 훈련과 '영적 수행'이 이슬람교도들의 수행에 추가되었다. 시인이자 성자인 카비르[21]가 이슬람교와 힌두교 양쪽으로부터 모두 자기네 종교를 믿는 사람이라는 이야기를 듣고 있다는 것은 의미 있는 역사적 사실이다. 시간을 넘어서는 것을 목표로 삼는 사람들의 정책

---

21 카비르Kabir (1440~1518): 인도의 신비주의 시인이자 종교개혁가. 신분·계급 제도와 우상 숭배를 배척하고 유일신에 대한 헌신을 바탕으로 이슬람교와 힌두교를 비판적으로 통합하여 독자적인 일신교를 제창.

은 언제나 평화롭다. 반면, 박해를 가하고 전쟁을 일으키는 사람들은 못마땅한 기억과 유토피아의 꿈을 갖고 있는 과거 및 미래의 숭배자들이다.

> 만물에 깃든 하나One만을 보라.
> 그대를 헤매게 하는 것은 두 번째이다.
>
> 카비르

만물의 본성과 선악의 기원에 관한 이런 통찰은 오로지 성인에게만 국한되지 않는다. 모든 사람들이 이것을 희미하게나마 인식하고 있으며, 우리 언어구조 자체도 이것을 입증하고 있다. 왜냐하면 오래전에 리처드 트렌치[22]가 지적했듯이, 언어는 종종 "천박한 사람들은 물론이고 그 언어를 말하는 사람 중 가장 현명한 사람들보다도 현명하다. 언어는 이따금씩, 한때는 잘 알려졌지만 지금은 잊혀진 진실을 간직하고 있다. 그 밖의 경우에 언어는 결코 분명히 포착한 것은 아니지만 언어를 만든 사람의 천재성이 직관의 행복한 순간에 힐끗 본 진리의 싹을 담고 있기" 때문이다.

예컨대 다르메스테테르[23]의 지적처럼 인도유럽어에서 '둘'을 뜻하는 어근이 '불량'이라는 의미를 내포하고 있다는 점은 꽤 의미심장하다. 그리스 접두사 dys(예: dyspepsia 소화불량)와 라틴어 dis(예:

---

22 리처드 C. 트렌치Richard Chenevix Trench (1807~1886): 영국 성공회 대주교이자 시인·언어연구가.
23 아르센 다르메스테테르Arsène Darmesteter (1846~1888): 의미론을 언어학의 한 분야로 자리 잡히게 한 19세기 프랑스의 언어학자이자 철학자.

dishonorable 불명예스러운)는 모두 'duo(둘)'에서 파생되었다. 같은 어원을 가진 bis는 현대 프랑스어 bévue(실수, 문자적으로는 '두 가지 시각')와 같이 경멸적인 의미가 부여된다. '그대를 헤매게 하는 것은 두 번째이다'는 표현의 흔적은 'dubious(수상한)', 'doubt(의심)'와 'Zweifel(의혹)'에서 볼 수 있다. 왜냐하면 의심한다는 것은 마음이 둘로 갈라졌다는 것이기 때문이다. 버니언[24]의 'Mr. Facing-both-ways(양다리 걸치는 사람)'는 현대 미국 속어에서 'two-timer'로 표현된다. 모호하면서도 무의식적이지만 현명한 우리의 언어는 신비주의자들이 발견한 바를 확인하고는 '분열'이 근본적으로 나쁘다고 선언하고 있는데, '분열division'이라는 단어는 우연히도 우리의 오래된 적인 '둘two'을 결정적으로 다시 드러내고 있다.

정치적 수준에서 단일성unity을 숭배하는 것은, 개인적이고 영적인 수준에서 단일성을 추구하는 진정한 종교의 우상숭배적 대용품에 불과하다. 전체주의 정치제도는 정치적 일원론 철학을 수단으로 삼아 그 존재를 정당화한다. 이에 따르면 국가란 지상에 있는 신이며, 신성한 국가의 발아래 통일을 이루는 것이 구원이고, 아무리 사악해도 그런 통일을 향한 모든 수단은 본질적으로 정당하므로 이를 주저 없이 이용할 수 있다. 이런 식의 정치적 일원론은 사실상 소수에게 과도한 특권과 힘을 부여하여 다수를 억압함으로써 나라 안에서는 불만족을, 나라 밖에서는 전쟁을 유발한다. 그러나 지나친 특권과 힘은 자만·탐욕·허영·잔인함을 위한 지속적인 유혹이 된다. 탄압은 공포

---

24 존 버니언John Bunyan (1628~1688): 《천로역정The Pilgrim's Progress》을 남긴 영국 비국교파의 설교자·우화 작가.

심과 시기심을 초래하고, 전쟁은 미움·고통·절망을 야기한다. 이런 모든 부정적인 정서는 영적인 삶에는 치명적이다. 가슴이 순수하고 마음이 가난한 자들만이 신과 결합하는 앎the unitive knowledge of God[25]에 이를 수 있다. 그러므로 사회의 개별 구성원이 준비된 상태 이상의 통일성을 사회가 그 성원들에게 부과하려는 노력은 그런 개인들이 신성한 근본바탕과 하나이며 서로가 하나임을 깨닫는 것을 심리적으로 거의 불가능하게 만든다.

이제 우리들이 살펴보게 될 그리스도교인들과 수피들의 관심은 주로 인간의 마음과 그 신성한 본질에 있다.

나의 나는 신이시니, 나의 신 그 외에 다른 나를 볼 수 없나이다.

제노바의 성聖 카타리나[26]

영혼이 신을 닮지 않았다면 스스로를 닮지도 않았다.

성 베르나르[27]

그들이 내 안에 있는 나로부터 "오 그대 나여!"라고 외칠 때까지 나

---

25 '신에 대한 통합적 앎'으로도 해석할 수 있으며, 저자는 신·신성·근본바탕에 대한 이러한 'unitive knowledge'를 계속해서 존재의 궁극적 목표로 언급하고 있음.

26 제노바의 성 카타리나St. Catherine of Genoa (1447~1510): 이탈리아의 가톨릭 성녀이자 신비주의자.

27 클레르보의 성 베르나르"St. Bernard of Clairvaux (1090~1153): 중세 프랑스의 수도원장이자 시토 수도회Cistercian order의 설립자. 12세기 그리스도교계의 가장 영향력 있는 지도자 중 하나.

는 신에서 신으로 떠돌았노라.

비스툰의 바야지드[28]

이 수피 성자에 관해 기록된 두 개의 일화를 여기에서 인용할 필요가 있겠다. 바야지드에게 몇 살이냐고 묻자 그는 "네 살."이라고 대답했다. "어떻게 그럴 수 있는가?"라고 묻자 그가 말했다. "나는 세상에 눈이 멀어 70년 동안 신을 볼 수 없었다. 그러나 지난 4년 동안 나는 그분을 볼 수 있었다. 베일로 가려진 시기는 삶에 속한다고 할 수 없다." 한번은 누군가 그 성인의 집 문을 두드리며 외쳤다. "바야지드 계신가요?" 바야지드는 대답했다. "여기에 신 말고 누가 있겠나?"

영혼을 측정하려면 신으로 측정해야 한다. 왜냐하면 신의 근본바탕과 영혼의 근본바탕이 동일하기 때문이다.

에크하르트

본질적으로 영spirit은 그 적나라한 본성상 신을 소유한다. 마찬가지로 신은 영을 소유한다.

로이스부르크[29]

---

28 비스툰의 바야지드Bayazid of Bistun (또는 Bayazid Bastami, Abu Yazid Bistami, 804~874?): 이란의 바스탐Bastam 지방에서 태어난 페르시아의 이슬람 신비주의sufi 성자.
29 얀 반 로이스부르크Jan van Ruysbroeck (1293~1381): 많은 저술을 통해 신비주의 신학에 큰 영향을 준 플랑드르의 신비주의자.

영혼은 신성의 일자 속으로 완전히 침몰하지만 결코 바닥에는 닿지 않는다. 영혼을 창조한 이의 심연을 헤아리기에는 무력한 것이 영혼의 본질이다. 여기서는 더 이상 그 영혼에 대하여 언급할 수가 없다. 왜냐하면 영혼은 저기 신성한 본질이라는 일자 속에서 자신의 본성을 잃어버렸기 때문이다. 그곳에서는 영혼을 더 이상 영혼soul이라고 부르지 않고 측량할 수 없는 존재라고 부른다.

에크하르트

아는 자와 알려지는 대상은 하나다. 무지한 사람들은 신께서 마치 저기에 계시고, 자신들은 여기에 있는 듯이 신을 보아야 한다고 생각한다. 그렇지 않다. 신과 나, 우리는 앎knowledge 속에서 하나이다.

에크하르트

"이제는 내가 사는 것이 아니라 그리스도가 내 안에서 사시는 것입니다."[30] 아니면 타동사처럼 이렇게 말하는 것이 아마 더 정확할 것이다. "나는 살고 있지만 내가 아니다. 배우가 자신의 배역을 살듯이, '나를 사는lives me' 것은 로고스Logos이기 때문이다." 물론 그런 경우 배우는 자신의 역할보다 항상 무한히 높은 곳에 있다. 실제 삶에서 셰익스피어 희극 속 등장인물들은 존재하지 않는다. 스스로를 줄리어스 시저나 햄릿으로 착각하는 비극 작품의 주인공이나 더 흔하게는 터무니없이 배은망덕한 인물, 우스꽝스러운 사람들이 있을 뿐이

---

30 신약성경 〈갈라디아인들에게 보낸 편지〉 2:20

다. 그러나 그 천하고 어리석은 대사가 낭독되고, 개릭[31]과 맞먹는 신성神性에 의해 초자연적으로 변모되는 것은, 자비로운 섭리에 의하여 언제나 모든 등장인물의 능력에 달려있다.

> 오, 신이시여, 이 초라하고 낡은 세상에서 어떻게 이런 일이 일어날 수 있단 말입니까? 당신은 위대하지만 아무도 당신을 찾지 못하고, 당신이 그토록 크게 외치지만 아무도 당신의 소리를 듣지 못하며, 당신이 이렇게 가까이 계시지만 아무도 당신을 느끼지 못하고, 당신 자신을 모두에게 내주시지만 아무도 당신의 이름을 알지 못하는 이런 일이 어떻게 일어날 수 있단 말입니까? 사람들은 당신으로부터 도망치면서도 당신을 찾을 수 없다고 말합니다. 등을 돌리면서 그들은 당신을 볼 수 없다고 말합니다. 귀를 막고는 당신의 소리를 들을 수 없다고 합니다.
>
> 한스 덩크

종교와 관련지어 볼 때, 14~15세기 가톨릭 신비가와 17세기 퀘이커교도들 간에는 여러 종파에 공통된 전쟁과 박해로 얼룩져 추악해진 긴 시간적 간극이 존재한다. 그러나 그런 간극은 그들의 삶과 가르침에 바친 유일한 영어 작품에서 루퍼스 존스Rufus Jones가 '영적 개혁가Spiritual Reformer'라고 불렀던 계승자들, 즉 덩크, 프랑크, 카스텔리오, 바이겔[32], 에버라드, 케임브리지 플라톤주의자들에 의해 메워

---

31 데이비드 개릭David Garrick (1717~1779): 셰익스피어 비극의 혁신적인 연기와 연출로 유명했던 영국의 배우이자 극작가·극장 지배인.

32 발렌틴 바이겔Valentin Weigel (1533~1588): 후대의 신지학theosophy에 선도적 역할을 한 독일의 신학자·철학자·신비주의 작가.

졌다. 살인과 광기에도 불구하고 사도들의 계승은 끊어지지 않았다. 루터[33]가 그토록 사랑한다고 고백했지만, 그의 경력으로 판단컨대 그가 거기에서 거의 아무것도 배운 것이 없는 책인 《독일 신학Theologia Germanica》에서 언급된 진실을 영국 사람들은 영국내전과 크롬웰 독재하에서 다시 한 번 언급하였다. 그리스도교의 영적 개혁가들이 영속시켰던 신비주의 전통은 이를테면 조지 폭스[34]가 자신의 위대한 첫 '열림opening'을 맞이하고 직접적 경험을 통해 그것을 알았던 무렵의 종교적 분위기 속에서 확산되었다.

> 모든 사람은 그리스도의 신성한 빛으로 깨어나며, 나는 그것이 만물을 통해 빛나는 것을 보았다. 그것을 믿는 자들은 유죄선고Condemnation에서 벗어나서 생명의 빛으로 가며 빛의 아이가 된다. 그러나 그것을 싫어하고 믿지 않는 자들은 그리스도의 고백을 했다고 하더라도 그것에 의해 유죄선고를 받는다. 나는 어느 누구의 도움 없이도 순수한 빛의 열림Openings of Light 속에서 이것을 보았다. 그 당시 나는 이것이 성경 어디에 있는지 찾지 못했으나 나중에 가서야 성경을 훑으면서 발견하였다.
>
> 《폭스의 일기Journal》 중에서

---

33 마틴 루터Martin Luther (1483~1546): 독일의 성직자이자 종교개혁가. 면죄부 판매에 대해 '95개조 논제'를 발표하여 교황으로부터 파문됨으로써 근대 종교개혁의 발단이 됨. 신약성경을 최초로 독일어 번역하여 독일어 통일에도 공헌한 프로테스탄트(개신교)의 창시자.
34 조지 폭스George Fox (1624~1691): 내면의 빛을 경험하고 퀘이커교Quakers를 창설한 영국의 종교인.

2세대 퀘이커 교인들의 저술에서는 '내면의 빛Inner Light'의 원리를 더욱 분명하게 표현하고 있다. 윌리엄 펜[35]은 '성경보다 우리에게 더 가까운 것이 있다. 가슴속에서 우러나오는 언어로, 거기에서 모든 것이 나온다'라고 썼다. 약간 후대의 로버트 바클리[36]는 "그대가 그것이다"의 직접적인 경험을 아우구스티누스 신학(물론 사실과 부합되려면 상당히 확장시키고 다듬어야 할)으로 설명하려고 하였다. 그는 자신의 유명한 논문에서, 인간은 타락한 존재이며 신성한 빛과 결합되지 않으면 선해질 수 없다고 분명히 말하였다. 신성한 빛은 인간 영혼 속에 존재하는 그리스도이면서 죄악의 씨앗이 그러하듯 보편적인 것이다. 그리스도교인뿐 아니라 비종교인을 포함한 모든 사람이, 비록 겉으로 드러난 그리스도 삶의 역사를 전혀 모르고 있다고 하더라도 내면의 빛을 부여받았다. 이것은 내적 광명에 저항하지 않고 그럼으로써 내면에서 신성의 새로운 탄생을 허용하는 사람들에게는 타당한 이유가 된다.

> 선Goodness은 영혼 속으로 들어올 필요가 없다.
> 이미 거기에 있지만, 감지하지 못할 뿐이기 때문이다.
>
> 《독일 신학》[37]

---

35 윌리엄 펜William Penn (1644~1718): 영국의 신대륙 개척자. 펜실베이니아 지역을 개척하고 퀘이커교도를 중심으로 하는 자유로운 신앙의 땅으로 만듦.

36 로버트 바클리Robert Barclay (1648~1690): 스코틀랜드 출신의 퀘이커교 지도자.

37 독일 신학Theologia Germanica: 1350년경 프랑크푸르트의 한 사제가 익명으로 기술한 소책자로 1518년 마틴 루터에 의해서 출판되었으며, 에크하르트와 타울러의 사상을 이은 독일의 신비주의 신학을 담음.

수만 개 사물이 하나임을 봄으로써,

근원으로 돌아가 거기에 머무네.

《신심명》[38]

　우리가 보통 바보처럼 행동하고, 종종 미친 듯이 행동하며, 때로는 인간의 특징인 범죄자처럼 행동하는 것은 우리가 누구인지 모르고, 우리 내면에 천국이 존재한다는 사실을 자각하지 못하기 때문이다. 지금까지 인식하지 못했던 우리 안에 이미 존재하는 선을 인식하고, 우리의 영원한 근본바탕으로 돌아가서 비록 알고 있지는 못했지만 우리가 항상 존재했던 곳에 머물러있음으로써, 구원받고 해방되며 깨달음을 얻게 된다. 플라톤은 《공화국Republic》에서 '무엇보다 지혜의 덕은 늘 존재하는 신성한 요소를 담고 있다'고 동일한 의미로 말하였다. 《테아이테토스Theaetetus》에서 그는 영적종교를 수행해왔던 사람들이 그토록 자주 주장해왔던 것, 즉 신처럼 되어야만(신처럼 된다는 것은, 실제로 우리의 근본 성품을 형성하고 있지만 주로 자발적인 무지로 이를 자각하지 못하는 신성한 요소와 스스로를 동일시하는 것) 신을 알 수 있다고 강조하였다.

신성으로 신을, 빛으로 광명을 파악하는 사람들은

진리로 가는 길에 있다.

필로[39]

---

38 신심명信心銘: 달마, 혜가에 이어 중국 선종禪宗의 제3대 조사祖師인 감지鑑智 승찬僧璨(?~606)이 남긴 글로, 146구 584자의 사언절구 속에 선불교의 요체가 잘 드러나 있다고 평가됨. 발췌된 문장의 원문은 '만법제관萬法齊觀 귀복자연歸復自然'.

굿이너프[40] 교수가 밝혔듯이 그리스 신비종교 사상가 필로는 기원전 200년에서 기원후 100년 사이 이주 유대인들 사이에서 성장하였다. 구약성경의 모세 5경을 플라톤 학파, 신新피타고라스 학파, 스토아 학파의 형이상학 체계로 재해석한 필로는 완전히 초월적이면서도 거의 의인화된 구약의 인간적 신을 영원의 철학이 말하는 내재적이고 초월적인 절대적 마음Absolute Mind으로 변모시켰다. 그러나 필로의 교리 전파와 더불어, 그리스도교의 첫 시작과 예루살렘 성전의 파괴를 목격했던 그 중요한 시기의 전통적인 필경사와 바리새인들로부터, 심지어 율법의 수호자들로부터도 우리는 상당히 신비적인 발언들을 듣고 있다. 신과 인간의 사랑, 겸손에 대한 그의 가르침이 일부 복음설교의 미가공된 초기 버전처럼 들리는 위대한 랍비 힐렐[41]은 사원에 모인 군중들에게 이런 말을 했다고 한다. (예언자의 입을 통해 말하고 계신 분은 여호와인데) "만일 내가 여기에 있다면, 모든 사람이 여기에 있다. 내가 여기에 없다면, 아무도 여기에 없다."

사랑받는 이는 모든 것 안의 모든 것. 사랑하는 자는 그분을 가릴 뿐.
사랑받는 이는 살아있는 전부. 사랑하는 자는 죽은 것일 뿐.

잘랄루딘 루미

---

39 필로Philo of Alexandria (또는 필론Philon Judaeus, BC. 15경~AD. 45경): 고대 알렉산드리아의 유대인 철학자. 유대 사상과 그리스철학의 융합을 시도하여 중간 실재로서의 로고스Logos설을 주장. 신플라톤주의와 초대 교부를 비롯해 중세 유대철학자들에게 큰 영향을 끼침.
40 어윈 굿이너프Erwin R. Goodenough (1893-1965): 미국의 종교역사학자. 유대교에 끼친 그리스문화의 영향과 그리스의 유대인 철학자 필로에 대한 연구로 유명.
41 힐렐Hillel (BC. 70~BC. 10경): 유대교에서 최초로 율법 해석의 방법을 확립한 율법학자.

영혼soul에도 영spirit이 존재한다. 시간과 육체에 의해 훼손되지 않고, 근본 영the Spirit에서 흘러나오며, 근본 영에 머무르고, 그 자체로 완전히 영적이다. 신께서는 이런 원리에 계신다. 언제나 푸릇푸릇하며, 그의 실재 참자아의 모든 기쁨과 영광 속에서 언제나 꽃을 피운다. 이런 원리를 나는 영혼의 예배소, 영적인 빛, 불꽃Spark이라고 부른다. 그러나 이제 나는 말한다. 천국이 지상보다 높이 있지만 이것은 이런저런 것보다 더 높다고. 그래서 나는 이제 그것을 보다 숭고하게 부른다… 그것은 모든 이름을 벗어나 있으며 모든 형상을 떠나 있다. 신께서 하나이듯 그것도 하나다. 여하튼 누구도 그것을 볼 수 없다.

에크하르트

영원의 철학 일부 교리의 다듬어지지 않은 형태를 비문명화된 소위 원시민족의 사고체계에서 발견할 수 있다. 예를 들어 마오리족은 모든 인간을 네 가지 요소의 복합체로 간주한다. 즉 토이오라tioira로 알려진 신성하고 영원한 원리, 임종 때에 사라지는 자아ego, 죽음 후에도 존속하는 유령의 흔적 혹은 심령psyche, 마지막으로 육체가 그 네 가지이다. 오글라라 인디언[42]들은 신성한 요소를 시칸sican이라 부르며, 이것을 세상의 신성한 본질인 톤ton과 동일하게 생각한다. 자기self를 구성하는 또 다른 요소로는 성격인 나기nagi와 생명력 있는 영혼인 니야niya가 있다. 시칸은 사후에 모든 것의 신성한 근본바탕과 재결합하며, 나기는 심령현상인 유령세계에 살아남고, 니야는 물질

---

42 오글라라Oglala 인디언: 북아메리카의 평원 인디언으로, 수 어족에 속하는 언어를 사용.

적 우주로 사라진다.

20세기가 아닌 '원시' 사회임을 고려할 때 어떤 고차원 문화의 영향을 받았거나 그런 문화를 모방했을 가능성을 배제할 수 있다. 결과적으로 우리에게는 현재로부터 과거를 왈가왈부할 수 있는 권리가 없다. 현대의 수많은 야만인들이 때로는 "그대가 그것이다"의 성격을 띤 각양각색의 일신교적인 비전秘傳적 철학을 갖고 있다고 해서, 확인해보지도 않고 신석기시대와 구석기시대 사람들도 유사한 견해를 갖고 있었다고 추론할 수는 없다.

우리 자신의 생리학과 심리학에 대해 우리가 알고 있는 것으로부터 끌어낸 추론이 더 정당하며, 본질적으로 더 가능성이 높다. 인간의 마음은 정신박약 상태에서 양자이론까지, 히틀러의 《나의 투쟁Mein Kampf》과 사디즘에서 필립 네리[43]의 고결함에 이르기까지, 형이상학에서부터 글자 맞추기 퍼즐, 힘의 정치학, 장엄미사[44]에 이르기까지 온갖 것이 가능하다는 것을 스스로 증명해왔음을 우리는 알고 있다. 인간의 마음은 어떤 식으로든 두뇌와 관련이 있다는 사실도 알고 있으며, 뇌 크기와 구조에 있어 수천 년 동안 괄목할 만한 변화가 없었다고 생각할 만한 상당히 그럴듯한 이유가 있다. 그러므로 먼 과거에 존재했던 인간의 마음도 현시대를 사는 마음과 마찬가지로 그 활동의 양과 종류가 아주 다양했을 것이라고 추론하는 것이 옳을 것이다.

---

43 성 필립 네리St. Philip Neri (Filippo Neri, 1515~1595): 가톨릭의 재속 사제로 이탈리아 오라토리오회의 창설자. 로마 거리를 돌아다니며 소외된 이웃을 돕고 문답법을 통해 복음을 전파하여 '로마의 사도'로 불림.

44 장엄미사Missa Solemnis: 가톨릭에서 가장 오래되고 규모가 큰 미사 예식.

그러나 현시대에 존재하는 일부 마음이 취하는 수많은 활동들을 먼 과거에 살았던 마음들은 분명 전혀 취할 수 없었을 것이다. 여기에 대해서는 몇 가지 분명한 이유가 있다. 어떤 생각들은 적절한 언어, 적절한 분류체계라는 틀 안에서만 가능하다. 필요한 수단이 존재하지 않는다면, 문제가 되는 그 생각을 표현할 수도 떠올릴 수도 없다. 이것이 전부는 아니다. 어떤 종류의 생각의 도구를 계발할 동기가 늘 존재하지는 않는다. 선사시대와 그 이후 오랜 역사 동안 그럴 수 있는 가능성이 충분히 있었음에도 불구하고, 그 시대 사람들은 후손들이 굉장히 흥미롭다고 발견한 문제들에 대해 주의를 기울이고 싶어 하지 않았다. 예를 들면, 비교가 되지 않을 정도로 긴 지질학적 시간 동안 말발굽의 물리적 구조에 일어난 변화에 필적하는 진화적인 변화를 13세기에서 20세기 사이에 인간의 마음이 거쳤으리라 생각할 이유가 없다.

실제로는 인간이 실재reality의 어떤 측면에서 다른 측면으로 주의를 돌리는 일이 일어났다. 그 결과 무엇보다 자연과학이 발달하였다. 우리의 지각과 이해는 주로 우리의 의지에 의해 결정된다. 어쨌든 우리는 우리가 보고 싶어 하고 이해하고 싶어 하는 것을 의식하며, 거기에 대해 생각한다. 의지가 있는 곳에는 항상 지적인 길이 존재한다. 인간의 마음이 지닌 역량은 거의 무한할 정도로 크다. 신성과 결합하는 앎이든 자체 추진 화염방사기를 제조하는 일이든, 하려는 마음이 충분히 강하고 오래 지속된다면 우리가 하려는 일을 할 수가 있다. 현대인들이 주의를 기울이는 것 중 상당수를 그 이전 사람들은 무시했음이 분명하다. 그 결과 그런 것들에 대해 분명하면서도 풍부하게 생각하도록 만드는 수단들은 선사시대뿐 아니라 현대가 시작될

무렵에조차도 만들어지지 않았다.

인간 마음의 거의 무한한 잠재력이 그토록 오랫동안 실현되지 못했던 두 가지 충분한 이유는, 적절한 용어 및 적합한 준거 틀frame of reference의 부족과 필요한 생각의 도구를 고안해내고자 하는 강력하고 지속적인 욕망의 부재이다. 이와 비슷한 수준으로 똑같이 납득할 만한 다른 이유가 있다. 세상에서 가장 독창적이고 유익한 생각의 대부분은 형편없는 체격과 아주 비실용적인 기질을 지닌 사람들에 의해 이루어졌다는 것이다. 이런 이유로, 또 분석적이든 통합적이든 어느 곳에서나 순수한 사고의 가치를 분명하게 인식하고 있었기 때문에, 문명화된 모든 사회는 사상가들에게 일상의 부담과 사회생활의 스트레스로부터 보호조치를 취해주었으며, 현재도 여전히 그러하다. 그런 희귀한 사람들, 즉 종교적·철학적·예술적·과학적 사색가들을 보호하기 위해 후원자들이 주로 이용했던 수단들은 은둔처·사원·대학·전문학교·연구실험실·동냥그릇·기부금·후원금·세금납세자의 금액에서 지불되는 보조금들이다.

원시사회는 상황이 어려웠으며, 잉여의 부가 존재하지 않았다. 타고난 사색가는 보호막 없이 사회적 우위세력과 생존을 위한 투쟁에 직면해야 했다. 그런 사람들은 대부분의 경우 일찍 사망하거나 살아남기 위해서만 필사적으로 바쁜 시간을 보낸 나머지 자신의 주의를 다른 곳에 쏟을 수가 없었다. 이런 일이 일어나면 강인하고 외향적인 활동가의 철학이 지배적인 철학이 된다.

이 모든 것은 영원의 철학이 갖고 있는 영원성perennialness의 문제에 어떤 빛(실로 희미하면서도 추론적인 것에 불과한)을 던진다. 인도에서는 경전을 역사의 어떤 시점에서 일어난 계시가 아니라 영원한 진리, 즉 인간이 탄생한 이래 혹은 이성을 지닌 모든 물질적·비물질적 존재가 탄생한 이래로 존재해왔던 복음gospel으로 간주한다. 아리스토텔레스도 비슷한 견해를 피력했는데, 그는 종교의 근본 진리를 영원하면서도 파괴할 수 없는 것으로 생각하였다. 상승과 하락, 진보와 퇴보의 시기(문자 그대로 '굽이진 길' 혹은 주기)가 있었지만, '신성이 참여하는 우주의 최초 원동자First Mover'로서의 신에 대한 위대한 사실을 언제나 인식했다. 선사시대 인간에 대해 우리가 알고 있는 것(약간의 타제석기와 몇몇 그림, 조각들뿐이지만)과 더 문서화가 잘된 다른 지식분야로부터 제대로 추론할 수 있는 것에 비춰볼 때, 이런 전통적인 교리들을 어떻게 생각해야 할까? 개인적으로는 이것들이 사실일 수 있다고 본다. 기록이 남아있는 역사적 시기 동안, 분석적 사유와 통합적 사유의 양 영역에 타고난 꽤 많은 숫자의 사색가들이 자주 등장하였다. 그러므로 역사 기록이 존재하기 전에도 그런 사람들이 출현했을 것이라고 가정할 근거는 충분하다. 이 중 다수는 젊은 나이에 사망했으므로 자신의 재능을 발휘할 수 없었겠지만, 소수는 틀림없이 살아남았을 것이다.

이런 맥락에서 볼 때, 현대의 수많은 원시종족들 사이에서 두 가지 사유양식이 발견된다는 사실은 아주 의미심장한 일이다. 비철학적 다수를 위한 대중적exoteric 양식과 소수의 입문자를 위한 비전적esoteric 양식(대개 일신교이며 힘뿐만 아니라 선함과 지혜도 갖춘 신을 믿음) 말이다. 현대의 수많은 미개인들보다 선사시대 인간들에게 상황이 더 어려웠을 것이라고 가정할 이유는 없다. 그러나 만약 타고난 사색가에게 적합한 비전적 일신론 같은 것이 현대 미개인 사회(활동가들에게 적합한 일종의 다신교 철학을 구성원 대다수가 받아들인)에서도 가능하다면, 선사시대에도 유사한 비전적 교리가 통용되었을 것이다. 사실, 현대의 비전적 교리들은 보다 높은 문화로부터 파생되었을 것이다. 그런데 중요한 사실은, 이들 교리가 그렇게 파생되었더라도 미개인 사회의 특정 구성원들에게 의미를 가지며 조심스럽게 보존될 만큼 가치 있게 여겨졌으리라는 점이다.

우리는 많은 생각들이 적절한 용어와 준거 틀을 빼고는 상상조차 할 수 없다는 사실을 살펴보았다. 그러나 영원의 철학의 본질적 개념은 매우 단순한 용어로 표현될 수 있으며, 그런 개념들이 가리키는 경험은 어떤 용어와도 별개로 또 즉시 체험될 수 있고, 실제로 그렇게 되어야 한다. 아주 어린 아이에게도 알 수 없는 열림opening과 신의 출현이 일어나는데, 이런 경험들은 그들에게 심오하면서도 영속적인 영향을 준다. 현대에 살지만 빈약한 언어를 구사하는 사람들에게 일어난 일이 먼 과거에는 일어나지 않았다고 가정할 근거는 없다. 본[45], 트러헌[46], 워즈워스[47]가 말했듯이 현대의 어린이는 사물의 단일한 근본바탕에 대한 직접적 자각 없이 성장한다. 왜냐하면 분석적 사고습관은 '심령적psychic' 혹은 영적 수준에서의 통합적 사유가 갖고 있는 직관에는 치명적이기 때문이다. 심령적 편견은 진정한 영성의 여정에서 주된 방해물이 될 수 있고 또 종종 방해로 작용한다. 미개한 사

---

45 헨리 본Henry Vaughan (1622~1695): 종교적 체험을 노래한 영국 웨일스 태생의 형이상학파 시인.

46 토머스 트러헌Thomas Traherne (1637?~1674): 영국의 신비 시인·성직자·종교작가.

47 윌리엄 워즈워스William Wordsworth (1770~1850): 영국 낭만주의의 대표적인 시인.

회는 현재(추정컨대 먼 과거에도) 심령적 사고에 상당히 몰두해있으며, 이에 대한 재능도 널리 퍼져있다. 그러나 소수는 심령 수준에서 진정으로 영적인 경험으로 더 나아갔다. 현대 산업사회에서도 몇몇 사람들은 널리 퍼져있는 물질에의 몰두에서 벗어나 일반적인 분석적 사고습관을 통과해 사물의 영적인 근본바탕을 직접 경험하는 것처럼 말이다.

서양의 고대 시대와 동양의 역사적 전통들이 사실일 거라고 가정할 수 있는 이유들은 이처럼 매우 간단하다. 현대의 탁월한 인류학자한 사람이 아리스토텔레스나 베단타 학자들과 의견을 같이한다는 점이 흥미롭다. 폴 래딘[48] 박사는 《철학자로서의 원시인Primitive Man as Philosopher》에서 이렇게 썼다. "정통 인류학은 다윈의 진화론을 사회적 경험의 사실들에 적용하려는 열정적이고 꽤 무비판적인 시도에 불과하다." 그는 "학자들이 모든 것은 역사를 지닌다는 기묘한 생각에서 벗어나지 않는 한, 특정 생리적 반응이 하나의 생물학적 존재로서 근본적이듯이 어떤 아이디어와 관념들은 사회적 존재로서 근본적이라는 점을 학자들이 깨닫게 될 때까지 인류학의 발전은 없을 것이다."라고 덧붙였다. 래딘 박사의 견해로는 일신론—神論 개념이 이런 근본 개념의 하나다. 이러한 일신론은 종종 세상을 지배하고 있는 단하나의 어둡고 불가사의한 힘을 인식하는 것에 불과하다. 그러나 때때로 그것은 진정으로 윤리적이며 영적일 수가 있다.

---

48 폴 래딘Paul Radin (1883~1959): 원시종족의 민간전승·종교·언어에 관심이 많았던 미국의 문화인류학자.

역사와 예언적 유토피아 이념을 맹신하는 19세기 광신자들은 '영원eternity'이라는 시간을 초월한 사실에 대해 가장 예리한 사색가들조차도 눈멀게 했다. 그렇기 때문에 T. H. 그린[49]은 신비적 합일에 대해, 마치 그것이 인간으로서 실현할 수 있는 힘을 항상 지니고 있는 하나의 상태(모든 증거가 보여주고 있듯이)가 아니라 진화적 과정인 양 묘사했던 것이다. 그는 "시간 속에서 역사를 갖고 있는 동물유기체는 점차 '영원히 완전한 의식'의 탈것vehicle이 되어간다. 이런 '의식意識' 자체에는 (진화의 과정이라는) 역사가 없지만, 동물유기체가 그것의 탈것이 되는 과정이라는 역사가 있다"고 하였다. 그러나 진짜로 역사적 발전이 있었을 때에만 그렇게 말할 수 있다. 물질세계에 관한 완전한 앎은 오랜 시간이 경과하여 기술과 정보가 상당히 축적되면 가능할지도 모른다. 하지만 물질세계의 바탕인 '영원히 완전한 의식'에 대한 직접적인 자각은, 어린 시절부터 나이가 들기까지 개인발달의 거의 어느 단계에서나 그리고 인류 역사의 어느 시기에서나 때때로 가능했던 일이다.

---

49 토머스 힐 그린Thomas Hill Green (1836~1882): 영국의 도덕철학자·정치이론가·교육자.

2

근본바탕의 성질

The Nature of the Ground

　"그대가 그것이다"라는 교의를 우리의 출발점으로 삼았다. 이제 아주 자연스럽게 던질 수 있는 질문은 형이상학적인 것인데, '그대 스스로 닮았다고 찾아낼 수 있는 그것That이란 무엇일까?'

　충분히 발달된 영원의 철학은 이런 질문에 대해 언제 어디서나 근본적으로 동일한 대답을 내놓았다. 모든 존재의 신성한 근본바탕Ground은 논증적인 생각으로는 표현될 수 없지만, 특정 상황에서는 인간에 의해 직접 경험되고 깨달을 수 있는 영적인 절대Absolute다. 힌두교와 그리스도교 신비주의의 표현을 빌면 이 절대는 '형상 없는 신God-without-form'이다. 인간의 최종 목표, 인간 존재의 궁극적 이유는 신성한 근본바탕과 결합하는 앎the unitive knowledge of the divine Ground, '자아에 대해 죽어서' 신을 위한 여지를 마련할 준비가 된 사람들에게만 오는 앎이다. 어느 세대에 속한 남녀이든 인간 존재의 최종 목표를 달성하는 사람은 거의 없을 것이다. 그러나 모든 살아있는 존재들[50]이 자신이 사실 누구인지 깨닫게 될 때까지, 결합하는 앎에 도달할 수 있는 기회는 어떻게든 계속 주어질 것이다.

　모든 존재의 절대적인 근본바탕에는 인간적인 측면이 있다. 브라흐만의 활동이 이슈와라[50]이며, 이슈와라는 힌두교의 삼위일체, 더 나아가서는 인도신전에 있는 여타의 신들과 천사들로 현시되어 나타났다. 마찬가지로 그리스도교 신비가들에게는 '말로 표현할 수 없고 어떤 속성도 없는 신성'이 삼위일체의 세 위격位格인 성부聖父·성자聖子·성령聖靈으로 드러나 있는데, 이를 선·지혜·은총·사랑과 같은 인간적 속성으로 묘사할 수는 있지만 지극히 거룩한 것이다.

　결국은 인간의 몸으로 육화된 신이 있다. 그는 인격적 신으로서 동일한 성품들을 지니지만, 물질적인 몸으로 세상에 태어난 제약에 의해 필연적으로 부과되는 한계 속에서 주어진 어떤 때에 그런 성품들을 드러낸다. 그러한 신성한 화신化身은 그리스도교인들에게는 한 분 뿐이었고 한 분일 수밖에 없지만, 인도인들에게는 다수일 수 있으며 그동안 여럿이었다. 동양뿐 아니라 그리스도교 세계에서도 헌신의 길을 따르는 묵상가들은 화신을 끊임없이 새로워지는 경험적 사실로서 생각했으며, 실로 그렇게 직접 인식하였다. 그리스도는 영혼 속에서 성부에 의해 언제나 태어나고 있으며, 크리슈나의 유희play는 '신과의 관계에서 개인의 영혼이 언제나 여성적이며 수동적'이라는 심리학과 형이상학상의 변치 않는 진실을 보여주는 유사역사적인 상징

---

50 살아있는 존재sentient beings: 불교의 중생衆生 또는 유정有情에 해당하는 영어 표현이며, 이 책에서는 기본적으로 '살아있는 존재'라고 옮김.

51 이슈와라Isvara: 인도 요가철학에서 세계를 창조하고 지배하는 위대한 인격신. 최고신.

이다.

대승불교는 동일한 형이상학 교리를 붓다의 '세 가지 몸'으로 가르치고 있다. 절대적인 법신Dharmakaya은 근본 붓다Primordial Buddha, 절대마음Mind, 공호의 청정한 빛Clear Light of the Void으로도 알려져 있다. 보신Sambhogakaya은 이슈와라나 유대교·그리스도교·이슬람교의 인격신personal God에 해당한다. 마지막으로 화신Nirmanakaya은 살아있는 역사적 붓다로서 이 지구상에 로고스가 육화되어 나타난 물질적 신체이다.

수피들은 알 하크Al Haqq, 실재Real가 인격적 알라를 받쳐주는 신성의 심연이라 여기며, 예언자를 역사에 출현한 로고스의 화신으로 간주하였다.

주기도문의 시작 문구, 즉 '하늘에 계신 우리 아버지Our Father who art in heaven'를 한 단어씩 분석함으로써 신성한 본성의 무한한 풍요로움에 대해 약간의 아이디어를 얻을 수 있다. 신은 '우리의 것ours'이다. 이는 우리의 의식과 삶이 우리 것인 것과 마찬가지로 친밀한 느낌이다. 신은 내재적으로 우리 것일 뿐만 아니라, 자신의 피조물을 사랑하시고 피조물들이 그 보답으로 사랑과 충성을 바치는 초월적인 인격적 아버지이시기도 하다. '우리 아버지Our Father who art'에서 동사를 따로 떼어놓고 볼 때, 내재적이며 초월적인 인격신은 또한 내재적이며 초월적인 일자, 즉 모든 존재의 본질이자 원리임을 알게 된다. 마지막으로 신은 '하늘에 계신in heaven' 분이시다. 신성한 성질은 신이 내재하고 있는 피조물의 성질과는 다르며 그것과 비교할 수 없다. 이런 이유로 우리가 어느 정도 신처럼 되었을 때에만, 우리 자신이

창조한 왕국이 사라짐으로써 신의 나라가 도래했을 때에만, 신과 결
합하는 앎the unitive knowledge of God에 도달할 수 있다.

신의 여러 측면 중 어떤 것이라도 그것을 숭배하고 거기에 대해 묵
상할 수 있다. 그러나 어느 한 측면만 고집하고 숭배하며 나머지 모
두를 배제하는 것은 엄청난 영적 위험을 초래한다. 그러므로 오로지
인간적이며 초월적인 동시에 세계의 전능한 지배자라는 선입견을 갖
고 신에게 접근한다면 우리는 의례, 신을 달래는 희생제물(때로는 가
장 끔찍한 성질의), 형식적 관습으로 된 종교에 얽혀들 위험을 필연적
으로 안게 된다. 신이 불가사의한 명령을 내리면서 저 바깥에 계신
접근불가능한 지배자라면, 이런 종류의 종교는 그 우주의 상황에 전
적으로 적합하기 때문이다. 의례를 중시하는 율법주의는 행동을 개
선한다는 점에서 그나마 긍정적이다. 그러나 인격을 변화시키는 데
는 거의 무용지물이며, 의식을 변화시키는 데에도 소용이 없다.

초월적이며 전능하신 인격신을 애정 어린 아버지로 여긴다면 상황
이 훨씬 낫다. 그런 신을 진심으로 숭배하면 행위뿐만 아니라 인격이
변하며, 의식에도 어떤 변화를 일으킨다. 그러나 '깨달음', '해방',
'구원'인 의식의 완전한 변용은 영원의 철학이 단언하듯 신을 초월적
이면서 내재적이고, 인격적personal이면서도 초超인격적이라고 여길
때, 그리고 이런 생각에 맞추어 종교적으로 수행할 때에만 일어난다.

신을 오로지 내재적인 존재로 생각하는 경우, 율법주의와 외적 관
행을 포기하면서 내면의 빛Inner Light을 강조하게 된다. 이제는 정적
주의quietism와 반율법주의antinomianism, 쓸모없거나 해롭기까지 한 의
식의 부분적 변용이라는 위험과 마주치게 되는데, 이것들은 (전체적

이고 완전하며 영적으로 유익한) 의식의 변용에 필요한 전제조건인 인격의 변용을 수반하지 않기 때문이다.

마지막으로 신을 완전히 초인격적인supra-personal 존재로 생각할 수 있다. 이런 생각은 많은 사람들에게 너무 '철학적'이어서 자신의 신념에 대해 실제로 무언가를 하려는 충분한 동기를 부여하지 못한다. 그러므로 그들에게 이것은 아무 가치도 없다.

물론 신의 어떤 한 측면만을 숭배하고 나머지는 배제하는 사람들이 위에서 언급한 여러 종류의 어려움을 반드시 겪게 되는 것은 아니다. 기존의 믿음에 대해 지나치게 엄격하지 않다면, 숭배 과정에서 자신들에게 일어나는 일에 순순히 따른다면, 내재적이면서 초월적인, 인격적이면서 동시에 인격을 넘어선 신께서 그들에게 스스로를 온전하게 드러낼 것이다. 그럼에도 불구하고, 만약 우리가 거기에 도달하는 올바른 길과 추구하는 본질에 관해 부적절하고 잘못된 일련의 신념들로 불리한 입장에 처하지 않는다면, 우리의 목표에 도달하기가 더 쉽다는 사실에는 변함이 없다.

신은 누구인가? '그분이 (계신)다He who is'라는 대답보다 더 나은 대답을 찾을 수 없다. 아무것도 '신이 (계시)다God is'라는 것보다 영원에 더 적합한 것이 없다. 신을 선하고, 위대하고, 신성하고, 현명하다 등으로 부른다면 '그분이 (계시)다He is'는 이러한 말들에 모두 포함되어 있다.

성 베르나르

모든 언어의 목적은 대상의 의미를 밝히는 데 있다. 언어를 들었을 때 듣는 자가 그 의미를 이해할 수 있어야 하는데, 이는 물질적 실체,

활동, 성질, 관계라는 네 가지 범주에 속한다. 예를 들어 소와 말은 물질적 실체substance에 속한다. '그가 요리한다', '그가 기도한다'는 활동의 범주에 속한다. 흰색과 검은색은 성질의 범주에 속해 있다. '돈을 갖고 있다' 혹은 '소를 갖고 있다'는 관계의 범주에 속해 있다. 그런데 브라흐만Brahman은 어떤 실체의 범주에도 속하지 않으며, 통상의 종류에도 속하지 않는다. 그러므로 브라흐만은 일상적인 의미에서의 '존재being'처럼 대상의 범주를 지칭하는 단어로 표시할 수 없다. 또한 성질로도 표시할 수 없는데, 브라흐만에는 성질이 없기 때문이다. 경전에서 브라흐만을 '참여나 활동 없이 휴식하고 있다'고 표현하고 있으므로, 활동이 없기 때문에 활동으로도 표시할 수 없다. 관계로도 표시할 수 없는데 '두 번째가 없기' 때문이며, 그 자체 이외에 어떤 대상도 아니기 때문이다. 그러므로 말이나 개념으로 브라흐만을 정의할 수 없다. 경전에서 말하고 있듯이 브라흐만은 '그것 앞에서는 언어가 무색한' 일자the One이다.

상카라

이름 없는 것에서 하늘과 땅이 생겼다.
이름 붙여진 것은 각자 그 성질에 따라 만물을 길러내는 어머니이다.
실로 욕망을 영원히 벗어난 자만이 비밀스러운 본질을 볼 수 있다.
욕망을 벗어나지 못한 자는 결과만을 본다.

노자

일시적으로 머무는 이 삶에서 영혼에게 부여된 가장 위대한 은혜 한 가지는 영혼이 신을 전혀 이해할 수 없다는 점을 분명히 알고 깊게 느끼는 것이 가능하다는 사실이다. 이러한 영혼들은 천상에 있는 성자들과 다소 비슷한데, 그곳에서 신을 완벽하게 알고 있는 성자들은 신께서 한없이 불가해하다는 사실을 가장 명확히 인식하고 있다. 왜냐하면 덜 명확한 비전vision을 가진 자들은 신이 그들의 비전을 얼마나 엄청나게 초월해 계시는지를 다른 이들만큼 확실하게 인식하지 못하기 때문이다.

십자가의 성 요한[52]

내가 신성Godhead에서 나와 다양성multiplicity으로 들어갔을 때, 만물은 "신(인격적 창조자)께서 계시다"라고 외쳤다. 이제 이것은 내게 축복을 선사하지 않는다. 왜냐하면 이로써 나는 피조물로서의 나를 인식하기 때문이다. 그러나 돌파Durchbruch하는 동안 나는 모든 피조물 이상이다. 나는 신도 피조물도 아니다. 나는 전에도 그랬으며 앞으로도, 지금도, 그리고 영원히 나이다. 그곳에서 나는 모든 천사들 위로 나를 들어올리는 추진력을 받는다. 이런 힘으로 인해 나는 아주 풍성해져서, 그분께서 신성한 작용 속에서만 신으로 있는 한, 신조차도 내게는 충분하지 않다. 왜냐하면 그렇게 돌파하는 가운데 나는 신과 나의 공통점을 인식할 수 있기 때문이다. 나였던 내가 거기에 있다. 그곳에서 나는 늘 지도 줄지도 않는다. 왜냐하면 그곳에서 나는 만물을 움직이는 부동자不動者이기 때문이다. 여기에서 인간은 그가 영원히 그러하며 앞으로도 그러함을 다시 한 번 얻는다. 여기서 영혼은 신을 받아들인다.

에크하르트

---

52 십자가의 성 요한Saint John of the Cross (1542~1591): 스페인의 카르멜회 수사·신비가·가톨릭 성인. 많은 저술 활동을 통해 아빌라의 성 테레사와 함께 가톨릭 개혁에 힘을 쏟았고, 그가 언급한 '영혼의 어두운 밤'은 그리스도교 신비 사상의 주요 개념이 됨.

신성Godhead은 만물을 신God에게 바쳤다. 신성은 빈곤하고 걸친 것이 없으며, 마치 그렇지 않은 것처럼 비어있다. 그것은 소유하지 않고, 의지를 내지도 않으며, 원하지 않고, 행하지 않으며, 구하지 않는다. 신께서는 자신 안에 보물과 신부bride를 갖고 있지만, 신성은 실로 그렇지 않음에도 불구하고 텅 비어있다.

에크하르트

우리는 우리가 경험한 것과 유사한 경우를 생각하면서 경험 너머의 것을 이해한다. 그러므로 세상과 신, 신과 신성 간에 존재하는 관계는 신체(환경을 수반한)와 정신, 정신과 영혼 간에 존재하는 관계와 어느 정도 유사한 것 같다. 전자에 대해 우리가 알고 있는 것(불행히도 그리 많지 않지만)을 감안한다면, 후자에 대해 아주 형편없고 부적절하지 않은 개념들을 구상할 수 있을 것이다.

마음은 네 가지 방식으로 신체에 영향을 준다. 잠재의식적으로는 드리슈[53]가 엔텔러키entelechy(생명력)라는 이름으로 실체화시킨 믿을 수 없을 정도로 미묘한 생리적 지성을 통해서이고, 의식적으로는 의지will라는 의도적인 행위를 통해서, 다시 잠재의식으로 돌아와서는 반응이 일어나는 기관이나 과정과는 무관한 정서적 상태라는 물리적 유기체에게 가해지는 반응을 통해서, 그리고 의식적 혹은 잠재의식적으로는 어떤 '비범한' 드러남을 통해서이다. 몸 바깥의 물질은

---

53 한스 드리슈Hans Adolf Eduard Driesch (1867~1941): 독일의 동물실험 발생학자이자 철학자.

마음에 의해 두 가지로 영향을 받는다. 첫 번째는 신체라는 수단을 통해서, 두 번째로는 최근 실험실 조건에서 연구된 바 있으며 'PK 효과[54]'로 설명되는 '비범한' 과정을 통해서다. 마찬가지로 마음은 다른 마음들과 두 가지 방식으로 관계를 맺는다. 말하기나 글쓰기 같은 상징적 활동을 몸이 떠맡도록 하는 간접적 방식이 있고, 독심술·텔레파시·초감각적 지각ESP과 같이 특별하고도 직접적인 접근 방식이 있다.

이제 이런 관계들을 더 자세하게 살펴보자. 어떤 분야에서는 생리적 지성이 주도권을 지니고 활동한다. 이런 지성은 예를 들어 호흡이나 소화흡수 같은 결코 멈추지 않는 과정을 관할한다. 다른 분야에서 그것은 우리가 어떤 행동을 달성하려 할 때처럼 의식적인 마음의 명령에 따라 작동한다. 그러나 우리가 원하는 목표에 도달하기 위해 근육, 내분비선, 신경과 혈관이라는 수단들을 쓰는 것은 아니며 쓸 수도 없다. 흉내 내기처럼 아주 단순한 행위도 생리적 지성에 의해 수행되는 위업의 비범한 특성을 잘 보여주고 있다. 앵무새가(부리·혀·목을 사용한다는 점을 기억하자) 말하는 사람의 입술·이빨·구개·성대로 일으키는 소리를 모방할 때 정확히 무슨 일이 일어나는 것일까? 기억되거나 즉각 인식된 어떤 사건을 모방하려는 의식적인 마음의 욕구에 대해 아직 완전히 이해되지 않는 방식으로 반응하면서, 생리적 지성은 수많은 근육들을 가동시켜 이들의 노력을 그처럼 정교한 기술로 조정하는데, 그 결과 원래의 것을 거의 완벽하게 모방한다.

---

54 PK 효과PK effect: 염력念力, psychokinesis

한낱 앵무새에 비할 바 아닌 수준에서 작동하는, 가장 고도의 재능을 지닌 인간의 의식적인 마음은 이와 비슷한 난이도의 문제가 주어지면 완전히 당황하고 말 것이다.

마음이 물질에 영향을 미치는 세 번째 방식의 한 예로 '신경성 소화불량'이라는 아주 친숙한 현상을 들 수 있겠다. 공포·부러움·분노·미움 같은 부정적 정서로 인해 의식적인 마음이 곤란을 겪으면 어떤 사람에게는 소화불량 증상이 나타난다. 이때 이런 정서들은 외부환경에 존재하는 사건이나 사람들을 향한다. 어쨌든 이런 정서들은 생리적 지성에 해로운 영향을 끼치고, 이런 혼란은 '신경성 소화불량'이라는 결과를 초래한다. 결핵과 위궤양부터 심장병, 치아부식에 이르는 다양한 신체질환은 바람직하지 않은 의식적 마음의 어떤 상태와 밀접하게 관련된다는 사실이 밝혀진 바 있다. 한편 모든 의사들은 조용하고 명랑한 환자가 불안하고 우울한 환자보다 회복 가능성이 훨씬 높다는 점을 알고 있다.

마지막으로 '비범한' 드러남에 해당하는, 아주 이상하지만 도외시하기 힘들 정도로 상당한 증거들이 그 존재를 입증하고 있는 현상인 신앙 요법faith healing과 공중부양을 살펴보자. 루르드[55]에서나 최면술사의 상담실에서 정확히 어떻게 믿음이 질병을 치료하는지, 또는 코페르티노의 성 요셉[56]이 어떻게 중력법칙을 무시할 수 있었는지 우리는 알 수가 없다. (그러나 가장 평범한 일상 활동들 속에서 마음과 몸이 연

---

55 루르드Lourdes: 성모마리아의 발현과 기적의 샘물로 유명한 프랑스의 가톨릭 순례지.
56 쿠페르티노의 성 요셉St. Joseph of Cupertino (1603~1663): 공중부양과 다양한 종류의 기적으로 유명한 이탈리아 출신의 가톨릭 성인.

관되어 있는 방식에 대해 우리가 더 이상 모르고 있지 않다는 점을 기억하
자) 마찬가지로 우리는 라인[57] 교수가 PK 효과라고 부른 방식에 대해
서도 알지 못한다. 그럼에도 불구하고 어떤 사람들의 정신적 상태가
주사위가 떨어지는 것에 영향을 줄 수 있다는 사실은 이제 의심의 가
능성을 넘어 확실한 것 같다. 실험실에서 PK 효과를 증명할 수 있고
통계적인 방법으로 측정할 수 있다면, 마음이 물질에 미치는 직접적
인 영향이 신체에서뿐만 아니라 저 밖에 있는 외부세계에서도 일어
남을 밝히는 산재된 일화적 증거에 대한 본질적 신뢰성이 눈에 띄게
증가할 것이다. 초감각적 지각도 마찬가지다. 그 분명한 예들이 일상
에서 끊임없이 일어나고 있다. 그러나 과학은 특정 사례, 고립된 예
를 다루는 데 있어서는 거의 무능력하다. 자신들의 방법론적인 부적
절성을 진리의 기준으로까지 끌어올리려고 애쓰는 가운데, 독단적인
과학자들은 한계 지어진 자신들의 역량이라는 경계를 넘어서는 모든
것들을 비현실적이고 거의 불가능한 것들이라고 낙인찍고 말았다.
그러나 ESP를 검증하기 위한 검사가 표준화된 조건에서 반복될 수
있다면, 이 주제는 가능성의 법칙이 포괄하는 범위 내에 놓일 것이며
(열광적인 반대자에도 불구하고) 과학적 체면을 어느 정도까지는 살릴
것이다.

꽤 솔직하고 간단하게 말해서, 이런 것들은 물질에 영향을 끼치는

---

57 조지프 라인Joseph Banks Rhine (1895~1980): 초능력과 심령현상의 과학적 연구를 지향한 미국
의 심리학자. 초감각적 지각(ESP)과 염력(PK)의 개념을 정립하고 이 분야를 초심리학
Parapsychology이라 명명.

마음의 역량과 관련해 우리가 마음에 대해 알고 있는 가장 중요한 것들이다. 우리 자신에 관한 이런 소박한 지식으로 우리가 거의 전적으로 무지한 상태인 신성한 대상에 관해 어떤 결론을 내릴 수 있을 것인가?

첫 번째로 창조에 관해 언급할 때, 인간의 마음이 신체 내부뿐만 아니라 외부에 있는 물질에 직접 영향을 줄 수 있다면, 우주에 내재하거나 이를 초월한 신성한 마음은 무형상의 물질이라는 기존의 혼돈에 형상을 부여할 수 있거나, 형상뿐만 아니라 질료도 생각을 통해 존재하게 만들 수 있다고 가정할 수 있다.

일단 창조되거나 신성으로 채워지면, 우주는 유지되어야 한다. 데카르트에 따르면 '우리가 시간의 성질이나 사물의 지속 기간을 고려할 때' 세상의 지속적인 재창조의 필요성이 분명해지는데, '왜냐하면 그것의 일부는 상호의존하지 않고 결코 공존하지도 않는 성질을 갖기 때문이다. 따라서 우리를 최초로 생성했던 어떤 원인이 우리를 끊임없이 재생하지 않는 한, 즉 우리를 보존하지 않는 한, 우리가 현재 존재한다는 사실로부터 다음 순간에도 존재할 것이라는 결론이 반드시 따라오지 않는다.' 사람과 하등동물에서 육체가 해야 할 바를 쉬지 않고 살펴보는 생리적 지성과 유사한 무언가를 우리는 우주적 수준에서 가지고 있는 것 같다. 이는 생리적 지성을 재창조하는 일반적인 로고스의 특정한 측면으로 보는 것이 타당할 것이다. 중국식 표현을 빌면, 그것은 살아있는 생명체 수준에서 드러나는 도道이다.

인간의 신체는 좋고 나쁜 마음상태의 영향을 받는다. 이와 마찬가지로 사물의 핵심에 존재하는 신성한 평정심과 선의를 지닌 존재는 왜 세상의 질병이 만성적일지라도 치명적이 되지 못하는지를 설명하는 한 가지 이유가 될 것이다. 악의, 이기주의, 반란에 사로잡힌 인간 의식을 넘어선 존재가 심령적psychic 우주에 있다면, 인간 행동에서 매우 과장되어 있으면서도 있을 성싶지 않은 사악함의 일부를 이것으로 설명할 수 있을 것이다.

우리 마음의 의지로 이루어진 행위는 생리적 지성과 신체라는 수단을 통해, 혹은 아주 예외적이면서도 한정된 정도이겠지만 PK처럼 비범하면서도 직접적인 수단을 통해서 이루어진다. 마찬가지로 우주를 유지하면서 끊임없이 창조하는 마음이 신성한 섭리의 의지로 이루어진 물리적 상황을 계획했을 것이다. 이 경우 섭리의 의지는 전적으로 자연스러운 수단을 통해 일하는 것 같다. 그렇지 않은 경우는 아주 예외가 되겠지만 신성한 마음은 마치 외부에서 온 것인 양 우주에 직접 작용할 수도 있다. 이 경우에 섭리의 작용과 은총의 선물은 기적으로 보일 것이다. 마찬가지로 신성한 마음은 유한한 마음과 선택적으로 소통할 수 있는데, 그 순간에 닿은 특정한 마음이 의미 있게 느끼는 방식으로 인간과 사물의 세계를 조작함으로써 소통하거나, 혹은 이심전심과 비슷한 무언가로 직접 소통할 수 있다.

에크하르트의 표현을 빌면, 창조주이면서 끊임없이 세상을 재창조하시는 신은 '생기는 동시에 생기지 않는다becomes and disbecomes.' 달리 표현하면, 신은 적어도 어느 정도는 시간의 제약을 받는다. 시간의 제약을 받는 신은 구약성경의 전통적인 히브리신이 갖고 있는 속성을 가질 수 있다. 혹은 현 세기의 어떤 철학적 신학자들이 묘사한 것과 같은 제한적인 신이거나, 그렇지 않으면 처음엔 세속적으로 시작하여 어떤 가상의 끝을 향해 영겁의 시간이 흐름에 따라 점점 더 신성해지는 창발적인emergent 신일 수도 있다. (그 움직임이 왜 줄어들고 나빠지는 것이 아니라 더 많아지고 좋아지는 쪽으로 일어나는지, 아래쪽으로 내려가거나 기복이 있기보다는 위쪽으로 향하는지, 돌고 도는 것이 아니라 앞으로 나아가는지는 실로 알 수가 없다. 전적으로 시간적인temporal 신, 그저 생겨남으로써 영원에 뿌리내리고 있지 않은 신이 영과 분리된 개별 마음처럼 왜 완전히 시간의 손에 좌우되지 않는 것인지 그 이유를 찾을 수 없는 것 같다. 생겨나는 신은 또한 생겨나지 않는 분이시기도 하며, 결국 승리하는 것은 생겨나지 않는 것이어서, 창발적 신의 최종 상태는 처음보다 나빠질 수 있다.)

시간에 속박된 다채로운 마음이 뿌리내리고 있는 근원은 단순하면서도 영원한 자각awareness이다. 우리 자신의 가슴을 순수하게 하고 영혼을 가난하게 함으로써 이런 자각을 발견하고 그것과 동일시할 수 있다. 우리는 영 안에서 신성한 바탕과 결합하는 앎을 가질 수 있으며 또한 그런 앎이 될 수 있다.

마찬가지로, 시간 속의 신은 형식을 벗어난 신성의 영원한 현재에 바탕을 두고 있다. 사물·생명·마음은 신성 안에서 자신들의 존재를 갖는다. 이들은 신을 통해서 생겨나는데, 그 최종점과 목적은 근본바탕인 영원으로 돌아가는 것이다.

영원한 불멸의 진리, 내 영혼으로 그대에게 간청컨대, 다음과 같이 여기라. 한 번도 들어본 적 없는 것을 붙잡으라. 신God과 신성Godhead은 천국과 땅처럼 뚜렷이 구분된다. 천국이 땅에서 수천 마일 떨어져 있는 것처럼 신성은 신 위에 있다. 신은 생기면서 생기지 않는다. 이런 설교를 이해하는 자에게 축복 있으라. 그러나 여기에 이해하는 자가 아무도 없다면, 나는 자선 헌금함에게라도 이것을 설교해야만 하리라.

에크하르트

성 아우구스티누스[58]처럼 에크하르트도 어느 정도는 자신의 문학적 재능의 희생자였다. "글은 그 사람이다le style, c'est l'homme." 의심의 여지가 없다. 그러나 그 반대 또한 부분적으로 진실이다. 사람이 곧 글이다. 우리는 특정한 방식으로 글을 쓰는 재능을 가졌기 때문에 어느 정도는 우리 자신의 글쓰기 방식으로 변하는 것을 알게 된다. 우리 스스로를 특정 수사법과 유사하게 만들어간다. 에크하르트는 독일 산문 창시자의 한 사람으로, 새로이 발견한 강한 어조를 숙달함으로써 스스로를 극단적인 위치에 두는, 교리적으로는 강력한 힘을 가진 지나치게 강조하는 어조의 문장이 표현하는 이미지가 되려는 유혹을 받았다. 앞의 언급으로 인해 사람들은 그가 베단타 학자들이 브라흐만에 관한 '하부lower 지식'으로 불렀던 것을 모든 사물들의 절대적 바탕이 아닌 인격신으로서 폄하했다고 믿을 수도 있다. 사실 그는 베단타 학자들처럼 하부 지식을 진정한 지식으로 수용했고, 인격신에 대한 헌신을 신성과 결합하는 앎을 위한 최선의 준비과정으로 간주했다. 베단타, 대승불교, 그리스도교와 수피 신비주의의 '속성 없는 신성attributeless Godhead'은 인격신과 그 화신이 소유한 모든 속성의 근본바탕이라는 점을 기억할 필요가 있다. "선한

---

58 성 아우구스티누스St. Augustine (또는 Augustine of Hippo, Sanctus Aurelius Augustinus, 354~430): 신의 은총을 통한 구원을 강조하고《고백록》《삼위일체론》등 많은 저술과 달변으로 서양철학과 그리스도교의 발전에 큰 영향을 끼친 4세기 그리스도교 신학자·사상가. 로마령 아프리카의 도시 히포Hippo의 주교. 서방교회의 4대 교회박사 중 한 사람.

것은 신이 아니라 나다"라고 에크하르트는 격렬하면서도 과장된 방식으로 말하였다. 그 말의 진정한 의미는 '나는 그저 인간적으로 선하고, 신은 뛰어나게 선하다. 신성은 존재하며, 그의 존재함isness(에크하르트의 독일식 표현으로는 istigkeit)은 선·사랑·지혜와 모든 나머지 것들을 그 본질과 원리로써 함유하고 있다'이다. 그러므로 영원의 철학을 옹호하는 사람들에게 '신성'이란 이론적인 형이상학에서 말하는 단순한 절대(자)가 결코 아니라 인격신이나 그 신의 인간적 화신보다 더 순수하며 완전한 무엇, 더 경건하게 숭앙해야 할 무엇, 그 존재를 향해 가장 강렬한 헌신을 느끼는 것이 가능하며 그와 관련해서는 모든 그리스도교적 권위가 부과하는 것보다 더 고되고 부단한 훈련을 할 필요(인간의 최종 목적인 신과 결합하는 앎에 도달하려면)가 있는 무엇이다.

우리 이성에 따르면 신과 신성, 활동과 휴식은 서로 뚜렷하게 구별된다. 인간의 풍요로운 본성은 살아 움직이는 구별됨 속에서 활동한다. 그러나 단순한 신의 존재는, 그 본성에 따르면 신의 영원한 휴식이며 모든 피조물의 영원한 휴식이다.

로이스부르크

(신과 결합하는 앎을 얻은 신비가들이 말하는 실재에서 볼 때) 우리는 성부·성자·성령에 대해서도, 어떤 피조물에 대해서도 언급할 수 없다. 오로지 신성한 인간들의 바로 그 본질인 하나의 존재만을 언급할 수 있을 뿐이다. 창조되기 이전에는 우리 모두 하나였으며, 이것이 우리의 최상의 본질super-essence이다. 거기에서 신성은 모든 활동에서 벗어난

채로 순수한 본질 속에 존재한다.

로이스부르크

신성한 신앙의 빛은 너무나 순수해서 특정한 빛은 거기에 비해서 불
순하기만 하다. 성인들, 축복의 마리아라는 관념, 인간의 모습을 한 예
수 그리스도의 목격조차도 순수한 신을 보는 데는 걸림돌이 된다.

J. J. 올리에[59]

반反종교개혁의 신봉자인 독실한 가톨릭 신자의 표현이라 하더라
도 이런 식의 표현은 다소 놀랍다. 그러나 성인다운 삶을 살았으며,
17세기에 가장 영향력 있는 종교적 스승 중 하나인 올리에는 여기서
그동안 도달한 사람이 거의 없는 의식의 상태에 대해 말하고 있다.
평범한 수준에 있는 사람들에게 그는 다른 형태의 앎을 추천하였다.
예를 들어 십자가의 성 요한이나 그 밖의 순수 신비주의 신학의 옹호
자들에 대한 교정의 수단으로, 그는 회개하는 사람들 중 하나에게 화
신化身이나 심지어 신의 생리학적 측면에 대한 성 거트루드[60]의 계시
를 읽어보라고 권하였다. 가톨릭과 인도의 영혼의 안내자들 대부분
도 마찬가지지만, 올리에의 의견에 따르면 신성한 근본바탕의 인격

---

59 장 자크 올리에Jean-Jacques Olier (1608~1657): 프랑스의 가톨릭 사제이자 쉴피스회Sulpician 설
립자.
60 성 거트루드Gertrude the Great (1256~1302): 독일 베네딕트회 수녀·신비가·신학자. 다양한 학
문에 능통했으나 25세 때 예수 그리스도의 발현을 체험한 후 세속적 학문에 흥미를 잃고 신학공부
와 영성 생활에 전념. 다양한 계시와 함께 신 또는 그리스도와의 합일을 체험했지만, 신비주의자
들에게 흔히 나타나는 과장된 감정이나 상상에 빠지지 않고 영적 체험을 항상 성경에 비추어 해석.
가톨릭 성인 가운데 최초로 예수 성심Christ's heart에 대한 공경을 실천함.

적이면서도 화신적인 측면만을 이해하는 사람들에게 형상 없는 신을 숭배하도록 추천하는 것은 어리석을 뿐이다. 이는 아주 합리적인 태도지만, 이런 태도를 취하는 데에는 항상 특정한 영적 위험과 불이익이 따를 수 있다는 사실을 분명하게 기억한다면 이에 부합하는 방침을 채택하는 것이 마땅하다. 이런 위험성과 불이익의 성질에 대해서는 다른 부분에서 그 예를 들어 가며 논의할 것이다. 현재로서는 필로의 경고 섞인 표현을 인용하는 것으로 충분하다. "신은 어떤 속성을 갖고 있으며 일자가 아니라고 생각하는 자는, 신뿐만 아니라 그 스스로를 모독하는 것이다."

> 그대는 신이 아니고, 근본 영이 아니며, 사람이 아니고, 이미지가 아닌 신을 사랑해야 한다. 그분은 모든 둘인 것two-ness과는 다른, 완전하고 순수한 절대적 일자One로서, 그분 안에서 우리는 무nothingness에서 무로 영원히 가라앉아야 한다.
>
> 에크하르트

에크하르트가 순수한 일자, 우리가 무無에서 무로 가라앉아야 하는 절대적인 '신 아님not-God'이라고 묘사한 것을 대승불교에서는 '공의 청정한 빛Clear Light of the Void'이라고 부른다. 다음의 글은 죽음에 처해 있는 사람에게 티베트 승려가 전한 문구의 일부다.

> 오, 성스럽게 태어난 자여, 이제 그대는 길을 찾아야 할 때가 왔다. 그대의 호흡이 멈추려고 한다. 지금까지 그대의 스승은 그대에게 청정한 빛을 직면하게 해주었다. 이제 그대는 바르도Bardo 상태(죽음 직후에

나타나는 '중간상태'로 그곳에서 영혼이 심판대에 서거나 지상에서의 삶 동안
에 형성되었던 성격에 따라 어떤 사후의 삶을 살 것인지 선택함으로써 스스로
판단한다)에서 그것을 실재로써 경험하게 될 것이다. 이런 바르도 상태
에서 모든 것은 구름 한 점 없는 하늘처럼 될 것이며, 티 없이 깨끗한
지성Intellect은 테두리나 중심이 없는 투명한 공_空에까지 이른다. 이 순
간에 그대 자신을 알고 그 상태에 머물라. 이 순간 나 또한 그대와 마주
하고 있을 것이다.

《티베트 사자의 서》

더 과거로 거슬러 올라가 초기의 한 《우파니샤드》에서는 전통적으
로 절대적 일자를 초본질적인 무_無로 서술한 것을 볼 수 있다.

브라흐만의 중요성은 "아니다, 아니다neti neti"로 표현될 수 있다. 왜
냐하면 그것이 아니다라고 말하는 너머에는 아무것도 존재하지 않기
때문이다. 그러나 그것의 이름은 '현실의 실재the Reality of reality'이다.
즉 감각들은 현실real이고, 브라흐만은 그들의 실재Reality이다.

《브리하다란야카 우파니샤드》[61]

달리 말해서 현실real에는 위계질서hierarchy가 있다. 우리의 일상경
험이 일어나는 여러 세계는, 그 자체의 수준에서는 의심의 여지가 없
는 상대적 실재relative reality와 함께하는 현실이다. 그러나 이런 상대

---

61 브리하다란야카 우파니샤드Brihad Aranyaka Upanishad: 아트만에 대해 상세히 언급하고 있는 대
표적인 우파니샤드. 총 6장 47편으로 다른 우파니샤드에 비해 대단히 분량이 많음.

적 실재는 절대적 실재 속에, 그리고 그 영원한 본질의 비교할 수 없는 다름 때문에 비록 우리가 곧장 파악할 수는 있더라도 결코 말로 설명할 수는 없는 절대적 실재로 인해 존재한다.

다음의 인용문은 역사적 의미가 굉장히 크다. 왜냐하면 이것이 주로 《신비신학Mystical Theology》과 《신성한 이름Divine Names》을 남긴 5세기의 저자를 통해 전해졌기 때문인데, 그는 아레오파고스의 디오니시우스[62]라는 이름을 통해 중세의 그리스도교 세계가 신플라톤주의와 접촉했고 그러므로 몇 단계 나아가면 인도의 형이상학적 사상과 훈련법과도 접촉하여 형성되었다고 적었다. 9세기에 스코투스 에리게나[63]는 이 두 권의 책을 라틴어로 번역했고, 그때 이후로 이 책들은 서구의 철학적 사색과 종교적인 삶에 넓고 깊고 유익한 영향을 끼쳤다. 의식·율법주의·교회 조직에 주로 관심을 갖는 사람들의 위협을 받을 때마다(언제나 그런 위협이 있었다), 영원의 철학을 신봉하는 그리스도교인들이 호소한 것은 아레오파고스 법정의 판사Areopagite라는 그 권위였다. 디오니시우스는 성 바울St. Paul의 첫 번째 아테네 개종자로 잘못 알려져왔기 때문에, 그의 권위는 거의 열두 사도처럼 간주되었다. 따라서 가톨릭의 규칙을 따른다면, 그런 호소는 그 책들을 가치 없다고 여기는 사람들조차도 가볍게 무시할 수 있는 것이 아니

---

62 아레오파고스의 디오니시우스Dionysius the Areopagite (또는 디오니시우스 아레오파기타, 5세기 후반~6세기 초): 통칭 '위僞 디오니시우스'. 시리아 출생으로 추정되는 익명의 신학자·철학자. 그리스도교 사상과 후기 그리스철학이 융합된 《신비신학》 등의 저술을 통해 그리스도교 신비 전통에 큰 영향을 끼침. 신약성경 〈사도행전〉에서 바울에 의해 개종한 것으로 알려진 그리스 아테네 '아레오파고스 법정의 판사Areopagite'인 디오니시우스(1세기경 인물)의 이름을 필명으로 사용하여 저술을 남김.

63 스코투스 에리게나Scotus Erigena (810~877): 아일랜드 출신의 신학자이자 번역가.

었다. 미칠 듯한 기이함에도 불구하고, 디오니시우스의 길을 따르는 사람들은 용납되어야 했다. 그리고 일단 성령의 열매를 맺을 수 있도록 해주자, 그들 중 다수가 눈에 띌 정도로 성스러운 경지에 도달했는데, 스페인 종교재판[64]의 수장들조차도 그런 결실을 맺은 나무를 비난하는 것이 불가능해졌다.

신성한 진리의 단순하고 절대적이며 변치 않는 신비가, 은밀하게 드러나는 그 침묵의 엄청나게 빛을 발하는 어둠 속에 감추어져 있다. 이 어둠은 가장 깊지만 눈부시게 투명하며, 만질 수도 볼 수도 없지만 초월적인 아름다움의 장엄함으로 눈 뜨고도 볼 수 없는 우리의 마음을 채운다…

우리는 이 투명한 어둠 속에 안주하기를 간절히 바란다. 보지 못하고 알지 못함을 통해서, 보지도 알지도 못한다는 바로 그 사실로 인해, 시각과 앎을 넘어서 있는 그분을 본다. 왜냐하면 이것이야말로 진실로 보고 아는 것이며, 모든 것을 포기함으로써, 모든 것을 넘어서고 초월해 있는 그분을 찬양한다. 왜냐하면 이것은 생명과 닮은 이미지를 돌멩이에 새겨넣는 사람의 기술과 다르지 않아서, 잠재된 형상의 분명한 모습을 방해하는 주변의 온갖 것을 제거하여, 오로지 제거함으로써 그 숨겨진 아름다움을 드러내기 때문이다. 내 믿음에 따르면, 찬미보다는 제거를 통해 그분을 찬양하는 것이 더 적합하다. 왜냐하면 우리는 보편적인

---

64 스페인의 종교재판(1478~1834): 로마 가톨릭에 의한 스페인의 종교적 통일을 내걸고 페르디난도 왕과 이사벨 여왕에 의해 스페인에서 시작된 대규모 종교 탄압. 이단異端에 대한 가혹한 심판과 처벌로 약 400년 동안 종교의 자유를 억압하고 많은 유대인을 학살했으며 유럽의 종교적 박해를 확산시킴.

것에서 시작해서 중간단계를 거쳐 특정한 것으로 내려올 때 온갖 속성들을 그분께 돌리기 때문이다. 그러나 이때 우리는 특정한 것에서 보편적인 것에 이르기까지 그분으로부터 모든 것을 제거함으로써, 알 수 있는 모든 사물 속에, 그리고 그 아래 감추어진 미지의 것을 숨김없이 알 수 있다. 그러면 우리는 존재 너머에 있는, 자연스러운 모든 빛 아래 감추어진 그 어둠을 본다.

위僞 디오니시우스

상식으로 보는 세상은 연속적이면서도 추정컨대 인과적으로 연결된 무수한 사건들로 구성되어 있으며 여기에는 무한한 수의 분리된 개별 사물들, 생명들, 생각들, 질서 잡힌 우주라고 할 수 있는 것을 구성하는 전체가 포함되어있다. 인간의 언어가 발달되어온 것은 이런 상식적 우주를 서술하고 논하며 관리하기 위해서다.

어떤 이유에서든 상식에서 벗어나 세상을 연속체로 생각하고 싶을 때마다, 우리의 전통적인 문법과 단어가 매우 부적절함을 알게 된다. 그러므로 수학자들은 이것을 표현하기 위해 근본적으로 새로운 상징체계를 고안할 수밖에 없었다. 그러나 모든 존재의 신성한 근본바탕은 하나의 연속체일 뿐 아니라 시간에서 벗어나 있으며, 그 정도뿐 아니라 그 종류에 있어서도 전통적인 언어와 수학 언어에 적합한 세상과는 다르다. 그러므로 영원의 철학을 기술하는 모든 설명에는 역설, 언어적 과장, 때로는 신성모독처럼 보이는 표현이 빈번하게 나타난다. 신성한 근본바탕과 그 현현으로 생각할 수 있는 세상에 대해 일관성 있게 말할 수 있는 영적 미적분학Spiritual Calculus을 창안한 사람은 지금까지 아무도 없었다. 그러므로 현재로서는, 경험의 한 상태를 그것과 별개이고 꽤 다른 상태의 사실들에 적합한 어떤 상징체계로 묘사할 수밖에 없는 사람들의 언어적 이질감을 참아내야만 한다.

그렇다면 영원의 철학을 충분히 적절하게 표현하는 일과 관련해서는 결국 해결할 수 없는 의미론적 문제가 있음을 알 수 있다. 이것은 그 명확한 표현들을 읽는 모든 사람들이 지속적으로 명심해야 할 사실이다. 오직 이런 방식으로만 우리는 지금껏 이야기해온 것을 아주 약간이라도 이해할 수 있게 될 것이다. 예를 들어 초월적이면서 내재적인 존재의 근본바탕에 관한 부정적 정의를 생각해보자. 에크하르트의 진술에서처럼 신은 무nothing와 동일하다. 어떤 의미에서 그 등식은 정확하다. 왜냐하면 신은 분명 어떤 것도 아니기 때문이다. 스코투스 에리게나가 사용한 표현을 빌면 신은 어떤 무엇이 아니다. 달리 말해서 근본바탕은 거기에 존재하는 것으로 나타낼 수 있을 뿐, 어떤 특징들을 가진 것으로 정의할 수는 없다. 근본바탕에 관한 논변적인 앎은 모든 추론적인 지식과 마찬가지로 직접적인 앎의 실재로부터 단지 한 단계 또는 여러 단계 떨어져 있는 무언가가 아니라는 의미이다. 우리의 언어와 표준적인 사고방식의 성질 때문에, 이것은 역설적인 앎이며 또 그래야만 한다. 근본바탕에 대한 직접적인 앎은 합일union을 통하지 않고서는 얻을 수 없으며, 합일은 오직 '그것'으로부터 '그대'를 분리하고 있는 장벽인 이기적인 에고를 소멸함으로써만 달성될 수 있다.

3
성격, 거룩함, 신성한 화신
Personality, Sanctity, Divine Incarnation

라틴어가 어원인 영어 단어들은 지적·도덕적·미적 '세련미'
를 담고 있는 경향이 있다. 보통 앵글로색슨어에서는 이런 경향
을 발견할 수 없다. 예를 들어 'Maternal'은 'motherly(어머니 같
은)'와 동일한 의미를 가지며 'intoxicated'는 'drunk(취한)'와 동
일한 의미를 가진다. 그러나 미묘하지만 중요한 차이가 있다.
셰익스피어가 우스꽝스러운 인물에 이름붙일 필요가 있었을 때,
그가 선택한 것은 토비아스 이럭테이션 기사Cavalier Tobias Eructation
가 아닌 토비 벨치 경Sir Toby Belch[65]이었다.

'Personality(성격)'라는 단어는 라틴어에서 파생되었으며, 거기에
담겨진 뜻들은[66] 아주 고상하다. 독특한 언어학상의 이유 때문에 '성
격'에 해당하는 색슨족의 단어는 거의 사용되지 않았다. 얼마나 안타

---

65 셰익스피어의 《십이야Twelfth Night》에 등장하는, 장난을 좋아하는 술고래 기사의 이름. 예시된
두 이름은 의미상 동일하지만, 앞의 이름이 라틴어 식으로 표기된 것.

까운 일인지. 트림을 의미하는 말로 현재 'eructation' 대신 'belch'가 사용되듯, 그 단어를 사용했더라면 일부 영어를 쓰는 철학자·도덕주의자·신학자들이 최근에 그랬듯이 그 내포된 내용에 대해 사람들이 그처럼 경건하게 소란을 떨었을까? 우리는 'Personality'를 우리가 알고 있는 현실에서는 가장 좋은 형태라고 계속 확신하고 있다. 'Personality' 대신에 게르만족 계열의 동의어인 'selfness'라는 단어를 사용했다면 이런 확신을 하거나 받아들이는 데 있어서 사람들이 두 번 다시 생각이나 할까? 왜냐하면 그 의미는 정확히 같아도 'selfness'는 'Personality'가 수반하는 상류층의 어감을 담고 있지 않기 때문이다. 오히려 그 주된 의미가 우리에게는 깨진 종의 음색처럼 불협화음으로 다가온다. 왜냐하면 영원의 철학을 옹호하는 모든 이들이 끊임없이 주장하듯이, 분리된 자아separate self라는 인간의 강박의식과 존재에 대한 고집은 신과 결합하는 앎에 있어서 가장 강력한 마지막 장애이기 때문이다. 그들에게 있어 자아로 존재한다는 것은 원죄이며, 느낌·의지·지성에 있어서 자아의 죽음은 모든 것을 포함하는 최종적인 덕목이다. 'selfness'라는 단어의 발음과 연결된 기억은 그것과 연결된 좋지 않은 어감을 불러일으킨다.

　'Personality'가 갖고 있는 지나치게 호의적인 의미는 부분적으로는 본질적으로 경건한 라틴어풍에 있을 뿐 아니라 삼위일체의

---

66 Personality: 성격·인격·개성·사람·특성·풍취 등의 의미이며, 개인을 특징짓는 육체적·심리적·환경적 요인을 모두 포함하는 전체적 속성. 라틴어 'Persona(연극배우들이 쓰던 가면)'에서 유래. 이는 개인이 쓰는 사회적 가면 또는 사회적 얼굴을 의미하며, 나아가 인생이라는 무대의 배우인 각각의 개인, 외적 인격, 이성과 의지를 가진 독립된 행동의 주체, 타자와의 관계를 내포한 상호주체적 존재 등을 지칭하게 됨. through(통하여)라는 의미의 'per'와 speak·sound(말하다·소리내다)라는 의미의 'sonare'가 조합된 말.

'Persons(위격位格)'에 관한 언급을 회상하게 함으로써 생긴다. 그러나 삼위일체의 성부·성자·성령은 우리에게 일상적으로 친숙한 살과 피로 구성된 사람과는 아무런 공통점이 없다. 말하자면 우리 스스로와 동일시해야만 하고 그럴 의도도 갖고 있는, 그러나 우리 대부분은 분리된 자아selfness를 선호해서 무시하는 '내재하는 근본 영indwelling Spirit' 이외에는 아무것도 아니다. 신을 덮어 가리는 반反영성적인 이런 자아에게, 근본 영인 신에게 적용되는 것과 동일한 명칭이 부여된다는 것은 솔직히 말해 불행한 일이다. 그런 식의 모든 오류와 마찬가지로, 이는 다소 불분명하고 잠재의식적 방식으로 자발적이며 의도적일 것이다. 우리는 우리의 자아를 사랑하며 우리의 사랑이 정당화되길 바란다. 그러므로 우리는 자아에게 신학자들이 성부·성자·성령에게 적용한 것과 동일한 이름을 부여하였다.

이제 그대는 그대 자신의 존재에 관한 이 적나라한 앎과 느낌을 어떻게 없앨 수 있는지 나에게 묻는다. 왜냐하면 아마도 그것이 없어지면 다른 모든 장애들도 없어질 거라고 생각하기 때문일 것이다. 그렇게 생각한다면 그대는 실로 올바르게 생각하고 있는 것이다. 이런 질문에 나는 이렇게 그대에게 대답하노라. 신이 자유로이 주신 충분하고도 특별한 은총 없이는, 그대에게 이런 은총을 받을 수 있을 만큼 완전히 합치하는 역량ableness이 없이는 그대 존재에 관한 적나라한 앎과 느낌을 결코 없애지 못할 것이다. 이런 역량은 다름 아닌 강하고 깊은 영적인 슬픔이다…

모든 인간은 슬퍼할 일을 갖고 있지만, 자신이 존재한다는 점을 알고 느끼는 데서 오는 슬픔을 가장 특별하게 느낀다. 이런 슬픔에 비하면 다른 모든 슬픔은 실로 유희와 같다. 그 자신이 무엇인가 하는 것뿐만 아니라 자신이 존재한다는 사실을 알고 또 느낌으로써, 그는 진정으로 슬퍼질 수 있기 때문이다. 이런 슬픔을 전혀 느끼지 못하는 사람에게는 슬픔을 느끼게 하라. 왜냐하면 그는 아직도 완전한 슬픔을 느끼지 못했기 때문이다. 슬픔을 느끼는 경우 이 슬픔은 그의 영혼, 죄악, 죄를 지음으로써 받아야 할 고통을 씻어낸다. 또한 그 슬픔으로 인해 영혼은 기쁨을, 자신의 존재에 관한 모든 앎과 느낌을 빼앗아가는 기쁨을 얻을 수 있다.

진실로 마음에 품고 있는 이런 슬픔은 성스러운 욕망으로 가득 차있다. 그렇지 않다면 인간은 이 삶에서 그것과 함께 살거나 그것을 견디지 못할 것이다. 올바른 일을 통해 영혼이 어떤 종류의 안락을 어느 정도 제공받지 못한다면 인간은 자기 존재에 대한 앎과 느낌을 통해 가지는 그 고통을 견딜 수 없기 때문이다. 영spirit의 순수함 속에서(여기here일지도 모르지만) 신을 진실로 알고 느낄 때마다, 그러고는 그렇게 되지 않을 수 있다고 느낄 때마다, 그는 거의 슬픔으로 미쳐간다… 왜냐하면 자신의 앎과 느낌이 마치 오염되고 악취를 풍기는 육체덩어리, 그가 신의 완전한 제자가 되려면 항상 미워하고, 경멸해야 할 뿐 아니라 완전함의 정점에 계신 신께서 용서하시고 가르쳐야 할 육체덩어리로 채워진 것을 더 많이 알게 되기 때문이다.

모든 영혼은 이런 슬픔과 이런 욕망을 갖고 느껴야만 한다(이런 식으로 혹은 다른 식으로). 신께서 자신의 영적 제자들을 그분의 선의에 따라 그리고 신체와 영혼의 정도와 기질에 있어 그에 상응하는 역량에 따라 완전한 자비로 그들이 신과 완벽하게 하나가 될 때까지 가르치시길 허락하셨기 때문이다. 만일 신께서 허락하신다면 여기에서 그것이 이루어질 것이다.

《무지의 구름》[67]

'순수한 영 안에서 신을 진실로 알 수 있기' 전에 그토록 열심히 참회하고 완전히 죽어야 하는 이 자아 혹은 성격이 갖고 있는 '악취를 풍기는 육체덩어리'의 성질은 무엇인가? 흄[68]이 세운 가설은 가장 빈약하면서 모호하다. 그는 "인간은 상상할 수 없을 만큼 빠른 속도로 영원히 유동하면서 연속적으로 움직이는 상이한 지각의 다발 혹은 집합에 불과하다."고 말하였다. 불교도들도 거의 비슷하게 대답하는데 이들의 무아無我 교리는 경험의 끊임없는 변화와 다양한 심리-생리적인psycho-physical 온蘊(흄의 '다발bundles'과 상응)의 배후에 존재하는 어떤 영원한 영혼도 부정한다. 흄과 불교도들은 활동하는 자아 selfness in action에 관해 현실적으로 충분히 설명하고 있지만 그들은 이런 다발들이 어떻게 혹은 왜 다발이 되었는지는 설명하지 못한다. 경험을 구성하는 원자들이 스스로 모여든 것일까? 만일 그렇다면 왜, 어떤 수단으로, 어떤 종류의 비공간적인 우주 속에서 그렇게 된 것일까?

무아의 차원에서 이런 질문들에 그럴듯하게 대답하는 일은 매우 어려워서 우리는 그 교리를 어쩔 수 없이 포기하고, 끊임없는 변화의

---

67 무지의 구름The Cloud of Unknowing: 14세기 후반 익명의 수도사에 의해 쓰인 것으로 전해지는 영국 그리스도교 산문의 걸작 중 하나. 신과 사람 사이를 가로막는 장애를 '무지의 구름'으로 묘사.

68 데이비드 흄David Hume (1711~1776): 영국 경험론을 완성한 스코틀랜드 태생의 철학자·역사가·정치가. 인간 본성의 원리 탐구와 인과관계의 객관적 필연성에 대한 의문 제기 등으로 근대 '주체철학'을 해체하는 등 칸트를 비롯한 근대의 사상가들에게 많은 영향을 끼침.

배경과 그 다발 속에는 어떤 영원한 영혼이 존재하며 이를 통해 경험이 조직되고 그 조직된 경험을 이용하여 특정하면서도 유일한 성격이 된다는 생각을 선호하게 되었다. 이것은 정통 힌두교의 견해로서, 불교도들의 생각은 여기에서 분리되어 나왔으며, 아리스토텔레스 시대부터 현재에 이르기까지 거의 모든 유럽식 사고들이 갖고 있는 견해이기도 하다. 대개의 현대 사상가들은 정신과 육체가 상호작용한다는 이분법, 혹은 특정한 모습으로 육화된 자아 속에 이 두 요소들이 분리할 수 없는 전체를 이룬다는 견지에서 인간의 본성을 설명하려고 노력하는 반면, 영원의 철학 옹호자들은 인간은 어떤 형태이든 신체, 마음, 영spirit으로 구성된 일종의 삼위일체 구조라고 단언한다.

자아 혹은 성격은 첫 두 요소의 산물이다. 세 번째 요소, 에크하르트가 '창조되지 않고 창조될 수도 없는quidquid increatum et increabile'이라고 불렀던 요소는 모든 존재의 근본바탕인 신성한 근본 영과 유사하거나 실제로 동일하다. 인간의 최종 목표, 그의 존재의 목적은 내재적이면서도 초월적인 신성을 사랑하고 알며 그것과 결합하는 것이다. 자아와 영적인 비자아not-self와의 이런 동일시는 자아에 대해 '죽고' 영spirit에 대해 삶으로써만 성취될 수 있다.

인간에게 자아self와는 다른 무언가가 존재하지 않는다면, 무엇이 자아를 부인할 수 있단 말인가?

윌리엄 로

인간은 무엇인가? 천사, 동물, 공void, 세계, 신으로 둘러싸인 무, 신의 결손, 신이 될 수 있고, 신으로 충만해질 수 있는 존재. 원하기만 한다면.

베륄[69]

신과 결합한 삶의 정반대인 피조물로서의 분리된 삶은 다양한 식욕, 굶주림, 욕구의 삶일 뿐이며 그 밖에 어떤 것일 수가 없다. 신 그분은 스스로 존재하는 피조물, 그 자신의 본성을 갖고 있는 피조물, 비어있는 상태에 불과한 피조물을 만들 수 없다. 자연 그대로인 피조물이 이끄는 최상의 삶은 이 이상 높이 올라갈 수 없다. 그런 삶은 선을 향한 약간의 역량이 있을 뿐이며, 신 안에서 거주하고 신과 결합된 삶이 아니라면 선하고 행복한 삶이 될 수 없다. 선하고 완전하며 행복한 모든 피조물은 이런 이중의 삶을 반드시 통합시켜야 한다.

윌리엄 로

경전들은 인간에 대해 외적인outward 인간과 내적인inner 인간이 존재한다고 말한다.

영혼에 의지하지만 육체와 관련되어 있고, 육체나 눈·귀·혀·손 등과 같은 몇 가지 부위의 상호 협조적인 기능들과 조합된 것들은 외적인 인간에 속한다. 경전은 이 모두를 낡은 인간, 세속적 인간, 외적인 인간, 적, 노예라고 말한다.

우리 모두의 내면에는 다른 사람, 내적인 인간이 존재하는데, 경전은

---

69 피에르 드 베륄Pierre de Bérulle (1575~1629): 프랑스 가톨릭의 추기경이자 정치인. 17세기 프랑스의 대표적인 영성가 가운데 한 사람으로, 사촌이자 신비주의자인 마담 아카리와 함께 프랑스 카르멜 수도원을 창립했고 다시 독자적인 프랑스 오라토리오회를 설립하여 신학교육을 장려하는 등 성직자 공동체와 교육 개혁에 큰 영향력을 행사함.

이 인간을 새로운 인간, 천상의 인간, 젊은 사람, 친구, 고귀한 사람이
라고 부른다.

에크하르트

신의 씨앗이 우리 안에 존재한다. 열심히 노동하는 현명한 농부에게
씨앗이 주어지면 그것은 번성해서 신을 향해 자라난다. 따라서 그 열매
는 신의 성질을 닮을 것이다. 배의 씨는 배나무로, 도토리는 도토리나
무로, 신의 씨앗은 신으로 성장한다.

에크하르트

의지는 자유로워서, 우리는 우리 존재를 자유롭게 동일시할 수 있
다. 내재하는 근본 영Spirit 및 초월적인 신성과는 관계없는 것으로 간
주되는 우리 자아selfness와 자아의 이익에만 전적으로 동일시할 수도
있고(그런 경우 우리는 저주를 받거나 사악해질 것이다), 우리 안과 밖의
신성과 전적으로 동일시할 수도 있으며(이 경우 우리는 성인이 될 것이
다), 어떤 순간이나 맥락에서는 자아와, 다른 순간과 맥락에서는 영
적인 비자아not-self와 동일시할 수도 있다(이 경우 완전히 길을 잃어버
리기에는 신 중심적이고, 깨달음과 완전한 해탈에 이르기에는 에고 중심적
인 평균적인 시민이 된다).

신과 결합하는 앎에서 벗어나서는 인간의 갈망을 결코 충족시킬
수 없고, 심신체mind-body는 엄청나게 다양한 경험을 할 수 있기 때문
에, 우리는 거의 무한에 가까운 가능한 대상과 스스로를 동일시할 수
있는 자유가 있다. 폭식, 무절제, 관능의 즐거움, 금전, 권력, 명성, 우
리 자신의 자아의 소유물이거나 실제로는 그 연장과 투사인 가족, 우

리의 소유물과 가재도구들, 우리의 취미, 우리의 수집물, 우리의 예술적 혹은 과학적인 재능, 선호하는 어떤 지식분야, 매력적인 어떤 '특별한 주제', 우리의 직업, 우리의 정치적 정당, 교회, 우리의 고통과 질병, 성공이나 불행에 대한 우리의 기억, 우리의 소망, 공포, 미래에 대한 계획, 마지막으로는 그 속에서 또 그로 인해 나머지 모든 것들이 그 존재를 갖는 영원한 실재eternal Reality가 그 예가 된다. 물론 우리는 자유로이 이들 중 하나 혹은 그 이상과 동시에 혹은 연속적으로 동일시할 수 있다. 그러므로 가능할 것 같지 않은 놀랍도록 수많은 성질의 조합이 복잡한 성격을 형성한다. 따라서 한 사람이 극도로 교활한 정치인인 동시에 스스로의 말솜씨에 속는 얼간이일 수 있으며, 술과 돈을 향한 열정을 지니는 동시에 여성에 대해 진보적인 작가의 시詩와 어린 소녀 및 자신의 어머니를 향해 동일한 열정을 지니기도 하고, 경마와 탐정소설 그리고 자신이 소유한 지역의 재물에 열정이 있으면서도 이 전부에 수반되는 지옥의 불에 대한 은밀한 공포를 가지며, 스피노자를 혐오하면서도 일요일 교회에는 완벽하게 출석할 수 있다.

어떤 심리-생리적인 구조를 갖고 태어난 사람은 어느 한 부류의 관심사나 열정과 동일시하기 쉬운 반면, 다른 기질을 갖고 태어난 사람은 매우 다른 동일시를 원한다. 그러나 기질적인 편향이 강하게 드러날 경우 매우 강력하지만, 이런 유혹에 굴복해야만 하는 것은 아니다. 사람들은 그런 유혹들에 저항할 수 있고 저항하기도 한다. 자신들에게는 아주 쉽고 자연스러운 것들과 동일시하는 것을 거부할 수 있거나 실제로 거부하고, 그들 자신보다 아주 다른 사람이 되거나 더 나아질 수 있고 실제로 그렇게 되기도 한다. 이런 맥락에서 보면《하퍼스 매거진》 최근호에 실린 〈인간은 위기에 어떻게 행동하는가〉에 관한 다음의 간단한 글이 아주 의미심장하다.

영국 제 8 공군 다섯 개 전투임무에서 의료진 입회인으로 참가한 한 정신과의사가 말하기를, 엄청난 스트레스와 위험에 처한 인간의 경우 정상적인 상황에서는 성격이 서로 다름에도 불구하고 아주 일률적으로 반응하기 쉽다는 것이다. 그는 한 임무 수행에 동참했는데, 그동안 B-17 비행기와 그 승무원들은 아주 심각하게 상해를 입어 생존이 거의 불가능해보였다. 그는 승무원들의 '지상에서의' 성격을 연구했으므로 그들의 인간유형이 다양하다는 사실을 이미 알고 있었다. 위기상황 때 그들이 보인 행동에 대해 그는 다음과 같이 보고하였다.

"그들의 반응은 놀랍도록 똑같았다. 격렬한 전투와 그동안에 일어난 극심한 비상사태 때 그들은 모두 조용하고 정확하게 인터폰으로 소통했으며 행동이 단호했다. 전투 초기에 후미사수, 우측사수, 항해수가 심각한 부상을 입었지만 세 사람 모두 자신들의 의무를 쉬지 않고 효율적으로 수행했다. 비상작업의 부담이 파일럿, 엔지니어, 반구형 포탑 사수에게 떨어졌고 이들 모두는 신속하게 수행했으며 요령 있게 효율적으로 움직이면서 쓸모없는 움직임은 전혀 보이지 않았다. 전투 중에 특히 전투 후에 조종사에게 기본적인 결정의 부담이 주어졌고 이차적인 세부사항은 부조종사와 폭격수에게 주어졌다. 신중하면서도 빠른 결정이 일단 내려지면 이를 정확하게 시행했으며 탁월하였다. 잠시나마 재앙이 예상되는 시기에는 대안적인 행동 플랜이 분명하게 세워졌으며 전 승무원의 안전 이외에 다른 생각은 할 수 없었다. 이 순간에 모든 것은 조용하게 이루어졌고, 눈에 띄지는 않았지만 생기가 흘렀으며 어떤 일이라도 할 태세가 되어있었다. 그 누구에게서도 마비, 공포, 불분명한 사고, 잘못되거나 혼란스러운 판단이나 자기본위적인 태도는 보이지 않았다.

　행동으로 봐서는 이 사람은 불안정한 정서를 가진 사람, 저 사람은 수줍음을 타는 조용하고 내성적인 사람이라고 추론할 수 없었다. 그들 모두는 외면적으로 조용했으며, 사고가 정확했고, 행동이 빨랐다.

　그런 행동은 공포가 무엇인지 잘 알고 있는 승무원이 보이는 전형적인 행동으로써, 생리적으로 일어나는 증상으로 인해 산만해지지 않고 오히려 그런 증상들을 이용할 수 있었으며 잘 훈련되어 있어서 자신들의 행동의 방향을 분명하게 설정할 수 있었다. 또한 그들 모두는 통일된 팀에 내재하는 개인적인 신뢰감 이상을 갖고 있었다."

위기가 닥쳐왔을 때 이 젊은이들은 각자 자신들이 성장해온 환경과 유전이 제공하는 요소에서 형성된 특정한 성격을 잊어버리며, 어떤 사람은 자신을 그 순간의 감정과 동일시하고 싶은 정상적이면서도 저항하기 어려운 유혹에, 어떤 사람은 자신의 사적인 백일몽과 동일시하려는 유혹 등에 저항하면서 모두 놀랍도록 비슷하면서도 전체적으로는 감탄할 만한 방식으로 행동한다는 사실을 알게 되었다. 그것은 마치 위기와 그런 위기에 대비한 예비훈련이 그들의 다양한 성격들을 넘어서게 하여 동일한 상위 레벨로 올려놓는 것 같다.

　때로는 어떤 예비훈련 없이 위기 하나만으로도 인간으로 하여금 자신의 통상적인 자아를 잊고 잠시 동안 아주 다른 무언가가 되도록 하기에 충분하다. 그러므로 재앙의 영향권 아래에 있을 때는 가장 그럴 것 같지 않은 사람들도 일시적으로 영웅, 순교자, 동료들의 행복을 생각하는 이기심 없는 일꾼으로 변한다. 또한 죽음에 임박해서 비슷한 결과가 일어나는 경우가 종종 있다. 예를 들어 새뮤얼 존슨[70]은 거의 전 생애 동안 어느 한 방식으로 행동하다가 병을 앓게 된 마지막 시기에는 매우 다른 방식으로 행동하였다. 여섯 세대에 걸친 보즈웰[71] 연구자들에게 그토록 큰 기쁨을 주었던 매혹적이고도 복잡한 성격, 즉 박식하지만 천박한 식충이, 약자를 괴롭히는 따뜻한 마음을 지닌 사람, 미신을 잘 믿는 지성인, 물신숭배자fetishist인 독실한 그리스도교인, 죽음을 두려워하는 용감한 자였던 그는, 실제로 죽어갈 때 평범하고 혼자였으며, 신을 중심에 둔 평화로운 사람이 되었다.

역설적으로 들리겠지만 많은 사람들의 경우 방해를 전혀 받지 않는 평화 속에서 삶이 정상적으로 흘러갈 때보다 위기가 닥쳐오는 시기에 이기심을 버리고 행동하는 것이 훨씬 더 쉬워진다. 삶이 순조로울 때는 우리의 소중한 자아를 잊게 만들 수 있는 것이 없으며, 선택적으로 동일시했던 대상으로부터 마음을 벗어나게 만드는 일도 없다 (의지를 내어 고행하면서 신을 아는 것은 예외다). 우리는 완벽히 자유롭게 마음껏 성격에 젖어있다. 얼마나 젖어 지내는지! 이런 이유로 영적인 삶을 사는 모든 스승들은 소유물을 거의 갖지 않는 것의 중요성을 그토록 강조한 것이다.

---

70 새뮤얼 존슨Samuel Johnson (1709~1784): 영국의 시인·평론가. 1755년 영국 최초의 영어 사전을 만들어 영문학 발전에 기여했고, 17세기 이후의 영국 시인 52명의 전기와 작품론을 정리한 10권의《영국시인전Lives of the English Poets》등을 펴내 셰익스피어 이후 영국에서 가장 뛰어난 저술가로 손꼽힘.
71 제임스 보즈웰James Boswell (1740~1795):《새뮤얼 존슨의 생애Life of Samuel Johnson》를 쓴 스코틀랜드 태생의 영국 전기傳記 작가. 세심한 관찰력과 꼼꼼한 기록으로 유명하여 'boswell(~ian/~ism)' 등의 단어에 그 영향이 남아 있음.

신께서는 우리에게 주어지지 않은 것들을 열렬히 소망하기보다는 주어진 사소한 것들을 충실하게 충족시키길 원하신다.

성 프랑수아 드 살[72]

눈에 띄지 않는 일상의 의무를 사랑으로 충족시킴으로써 이 세상 누구나 쉽게 가장 탁월한 완전성에 도달할 수 있다.

J. P. 드 코사드[73]

어떤 사람은 선한 행동의 가치를 그들의 자연스러운 성질이나 그들이 겪는 어려움으로 측정하면서 눈에 띄거나 눈부신 것을 선호한다. 그런 사람들은 신의 영감인 그리스도교인들의 미덕은 본성이 아닌 은총의 측면에서 보아야 한다는 점을 잊고 있다. 선한 행동의 존엄성과 어려움은 엄밀히 따지면 분명 그 행동이 지니는 우연한 가치라 불리는 것에 영향을 주지만 그 근본적인 가치는 유일하게도 사랑에서 온다.

장 피에르 카뮈[74](성 프랑수아 드 살의 말씀을 인용)

성인聖人이란 우리 인생의 모든 순간이 위기의 순간임을 아는 분이다. 왜냐하면 모든 순간에 우리는 지극히 중요한 선택, 죽음과 영적

72 성 프랑수아 드 살St. François de Sales (또는 프란치스코 드 살, 프란시스코 살레시오, 1567~1622): 프랑스 태생의 제네바 가톨릭 주교. 뛰어난 설교로 칼뱅파의 영향 아래 있던 제네바 사람들을 개종시키는 등 反反종교개혁 운동에 많은 영향을 끼침. 1610년 성모마리아의 방문수도회를 공동 설립.

73 장 피에르 드 코사드Jaen Pierre de Caussade (1675~1751): 프랑스 태생의 예수회 사제. '신의 섭리에 대한 완전한 복종'과 '지금 이 순간의 성례'에 관한 저술로 사후에 더 유명해짐.

74 장 피에르 카뮈Jean Pierre Camus (1584~1652): 프랑스의 주교·목회자이자 작가. 젊었을 때 유럽 각지를 여행하였으며 1608년에 사제가 되어 성 프랑수아 드 살의 제자가 됨.

어둠으로 이끄는 길과 빛과 삶으로 이끄는 길 사이에, 오로지 시간적인 질서에 관한 관심과 영원한 질서에 관한 관심 사이에, 우리의 개인적 의지나 우리 성격의 어떤 투사물의 의지와 신의 의지 사이에 선택을 하도록 요구되기 때문이다. 자신의 인생길에서 만나는 위기상황을 잘 다룰 수 있도록 성인은 마치 군인처럼 마음과 신체를 적절히 훈련시켜야 한다. 군사훈련의 목적은 한계가 있고 매우 단순하다. 즉 사람을 용감하고 냉철하며, 개인적으로는 싸울 일이 없는 타인을 살해하는 일에 효율적으로 협동하도록 만드는 데 있다. 그러나 영적 훈련의 목적은 훨씬 덜 제한적으로 전문화되어 있다. 우선 그 목적은 일차적으로는 인간을 어떤 상태, 그들과 실재 사이에 신을 가로막고 있는 장애가 더 이상 존재하지 않기 때문에 그들 자신뿐 아니라 모든 다른 존재들의 신성한 근본바탕을 끊임없이 의식할 수 있는 상태로 데려가는 데 있다. 두 번째는 이런 목적을 위한 수단으로써, 일상의 가장 평범한 상황에서도 모든 것을 악의·탐욕·자기주장이나 자발적 무지 대신에 끊임없이 사랑과 이해를 가지고 만나는 것이다. 그 대상에는 한계가 없고 신을 사랑하는 사람에게는 모든 순간이 위기의 순간이기 때문에, 영적 훈련은 군사훈련에 비할 수 없이 더 어렵고도 엄중하다. 훌륭한 군인들은 많지만 성인은 아주 드물다.

그런 일에 대처하도록 전문적으로 훈련받은 군인들은 중대한 위기상황이 오면 보통 자신들의 존재와 동일시하고 있는 타고난 혹은 습득된 특이한 성격을 잊고, 자아를 초월하여 똑같이 한 가지에 집중하며 개인을 초월한 방식으로 행동하는 경향이 있음을 보았다. 군인에게 적용되는 것이 성인에게도 적용된다. 그러나 중요한 차이가 존재하는데, 영적 훈련의 목적은 삶의 모든 상황에서 사람들을 비이기적으로 만드는 것인 반면, 군사훈련의 목적은 특정한 상황에서 특정한 인간들과 관련해서만 비이기적으로 되도록 만든다. 달리 될 수는 없는데, 끝까지 분석해보면 우리가 존재하고 의지하며 행하는 모든 것은 만물의 본성이 무엇이라고 믿는지에 달려있기 때문이다. 권력정치를 합리화하고 전쟁과 군사훈련을 정당화하는 철학은 항상 (정치인들과 전쟁을 일으키는 자들의 종교가 공식적으로는 무엇이든지) 국가적, 인종적, 혹은 이념적인 우상숭배라는 매우 비현실적인 원칙이어서, 불가피하게 '지배민족'과 '법 없는 약소종족들'이라는 개념을 낳는다.

성인들의 전기가 한결같이 증명한 바에 따르면 영적 훈련은 전쟁이라는 특정한 상황뿐만 아니라 모든 상황에서 또 모든 피조물과 관련해서 성격을 초월하도록 유도하기 때문에, 성인은 '원수를 사랑'하거나 심지어 그가 불교도인 경우에는 원수의 존재조차도 분별하지 않으며, 인간뿐 아니라 인간 이하의 존재가 포함된 모든 살아있는 존재를 동일한 자비심과 이기심 없는 선의로 대한다. 온갖 어려움을 이겨내고 신과 결합하는 앎에 도달한 사람들은 여러 출발점에서 여정을 시작한다. 어떤 이는 남자이고, 어떤 이는 여자이며, 어떤 이는 타고난 적극성을 띄고, 어떤 이는 명상적인 기질을 타고 태어난다. 어떤 사람도 동일한 기질과 신체적 구조를 이어받지 않으며 그들은 아주 다른 물질적·도덕적·지적 환경 속에서 삶을 영위하였다. 그럼에도 불구하고 성인인 한, 자신들을 '하늘에 계신 아버지가 완전하듯이 완전하게' 만들어주는 신과 결합하는 앎을 지니고 있는 한, 그들 모두는 놀랍도록 유사하다. 그들의 행동은 한결같이 이기적이지 않고 끊임없이 묵상에 잠겨있어서, 매순간 자신들이 누구이며 그들이 우주 및 우주의 영적 바탕과 맺고 있는 진정한 관계가 무엇인지를 알고 있다.

평범한 보통 사람의 경우 그들 속에는 많은 존재가 들어가 있는 것과 같다. 스스로를 매우 다양한 기분, 갈망, 의견들과 동일시하는 아주 복잡한 성격인 경우에는 더욱 그러하다. 반면에 성인들은 다른 마음을 갖거나 성의 없이 건성으로 임하지 않으며, 지적 재능이 뛰어나더라도 성실하고 매우 단순·소박하다. 다수의 다양성은 하나에로의 집중one-pointedness으로 대체된다. 이는 야망이나 탐욕 또는 권력과 명성을 쫓는 갈망에 대한 해로운 집중이 아니며, 예술·학문·과학 등 심지어 더 고상하고 그 자체가 목적으로 여겨지지만 모두 너무나 인간적인 집중도 아니다. 그것은 인간적인 집중을 넘어서는 궁극적인 것이며, 영원한 실재에 대한 앎, 인간의 최종 목적을 의식적으로 일관되게 추구하는 영혼의 존재 자체이다.

어느 팔리어 경전에 브라만 계급인 드로나Drona에 관한 중요한 일화가 실려있다. 그는 나무 아래 앉아있는 신성한 분을 향해 물었다. "당신은 데바[75]이십니까?" 고귀한 분은 "아니오."라고 대답하였다. "당신은 간다르바[76]입니까?" "아니오." "당신은 약샤[77]입니까?" "아니오." "당신은 사람입니까?" "나는 사람이 아니오." 그가 누구인지를 묻는 브라만의 질문에 신성한 분은 대답하였다. "없애버리지 않으

---

75 데바deva: 인도 문화에서 신神·범천梵天·악신惡神 등 다양한 종류의 신적 존재를 가리키는 표현.
76 간다르바gandharva: 향香을 먹고 살면서 천상에서 음악을 연주한다는 반신半神의 존재. 건달바乾達婆.
77 약샤yaksha: 신들의 보물을 수호하는 정령. 불교의 야차夜叉.

면 나를 데바, 간다르바, 약샤(세 종류의 초자연적인 존재들) 혹은 사람으로 여기게 만드는 해로운 영향력, 갈망들을 나는 완전히 소멸시켰소. 그러므로 내가 붓다임을 아시오."

여기에서 하나의 신을 진정으로 숭배할 수 있는 사람은 하나에 집중된 자라는 사실에 주목하자. 그 속에 많은 존재가 들어찬 사람이라도 일신교를 하나의 이론으로서 환대할 수 있다. 그러나 이론에서 실제로, 유일한 신에 대한 추론적인 지식에서 직접적인 친밀함으로 나아간다면, 일신교란 일편단심의 가슴에만 존재할 수 있다. 앎이란 아는 자 안에서 아는 자의 방식mode에 따라 존재한다. 인식자의 정신이 다중적이면 직접적인 경험을 통해 그가 알게 되는 우주는 다신적이다. 궁극의 신성한 실재에 관해 붓다는 어떠한 언급도 꺼렸다. 그가 자주 언급했던 것은 오로지 '니르바나nirvana(열반涅槃)'였으며, 이는 자아에서 완전히 벗어나서 하나로 집중된 경우에 오는 경험의 이름이다. 이 동일한 경험에 대해서 다른 사람들은 브라흐만과의 합일, 알 하크와의 합일, 내재적이면서 초월적인 신성과의 합일이라고 불렀다. 이 문제에 관해 붓다는 조작주의자operationalist의 엄격한 태도를 유지하면서, 여타 종교의 신학자들이 후기 불교 학자들처럼 객체 그리고 (묵상에서는 아는 자와 앎의 대상 그리고 앎이 모두 하나이기 때문에) 동시에 주체와 그 경험의 본질을 추정하는 형이상학적 실체가 아니라 오직 영적인 경험만을 이야기했다.

분별력이 흐려지면 의지는 수많은 목표를 추구하면서 온갖 방향으로 방황한다. 분별력이 부족한 사람은 경전의 구절을 인용하지만 실제로는 그 내적 진실을 거부한다. 그들은 세속적인 욕망으로 가득 차 있으며 천상의 보답을 갈구한다. 그들은 말을 아름답게 하고, 쾌락과 권력을 얻을 수 있다고 믿는 정교한 의식을 가르친다. 그러나 실제로는 인간을 환생의 고리에 속박시키는 카르마의 법칙 이외에는 아무것도 이해하지 못한다.

그런 말들로 인해 분별력을 잃은 사람들은 쾌락과 권력에 깊은 애착을 갖고 있다. 그러므로 인간을 신께 몰입하도록 만드는 자신의 의지를 하나로 집중시킬 수 없다.

《바가바드기타》

교양 있고 정신적 활동이 왕성한 사람들 사이에서 주인공을 성인 취급한 전기는 이제 아주 인기 없는 문학 형식이 되고 말았다. 그런 사실은 전혀 놀랍지 않다. 정신적 활동이 왕성하고 교양을 갖춘 사람들은 새로움, 다양성, 오락 활동에 대해 지칠 줄 모르는 욕망을 갖고 있다. 그러나 아무리 재능이 탁월하고 어떤 전문적 활동을 하고 있다 해도 성인들은 모두 끊임없이 영적 실재spiritual Reality라는 한 가지 주제에만 몰두하고 있다. 그리고 그들과 그들의 동료들은 이런 수단을 통해 그런 실상과 결합하는 앎에 도달할 수 있었다. 그들의 행동에 관해 말하자면, 이런 행동들조차도 그들의 생각과 마찬가지로 단조로울 정도로 일관성을 갖고 있는데, 어떤 경우에도 지칠 줄 모르는 자비심으로 비이기적이면서도 인내심 있게 행동한다. 그렇다면 그런 남녀의 일대기가 읽혀지지 않는다 해도 놀랍지 않다. 윌리엄 로에 관해 조금이라도 알고 있는 교육받은 사람의 수효가 한 명이라면, 보즈웰이 쓴 새뮤얼 존슨의 전기傳記를 읽어본 사람은 2~3백 명은 족히 될 것이다. 왜 그럴까? 새뮤얼 존슨은 실제로 죽을 때까지 아주 매력적인 다중 인격들에 빠져 지냈지만, 로Law는 매우 탁월한 재능에도 불구하고 상당히 소박하면서 한 가지 목표에만 몰두하는 인물이었기 때문이다. 다수는 다수에 대해서 읽고 싶어 한다. 이런 이유로 서사시, 희곡, 소설의 모든 레퍼토리 중에서 진실로 신을 중심으로 하는 성인의 묘사를 찾기는 어렵다.

> 오, 친구여, 살아있을 때 그분을 소망하라. 살아있을 때
> 그분을 알고 이해하라. 그래야만 살면서 해방을 맞으리니,
> 살아있는 동안에 속박을 끊지 못한다면
> 어떻게 죽어서 해방을 맞으리.
> 영혼이 몸에서 떠나가기 때문에
> 그분과 결합하려는 것은 헛된 꿈에 불과하다.
> 지금 그분을 만나면 그때에도 만나게 된다.
> 그렇지 않다면 우리는 죽음의 도시에 살 뿐이다.
>
> 카비르

《완전성의 법칙The Rule of Perfection》의 초판 책머리에 실린, 태양의 형상을 가진 이 그림은 신의 의지will를 나타낸다. 태양에 그려진 그림은 신성한 의지 속에 살고 있는 영혼들을 나타낸다. 이 얼굴들은 세 개의 동심원으로 배열되어 있으며, 신성한 의지의 세 단계를 보여주고 있다. 첫 번째 혹은 맨 바깥쪽 단계는 활동적인 삶을 사는 영혼을 나타내고, 두 번째는 묵상적인 삶을 사는 영혼, 세 번째는 매우 탁월한 삶을 사는 영혼을 나타낸다. 첫 번째 원 밖에는 펜치와 망치 같은 수많은 연장들이 있는데 이는 활동적인 삶을 나타낸다. 두 번째 원 주변에는 아

무엇도 없는데 이런 종류의 묵상적인 삶에서는 어떤 사색이나 수련 없이 신의 의지를 따라 살아가야만 한다. 바깥을 향한 일들 자체가 어둠으로 가득 차 있듯이, 연장들은 그늘진 채 바닥에 놓여있다. 그러나 이 연장들에는 태양의 빛이 닿아 있어서, 그 작업들이 신의 의지에 의해 깨우쳐지고 환히 빛날 수 있음을 보여준다.

첫 번째 원의 얼굴에는 신성한 의지의 빛이 거의 비추지 않고, 두 번째에는 더 많이 비추며, 세 번째 가장 안쪽의 원에는 눈부시게 비춘다. 첫 번째 원의 형상은 가장 뚜렷이 드러나는 반면, 두 번째는 덜 뚜렷하고, 세 번째는 거의 형상이 드러나지 않는다. 이것이 의미하는 바는 첫 번째 단계의 영혼은 훨씬 자신들 스스로에게 몰입해있는 반면 두 번째 단계의 영혼들은 자신에게는 덜, 신에게는 더 몰입해있고, 세 번째 단계에 있는 영혼들은 자신은 거의 사라지고 모두를 신께 예속시켜 신의 본질적인 의지에 몰입해있다는 것이다. 이 모든 얼굴들은 신의 의지에 시선을 고정시키고 있다.

캔필드의 베넷[78]

성인이 사람들과 사회 전체에 전적으로 비강제적이면서 그럼으로써 완전히 유익한 영향력을 행사할 수 있는 것은 그가 신에게 몰입해 있음으로써 자신의 존재를 선천적·후천적인 자신의 개인적 성격과 동일시하고 있지 않기 때문이다. 더 정확히 말해서 신성한 실상이 그

---

78 캔필드의 베넷Benet of Canfield (1562~1611): 영국 가톨릭 카푸친회 수도사이자 신비주의자. 세 가지 측면에서 신의 의지를 다룬《완전성의 법칙Règle de Perfection》(1610)을 통해 중세 그리스도교 신비주의에 많은 영향을 끼쳤으며, 1940년대부터 올더스 헉슬리에 의해 재조명된 인물.

를 은총과 힘의 통로로 이용할 수 있도록 자신의 이기심을 정화했기 때문이다. "이제 내가 사는 것이 아니라 (영원한 로고스인) 그리스도가 내 안에서 사시는 것입니다." 성인에 해당되는 이런 표현은 말할 필요도 없이 신의 화신인 아바타Avatar에게도 해당된다. 성인인 성 바울이 '내가 아니다not I'라면, 그리스도 역시 확실히 '내가 아니다'이다. 그렇다면 수많은 자유주의 그리스도교신자들이 현재 하고 있듯이 '예수의 인간적 성격personality'을 숭배하는 것은 불합리하다. 왜냐하면 우리 모두가 그렇듯이 예수가 분명 하나의 성격에만 만족했더라면 그가 했던 것 같은 영향력을 결코 행사하지 못했을 것이며 그를 신성의 화신으로 여기거나 로고스와 동일시하는 일이 결코 일어나지 않았을 것이다. 그를 그리스도로 여기게 된 것은 그가 자신의 자아를 넘어서서 신체적으로나 정신적으로 인격을 초월해서 초자연적인 생명이 세상으로 흘러나오는 통로가 되었다는 사실 때문이다.

캔필드의 베넷 신부의 표현을 빌면 '자신은 거의 사라지고 모두를 신께 예속시킨다'. 희미해진 자아의 잔여물은 남아있는데, 그들은 근소하긴 하지만 여전히 타고난 심리-생리적인 독특성(일부는 습득된 생각이나 감정적 습관, 일부는 관습이나 사회적 환경에서 통용되는 분석되지 않은 편견들로 이루어진)과 스스로를 동일시하고 있기 때문이다. 예수는 근본적인 신의 의지에 거의 전적으로 몰입했지만 그럼에도 불구하고 자아의 요소를 일부 지니고 있었을 것이다. 현존하는 증거로 볼 때 예수의, 성격을 초월한 신성한 '내가 아님'과 연결된 '나'가 어느 정도였는지는 판단하기 매우 어렵다. 예를 들어, 예수는 신성한 실재에 대한 자신의 경험으로부터 동시대 유대교 집단 사이에서 통용되었던 매혹적인 종말론 개념을 추론했던 것일까? 일부 학자들은 임박한 세계의 종말에 관한 교리는 그의 가르침의 핵심요소라고 주장해왔다. 그러나 또 다른 학자들은 그런 교리는 공관복음서[79]의 저자들이 예수의 교리인 것처럼 만든 것이고, 예수 자신은 그렇게 생각하지 않았다고 주장하고 있다. 어떤 쪽이 옳은 것일까? 오로지 신만이 아실 일이다. 다른 여타의 주제들과 마찬가지로 이 주제에 관한 증거들은 믿을 만한 확실한 대답을 주지 못한다.

이 모든 것에 깔려있는 교훈은 단순하다. 현존하는 전기물의 양과 질로는 예수에게 남아있었던 자아의 성격이 실제로 어떤지를 알 수 없다. 만일 복음서가 예수인 '나'에 대해 거의 아무것도 알려주지 않는다면, 우화나 이야기를 통해 영적인 '나 아님'(필멸의 인간을 통해 그 존재가 드러나기 때문에 그 제자들이 그를 그리스도라고 부르면서, 그를 영원한 로고스와 동일시하는)에 관해 상당량을 추론함으로써 보충할 수 있을 것이다.

현자나 화신의 전기는 특정 인간의 삶이라는 환경에서 '나'가 정화되어 신성한 '나 아님'을 위한 공간을 허용하는 수단들에 빛을 던져주는 한에서만 가치가 있다. 그런데 공관복음서의 저자들은 그런 전기를 쓰려고 하지 않았고, 어떤 성경 원전 비판이나 정교한 추측도 그런 일을 하지 않았다. 사람들은 실제 문서들이 담고 있는 증거보다 더 많은 증거들을 찾으려고 노력하면서 지난 100년 동안 엄청난 에너지를 소비하였다. 전기에 대한 관심이 부족한 공관복음서 저자들이 아무리 유감스럽더라도, 바울과 요한의 신학에 대해 아무리 반대

---

79 공관복음서Synoptic Gospels: 신약성경 중 마태·마가·누가의 세 복음서.

하더라도, 그들의 본능이 기본적으로 건전했다는 점에는 의심의 여지가 없다. 그들 각자는 역사적인 '나'가 아닌 그리스도의 영원한 '나 아님'에 대해서 자신의 방식대로 기록했으며, 그의 삶이 개인을 초월한 것이기에 모든 사람들이 참여할 수 있는 예수의 삶에서 그런 요소를 강조하였다. (자아의 성질상 한 사람은 다른 사람의 일부가 될 수 없다. 자아는 자아보다 작은 것을 포함하거나 큰 것에 포함될 수 있지만, 자아를 포함하거나 자아에 포함될 수는 없다.)

신이 인간의 형상으로 구현될 수 있다는 원리는 대부분의 영원의 철학의 주요한 역사적 설명에서, 힌두사상, 대승불교, 그리스도교 및 예언자들을 영원한 로고스와 동등하게 취급하는 수피의 이슬람교에서도 발견된다.

선이 약해질 때,
악이 증가할 때,
나는 스스로 육체가 되네.

어느 시대에나 나는 되돌아와서
성스러움을 전하고
죄인의 죄를 멸하며,
정의를 실현하네.

나의 과업과 나의 신성한 출생의
성질을 아는 자는

다시 태어나지 않으며

육체를 떠날 때

나에게로 온다네.

공포, 욕망, 분노로부터 날아올라,

그는 내 안에 숨네.

그의 피난처이자 안식처.

내 존재의 화염 속에서 정화되어

많은 이들이 내 안에서 휴식을 얻네.

《바가바드기타》

그러자 성스러운 분이 입을 열어 말씀하셨다.

"바세타Vasetha여, 여래如來는 신성하고 훌륭하며 지혜와 선이 넘치고, 세상의 지식과 더불어 행복하고, 과오를 범하는 필멸의 인간의 탁월한 안내자이며, 신과 인간의 스승이고, 축복받은 붓다이며 완전하게 깨달은 자로서 때때로 세상에 태어난다는 사실을 알라. 그는 이 우주를 마치 면전에서 보는 것처럼 철저하게 이해하고 있다… 그가 선포하는 진리는 문자로나 그 뜻으로나 처음도 훌륭하고 중간도 훌륭하고 끝도 훌륭하다. 그 모든 청정함과 완벽함으로 더 나은 삶을 알려준다."

《삼명경三明經》[80]

---

[80] 삼명경Tevijja Sutta (원서는 Tevigga Sutta로 표기): 삼명경은 팔리 경장의 장부 계온품에 속하는 법문.

크리슈나는 브라흐만의 화신이고, 고타마 붓다는 대승불교 학자들이 법신, 진여眞如, 마음, 모든 존재의 영적 근본바탕이라 부르는 것의 화신이다. 예수가 인간의 형상으로 구현된 신성의 화신이라는 그리스도교 교리는 신의 화신이 오직 한 분뿐이라고 단정 짓는 점에 있어서 인도 및 극동의 교리와 다르다.

우리의 행동은 상당 정도 우리의 생각에 좌우된다. 우리의 행동이 사악하다면, 사고 패턴이 물질적·정신적·영적 현실에 적합하지 않다고 가정할 수 있다. 그리스도교인들은 신의 화신이 한 분뿐이라고 믿기 때문에, 그리스도교 역사는 힌두교나 불교의 역사에 비해 더 많고 더 피비린내 나는 성전聖戰, 종파를 초월한 전쟁, 박해 및 개종을 강요하는 침략주의로 인해 더럽혀졌다. 독립국가와 그 통치자들에게 사이비 신성을 부여한 불합리하면서도 우상숭배적인 교리는 서양인들만큼이나 동양인들에게 셀 수 없이 많은 정치적 전쟁을 치르게 만들었다. 그러나 동양인들은 어느 한 순간에만 한정된 계시를 받는다는 사실이나 종교조직이 갖는 사이비 신성을 믿지 않았기 때문에, 종교라는 명목으로 그리스도교 국가에서는 엄청나게 빈번했던 대량학살이 신기할 정도로 거의 발생하지 않았다. 구할 수 있는 증거로 판단하건대, 이 중요한 측면에 있어서 대중의 도덕적 수준은 서양이 동양보다 낮지만 예외적인 성스러움과 평범한 개인의 도덕적 수준이 더 낮지는 않았다. 열매를 보고 나무를 알 수 있다고 한다면, 그리스도교가 영원의 철학이 갖고 있는 기준에서 벗어나있다고 말하는 것은 철학적으로 볼 때 이치에 닿지 않는다.

로고스가 영원한 존재에서 시간에 속박된 존재로 옮아간 것은 로고스가 취한 육체적 형상을 갖고 있는 존재들로 하여금 시간적인 존재에서 영원한 존재로 옮겨가게 하기 위한 목적에서이다. 신의 화신이 역사의 무대에 출현한 것이 대단히 중요하다면 그분이 강조하신 가르침을 통해서, 실제로 그분이 그랬던 것처럼 은총과 신성한 힘의 통로라는 그분의 존재를 통해서 인간이 역사의 한계를 초월할 수 있다는 사실 때문이다. 〈요한복음〉의 저자는 말씀이 육체가 되었다고 증언했지만, 다른 문장에서 그는 육체는 무익하다고 덧붙였다. 육체 자체로는 무익하지만, 내재적이면서 초월적인 근본 영Spirit과의 합일을 위한 수단으로서의 육체는 물론 엄청난 것이다. 이런 맥락에서 볼 때 불교의 발달을 살펴보는 일은 매우 흥미롭다.《불교국 중국Buddhist China》에서 R. E. 존스턴[81]은 '대승불교는 보편적인 것을 종교적 혹은 신비적 심상의 모습으로 표현했지만, 소승불교는 역사적 사실의 지배로부터 자유로울 수 없었다.'라고 쓰고 있다. 탁월한 동양학자인 아난다 쿠마라스와미[82]의 표현을 빌면, "크리슈나 숭배자들이 비슈누계 경전에 등장하는 크리슈나 릴라Krishna Lila는 한낱 역사에 불과한 것이 아니라 인간의 가슴속에서 쉼 없이 전개되는 과정임을 인식하도록 주의를 받는 것과 똑같이, 대승불교 신도들도 역사적 사실의 문제에는 종교적 의미가 없다는 경고를 받는다." (그것들이 자기중심성과 시간적 질서로부터 인간을 해방시키는 수단들을 간접 혹은 직접적으로, 정치적·윤리적 혹은 영적으로 나타내거나 그 자체로 그런 수단이 되는 경우

---

81 레지널드 플레밍 존스턴Reginald Fleming Johnston (1874~1938): 스코틀랜드의 교수이자 외교관. 중국에서 마지막 황제 푸이溥儀의 개인지도교사를 역임(1919~1924).

82 아난다 쿠마라스와미Ananda K. Coomaraswamy (1877~1947): 스리랑카 출신의 인도 철학자이자 역사가. 영국에서 수학하였고 평생을 서양 국가를 오가며 문학, 철학, 예술, 종교 등 다양한 분야에 걸쳐 고대 인도문화를 서구에 소개하는 데 결정적인 역할을 함.

는 예외라는 점을 덧붙여야겠다.)

　서구 신비주의자들은 그리스도교 정신이 역사적 사실의 불행한 노예가 되는 것을 막았다(더 정확히 말하면, 당대의 기록과 그 후에 일어났던 추론 및 환상을 다양하게 혼합하는 쪽으로 나아갔다. 시대가 달라지면서 이것을 역사적 사실로 수용하곤 했다). 에크하르트, 타울러[83], 로이스부르크, 뵈메[84], 윌리엄 로 그리고 퀘이커교도들의 저술에서 영성화되고 보편화된 그리스도교 정신을 추출할 수 있는데, 이들이 기술한 내용은 사실 그대로의 역사 자체 혹은 후세에 누군가 당연히 그래야 한다고 생각한 역사를 가리키는 것이 아니라 '인간의 가슴속에서 영원히 전개되는 과정'을 가리키고 있다. 그러나 불행하게도 신비주의자들은 급진적인 대승불교도들이 서구에서 일으킨 혁명만큼 강력한 영향력을 끼치지 못했다. 신비주의자들의 위와 같은 노력에도 불구하고 그리스도교 정신은 영원의 철학이 아닌 하나의 종교로 남게 되어, 시간 속에 존재하는 사건과 사물들(유용한 수단이 아니라 본질적으로 성스러우며 실로 신성한 목적으로 간주되어버린)에 어떤 때는 더 많이 어떤 때는 더 적게 맹목적으로 몰두함으로써 순수한 영원의 철학으로서의 성격이 희미해졌다. 게다가 수세기를 거치면서 이루어졌던 이와 같은 역사에서의 진보는 매우 무분별하게도 그 자체가 역사의

---

83 요하네스 타울러Johannes Tauler (1300~1361): 스위스 태생의 독일 신비주의자. 도미니크회 수도사로 에크하르트를 사사. 신앙과 교회제도의 본질을 깊이 인식한 종교개혁의 선구자.
84 야코프 뵈메Jakob Böhme (1575~1624): 독일의 그리스도교 신비주의자·신학자. 루터파에 속한 구둣방 주인이었지만, 자유로운 사색을 통해 독창적인 신비철학을 전개함. 신을 포함한 모든 존재에는 선악善惡과 같은 이원적 대립이 있음을 주장하는 등, 후대의 철학과 예술, 종교에 지대한 영향을 끼침.

일부인 듯이 취급되었다. 이와 같은 과정은 프로테스탄트, 더 후기로 가서는 합리주의 논객들의 손에 강력한 무기를 쥐어주게 되는 것이었다.

심판자 그리스도의 엄격함을 지나치게 강조했을 때, 사람들은 신성한 자비심을 새로운 형태로 의인화할 필요성을 느꼈고, 그 결과 남성 중재자에 대한 여성 중재자로서 성모마리아의 형상이 두드러지게 증가했다. 시간이 지나면서 성모마리아가 너무 경외심을 불러일으킨다고 느껴졌을 때, 자비심은 성 요셉이라는 친근한 인물로 다시 의인화되었는데, 그럼으로써 그는 남성 중재자에 대한 여성 중재자의 중재인이 되었다. 불교 신자들도 정확히 동일한 방식으로 해방의 주요 수단으로써 묵상, 분별력, 자아의 완전한 소멸을 강조했던 역사적 석가모니를 지나칠 정도로 엄격하면서 지성적이라고 느꼈다. 그 결과 석가모니께서도 가르치셨던 사랑과 자비는 아미타불과 미륵불(그들의 시간적 생애가 먼 과거나 미래 어딘가에 있기 때문에 역사로부터 완전히 동떨어진 신성한 인물들)이라는 붓다들로 인격화되기에 이르렀다.

여기에서 대승불교 학자들이 말하는 엄청난 수의 붓다와 보살들은 그들의 광대한 우주론에 상응한다는 점에 주목할 필요가 있다. 그들에게 시간이란, 시작도 없으며 셀 수 없이 많은 우주(그것들 전부는 가능한 모든 종류의 살아있는 존재들을 부양하는)가 태어나고, 진화하며, 쇠퇴하고 소멸하면서 상상할 수 없을 정도로 멀리 있는 최종의 완성이 이루어질 때까지(온 세상의 모든 살아있는 존재들이 시간에서 해방되어 영원한 진여 혹은 불성으로 돌아갈 때까지) 동일한 순환을 계속해서 반복하는 것이다. 불교가 갖고 있는 이런 우주론적 배경은 현대 천문학, 특히 행성의 형성과 관련되어 최근 발표된 바이제커[85] 박사의 이론이 제시하고 있는 세계상과 유사하다. 바이제커의 가설이 옳다면, 행성계의 생성은 모든 별의 생애에서 볼 때 정상적인 사건이다. 우리 은하계만 보아도 400억 개 별들이 존재하며 우리 은하계 밖에는 수없이 많은 은하계들이 존재한다. 믿을 수밖에 없겠지만, 행성을 포함해서 아마도 생명이 살고있는 전 우주에 걸쳐 의식을 지배하는 영적인 법칙들이 한결같다면, 진여의 수없이 많은 구원의 화신들(대승불교도들이 즐겨 이야기하는 그 빛나는 존재들)이 존재할 만한 충분한 여지가 있으며, 이와 동시에 그들에 대한 가장 고통스러우면서도 절박한 필요성이 반드시 존재한다.

> 내 생각에는 보이지 않는 신을 육체의 모습으로 볼 수 있게 만들고 인간과 대화할 수 있게 만드는 주된 이유는, 세속적으로밖에는 사랑할 수 없는 세속적인 인간을, 그분의 육체를 건전하게 사랑하게 만든 다음 차츰차츰 영적인 사랑으로 이끌어가는 데 있다.
>
> 성 베르나르

에티엔 질송[86] 교수는 《성 베르나르의 신비신학The Mystical Theology of St. Bernard》이라는 책에서 '그리스도의 세속적 사랑the carnal love of Christ'이라는 성 베르나르의 교리를 훌륭하게 요약하였다.

---

85 칼 프리드리히 폰 바이제커Carl Friedrich von Weizsäcker (1912~2007): 독일의 물리학자이자 철학자.
86 에티엔 질송Étienne Gilson (1884~1978): 프랑스의 철학자·철학사가. '그리스도교 철학으로서의 중세 철학'이라는 개념을 주창하여 중세철학사에 대한 관심을 20세기에 증폭시킴.

고통에 처한 자기 자신을 포함해서 이웃에 대한 사회적이며 세속적 사랑으로 이미 확장된 자아에 대한 앎은 이제 두 번째로 자비의 모델인 그리스도에 대한 세속적인 사랑으로 확장될 시기가 왔다. 왜냐하면 우리를 구원하기 위해서 그분은 슬픔으로 가득 찬 사람이 되었기 때문이다. 여기가 바로 시토 수도회 신비주의Cistercian mysticism에서 말하는, 눈으로 볼 수 있는 그리스도의 인간성에 대해 명상하는 곳이다. 이는 시작일 뿐이지만 절대적으로 필요한 시작이기도 하다… 물론 자비는 본질적으로 영적인 것이며, 이런 식의 사랑은 첫 순간에 지나지 않는다. 신중하게 그것을 이용하는 방법과 뛰어넘어야 할 무언가로서만 생각하여 거기에 의존하는 방법을 모른다면 지나치게 감각에 매이게 된다. 스스로를 표현하는 데 있어 베르나르는 자신의 고유한 경험에서 온 가르침만을 체계화하였는데, 그가 '개종'한 초기에는 이런 감각적인 사랑을 상당히 많이 수행했으며, 나중에서야 그것을 넘어선 것을 일종의 진전으로 간주하게 되었다. 즉 그것을 잊은 것이 아니라 그것을 능가하는 또 다른 것을 추가한 셈인데, 이는 합리적이고 영적인 것이 세속적인 것보다 더 중요한 것과 같다. 그럼에도 불구하고 이런 식의 출발은 이미 하나의 정점summit이 된다.

성 베르나르는 그리스도를 향한 감수성이 강한 사랑을 항상 상대적으로 낮은 수준의 사랑으로 보았다. 정확히 말하자면 그 감각적인 성질 때문인데 왜냐하면 자비란 순전히 영적인 본질을 갖고 있기 때문이다. 영혼은 그 영적인 힘으로 마땅히 순수한 영인 신과의 합일로 직접 진입할 수 있어야만 한다. 더구나 신의 화신을 인간이 죄를 지은 결과로 보아야 하기 때문에, 인간 그리스도에 대한 사랑은 사실상 일어날 필요도 없으며 일어나서도 안 되는 타락의 역사와 연결되어 있다. 더욱이 성 베르나르는 몇 대목에서 이런 애정은 홀로 안전하게 설 수 없으므로 그가 '과학'이라고 부른 것의 지지를 받아야 할 필요성을 지적하였다. 그는 건전한 신학과 결합되거나 그 지배를 받지 않는다면 가장 열렬한 헌신마저도 빠질 수 있는 함정의 예를 들고 있다.

신성한 화신이라는 그리스도교 교리와 접목된, 속죄와 보상에 관한 환상적이지만 서로 상반되는 수많은 이론들을 '건전한sane 신학'의 필수 요소로 간주할 수 있을까? 신약성경 〈히브리인들에게 보낸 편지〉의 저자나 아타나시우스[87]와 아우구스티누스, 안셀무스와 루터, 칼뱅과 그로티우스[88]가 상세히 설명한 이런 개념들의 역사를 살펴본 사람이 어떻게 이런 질문에 대해 긍정적으로 대답할 수 있을지 나로서는 상상하기 어렵다. 지금으로서는 역사가 안고 있는 모든 쓰디쓴 모순들 중에서 가장 쓰라린 모순 하나에 주의를 기울이는 것만으로 충분할 것이다. 복음서의 그리스도에 따르면, 부자들을 제외한 거의 모든 부류의 사람들과 비교할 때 율법학자들은 천국에서 더 멀리 떨어져 있으며, 절대적 실재에 대해서도 희망이 없을 정도로 더 둔감하다. 그러나 그리스도교 신학, 특히 서구 교회의 신학은 유대인과 로

---

87 아타나시우스Athanasius (293경~373): 이집트 알렉산드리아의 주교·신학자. 아리우스파에 대항해 삼위일체설을 적극적으로 지지했으며, 27권으로 이루어진 현재의 신약성경 체제를 최초로 만듦.

88 휴고 그로티우스Hugo Grotius (휘호 흐로티위스, 1583~1645): 네덜란드의 법학자·정치가·신학자·철학자. 자연법에 기초한 '국제법의 아버지'. 중세의 신학과 스콜라철학으로부터 국가와 법을 해방시키는 데 공헌함.

마의 율법주의에 물든 마음의 산물이다. 많은 경우 신의 화신과 신을 중심에 둔 성인들의 직접적인 통찰은 철학자들이 아니라 사변적이고 형이상학적인 율법학자들에 의해 합리화되어 하나의 체계로 되었다. 존 채프먼 수도원장[89]이 '신비주의와 그리스도교 정신을 (단순히 결합하는 게 아니라) 조화롭게 만드는 문제'라고 일컬었던 것이 왜 그토록 어려울까? 이유는 간단하다. 그리스도교적 사고는 그리스도가 특히 사물의 진정한 본성을 이해할 수 없을 거라고 여겼던 바로 그 율법학자들에 의해 형성되었기 때문이다. "수도원장(채프먼은 분명 마르미옹 수도원장[90]을 언급하고 있음)은 십자가의 성 요한을 그리스도교 정신으로 가득한 스펀지 같다고 하였다. 스펀지를 모두 짜내면 전적으로 신비적 이론(다른 말로 표현하면 순수한 영원의 철학)이 남는다. 결과적으로 나는 약 15년 정도 십자가의 성 요한을 싫어했으며 그를 불교도라고 불렀다. 나는 성 테레사[91]를 사랑했고 그녀의 저서를 반복해서 읽었다. 그녀는 우선 그리스도교인이고 부수적으로만 신비가였다. 그렇다면 기도와 관련해서 볼 때 나는 15년을 낭비한 셈이다."

---

89 존 채프먼 수도원장Abbot John Chapman (1865~1933): 영국 다운사이드의 베네딕트회 제4대 수도원장. 신약성경 및 교부학 학자이자 당대의 인기 있는 영성 지도자로 기도·영적 생활·신비 신학의 권위자.

90 콜룸바 마르미옹Columba Marmion (1858~1923): 아일랜드 출신의 벨기에 Maredsous 수도원 제3대 수도원장. 훌륭한 영성 서적을 많이 쓴 20세기의 가장 유명하고 영향력 있는 가톨릭 작가 중 하나.

91 아빌라의 성 테레사St. Teresa of Ávila (1515~1582): 스페인의 수녀·신비가. 신과 합일하는 깊은 내적 체험과 더불어 수도원 개혁운동을 성공적으로 조화시킨 가톨릭의 대표적인 성녀. 영적인 저술을 통해 후대에 많은 영향을 끼쳤으며, 카르멜 수도회를 개혁하고 십자가의 성 요한과 함께 맨발의 카르멜회 설립.

이제 그리스도께서 하신 두 가지 말씀의 의미를 살펴보자. 먼저 "나를 통하지 않고는 누구도 아버지께로 갈 수 없다." 즉, 나의 삶을 통하라는 말씀이다. 다음으로 "아버지께서 끌어당기지 않으시면 누구도 나에게 올 수 없다"는 말씀은 성 바울이 "완전한 것이 올 때는, 부분적인 것은 사라질 것이다"라고 했을 때의, 단순하면서도 완전한 선이신 나의 '아버지'께서 움직이거나 끌어당기지 않으면 그는 나의 삶을 취하지도 나를 따르지도 않을 거라는 말씀이다.

《독일 신학》

달리 표현하면, '아버지'와 동일시하기 전에 먼저 그리스도를 모방해야 한다. 육신의 모습을 띤 신성의 세속적인 행동을 모방한다는 생각이 누군가의 마음에 스쳐가기 위해서는 인간의 영과 근본 영인 신 사이에 근본적인 동일성 혹은 유사성이 있어야만 한다. 그리스도교 신학자들은 '신격화'에 대해 말을 하지만, 영적 실상과 인간 영이 본질적으로는 동일하다는 사실을 부정한다. 베단타와 대승불교, 또한 수피들은 영spirit과 근본 영Spirit은 동일한 실체라고 말한다. 즉 아트만이 브라흐만이고, 그대가 그것이다.

깨닫지 못하면 붓다가 곧 중생衆生이요,
한순간 깨달으면 중생이 곧 붓다이다.

혜능[92] 《육조단경》

---

92 혜능慧能(638~713): 중국 당나라 때 승려로 선종禪宗 제6조. 홍인弘忍 대사에게 의발을 전수받고 중국의 선종을 중흥시킨 남종선南宗禪의 시조가 됨. 《육조단경六祖壇經》을 남김.

그러므로 모든 인간은 그 자신의 자립적인 노력에 의해서가 아니라 선택받음으로써 신의 화신이 될 수 있다. 그에게 길이 제시되어야만 하고 신성한 은총의 도움이 주어져야만 한다. 가르침을 받고 도움을 받아 남녀의 신성이 평범한 인간의 형상을 취하게 되는데, 그 인간은 만물의 신성한 본성이 정해놓은 길에서(즉 최고의 사랑charity으로써, 자아의 완전한 죽음과 전적으로 하나로 집중된 자각을 통해) 해방과 깨달음을 성취해야만 한다. 그러므로 깨달음을 성취한 경우, 신의 화신은 다른 사람들에게 깨달음의 길을 보여줄 수 있으며 그들에게 이미 존재하는 잠재력이 실현될 수 있도록 돕는다. "Tel qu'en Lui-même enfin l'éternité le change(마침내 그를 그 자신으로 변화시키는 영원)[93]." 물론 우리를 진정한 우리로 변화시키는 영원eternity은 단순히 육체적 죽음 후에 영속되는 경험이 아니다. 시간과 물질의 세계 속에서 이와 동일하거나 유사한 앎이 존재하지 않는 한, 영원한 실재에 대한 경험은 있을 수 없다. 변용을 가져오는 이런 앎이 가능하며, 모든 살아있는 존재는 그 부름을 받고, 머지않아 어떤 식으로든 모두가 마침내 거기에 도달해야 한다고 신의 화신은 가르침과 예시를 통해 가르친다.

---

93 19세기 프랑스 상징파 시인 스테판 말라르메Stéphane Mallarmé(1842~1898)가 쓴 〈에드거 포의 무덤에서Le Tombeau d'Edgar Poe〉에서 인용.

4
세상 속의 신
God in the World

"그대가 그것이다" "모든 것에서 하나만을 보라" 신은 우리 안에도 저 밖에도 계신다. 영혼 속에도, 영혼을 통해서도 절대적 실재Reality 로 가는 길이 있다. 세상 속에서, 세상을 통해서도 절대적 실재로 향하는 길이 있다. 다른 것을 배제하고 이들 중 어느 한 길을 따름으로써만 최종 목적지에 도달할 수 있는지는 의심스럽다. 최선의 길이지만 가장 어려운 세 번째 길은 인식 주체와 인식의 대상을 동시에 신성한 근본바탕으로 이끄는 것이다.

이 마음이 곧 붓다이고, 붓다가 곧 중생이다.
중생일 때에도 이 마음은 줄지 않고,
붓다일 때에도 이 마음은 늘지 않는다.

황벽[94] 《전심법요》

모든 피조물들은 그들의 전형에서 볼 수 있듯이 신성한 본질 속에서

영원히 존재한다. 피조물들이 신성한 표상에 순응하는 한, 모든 존재들
은 창조 이전에 신의 본질을 지닌 하나였다. (신은 과거에도 현재에도 영
원한 것을 시간 속으로 창조하였다.) 영원히, 모든 피조물들은 신 안의 신
이다. 신 안에 있는 한, 그들은 동일한 생명, 동일한 본질, 동일한 힘,
동일한 일자One일 뿐이다.

조이제[95]

신의 이미지는 본질적으로 또 개별적으로 모든 사람들 속에서 발견
된다. 각자는 그것을 전체로, 온전하게, 분리되지 않은 채로, 더 이상
혼자가 아니라 모두 함께 소유한다. 이런 식으로 우리는 모두 하나이
며, 신의 이미지이자 우리 안에 평생 존재하는 근원인 우리의 영원한
이미지 속에서 밀접하게 결합되어있다. 우리의 창조된 본질과 우리의
삶은 이들의 영원한 원인eternal cause에 대한 매개 없이 그 이미지와 연
관되어있다.

로이스부르크

어느 곳에나 똑같이 단순한 실체로 존재하는 신은 그럼에도 불구하
고 그 유효성에서 볼 때 비이성적 피조물과 이성적 피조물이 다르며,

---

94 황벽黃檗 희운希運 (생몰 미상, 9세기): 당나라의 승려. 중국 선종 제10대 조사. 백장百丈 회해懷海
를 이어 임제臨濟 의현義玄에게 법을 전달. 강서성 지방 관찰사인 배휴裵休가 그의 가르침을 집대성
한《황벽산 단제선사 전심법요傳心法要》와《완릉록婉陵錄》이 전해짐.
95 하인리히 조이제Heinrich Seuse (Henry Suso, 1295?~1366): 스위스 태생의 가톨릭 신비주의자.
독일 도미니크회 수도사. 타울러와 함께 에크하르트를 사사. 그가 쓴《진리의 작은 책Das Büchlein
der Wahrheit》은 단순한 언어로 신비적 주제와 신학적 성찰을 담아서, 토마스 아 켐피스의 작품으로
전해지는《그리스도를 본받아The Imitation of Christ》와 함께 여러 세기에 걸쳐 인기를 누린 신비문학
의 걸작임.

악한 피조물과 선하고 이성적인 피조물이 다르다. 비이성적 피조물들은 신이 자신 안에 존재한다는 것을 이해할 수 없다. 그러나 모든 이성적 피조물들은 앎을 통해서 그분을 이해할 수 있다. 선한 사람들은 사랑을 통해서도 그분을 이해할 수 있다.

성 베르나르

인간은 언제 순수하게 이해할 수 있을까? 나는 "인간이 다른 것과 구별되는 한 가지만을 볼 때"라고 대답한다. 그렇다면 언제 인간은 순수한 이해를 초월하는가? 나는 그대에게 말하노니 "인간이 모든 것에서 일체를 볼 때, 그때서야 인간은 순수한 이해를 넘어서있다."

에크하르트

네 가지 종류의 선禪(영적인 수행)이 있다. 무엇이 이 네 가지일까?

첫째는 어리석은 범부가 행하는 선이요, 둘째는 뜻을 관찰하는 선이요, 셋째는 진여眞如를 반연하는 선이요, 넷째는 여래(붓다)의 선이다.

어떤 것을 '어리석은 범부가 행하는 선愚夫所行禪'이라 하는가? 성문 Sravakas과 연각Pratyekabuddhas(소승불교의 명상적이면서 '고독한 붓다')의 수행자가 인무아人無我를 통해 자신이나 다른 사람의 몸이 뼈로 연결된 것임을 보고, 모두 무상無常이며 괴로움苦이고, 내가 없고無我 깨끗하지 못하다不淨고 아는 것이다. 다른 것에 집착함도 이와 다르지 않다고 보고, 이렇게 차례로 관찰하여 점차 멸진정滅盡定에 이를 때까지 단계적으로 나아간다.

어떤 것을 '뜻을 관찰하는 선觀察義禪'이라 하는가? 개체성과 일반성, 자아의 실체가 없음을 알고, 자아와 타자, 그 모두를 떠나 법무아法無我

세상 속의 신 113

를 관찰하여, 모든 단계地의 모습과 의미와 차례를 관찰하는 수행이니, 이것이 뜻을 관찰하는 선이다.

어떤 것을 '진여를 반연하는 선攀緣眞如禪'이라 하는가? 무아에 두 가지가 있다[96]고 분별하는 것은 허망한 생각이다. 여실하게 알면 이러한 마음이 일어나지 않으니, 이것을 진여를 반연하는 선이라고 부른다.

어떤 것을 '여래선如來禪'이라 하는가? 여래의 단계로 들어가 거룩한 지혜의 세 가지 즐거움三種樂에 머물러 모든 존재를 위해 불가사의한 일을 하는 것에 스스로 헌신하니, 이것을 여래의 선이라고 부른다.

《능가경》

도를 배우는 사람이 견문각지見聞覺知만을 인지하며 행하고 움직이지만, 이 견문각지를 텅 비워버리면 즉시 마음 길이 끊어져서 들어갈 곳이 없어진다. 다만 견문각지하는 곳에서 본심本心을 인식할지라도, 본심은 견문각지에 속하지 않으며, 그렇다고 해서 그것을 떠나 있지도 않다. 견문각지하는 가운데, 견해를 일으키거나 생각을 움직여서는 안 된다. 또한 견문각지를 떠나 마음을 찾아서도 안 되고, 견문각지를 버리고 법을 취해서도 안 된다. 그리하면 즉卽하지도 않고 여의지도離 않으며, 머물지도 않고 집착하지도 않으며, 종횡으로 자재하여 어느 곳이든지 도량道場 아님이 없게 된다.[97]

황벽

96 인무아人無我와 법무아法無我.
97 '견문각지'는 보고 듣고 느끼고 아는 것이며, 감각과 사고를 통틀어 가리킴.

르네 궤농[98]의 표현을 빌면, 원자에서부터 가장 고도로 조직된 생명체, 가장 고양된 유한한 마음에 이르기까지 모든 개별적 존재는 동일한 신성의 창조적 에너지가 분화되고 피조물로서 방사된 것 중 하나가 근원적인 신성의 빛과 만나는 지점으로 생각할 수 있다. 피조물은 자신의 존재가 지닌 신성한 근본바탕의 성질을 발견할 수 있는 지성이 없는 한, 신으로부터 아주 멀리 떨어져 있을 수도 있다. 그러나 그 영원한 본질(피조물과 근원의 신성이 만나는 장소로서)에서의 피조물은, 신성한 실재가 온전하고도 영원하게 현존하는 무한한 수의 지점들 중 하나이다. 이런 이유 때문에 이성적 존재들은 신성한 근본바탕과 결합하는 앎에 도달할 수 있으며, 비이성적이고 생명이 없는 존재는 그들의 물질적 형상 속에 존재하는 신적 현존의 충만함을 이성적인 존재들에게 드러낼 수 있다. 시인이나 화가가 자연 속에서 신성함을 보는 일, 숭배자들이 성찬이나 상징, 이미지에서 신성한 현존을 자각하는 일들은 완전히 주관적이지만은 않다. 사실 지각하는 모든 사람들이 그렇게 인식하지는 못한다. 왜냐하면 앎은 존재의 기능이기 때문이다. 그러나 앎의 대상은 인식자의 상태와 성질과는 독립적이다. 시인과 화가들이 보고 우리를 위해 기록하려 애쓰는 대상은, 사실상 적절한 능력을 지닌 사람이라면 누구든 그것들을 파악해 주기를 기다리고 있는 것이다.

마찬가지로 성찬식의 대상이나 그 이미지 속에 신성한 근본바탕은

---

98 르네 궤농René Guénon(별칭 Abd al-Wahid Yahya, 1886~1956): 힌두교·도교·수피즘 등 동양의 형이상학적 교의를 재해석하여 비교esotericism, 성스러운 과학sacred science, 입문initiation, 상징주의 등 20세기 형이상학 분야에 폭넓은 영향을 끼친 프랑스 작가.

온전하게 현존한다. 믿음과 헌신은 숭배자의 마음을 준비시켜 그가 마주친 사물의 특정 조각과의 교차점에서 신성의 빛을 알아차리도록 한다. 그런데 그런 상징들은 숭배의 대상이 됨으로써 힘의 장field의 중심이 된다. 지금 그리고 수 세기 동안 성지 앞에서 무릎 꿇고 기도했던 사람들의 갈망·정서·상상들이 말하자면 심령적 매체에 지속적인 소용돌이를 형성함으로써, 다른 모든 생물 및 무생물과 마찬가지로 그 이미지는 신성한 근본바탕과의 관계로 인해 그것이 지닌 일차적인 신성한 생명력을 갖는 것은 물론, 숭배자들이 그것에 투사한 이차적인 차위의 신성한 생명력도 가지고 살아간다.

성찬을 중시하는 사람들과 심상을 숭배하는 사람들의 종교적 경험은 정말 진짜 같고 실재적일 수 있다. 그러나 그것이 항상 혹은 반드시 신이나 신성의 경험은 아니다. 그것은 과거 및 현재 숭배자들의 마음이 일으켜 성찬의 대상에게 투사한 힘의 장場을 경험하는 것일 수 있으며, 아마도 대부분의 경우 실제로 그러하다. 소위 간접적 객관성이라고 부를 수 있는 조건하에서 힘의 장은 그런 대상에 달라붙어, 거기에 적합하게 맞춰진 마음이 인식해 주기를 기다린다. 이런 종류의 경험이 실제로 얼마나 바람직한지는 다른 장에서 논의할 것이다. 여기에서는 성찬sacrament과 상징들을 나무나 돌의 우상들로 치르는 거창한 의식에 불과한 것처럼 여기는 우상파괴자들의 경멸이 아주 정당하지 않다는 점을 언급할 필요가 있다.

목수들은 무엇을 만들지 아직 확신하지 못했네.
성인saint으로 만드는 것이 좋을지,
돼지 여물통으로 만드는 것이 좋을지를.

논의 후에 한 성인으로 나를 결정했네.
그리하여 나는 유명한 로욜라[99]로 표현되었지.[100]

프로테스탄트 풍자작가들은 관습적으로 신성시된 이미지에서와 마찬가지로 여물통에도 신이 계시다는 사실을 망각하였다. 이집트 옥시린쿠스Oxyrhinchus에서의 예수의 말씀 중 가장 잘 알려진 것은 "돌멩이를 들어보라. 거기에서 나를 발견할 것이다. 나무를 쪼개보라. 나는 거기에 있다"이다. 이런 말씀의 진실, 뿐만 아니라 브라만교가 표방하는 "그대가 그것이다"의 진실을 개인적으로 또 직접적으로 깨달은 사람은 완전히 해방된다.

성문聲聞('듣는 자'라는 의미로, 대승불교도들이 소승불교 수행자에게 부여한 명칭)은 마음에 본질적으로 단계나 인과因果가 없음을 모른다. 수행을 원인으로 하여 그 결과를 얻고자 하며, 공空의 삼매三昧(묵상) 속에서 영겁의 시간을 머무른다. 그러나 이런 방식으로 깨닫는다 하더라도, 성문은 전혀 올바른 길에 있는 것이 아니다. 보살의 관점에서 보면 이것은 지옥의 고문을 견디는 것과 같다. 성문은 공空 속에 스스로를 파묻어 자신의 고요한 명상에서 어떻게 빠져나올지를 알지 못한다. 그에게는 불

99 성 이그나티우스 데 로욜라St. Ignatius de Loyola (1491~1556): 스페인의 성직자. 1540년 F. 사비에르와 함께 가톨릭 수도회인 예수회Societas Jesu를 창립. 1622년 교황 그레고리오 15세에 의해 시성諡聖됨.
100 고전 시인들의 풍자시를 모방했던 영국 시인 존 올덤John Oldham(1653~1683)의 작품《예수회 회원들에 대한 풍자Satyrs upon the Jesuits》중에서 인용. 본문에 삽입된 문장은 다음과 같이 시작된다. "한때 나는 평범한 나무, 다듬어지지 않은 통나무였고, 내던져져서 모든 개들이 오줌 싸는 기둥이었지."

성佛性 자체에 대한 통찰이 없기 때문이다.

마조[101]

깨달음이 완전해질 때 보살은 사물의 속박으로부터 자유롭다. 그러나 사물로부터 해방되기를 바라지도 않는다. 그는 변해가는 세계인 삼사라Samsara를 미워하지도, 니르바나를 사랑하지도 않는다. 완전한 깨달음이 빛날 때 그것은 속박도 해방도 아니다.

《푸루나붓다경Prunabuddha-sutra》

땅의 자식이 육체를 초월한 앎을 추구할 때조차도 땅과의 접촉은 그에게 항상 다시 기운을 북돋워준다. 우리가 우리의 발로 물질적인 것에 단단히 딛고 서있을 때 육체를 초월한 것을 실로 온전하게 지배할 수 있으며, 우리는 항상 최고점에 도달할 수 있다. 우주에 나타나는 참자아를 떠올릴 때마다 《우파니샤드》는 '땅은 그의 발판이다'라고 말한다.

스리 오로빈도[102]

"우리는 항상 그 최고점에 도달할 수 있다." 저지대 진흙에서 여전

101마조馬祖 도일道一 (709~788): 중국 당나라의 선승. 남악南岳 회양懷讓의 법을 이은 중국 선종 제8대 조사. 수행을 원인으로 하여 깨달음의 결과를 얻는다는 수인증과修因證果를 부정하고, 평상심이 곧 도이며平常心是道 마음 그대로가 부처即心是佛라는 등 혁신적인 가르침으로 백장白丈·남전南泉 등 우수한 제자들을 많이 배출하여 생활 속에서 선禪을 실천하는 새로운 선종의 시대를 엶.《마조어록》을 남김.
102 스리 오로빈도Sri Aurobindo (1872~1950): 인도의 사상가·독립운동가·시인·요가수행자. 인도의 정신적인 여러 전통들을 근대적인 의미로 새롭게 조명하여 '통합 요가Integral yoga'라는 새로운 방법론과 영적인 진화를 통한 보편적인 구원의 철학을 창시. 그의 아쉬람은 국제적인 영적 공동체 오로빌Auroville로 계승됨.

히 장난치며 놀고 있는 사람들에게도 이 구절은 역설적인 울림을 준다. 온전성 및 최고점과는 거리가 아주 멀어도 저자가 말하는 의미가 무엇인지 이해할 수 있다. 신의 나라를 오로지 자신 안에서만 발견하는 일은 그곳뿐만 아니라 마음 밖 세상, 사물, 살아있는 피조물에서 발견하는 일보다 더 쉽다. 그 일이 더 쉬운 까닭은, 내면의 절정은 외부의 모든 것을 자신의 영역에서 배제시킬 준비가 된 사람들에게 스스로를 드러내기 때문이다. 이런 식의 배제는 고통스러우면서도 금욕적인 과정일 수 있지만, 우리가 영적인 삶의 최고점뿐만 아니라 충만함을 알게 되는 내포의 과정보다 덜 힘들다. 내면의 정점에 배타적으로 집중하려면 유혹과 산만함을 피할 뿐 아니라 일반적으로는 부인하고 억압한다. 그러나 포함의 과정을 통해 신을 알려고 한다면, 영혼 속에서뿐만 아니라 세상에서도 신성한 근본바탕을 인식하려 한다면, 유혹과 산만함을 피해서는 안 되며 이들을 감수하면서 진보의 기회로 이용해야 한다. 외부로 향하는 활동을 억압해서는 안 되고 이들을 변용시켜 신성한 것으로 만들어야 한다. 더욱 철저하고 정묘하게 고된 수행을 해야 하고, 잠들지 않는 자각이 필요할 뿐만 아니라, 사고·느낌·행위 수준에서 예술가의 솜씨와 취향 같은 무언가를 끊임없이 훈련해야 한다.

삼사라(윤회輪廻 또는 유전流轉)와 니르바나, 시간성과 영원성이 하나이자 동일하다고 보는 사람의 심리를 가장 잘 설명하고 있는 것은 대승 불교, 특히 선禪불교 문헌이다. 아마도 극동 불교가 그 어떤 종교보다 영적 앎으로 가는 길(가장 온전하면서도 가장 높게, 또한 영혼 속에서 영혼을 통과하여, 세상 속에서 세상을 통과하여)을 체계적으로 가르치고 있을 것이다. 이런 맥락에서 볼 때, 중국과 일본의 유례없이 탁월한 풍경화는 본질적으로 도교와 선불교에 의해 자극된 종교예술이라고 할 수 있다. 반면에 유럽의 경우 풍경화와 '자연 숭배'에 관한 시들은 그리스도교 정신이 쇠퇴할 때 나타난 세속적 예술로서 그리스도교적 이상의 영향을 거의 받지 않았다고 할 수 있다.

"소경, 귀머거리, 벙어리!

상황에 맞는 대응이 완전히 끊어졌네!"

이 문장에서 설두[103]는 그대를 위해 모든 것을 쓸어버렸다. 그대가 보지 못하는 것과 보고 있는 것, 그대가 듣지 못하는 것과 듣고 있는 것, 그대가 말할 수 없는 것과 말하고 있는 것을. 이 모든 것들이 완전히 털려나가, 그대는 눈멀고 귀먹고 벙어리인 삶을 달성한다. 여기에서 그대의 모든 착각, 방편, 계산들은 완전히 끝나, 더 이상 쓸 수가 없다. 선禪의 최정점이 이곳이며, 그 자연스럽고 무용지물인 측면에서 진정 눈멀고 귀먹고 말 못하는 지점이다.

"천상천하!

우습기도 하고 가엾기도 하네!"

여기에서 설두는 한 손을 들고 다른 손을 내린다. 그가 우스꽝스럽다고 말한 것은 무엇이고, 그가 가엾다고 말한 것은 무엇인지 말해보라. 벙어리인 사람이 결국에는 벙어리가 아니고, 귀먹은 사람이 결국 귀머거리가 아니라는 것이 우스꽝스럽다. 전혀 눈멀지 않은 사람이 그럼에

---

103 설두雪竇 중현重顯 (980~1052): 송나라 운문종의 승려. 《경덕전등록景德傳燈錄》에서 중요한 공안 公案 100개를 가려 뽑아 송頌을 단 《설두송고雪竇頌古》를 남겨 《벽암록碧巖錄》의 모체가 됨.

도 불구하고 눈이 멀었고, 전혀 귀먹지 않은 사람이 그럼에도 불구하고 귀먹었다는 사실이 안타깝다.

"이루離婁도 본래의 색을 분별하지 못하도다."

이루는 황제黃帝가 통치할 때 살았다. 그는 백 걸음 떨어진 거리에서도 부드러운 털끝을 분별할 수 있었다고 전해진다. 그의 시력은 비상했지만, 황제가 적수赤水에서 즐겁게 유람하고 있다가 물에 귀중한 보석을 떨어뜨려 이루에게 건져오라고 했을 때 실패하고 말았다. 황제는 설구契話에게 찾아오라 명했으나 그도 찾아오지 못했다. 나중에 상망象罔에게 가져오라고 하자 그가 찾아왔다. 그래서 '상망이 물속으로 내려갔을 때 귀한 보석은 가장 밝게 빛났다. 그러나 이루가 갔을 때에는 파도가 하늘 끝까지 치솟았다.'고 하였다. 이처럼 지극한 경지에 이르러서는 이루의 눈으로도 올바른 색을 분별하지 못한다.

"사광師曠인들 어찌 현묘한 음률을 알랴?"

사광은 주周나라 때 강주絳州 진晉의 경공景公의 아들이었는데, 자字는 자야子野이다. 그는 5음五音과 6률六律을 완벽하게 구분할 수 있었으며, 언덕 너머에서 개미 싸우는 소리까지도 들을 수 있었다. 진나라와 초나라가 전쟁을 벌일 때 현악기 줄을 부드럽게 손가락으로 튕기며 교전이 초나라에 분명 불리하게 될 것이라고 말할 수 있었다. 그런 놀라운 민감성에도 불구하고 설두는 그가 현묘한 선율을 알아차릴 수 없을 거라고 말한다. 결국 귀머거리가 전혀 아닌 사람이 실제로는 귀가 먹은 셈이다. 이 높은 곳의 현묘한 음률은 사광도 들을 수 없다. 설두는 말한다. 나는 이루도 사광도 되지 않으리라고.

"이것을 어떤 삶과 비교할 수 있으랴? 빈 창 아래 홀로 앉아,

계절이 오고 갈 때 잎이 떨어지고 꽃이 피는 것을 보노라."

이런 깨달음의 단계에 이르면, 보는 것이 보는 게 아니고, 듣는 것이 듣는 게 아니며, 말하는 것이 말하는 게 아니다. 배가 고프면 밥 먹고, 피곤하면 잠을 잔다. 잎은 저절로 떨어지고 꽃은 저절로 핀다. 낙엽이 지면 가을임을 알고, 꽃이 피면 봄이란 걸 안다.

그대 앞에서 깨끗이 모든 것을 쓸어버리고, 설두는 이제 자그마한 길을 터주며 이야기한다.

"알겠는가? 구멍 없는 쇠망치無孔鐵鎚로다!"

그는 당신을 위해 할 수 있는 바를 다했다. 기진맥진해서 돌아보며 구멍 없는 쇠망치를 그대에게 보여줄 뿐이다. 이것은 가장 의미심장한 표현이다. 그대의 눈으로 직접 보라! 망설인다면 영원히 과녁을 벗어난다.

이 《벽암록》[104]의 저자인 원오圜悟는 이제 지팡이를 들어올리며 말한다. "보이는가?" 의자를 치며 말한다. "들리는가?" 의자에서 내려와서는 묻는다. "말했는가?"

구멍 없는 쇠망치의 의미는 정확히 무엇일까? 나는 아는 척하고 싶지 않다. 선禪은 항상 감각을 넘어서게끔 마음을 자극하는 수단으로

---

104 벽암록碧巖錄: 중국 송나라 원오圜悟 극근克勤(1063~1135)이 정리한 선불교 저술로, 설두 중현이 경덕전등록景德傳燈錄 등 기존의 선어록에서 100개의 공안을 선별하여 각각 게송을 붙인 내용에 평석評釋을 더한 것. (인용문은 제88칙 현사삼병玄沙三病의 송頌에 대한 해설)

터무니없는 언행을 이용하는 데 전문적이다. 그러므로 아마도 쇠망치의 초점은 정확히 그 의미 없음에, 그런 무의미함에 대한 우리의 불안하고 당황스러운 반응에 있을 것이다.

신성한 지혜는 그 뿌리가 일체all 브라흐만이다. 줄기는 일체 환상이다. 꽃은 일체 세상이며, 그 열매는 일체 해방이다.

《탄트라 타트바Tantra Tattva》

보살 수행의 여덟 번째 단계에 이르면, 성문과 연각은 정신적 고요함의 지복에 취해있기 때문에 보이는 세계가 마음일 뿐이라는 것을 깨닫지 못한다. 그들은 아직도 개체화의 영역에 있으며 그들의 통찰은 아직 순수하지 못하다. 반면에 보살은 그들의 가슴속에 있는 일체를 포용하는 사랑으로부터 흘러나온 원래의 맹세를 민감하게 느끼고 있다. 그들은 니르바나(변하는 세상으로부터 분리된 상태)에 들어가지 않는다. 그들은 보이는 세상이 마음 자체의 현현에 불과하다는 것을 알고 있다.

《능가경》 부분 발췌

유정有情은 움직일 줄을 알고 무정無情은 움직이지 않으니,
마음을 움직이지 않도록 수행한다면
그대가 얻는 부동不動이란 무정의 움직이지 않음과 같다.

만약 참으로 움직이지 않음을 찾고자 하면,
움직임 위에 움직이지 않음이 있나니,
움직이지 않는 것이 부동이라면 무정물에 불과하고

불성의 씨앗佛種도 없도다.

능히 모양相을 잘 분별하되
참된 도리第一義는 움직이지 않는다.
오직 이와 같이 본다면
이것이 곧 진여眞如의 작용用이니라.

혜능《육조단경》

　　움직이지 않는 최초 동인에 관한 이런 문구들은 아리스토텔레스의
한 구절을 상기시킨다. 그러나 아리스토텔레스와 위대한 종교전통
내부에 있는 영원의 철학 옹호자들 간에는 다음과 같이 엄청난 차이
가 존재한다. 우선 아리스토텔레스는 우주론에 관심이 있는 반면, 영
원의 철학자들의 주된 관심은 해방과 깨달음에 있다. 아리스토텔레
스는 움직이지 않는 동인에 대해 그 바깥에서 이론적으로 아는 데 만
족했다면, 영원의 철학의 목표는 그것을 직접 자각하고 결합을 통해
앎으로써 그들 및 그 밖의 것들이 사실상 움직이지 않는 일자가 될
수 있게 한다. 이런 식의 결합하는 앎은 최고의 지식, 온전한 지식, 혹
은 최고이면서도 온전한 지식이 될 수 있다. 오로지 영혼의 최정점에
서만 얻을 수 있는 영적 지식을 대승불교는 부적절하다고 보고 거부
하였다. 이와 유사하게 그리스도교 전통에서 정적주의靜寂主義를 거부
한 예를 27장〈묵상과 행위〉에서 다룰 것이다. 그러나 17세기 유럽
전역에 걸쳐 격렬한 논쟁을 불러일으켰던 문제들이 불교계에서는 훨
씬 이전에 논의되었다는 사실은 흥미롭다. 유럽의 가톨릭에서는 몰
리노스[105], 마담 귀용[106], 페늘롱[107]에 관한 논쟁이 사실상 2세기 동안

신비주의를 말살시키는 결과를 낳았던 반면, 아시아에서는 두 무리
가 서로 다르다는 사실을 관대하게 인정하였다. 소승불교는 내면에
있는 최정점을 계속 탐구한 반면, 대승불교 스승들은 아라한Arhat 보
다는 보살의 이상을 유지하면서 높이뿐만 아니라 풍부함에 있어서도
영적 지식을 향한 길을 알려주었다. 다음의 글은 18세기 선사가 선禪
의 이상을 실현한 사람의 상태를 시적으로 표현한 것이다.

무상無相의 상相을 상相이라 할 때
가고 옴이 모두 본향本鄕이라.
무념無念의 염念을 염念이라 할 때
춤과 노래조차 모두 진리의 말씀法音이다.
삼매三昧는 걸림 없이 비어있고
네 가지 지혜四智는 밝은 달처럼 원만하니,
이 순간 무엇을 더 구하랴?
적멸寂滅이 바로 눈앞에 있으니,
이곳저곳이 모두 정토淨土이고

---

105 미구엘 데 몰리노스Miguel de Molinos (1628~1697): 스페인의 가톨릭 사제 · 신비주의자. 개인적
노력이나 교회의 가르침보다 신에 대한 완전한 묵상에 의해 구원받을 수 있다고 주장한 정적주의
Quietism의 대표적 인물. 이단으로 몰려 투옥되었으나, 그 사상은 마담 귀용과 페늘롱 등 후대에 지
속적 영향을 끼침.
106 잔느-마리 부비에 드 라 모트-귀용Jeanne-Marie Bouvier de la Motte-Guyon (마담 귀용Madame
Guyon, 1648~1717): 프랑스의 그리스도교 신비주의자. 관상기도, 영혼의 소멸, 절대자에의 내맡김
과 합일 등을 내용으로 하는 17세기 정적주의의 주요 인물 중 하나.
107 프랑수아 드 페늘롱François de Salignac de Là Mothe-Fénelon (1651~1715): 17세기 프랑스의 가
톨릭 사제 · 신학자 · 저술가. 1695년 캉브레 대주교에 임명되었고 황태자의 교육을 위해 《텔레마
코스의 모험Les Aventures de Télémaque》 등 저술. 마담 귀용을 만나 신의 존재를 직접 체험하는 방법을
배운 후 가톨릭 교단의 비난에 맞서 그녀를 변호하다가 자신의 교구로 유폐됨.

이 몸이 바로 붓다인 것을.

하쿠인[108]

자연의 목적은 음식에도, 마실 것에도, 입을 것에도, 안락에도, 신이 배제된 그 어떤 곳에도 없다. 그대가 좋아하든 싫어하든, 그대가 알든 모르든, 자연은 신을 찾을 수 있는 길을 찾고, 추적하며, 찾아내려 애쓴다.

에크하르트

그 자체로 천사들 중 최고인 것보다
신의 벼룩 중 어느 하나가 더 고귀하다.

에크하르트

나의 내적인inner 인간은 대상들을 피조물이 아닌 신의 선물로서 즐긴다. 그러나 나의 가장 안쪽에 존재하는 인간에게, 그것들은 신의 선물이 아니라 영원의 느낌이다.

에크하르트

돼지는 도토리를 먹지만 도토리에게 생명을 주는 태양을, 자양분을 공급하는 하늘의 영향을, 도토리가 생긴 나무의 뿌리를 생각하지 못

---

108 하쿠인白隱 (1686~1768): 대중 포교활동을 통해 일본의 임제종을 중흥시킨 일본 선불교의 선사. 다양한 저서와 서예, 그림을 통해서도 널리 알려졌으며 농민들과 함께 청빈하게 살면서 종교적·도덕적으로 많은 일화를 남겨 중세 이후 일본 선종의 새로운 전통을 만듦.

한다.

그대가 매일 아침 천상에서 깨어날 때까지는 세상을 즐기는 것이 결코 옳지 않다. 아버지의 궁전에 있는 그대를 보라. 그리고 하늘, 땅, 공기를 천상의 즐거움으로 바라보라. 마치 천사들 가운데 있는 것처럼 모든 것을 고귀하게 여기라. 남편의 방에서 기다리는 제왕의 신부도 그대처럼 즐겁지 않다.

바다가 그대의 핏줄로 흐를 때까지, 천국의 옷을 입고, 별로 된 왕관을 쓸 때까지 그대는 세상을 올바로 즐기지 못한다. 그대 스스로를 세상 전체의 유일한 상속자로 여기라. 왜냐하면 모든 사람은 그대와 마찬가지로 유일한 상속자이니까. 구두쇠가 금으로, 왕이 왕권으로 그렇듯이 그대가 신 안에서 노래하고, 축하하며 기뻐할 수 있을 때까지 그대는 결코 세상을 즐길 수 없다.

그대의 영spirit이 온 세상을 가득 채울 때까지, 별들이 그대의 보석이 될 때까지, 그대의 걸음과 탁자에 익숙하듯이 그대가 언제나 신의 길에 익숙해질 때까지, 세상이 만들어진 희미한 무無를 깊이 알게 될 때까지, 인간의 행복을 소망하는 갈망이 당신 자신의 행복을 향한 열정과 똑같을 만큼 인간을 사랑할 때까지, 모든 사람들에게 선하게 대하는 것을 신 안에서 기뻐할 때까지 그대는 결코 세상을 즐길 수 없다. 그대가 그대의 사유지보다 세상을 더 많이 느끼고, 그곳의 영광과 아름다움을 생각하면서 그대 자신의 집보다 그 영역에 더 오래 머물러있을 때까지, 그대가 얼마나 최근에 만들어졌으며 그 안으로 들어왔을 때 그곳이 얼마나 근사했는지를 기억할 때까지, 오늘 아침에 만들어진 것보다는 그

세상 속의 신 127

대 영광의 궁전을 더 기뻐하며 누릴 때까지.

더 나아가 그대가 그것을 즐기는 아름다움을 너무 사랑한 나머지 다른 사람들이 그것을 즐기도록 열심히 진지하게 설득할 때까지, 그대는 세상을 제대로 즐기고 있는 게 아니다. 그것을 무시하는 사람들의 끔찍스러운 타락을 아주 증오해서 그들의 오류에 대해 기꺼이 죄책감을 느끼기보다는 차라리 지옥의 불길을 견디게 된다.

세상은 무한한 아름다움을 비추는 거울이지만 그것을 보는 이는 아무도 없다. 그것은 왕의 사원이지만 아무도 그렇게 생각하지 않는다. 세상은 인간이 어지럽히지 않는 빛과 평화의 지대다. 그것은 신의 낙원樂園이다. 인간이 타락한 이후로 세상은 이전보다 인간에게 더욱 중요해졌다. 세상은 천사들의 장소이며 천국의 문이다. 야곱이 꿈에서 깨어났을 때, 그는 신은 이곳에 계시고 나는 그것을 알지 못했다고 말했다. 이곳은 얼마나 두려운 곳인가! 여기가 바로 신의 거주지이며 천국의 문이다.

토머스 트러헌

영적 지식의 최정점뿐만 아니라 그 온전함에 도달할 수 있는 수단을 논하기 전에, 자신 안에서 그것을 인식하려는 어떤 노력도 기울이지 않았음에도 '모든 것에서 일자One를 보는' 특권을 누렸던 사람들의 경험을 간단히 살펴보자. 벅[109]의 《우주 의식Cosmic Consciousness》에서 이 주제에 관해 흥미로운 자료를 꽤 많이 찾아볼 수 있다. 그런 '우주 의식'은 바라지 않았는데도 찾아오고, 가톨릭 신학자들이 '무상無償의 은총gratuitous grace'이라고 부르는 것의 성질 속에 그것이 존재한다는 점을 여기에서 말해둘 필요가 있다. 도덕적으로 죄를 짓고 있는 상태에서도 무상의 은총(예를 들어 치유나 예지의 힘)이 찾아올 수 있지만, 그런 선물은 구원에 필수적이지도 충분치도 않다. 벅이 서술한 것과 같이 갑작스럽게 '우주 의식'에 접근하는 일은 앞의 내적 절정과 외적 온전함의 방향으로 개인적인 노력을 더 많이 기울이게 만드는 보기 드문 초대일 뿐이다. 많은 경우에는 그런 초대를 받아들이지 않는다. 그것이 가져오는 무아지경의 즐거움 때문에 그런 선물을 높이 평가하며, 그것이 온 것을 향수에 젖어 기억한다. 우연하게도 수혜자가 시인이라면 유창한 문장으로 기록된다. 예를 들면 바이런이 그의 장편 서사시 〈차일드 해럴드Childe Harold〉의 화려한 문장에서 썼듯이, 워즈워스가 〈틴턴 수도원Tintern Abbey〉과 〈서곡The Prelude〉에서 썼듯이 말이다. 이런 문제와 관련해서는 누구도 다른 사람에 대해 결정적인 판단을 내릴 수 없을 것이다. 그러나 전기를 그 증거로 삼을 때 적어도 말할 수 있는 것은, 워즈워스나 바이런은 그들이 서술한 신의 현현에 대해 무언가 진지하게 행했다거나 이런 신의 현현이 그들의 성격을 변화시키기에 충분했다는 증거가 있다고 할 수는 없다는 것이다. 워즈워스에게는 드 퀸시[110], 키츠[111], 헤이던[112]이 증언한 엄청난 자기중심성이 끝까지 남아있었던 것처럼 보인다. 그리고 바이런은 그가 모든 것에서 일자One를 본 후에도 그 전과 마

---

109 리처드 모리스 벅Richard Maurice Bucke (1837~1902): 영국 태생의 캐나다 정신과 의사. 영국에 머물던 어느 날, 갑자기 큰 빛과 함께 그가 '우주의식'이라 명명한 초월적인 의식 상태를 경험한 후, 역사적으로 이와 유사한 체험을 한 사람들의 사례와 그 특징들을 연구하여 1901년《우주의식》으로 펴냄.

110 드 퀸시De Quincey (1785~1859): 18세기에 활동한 영국의 소설가 · 평론가.

111 존 키츠John Keats (1795~1821): 25세에 요절한, 영국의 낭만주의를 대표하는 천재 시인.

112 벤저민 헤이던Benjamin Robert Haydon (1786~1846): 역사적 인물을 주로 그린 영국의 화가.

찬가지로 매혹적이면서도 희비극적으로 비장하고 감상적이었다.

이런 맥락에서 볼 때 워즈워스를 또 다른 위대한 자연애호가이자 학자였던 성 베르나르와 비교하는 일은 흥미롭다. 워즈워스는 '자연이 그대의 스승이 되게 하라'면서 다음과 같이 말하였다.

> 봄철 숲에서 일어나는 한 충동impulse이
>
> 인간에 대해 더 많은 것을 그대에게 말해주네
>
> 도덕적인 악과 선에 대해서,
>
> 모든 현자들보다 더 많은 것을.

성 베르나르도 유사한 말투로 이야기했다. "성스러운 과학과 성경에 대해서 알고 있는 바를 나는 숲과 들판에서 배웠다. 너도밤나무와 떡갈나무 이외에 어떤 스승도 가진 적이 없다." 다른 편지에서는 이렇게 말했다. "경험자의 말을 들어라. 그대는 책보다 숲에서 더 많은 것을 배울 것이다. 교사의 입을 통해 얻을 수 있는 것보다 더 많은 것을 나무와 돌들이 그대에게 가르쳐 줄 것이다." 표현은 유사하지만 그 내적 의미는 아주 다르다. 아우구스티누스의 표현에 따르면, 즐길 수 있는 건 오로지 신뿐이다. 피조물은 즐거움의 대상이 아니라 사랑과 자비, 그리고 경탄스럽고 초연하게 감사하며 즐길 수 있는 앎의 수단으로써 이용하는 대상이다. 대자연을 숭배하는 거의 모든 여타의 문필가와 마찬가지로 워즈워스는 영적 목적을 달성하기 위해 피조물들을 이용(우리가 보게 되겠지만 그 이용자에게는 엄청난 자기훈련이 수반되는)하기보다는 피조물들의 즐거움을 설파하였다. 베르나르의 경우 그와 서신을 왕래했던 사람은 자기훈련을 적극적으로 수행하고 있었으며, 자연을 스승으로서 사랑하고 마음에 새겼지만 자연 자체를 신으로 사랑하지 않고 자연을 신에 이르는 수단으로서만 이용하였다는 사실이 분명하다. 꽃과 풍경의 아름다움을 시골마을 주변에서 '한조각 구름처럼 외롭게 방황하는' 대상으로 즐긴 것이 아니고, 차 한 잔을 마신 후 서재의 소파에 누워 '한가하게 혹은 생각에 잠긴 상태'로 누워 즐겁게 기억한 것이 아니다. 그 반응은 좀 더 노력이 필요한 의도적인 것이다. 고대 불교에서는 이렇게 말했다. "수행자여, 여기에 나무뿌리들이 있고, 여기에 빈 공간들이 있다.[113] 명상하라." 물론 세상은 거기에 상응하는 사람들만을 위한 것이다. 왜냐하면 필로의 말대로 "인간은 스스로 우주의 창조자가 될 수 없다 할지라도 스스로를 우주에 어울리는 사람이 되려고 노력해야 한다. 그는 한 인간에서 우주의 본질, 말하자면 소우주가 되도록 스스로를 변화시켜야 한다." 스스로를 창조주에 어울리도록 만들거나(즉 비非집착과 완전한 자기부정self-naughting을 통해서) 혹은 덜 힘든 방법을 써서 스스로 우주에 어울리게 함으로써(훈련되지 않은 인간성격의 갖가지 혼란에 질서와 통일의 기준을 가져옴으로써) 세상을 누릴 만한 가치가 없는 사람에게, 세상은 영적으로 말해서 매우 위험한 장소가 된다.

니르바나와 삼사라가 하나라는 것은 우주의 본성에 관한 사실이다. 그러나 영성이 매우 진보된 영혼만이 이 사실을 충분히 깨닫거나 직접적으로 경험할 수 있다. 평범하고 친절하지만 신을 믿지 않는 사

---

113 나무뿌리와 빈 공간: 집중적으로 열심히 수행할 수 있는 자리를 가리킴. 초기 불교경전인《상윳따 니까야Samyutta Nikaya》의〈비구니 거처 경Bhikkhunupassaya-sutta (S47:10)〉의 내용.

람들이 이런 진리를 풍문으로 받아들이고 실행한다면 재앙을 초래할 것이다. 반율법주의[114]의 온갖 어두운 이야기들은 사람들이 모든 것은 신이고 신은 모든 것이라는, 깨달음 없이 단순한 머리로만 이해한 이론을 실제로 적용할 때 어떤 일이 일어나는지 우리에게 경고하고 있다. 반율법주의의 어두운 이야기 만큼이나 우울한 예로는 신성하게 살려고 최선을 다하지만 신성한 활동이 실제로 상징하고 있는 것을 잘 알지 못하는 선한 시민의 매우 존경할 만한 '균형 잡힌 삶'을 들 수 있다. 《자연과 초자연The Natural and the Supernatural》에서 오만[115] 박사는 '무상한 것에의 귀의가 영원의 계시다'라는 주제에 대해 길게 서술했으며, 레이븐[116]은 최근 《과학, 종교 그리고 미래Science, Religion and the Future》에서 자연과 은총[117], 과학과 종교 간에는 어떤 궁극적인 대립도 없으며, 실로 과학자의 세계와 신학자의 세계는 동일한 것이라는 신학의 원리를 언급하였다. 이 모든 것은 도교와 선불교, 그리고 성 아우구스티누스의 "사랑하라, 그리고 그대가 원하는 것을 하라 Ama et fac quod vis"는 그리스도교의 가르침, 세상에 대해 진정한 선행을 할 수 있는 유일한 것은 행동이기 때문에 밖으로 나가 세상 속에서 행동하라고 랄망[118] 신부가 신을 중심으로 하는 묵상가들에게 했던

---

114 반反율법주의antinomianism: 도덕률 초월론. 신앙을 가진 자들은 신의 은총으로 구원받아 성령에 이끌려 살아가므로 율법이나 도덕적 기준에 따라 살아가는 것은 무용지물이라는 입장. 또는, 영혼이나 영적인 것만 중요하게 생각하고 육체적으로는 무슨 일을 하든지 무관하다는 주장.

115 존 우드 오만John Wood Oman (1860~1939): 영국의 장로교 신학자.

116 찰스 E. 레이븐Charles E. Raven (1885~1964): 영국의 신학자. 케임브리지대학의 신학 흠정 강좌 담당교수. 현대 과학과 신학의 긍정적 관계를 모색했고, 평화운동에 앞장섬.

117 자연과 은총nature and grace: 그리스도교 신학에서, 아직 신의 (구원의) 은총을 입지 않은 상태를 'nature'라고 묘사하며, 자연·본성·천성 등으로 번역하고 있음.

조언과 완전히 일치한다.

그러나 오만 박사와 레이븐이 충분히 명시하지 않았던 점은 특정한 조건을 충족시킨 사람들에게만 자연과 은총, 삼사라와 니르바나, 끊임없이 소멸하는 것과 영원한 것이 실제로 그리고 경험적으로 같다는 사실이다. 세속에서 "그대가 원하는 것을 하라Fac quod vis"는 온 마음과 가슴으로 신을 사랑하고 이웃을 자신과 같이 사랑하는 무한히 어려운 기술을 습득했을 경우에만 가능하다. 그러한 기술을 습득하지 못했다면 당신은 도덕률을 초월한 괴짜나 범죄자, 아니면 자연이나 은총을 이해할 만한 여유는 없지만 존경할 만큼 균형 잡힌 삶을 살아가는 사람일 것이다. 복음서에서는 한 인간이 마치 고향에 사는 것처럼 이 세상에서 살 권리를 획득하는 유일한 과정에 대해 아주 분명하게 밝혀놓았다. 그런 사람은 자아를 전적으로 부정하고, 완전하면서도 절대적인 고행에 헌신해야 한다. 예수는 자신의 생애 중 어느 한 시기에 마음뿐 아니라 육체의 고행에 나선 적이 있었다. 40일 동안의 금식과 더불어 분명히 개인적 경험에서 우러난 언급, 즉 어떤 악마들은 기도뿐만 아니라 금식을 상당히 해야만 물리칠 수 있다는 언급에 대한 기록이 남아있다(개인적인 경험을 통해 기적과 육체적 고행에 관한 지식을 갖춘 아르스의 주임 신부[119]는 심한 육체적 고행과 때로는 비범한 방식으로 대답을 얻을 수 있는 간청의 기도가 가지는 힘 간에 밀접한 관계가 있다고 주장하였다).

---

118 랄망Lallemant: 17세기에 활동하였던 예수회 수사로 추정되는 인물.
119 성 장 마리 비안네St. Jean Marie Vianney (통칭, 아르스의 주임 신부Curé d'Ars, 1786~1859): 성스러운 삶과 고행, 지금도 썩지 않는 시신으로 유명한 19세기 프랑스 아르서포망 지역의 교구 신부.

    바리새인들은 '먹고 마시며', '세금징수원 및 죄인들'과 교제한다
는 이유로 예수를 비난했다. 그들은 겉보기에 세속적인 이 예언자가
한때 세례요한에 버금가는 육체적 고행을 했으며 그가 끊임없이 설
파했던 영적인 고행을 수행했다는 사실을 몰랐거나 아예 무시했다.

    예수 생애의 양상은, 선불교도 사이에서 널리 알려진 〈십우도+牛
圖〉에서 그 발전을 더듬어볼 수 있는 이상적인 현자의 삶과 근본적으
로 비슷하다. 죄 많은 자아를 상징하는 성난 황소를 잡아서 그 방향
을 돌려 길들임으로써 검은 황소는 점차 흰 황소로 변화되어간다. 갱
생이 많이 진행되면 황소를 잠시 동안 잊어버려 마음, 진여, 근본바
탕을 상징하는 아주 둥근 달만이 남는다. 그러나 이것이 최종단계는
아니다. 목동은 마지막으로 황소의 등을 타고 사람들이 사는 세상으
로 돌아온다. 이제 그는 자신이 사랑하는 신성한 대상을 스스로와 동
일시할 정도로 사랑하기 때문에, 자신이 좋아하는 것은 무엇이든 할
수 있다. 왜냐하면 그가 좋아하는 것은 만물의 본성이 좋아하는 것이
기 때문이다. 그는 술고래, 푸줏간 주인과 친구가 되며 그와 그들 모
두는 붓다로 변한다. 그는 무상한 것에 완전히 귀의하며 그런 귀의를
통해 영원한 것을 드러낸다.

    그러나 종교적으로 거듭나지 않은 선량한 보통의 사람들에게 있어
서 무상한 것들에 대한 귀의는 열정의 탐닉, 복종하고 즐기는 오락일
뿐이다. 그런 사람들에게 소멸하는 것과 영원한 것이 동일하다고 말
하고는 곧바로 그 언급에 단서를 붙이지 않는다면, 명백하게 잘못을
저지르는 것이다. 왜냐하면 그것들은 사실상 성자에게만 똑같기 때
문이다. 소멸하는 것과 영원한 것, 자연과 은총이 완전히 다르고 많
은 점에서 양립할 수 없는 것이라고 믿는 행보를 최초에 취하지 않았

던 사람이 결국 신성에 도달했다는 기록은 존재하지 않는다. 영성의 길은 언제나 심연 사이에 존재하는 칼날이다. 한쪽에는 거부와 도피의 위험이, 다른 쪽에는 수단이나 상징으로만 사용되어야 하는 것들을 받아들이고 즐기는 위험이 존재한다. 〈십우도〉의 마지막에 있는 운문체의 설명은 다음과 같다.[120]

> 오묘함이 다하여 다시 지극하게 통하고
> 6도六道 속으로 되돌아오니,
> 모든 티끌 하나까지도 불사佛事요,
> 곳곳마다 가풍家風이로다.
> 흰 옥이 진흙 속에서 빛나고
> 정련된 금이 불 속에서 빛나듯,
> 무간無間의 길에서 느긋하게 노닐며
> 대상을 따라隨類 떠돌아다니도다.

6장 〈고행과 비집착〉에서 인간의 최종목적에 도달하는 수단들을 길게 설명하며 그 예를 들 것이다. 그러나 이 장에서는 의지를 훈련하는 것에 주로 관심을 두려고 한다. 의지의 훈련은 철저한 의식의 훈련을 수반해야만 한다. 갑작스럽거나 갑작스럽지 않은 가슴의 변

---

120 실제로 인용된 문장은 중국 송나라 조동종 승려인 자득휘自得暉(1097~1182) 선사의 〈육우도六牛圖〉 중 마지막 6번째 단계에 대한 설명으로, 일반적으로 알려진 곽암廓庵 십우도의 10번째 단계인 입전수수入廛垂手에 해당. 소를 길들이는 과정을 통해 깨달음을 설명한 십우도(혹은 심우도尋牛圖)는 사우도·육우도·팔우도·십우도 등 여러 가지 버전과 해석이 존재하며, 그중 곽암의 것과 보명普明의 십우도가 대표적임.

화뿐만 아니라 감각과 지각하는 마음에도 변화가 있어야 한다. 다음은 전면적이면서도 급격한 '마음의 변화', 그리스인들이 '메타노이아metanoia'로 불렀던 것을 간단하게 설명하는 내용이다.

인도와 극동 지역의 영원의 철학 관련 내용들이 이 주제를 가장 체계적으로 다루었다. 여기서 규정된 것은 개인의 자아와 브라흐만과 동일한 참자아, 개별 에고와 여래장 혹은 우주심 사이의 의식적인 구별의 과정이었다. 이런 구별은 다소 갑작스럽고 완전한 의식의 '격변'과 '마음 없는no-mind' 상태의 실현을 낳았는데, 이것은 에고-원리ego-principle에 대한 지적이고 인식적인 집착으로부터의 해방으로 묘사될 수 있다. 이 '마음 없는' 상태는, 말하자면 평범한 육체적인 인간의 무관심과 구원에 목마른 광신도의 무리하고 지나친 열정 사이의 칼날 위에 존재한다. 이를 달성하기 위해서는 조심스레 걸어야 하고, 이를 유지하기 위해서는 가장 강렬한 각성을 온화한 자기부정의 수동성과 결합시키며, 절대 꺾이지 않는 결의를 성령의 인도에 대한 완벽한 복종과 결합시키는 법을 배워야 한다. "마음으로써 마음을 없애려無心 한다면, 도리어 마음이 있게 된다. 다만 침묵으로 계합契合할 뿐이요, 모든 생각하여 헤아림이 끊어진다"라고 황벽 선사는 말했다. 달리 표현하면, 분리된 개체로서의 우리는 그것을 생각하려 애쓰기보다는 그것에 의해 생각이 일어나도록 허용해야 한다. 마찬가지로 《금강경》에서는 진여를 깨닫고자 노력하는 보살에게 "자아, 개인, 분리된 존재, 영혼이라는 생각이 남아있다면 그는 더 이상 보살이 아니다."라고 이야기한다. 수피즘의 철학자 알 가잘리[121] 또한 지적 겸손함과 온순함의 필요성을 강조하였다. "자아가 소멸되었다는 생각은 파나fana(대체로 선禪의 무심無心에 해당하는 용어)에 있는 사람에게 일어나는데 이는 허물이다. 최고의 상태는 소멸도 사라진 것이다." 아트 만—브라흐만이라는 내적 정점에는 황홀경이라는 '소멸로부터의 소 멸effacement-from-effacement'이 있다. 더 포괄적인 소멸로부터의 또 다 른 소멸은 내적 정점에뿐만 아니라 세상 속에, 세상을 통해, 신에 대 한 충만하면서도 깨어있는 일상의 앎 속에 존재한다.

인간은 태어날 때처럼 실로 가난하면서도 자기 생명의 의지로부터 자유로워야 한다. 영원한 진리로 말하노니, 신의 의지를 충족시키려는 소망을 갖고 있다면, 영원과 신을 조금이라도 갈망한다면, 그대는 실로 가난하지 않은 것이다. 어떤 의도도 갖지 않고, 아무것도 모르며, 어떤 욕구도 없는 자, 그만이 진정 영적으로 가난하다.

에크하르트

지극한 도는 어렵지 않음이요
오직 간택함을 꺼릴 뿐이니
미워하고 사랑하지만 않으면
통연히 명백하리라.

털끝만큼이라도 차이가 있으면
하늘과 땅 사이로 벌어지나니

121 알 가잘리Abū Hāmid Muhammad ibn Muhammad al-Ghazālī(1058~1111): 이슬람교의 신학자 · 율 법학자 · 철학자 · 신비가. 이슬람 신비주의Sufism의 가치를 깨닫고 이를 이슬람 교리 체계에 통합 시키는 데 공헌함.

도가 앞에 나타나길 바라거든
따름과 거슬림을 두지 말라.

어긋남과 따름이 서로 다툼은
이는 마음의 병이 됨이니
현묘한 뜻은 알지 못하고
공연히 생각만 고요히 하려 하도다. (…)

세간의 인연도 따라가지 말고
출세간의 법에도 머물지 말라.
한 가지를 바로 지니면
사라져 저절로 다하리라.

움직임을 그쳐 그침으로 돌아가면
그침이 다시 큰 움직임이 되나니
오직 양변에 머물러 있거니
어찌 한 가지임을 알건가.

한 가지에 통하지 못하면
양쪽 다 공덕을 잃으리니
있음을 버리면 있음에 빠지고
공함을 따르면 공함을 등지느니라. (…)

앞의 공함이 전변함은

모두 망견 때문이니
참됨을 구하려 하지 말고
오직 망령된 견해만 쉴지니라. (…)

둘은 하나로 말미암아 있음이니
하나마저도 지키지 말라.
한 마음이 나지 않으면
만법이 허물없느니라. (…)

눈에 만약 졸음이 없으면
모든 꿈 저절로 없어지고
마음이 다르지 않으면
만법이 한결 같으니라.

한결 같음은 본체가 현묘하여
올연히 인연을 잊어서
만법이 다 현전함에
돌아감이 자연스럽도다. (…)

하나가 곧 일체요
일체가 곧 하나이니
다만 능히 이렇게만 된다면
마치지 못할까 뭘 걱정하랴.

믿는 마음은 둘 아니요

둘 아님이 믿는 마음이니

언어의 길이 끊어져서

과거·미래·현재가 아니로다.

《신심명》[122]

지금 그대가 하고 있는 일을 하고, 지금 그대가 고통받고 있는 것을 아파하라. 이 모든 것을 신성하게 행하라. 그대의 가슴hearts 이외에 변해야 할 것은 아무것도 없다. 신의 질서에 따라 우리에게 일어나는 것을 기꺼이 하는 데에 신성함이 있다.

드 코사드

17세기 프랑스 언어는 7세기 중국인의 언어와는 상당히 다르다. 그러나 그들이 해준 조언은 근본적으로 비슷하다. 신의 뜻을 따르고, 신성한 영이 인도하는 대로 복종하고 순종하는 것이다. 언어는 사실 다르지만, 이것들은 간택함을 꺼리고 망령된 견해를 쉬며, 꿈이 사라지고 진리가 스스로 명백하도록 눈을 뜨면서, 지극한 도道를 따르는 것과 똑같다.

평범하고 선량하지만 정신적으로 거듭나지 않은 사람들이 거주하는 세상은 대체로 단조롭고(너무 단조로워 그 단조로움을 의식하지 않도

---

122 백련선서간행회 편, 《신심명·증도가 강설》(장경각, 2001)에서 해당 내용 발췌.

록 온갖 종류의 인위적인 '오락'을 즐기는 데 한눈을 팔아야 한다), 때로는 짧지만 강력하게 즐거우며, 때때로 혹은 자주 불쾌하고 괴롭기까지 하다. 자신의 영혼뿐만 아니라 세상 속에서 신을 볼 수 있도록 스스로를 적합하게 만듦으로써 마땅히 세상을 누릴 만한 사람들에게, 세상은 아주 다른 측면을 띤다.

결코 수확되지 않고 심지어 뿌려지지도 않을, 윤기 나는 불멸의 밀알. 그것은 영원에서 영원으로 지속된다고 생각했다. 길거리의 먼지와 돌멩이는 황금만큼이나 소중하다. 첫 번째 문들은 세상의 끝이다. 내가 문들 중 하나를 통해서 처음으로 푸른 나무들을 보았을 때 그것들은 나를 기쁘고 황홀하게 만들었다. 그것들의 달콤함과 희귀한 아름다움으로 내 가슴은 뛰었고, 황홀경에 싸여 흥분하였다. 그것들은 그토록 낯설면서도 근사했다. 사람들! 오, 나이든 사람들은 얼마나 존경스럽고도 존귀한 피조물인가! 불멸의 케루빔[123]이여! 젊은이들은 눈부시게 반짝이는 천사요, 처녀들은 생명력과 아름다움을 갖춘 불가사의하면서도 청순한 조각들이다! 길거리에서 놀면서 깡충거리는 소년소녀들은 움직이는 보석들이다. 나는 그들이 태어나고 죽어야 한다는 사실을 모르겠다. 모든 것은 그들에게 적합한 자리에서 영원히 거주한다. 영원은 한낮의 빛 속에서 드러나고, 모든 것 뒤에 감추어진 무한한 것이 나타난다. 그것들은 나의 기대에 말을 걸어 내 욕망을 움직인다. 도시는 에덴

---

123 케루빔Cherubim: 구약성경 〈창세기〉에서 아담과 이브가 추방된 후에 불칼을 들고 에덴(낙원)을 지키는, 사람의 얼굴 또는 짐승의 얼굴에 날개를 가진 무시무시한 초인적 존재. 반면에, 미술에서는 머리나 몸에 날개가 달린 귀엽고 통통한 어린아이 모습의 천사로 묘사됨.

동산에 서 있는 듯하고 천상에 지어진 것처럼 보인다. 길거리도, 사원
도, 사람들도, 그들의 옷과 황금, 은도 나의 것이요, 그들의 빛나는 눈,
맑은 피부, 혈색 좋은 얼굴도 내 것이다. 하늘도, 태양도, 달도, 별도,
그리고 온 세상이 내 것이다. 나는 오직 구경꾼으로서 그것을 즐기고
있다… 야단법석을 떨며 나는 타락했고, 세상의 추잡한 책략들을 배우
게 되었다. 이제 내가 배운 것을 모두 버리고 다시 어린아이처럼 된다
면, 신의 나라로 들어가게 될 것이다.

토머스 트러헌

　　그러므로 나는 그대에게 또 다른 생각, 더욱 순수하고 영적인 생각을
주겠노라. 천국에서 일체all는 일체 속에 있으며, 일체는 하나이고, 일
체는 우리의 것이다.

에크하르트

세상 속에 신이 계시다는 가르침은 중요하고 현실적이며 필연적인
결론에 도달한다. 자연의 신성함, 그리고 그런 자연의 영리하고 유순
한 협력자 대신에 그 지배자가 되려고 지나치게 애쓰는 인간의 사악
함과 어리석음이다. 인간 이하의 생명체, 심지어 사물마저도 인간의
목적을 위해 잔혹하게 억압할 것이 아니라 존중과 이해를 갖고 다루
어야 한다.

　　남쪽 바다의 왕을 숙儵이라 하고, 북쪽 바다의 왕을 홀忽이라 하며,
중앙의 왕은 혼돈混沌이라고 한다. 숙과 홀은 계속 혼돈의 땅에서 회합
을 가졌고, 혼돈은 그들을 잘 대접해주었다. 그들은 혼돈의 친절함에

어떻게 보답할 것인지 살펴보다가 "사람은 보고, 듣고, 먹고, 숨쉬기 위한 목적으로 일곱 개 구멍을 갖고 있지만 혼돈은 한 개의 구멍도 없다. 그에게 일곱 개 구멍을 만들어주자."라고 말하였다. 그래서 그들은 그에게 매일 한 개씩 구멍을 파주었다. 칠일이 지나자 혼돈은 죽고 말았다.

《장자》

이 세련된 희극 우화에서 혼돈은 무위無爲, 즉 비주장 혹은 평정 상태에 있는 자연이다. 숙과 홀은 메마른 초원을 밀밭으로 만들어서 대자연을 개선시킬 것으로 생각했지만 결국 사막을 만들었던 부지런한 사람들, 공기를 정복했다고 자랑스럽게 선언했지만 문명을 말살했음을 깨달은 사람들, 지성과 민주주의를 위해 안전한 세상을 만들려는 보편적 교양이 요구하는 신문용지를 제공하기 위해 거대한 숲의 나무를 잘랐지만, 대규모의 파괴와 선정적인 싸구려 잡지, 파시스트·공산주의자·자본주의자·국수주의자들을 선전하는 기관지誌를 얻게 된 부지런한 사람들을 상징하는 살아있는 이미지이다. 간단히 말해, 숙과 홀은 '불가피한 진보Inevitable Progress'를 신봉하는 종말론적 신앙의 헌신자들로서, 그들은 천국이 당신의 바깥과 미래에 있다는 신념을 갖고 있다. 반면에 모든 훌륭한 도교인들처럼 장자莊子도 영원의 철학에서 설명하는 인간의 최종 목표에서 벗어나서 분별없는 세속적 목적에 봉사하려고 자연을 괴롭히는 것을 원치 않았다. 그의 소망은 자연과 함께 일하며 생리적인 수준에서 영적 수준에 이르기까지 모든 수준에서 개인들이 도道를 깨달을 수 있는 물질적·사회적 조건을 만드는 것이었다.

　도교인들 그리고 극동의 불교인들과 비교해볼 때, 대자연에 대한 그리스도교인들의 태도는 이상하게도 둔감할 뿐 아니라 종종 완전히 지배적이면서 거칠었다. 〈창세기〉에 나오는 불길한 언급에서 단서를 발견한 가톨릭 도덕주의자들은 동물을 인간의 목적을 위해 착취할 권리가 있는 단순한 사물로 취급해왔다. 유럽에서 일어난 인도주의 운동은 풍경화가 그렇듯 거의 완전하게 세속적인 사건이었다. 극동에서는 이 두 가지 모두가 근본적으로 영적이었다.

　그리스 사람들은 휴브리스hubris[124] 다음에는 네메시스nemesis[125]가 따라온다고, 즉 너무 멀리 가면 머리를 얻어맞음으로써 신들은 필멸의 인간이 보이는 오만을 참지 않을 거라는 사실을 우리에게 일깨워준다고 믿었다. 인간관계 영역에 있어서 현대인의 마음은 휴브리스 원리를 이해하고 있으며 그것을 대부분 사실로 여긴다. 우리는 자만심이 추락하기를 원하며, 종종 자만심이 추락하는 것을 목격한다.

　동료들에게 지나치게 많은 권력을 행사하거나, 지나치게 부자이거나, 지나치게 거칠거나, 야망이 지나친 경우, 이 모든 것들은 처벌을 불러들이고, 결국 어떤 식으로든 적절한 처벌이 내려지는 것을 목격한다. 그러나 그리스인들은 여기에서 멈추지 않았다. 그들은 어떤 점에서는 자연을 신성하게 생각했기 때문에 자연을 존경해야 한다고 느꼈으며, 오만하게도 자연을 존중하지 않으면 보복의 결과 처벌받을 것이라고 확신하였다. 《페르시아 사람들The Persians》에서 아이스킬

---

124 휴브리스hubris: 오만, 교만, 지나친 자신감, 천벌을 받아야 할 정도의 신에 대한 불손.
125 네메시스nemesis: 천벌, 피할 수 없는 벌, 인과응보, 복수, 필연적인 결과.
126 아이스킬로스Aeschylus (BC. 525~465): 고대 그리스의 대표적인 비극 시인.

로스[126]는 이방인들이 패배한 궁극적이면서 형이상학적인 이유를 제시했다. 크세르크세스[127]는 두 가지 범죄, 즉 아테네인들과 대자연을 겨냥한 자만심 강하고 도가 지나친 제국주의를 자행하여 벌을 받았다. 그는 다른 사람들을 노예로 만들려고 했으며, 헬레스폰트 해협[128]을 가로지르는 교량을 설치하려고 하였다.

> 아토싸[129]: 그는 헬레스폰트 해변에서 해변까지 다리를 놓았지요.
> 다리우스[130]의 영靈: 그가 거대한 보스포러스를 이을 수 있었다고?
> 아토싸: 게다가, 어떤 신은 그의 계획을 도왔답니다.
> 다리우스의 영: 그의 감각을 흐리게 만드는 어떤 힘 있는 신이로다.

우리는 오늘날 첫 번째 종류의 제국주의를 인지하고 비난하지만 대부분은 두 번째 제국주의의 존재와 가능성은 무시해버린다. 그러나 《에레혼Erewhon》의 저자인 새뮤얼 버틀러[131]는 확실히 멍청이가 아니었다. 화제에 수없이 오르내린 《자연의 정복conquest of Nature》에 대해 엄청난 대가를 치른 지금, 그의 저서는 그 어느 때보다도 더 많은 화젯거리가 된 것 같다. 불가피한 진보와 관련해서는 버틀러가 19세

---

127 크세르크세스Xerxes (BC.519~465): 페르시아 제국의 제4대 왕. 그리스 원정을 시도했으나 실패.

128 헬레스폰트Hellespont: 다르다넬스Dardanelles 해협의 고대 그리스어 이름.

129 아토싸Atossa: 페르시아 제국의 여왕. 키루스 대왕의 딸이자 크세르크세스의 어머니.

130 다리우스Darius 1세: 페르시아 제국의 전성기를 이끈 아케메네스 왕조의 왕. 재위 B.C. 522~486.

131 새뮤얼 버틀러Samuel Butler (1835~1902): 영국의 소설가. 진화론 등 과학·예술에도 관심을 가졌으며, 풍자소설 《에레혼》등 빅토리아 왕조 시대의 풍속·종교·도덕적 우상을 비판하는 작품을 남김.

기 유일의 회의론자는 아니었다. 한 세대 정도 앞서서 알프레드 드 비니[132]는 자신이 살았던 시절에 새롭게 탄생한 기술적 경이로움인 증기 기관차에 관해 글을 썼는데, 그의 어조는 그와 동시대에 살았던 위대한 빅토르 위고의 열정적인 포효나 나팔소리 같은 고함과는 매우 달랐다.

> 연기를 뿜고, 숨을 몰아쉬며, 우렁차게 소리치는 철의 황소 위로
> 사람들은 너무 일찍 올라탔지. 누구도 알지 못하네.
> 황소 안의 어떤 폭풍이 이 거친 맹인을 데려갈지.
> 쾌활한 여행가가 자신이 지닌 보물을 황소에게 줄 것인지를.

그러고는 얼마 뒤 동일한 시에서 다음과 같이 추가하였다.

> 모두들 말을 하네, "가자"라고. 하지만 어느 누구도
> 한 현자가 탄생시킨 울부짖는 용의 주인이 아니네.
> 우리는 모두 우리보다 강한 존재의 장난감일 뿐이니.

살육과 유린을 넘어 돌아보면, 비니가 완전히 옳았음을 알 수 있다. 쾌활한 여행가들(빅토르 위고가 가장 떠들썩한 웅변가였음) 중 아무도 우스꽝스러운 그 첫 번째 작은 증기기관차Puffing Billy가 그들을 어디로 데려갈지 전혀 짐작도 하지 못했다. 그들에게는 매우 뚜렷한 개

---

132 알프레드 드 비니Alfred de Vigny (1797~1863): 19세기에 활동한 프랑스 낭만파의 시인·소설가.

넘이 있었지만, 그런 생각은 완전히 틀린 것이 되고 말았다. 왜냐하면 그들은 증기기관차가 전속력으로 그들을 보편적 평화와 인류애로 데려다줄 거라고 확신했기 때문이다. 그 기차가 유토피아 목적지를 향해 덜커덕거리며 간 50년도 채 되지 않는 기간 동안, 그들이 읽을 수 있다는 것을 무척 자랑스러워했던 신문들은 자유와 이성이 머지않아 도처에서 성공을 거둘 것이라는 보증서였다. 증기기관차는 이제 고성능 폭약을 장착한 엔진 4개짜리 폭격기로 바뀌었고, 무료 신문은 도처에서 그 광고주·압력단체·정부의 노예가 되어버렸다. 어떤 알 수 없는 이유로, 이제 전혀 쾌활하지 않은 여행가들은 아직도 불가피한 진보라는 신앙을 굳게 지키고 있는데, 이 신앙은 인간의 모든 경험을 거스르는, 결국은 공짜로 뭔가를 얻으려는 희망과 믿음이다. 모든 승리에는 대가가 필요하며, 어떤 승리의 경우에는 요구되는 대가가 너무 큰 나머지 얻을 수 있는 이득을 능가한다는 그리스인들의 관점은 얼마나 건전하며 현실적인가! 현대인들은 더 이상 대자연을 어떤 의미로든 신성하게 여기지 않으며, 마치 오만한 정복자나 독재자가 된 듯이 대자연으로부터 완전히 자유롭게 느낀다. 기술적 제국주의가 최근에 저지른 약탈은 엄청나게 크다. 한편 네메시스는 우리가 칭찬을 듣기는커녕 오히려 혼이 나도록 했다. 예를 들어 뉴욕에서 로스앤젤레스까지 12시간 안에 갈 수 있는 능력이 폭탄과 화염의 투하가 준 고통보다 인류에게 더 많은 즐거움을 주었을까? 세상 전반에 존재하는 행복과 선의 양을 계산할 수 있는 방법은 알려져 있지 않다. 그러나 최근의 기술적 발전에서 생기는 (그리스식 표현을 빌면, 대자연을 거슬러 자행된 휴브리스의 최근 행위로부터의) 이득은 일반적으로 말해서 그에 상응하는 불이익을 가져오고, 한 방향에서의 소득은 다른 방향에서의 손실을 가져오며, 대가를 치르지 않고는 무언가를 결코 얻을 수 없음이 분명하다. 우리는 이런 정확한 입출금 활동의 총 결과가 미덕·행복·자비·지성의 진정한 진보인지를 명확히 결정할 수가 없다. 진보Progress라는 현실을 결코 측정할 수 없기 때문에, 19세기와 20세기는 그것을 종교적인 신앙의 항목으로 다뤄야만 했다. 불가피하게 진보가 일어나는지 혹은 현실적이기는 한지의 문제는 영원의 철학 옹호자의 중요한 주요 관심사가 아니다. 그들에게 중요한 점은 남녀 개개인이 신성한 근본바탕과 결합하는 앎에 도달할 것인가이며, 사회적 환경과 관련된 그들의 관심사는 진보 혹은 비진보(그 용어의 의미가 무엇이든)가 아니라 그것이 인간의 최종 목적을 향해 나아갈 때 얼마나 개인을 돕거나 방해하는가에 있다.

5
최고의 사랑[133]
Charity

사랑하지 않는 사람은 신을 알지 못합니다.

신은 사랑이시기 때문입니다.

신약성경 〈요한의 첫째 편지〉 4:8

생각이 아닌 사랑이 그분을 받아들이고 품는다.

《무지의 구름》

묵상contemplation, 즉 신과 결합하는 앎에 도달하려는 자는 얼마나 신을 사랑하는지 스스로 탐색하고 질문을 던지면서 시작해야 한다. 왜냐하면 사랑은 마음의 동력으로, 마음을 세상에서 끌어당겨 높이 들어

---

133 최고의 사랑Charity: 이 책에서 저자가 일반적인 '사랑Love'과 구분해서 사용한 용어로, charity 의 사전적 의미는 자비·관용·사랑·자선·자애·너그러움 등이며 본문에서는 '최고이자 가장 신성한 사랑'으로 설명되고 있으므로 이하 '최고의 사랑'으로 옮김.

올리기 때문이다.

교황 그레고리오 1세[134]

신의 신비를 측량하는 아스트롤라베[135]는 사랑이다.

잘랄루딘 루미

신이여, 언제나 이렇게 되도록 해주소서!
모든 것이 풍요롭고 욕망이 넘치는 사람,
당신의 섭리를 노예처럼 부리고,
직접 느끼지 않았다고 해서 주변의 고통을 외면하는 사람들이
빨리 당신의 힘을 느끼게 해주소서.

셰익스피어 《리어 왕》

사랑은 확실하다. 거기에는 오류가 없다.
왜냐하면 모든 오류는 사랑의 부족에서 생기기 때문이다.

윌리엄 로

우리는 우리가 아는 것만을 사랑할 수 있으며, 우리가 사랑하지 않

---

134 교황 그레고리오 1세St. Gregory the Great (성 대大 그레고리오, 540~604): 로마 가톨릭의 성인이
자 제64대 교황(재위 590~604)·서방교회의 4대 교회박사 중 한 사람. 외교적 수완과 행정가적 능
력이 뛰어났으며 문화·예술 방면과 가톨릭의 공식 예식 등에 많은 업적을 남겨 '대교황'으로 일컬
어짐. 활발한 저술을 통해 종교·문학에도 영향을 끼쳤고, 현재 그레고리오 성가로 알려진 교회음
악의 발전에도 이바지함.
135 아스트롤라베astrolabe: 고대의 천문학자들이 시간이나 천체상의 태양과 별의 위치에 대한 문
제를 해결하는 데 사용했던 기구.

는 것은 완전히 알 수 없다. 사랑은 앎의 한 양태로서, 사심이 없고 사랑이 충분히 강렬하다면 그 앎은 결합하는 앎이 되어 절대 확실성이라는 성질을 띤다. 사심 없는 사랑이 없는 곳에는(혹은 더 간단하게 최고의 사랑이 없는 곳에는) 편견에 가득 찬 자기사랑이 있을 뿐이며, 그 결과 자아 및 자아 밖에 존재하는 사물·생명체·마음과 영의 세계에 대해서 부분적이면서도 왜곡된 앎이 생긴다. 욕망이 넘치는 사람은 '천상의 섭리를 노예처럼 부린다'. 즉 그는 대자연과 영의 법칙을 자신의 욕구에 종속시킨다. 그 결과 '그는 느끼지 못하며' 그럼으로써 앎을 얻을 수 없다. 그의 무지는 결국 자발적이다. 그가 볼 수 없다면 '그가 외면하기' 때문이다.

그런 자발적 무지에는 반드시 부정적인 보답이 따른다. 휴브리스에는 네메시스가 따라온다. 맹목적인 인간(맥베스·오셀로·리어)이 자신의 욕망이나 소유욕 혹은 성마른 허영이 제공한 함정에 빠졌을 때처럼 이것이 때로는 극적으로 일어나고 때로는 덜 분명하게 일어나는데, 예를 들어 힘·번영·명성이 끝까지 지속되지만 은총이나 깨달음에는 점점 더 영향을 받지 않고, 자아중심성과 분리성이라는 숨 막히는 감옥에서 지금 혹은 그 후로도 완전히 탈출할 수 없게 된다. '천상의 섭리를 노예화한 사람'이 벌로써 받게 되는 영적 무지가 얼마나 심각한지는 침대에서 죽어가던 리슐리외 추기경[136]의 행동이 잘 보여주고 있다. 그를 시중하던 신부는 그 위대한 인물에게 모든 적을 용서함으로써 다가오는 시련에 영혼을 대비하라고 간청하였다. 추기경

---

136 리슐리외 추기경Armand Jean du Plessis de Richelieu (1585~1642): 프랑스의 정치가이자 가톨릭 추기경. 루이 13세의 재상을 맡아 중앙집권 체제의 확립과 왕권 강화에 힘씀.

은 "나라의 적 이외에 나에게는 적이 없다네"라고 (수년 동안의 음모·탐욕·야망이 그의 정치적 권력만큼이나 절대적으로 만들었던) 무지에서 오는 침착한 성실성을 갖고 대답하였다. 그는 나폴레옹과 비슷하지만 다른 방식으로 '천상의 힘을 느끼고' 있었다. 그는 최고의 사랑을 느끼길 거부했기 때문에 그리하여 그 자신의 영혼이나 그 밖의 것에 대한 온전한 진리를 알기를 거부하였다.

> 이 지상에서 신을 사랑하는 것은 신을 아는 것보다 좋은 반면, 열등한 사물들을 사랑하는 것보다는 그것들을 아는 것이 더 낫다. 그것들을 앎으로써 어떤 면에서는 그들을 우리의 지성까지 끌어올린다. 반면에 그것들을 사랑함으로써 우리는 그들에게 몸을 굽히고, 구두쇠가 황금에 하듯 그들에게 복종하게 된다.
>
> 성 토마스 아퀴나스[137]

얼핏 보면 이 말은 앞에서 언급한 것과 모순된 듯이 보인다. 그러나 실제로 성 토마스는 여러 형태의 사랑과 지식을 구분하고 있을 뿐이다. 사랑 없이 신학에 대한 논문을 읽음으로써 신에 대해 아는 데 그치기보다는, 신을 사랑하고 아는 것이 더 낫다. 반면에 황금은 구두쇠의 사랑이나 탐욕으로는 도저히 알 수가 없다. 과학적인 연구자가 추상적으로 알든지, 또는 황금의 금전적 가치나 그것을 소유하기

---

137 성 토마스 아퀴나스St. Thomas Aquinas (1224~1274): 중세 유럽의 스콜라철학을 대표하는 이탈리아의 신학자·철학자. 아리스토텔레스 철학에서 유물론적 요소를 제거하고 움직이지 않는 제1원리로서의 신이라는 개념 등을 취하여 그리스도교 사상에 적용했으며, 신플라톤주의의 세계관 등을 받아들여 당시 위기에 처했던 중세 그리스도교를 신학적으로 완성시킴.

위해서가 아니라 단지 그것이 아름답기 때문에 금세공인의 작품을 사랑하고-아는 구경꾼이나 금속공예가의 사심 없는 사랑-앎love-knowledge으로 알 수는 있다. 창조된 모든 사물, 생명체 그리고 마음에 이것이 똑같이 적용된다. 자기중심적인 애착과 소유욕으로 사랑하고 아는 것은 나쁘다. 과학적인 냉담함으로 그것을 아는 것은 좀 더 낫다. 미적 즐거움 혹은 최고의 사랑의 즐거움, 혹은 둘 다 결합된 즐거움을 갖고 사심 없는 진정한 사랑-앎으로 탐욕 없는 추상적 지식을 보완하는 것이 가장 좋다.

> 우리는 진리 자체라는 우상을 만든다. 왜냐하면 최고의 사랑charity과 동떨어진 진리는 신이 아니라 그의 이미지나 우상일 뿐이기 때문인데, 우리는 그것을 사랑하지도 숭배하지도 말아야 한다.
>
> 파스칼

일종의 언어학적 우연으로 인해(아마도 전혀 우연이 아니라 무지와 영적 어둠에 대한 인간의 뿌리 깊은 의지가 미묘하게 표현된 것 중 하나일 것이다) 현대 영어의 'charity'는 '자선'과 유사한 용어가 되어 최고이자 가장 신성한 형태의 사랑을 뜻하는 원래 의미로는 거의 쓰이지 않고 있다. 심리학적이고 영적인 표현으로 그것을 사용하기에 가장 적절한 상황에서도 우리가 이렇게 'charity'라는 용어를 빈곤화함으로써 'love'라는 단어는 그 짐이 더 무거워졌다. 우리는 말로만 그럴듯하게 '신은 사랑이다', '이웃을 네 몸같이 사랑하라'라고 반복한다. 그러나 '사랑love'은 불행히도 영화에서 두 개의 클로즈업 화면이 열광적으로 충돌할 때 일어나는 것에서부터 흑인 노예들도 성령의 사원拳

院이라는 이유로 존 울먼[138]이나 페드로 클라베르 같은 사람이 그들에게 마음을 쓸 때 일어나는 것에 이르기까지, 군중들이 운동경기장이나 붉은 광장에서 소리 지르고 노래하며 깃발을 흔들어 댈 때 일어나는 것에서부터 고독한 묵상가가 간단한 기도에 몰입할 때 일어나는 것에 이르기까지 모든 것을 포괄한다. 언어가 모호하면 사고가 혼란스러워진다. 이런 사랑의 문제에 있어 사고의 혼란은 놀랍게도 신을 믿지 않은 분열된 인간본성, 양쪽 세계에 나름대로 최선을 다하려 결심한 인간본성이 추구하는 목적을 위해 종사한다. 신에게 봉사한다고 말하면서 사실은 돈, 술, 여자에게 봉사하고 있는 것이다.

영적 삶을 사는 스승들은 체계적으로, 간단한 격언과 우화를 통해 진정한 사랑의 성질을 묘사했으며 다른 낮은 형태의 사랑love과 최고의 사랑charity을 구분 지었다. 그 주요 특징들을 차례로 살펴보자.

첫째, 최고의 사랑은 사심이 없고, 보상을 바라지 않으며, 그 선함에 대해 어떤 악을 되돌려받아도 줄어들지 않는다. 신이 주신 선물 때문이 아니라 신 자신을 위해 신을 사랑해야 한다. 신을 위해 사람과 사물들을 사랑해야 하는데, 왜냐하면 이들은 성령의 사원이기 때문이다. 나아가 최고의 사랑에는 사심이 없으므로 반드시 보편적이어야 한다.

사랑은 그 자체 이외에는 어떤 원인도 어떤 결실도 구하지 않는다.

---

138 존 울먼John Woolman (1720~1772): 미국의 퀘이커교 전도사. 노예매매에 반대하여 미국 최초의 노예폐지 문서의 하나인 《흑인노예 소유에 대한 고찰》을 저술. 야생에서 인디언들과 함께 거주하기도 했으며, 그의 《일기Journal》는 섬세한 내면세계를 다룬 퀘이커 문학의 백미이자 미국 일기문학의 고전.

사랑은 그 자체가 결실이며 그 자신의 즐거움이다. 나는 사랑하기 때문에 사랑한다. 내가 사랑할 수 있기 위해 사랑한다… 영혼의 모든 움직임과 애정 중에서 사랑은 유일한 것으로서 그것을 통해 피조물은 비록 동일한 수준은 아니지만 창조주를 환대하고 창조주로부터 받은 것과 유사한 무언가를 되돌려줄 수 있다… 신이 사랑할 때 그분께서는 사랑받기만을 원하시는데, 사랑은 그분을 사랑하는 모든 사람들을 행복하게 할 것임을 알고 계시기 때문이다.

성 베르나르

사랑에는 이기적 동기가 없기 때문에 그 자신이 커지는 일 이외에는 아무것도 소망하지 않는다. 그러므로 어느 것이나 사랑의 불꽃을 위한 기름이 된다. 사랑은 그것이 의도하는 바를 가져야만 하고 결코 실망하는 일이 없는데, 왜냐하면 모든 것(사랑받는 사람들의 불친절도 포함해서)이 자연스럽게 사랑의 길에서 살도록 돕고, 사랑의 일을 하도록 돕기 때문이다.

윌리엄 로

나를 비난하는 자는 실로 나의 좋은 벗이다.
비방을 당할 때, 나는 미움도 좋음도 간직하지 않는다.
내 안에서는 태어난 적 없는 곳에서 나온
사랑과 겸손의 힘이 자란다.

영가 현각 《증도가》

어떤 사람들은 눈으로 소를 보듯 신을 보기를, 자신의 소를 사랑하듯 그분을 사랑하기를 바란다. 왜냐하면 소는 그들에게 우유와 치즈를 가져다주기 때문이다. 이것이 바로 외적인 부유함이나 내적인 위안을 위해 신을 사랑하는 사람들의 방식이다. 자신들의 이익을 위해 그분을 사랑하면 신을 올바로 사랑하는 게 아니다.

실로 그대들에게 진실을 말하노니, 아무리 좋은 것이라 해도 마음에 어떤 대상이 있다면 그것은 그대와 가장 깊은 진리 사이에 놓여있는 장벽이 될 것이다.

에크하르트

신이시여, 내가 걸인처럼 당신께 청하노니
천명의 왕들이 청하는 것보다 많나이다.
각자가 당신께 원하는 것을 청하지만,
나는 당신께 당신만을 주실 것을 청하나이다.

헤라트의 안사리[139]

나는 신을 위한 혹은 신 안에 있는 사랑과는 전혀 관계가 없다.
이런 사랑은 순수한 사랑이 머물 수 없는 사랑이다.
왜냐하면 순수한 사랑이란 신 그 자체이므로.

제노바의 성 카타리나

---

139 헤라트의 안사리Khajah Abdullah Ansari of Herat (1006~1088): 11세기경 아프가니스탄 헤라트 지방에서 살았던 페르시아의 유명한 이슬람 신비주의자. 코란의 해설자이자 전통계승자로, 언변과 시적 재능이 뛰어났던 영적 스승.

목숨을 무릅쓰고 자신의 유일한 아들을 보호하듯, 모든 존재들 사이에 측량할 수 없는 선한 의지가 있게 하라. 측량할 수 없는 선의가 아낌없이, 서로 다르거나 반대되는 느낌과 섞이지 않은 채 온 세상에, 위·아래·주변에 널리 퍼지게 하라. 모든 깨어있는 순간에 이런 마음 상태를 꾸준히 지속할 수 있다면, '이 세상에서도 거룩함을 발견하였다'라고 말할 수 있다.

《자애경Metta Sutta》

일체에서 하나의 참자아를 보면서,
모든 존재를 동등한 눈으로 보는 것을 배우라.

《스리마드 바가바탐》[140]

최고의 사랑의 두 번째 뚜렷한 특징은 낮은 형태의 사랑과는 달리 정서emotion가 아니라는 점이다. 그것은 의지의 행위로 시작해서 순수하게 영적인 자각, 그 대상의 본질과 결합하는 사랑-앎으로 완성된다.

신에 대한 진정한 사랑은 눈물 흘리는 것에, 우리를 위로한다는 이유로 우리가 보통 갈망하는 달콤함과 부드러움에 있지 않고, 정의와 영혼의 강건함, 겸손함 속에서 신에게 봉사하는 데 있다는 사실을 모든 사

---

140 스리마드 바가바탐Srīmad Bhāgavatam: 비슈누Vishnu 신의 화신Avatar들, 특히 크리슈나에 대한 박티Bhakti(헌신)를 주 내용으로 하는 힌두교 경전. 통칭 《바가바타》 또는 《바가바타 푸라나 Bhāgavata Purāna》. 죽음을 일주일 앞둔 파리크쉬트Parikshit왕의 수행과 깨달음의 과정을 이야기 형식으로 다룸.

람이 이해하도록 하라.

성 테레사

사랑의 가치는 고조된 느낌에 있는 것이 아니라 초연함, 우리가 사랑하는 신을 위해 모든 시련을 견디는 인내심에 있다.

십자가의 성 요한

내가 말하는 사랑의 의미는 사람들이 그 기질상 가지는 자연스러운 부드러움이 아니라, 이성과 신심에 기초한 보다 큰 영혼의 원리다. 이것은 신의 피조물이라는 점에서 동료인 모든 피조물들을 그분을 위해 부드럽고, 친절하며, 온화하게 대하도록 만든다.

윌리엄 로

위대한 베단타 학자이며 9세기 철학자인 샹카라는 자신이 저술한 《지혜의 최고 보석》의 32번째 대구對句에서 최고의 사랑 혹은 신에 대한 사랑-앎love-knowledge의 성질을 이렇게 정의하였다.

해방의 도구 중에서 최상의 것은 헌신devotion이다. 참자아의 진정한 형태(브라흐만과 동일한 아트만)에 대해 묵상하는 것을 헌신이라고 한다.

달리 말하면, 신에 대한 사랑의 최고 형태는 '아는 자, 알려지는 대상, 앎이 하나다'라는 직접적인 영적 직관이다. 영spirit을 통해 일어나는 근본 영Spirit에 대한 최상의 사랑-앎을 향한 수단, 그리고 그것의 초기 단계들은 샹카라의 철학적 시 앞 구절에 기술되었다. 그것들은 생각 · 느낌 · 행위에 있어서 자기중심성의 부정을 향한, 무욕과 비집착 혹은 (그에 상응하는 그리스도교 용어로) '신성한 무관심holy indifference'을 향한, 자기연민과 악을 악으로 갚으려는 생각 없이 고통을 즐겁게 수용하는 것을 향한, 마지막으로 초월적이면서 모든 영혼에 내재하므로 깨어있으면서 하나로 집중된 마음으로 즉시 초월하는 신성을 마음챙김하는 것을 향한 의지행위로 되어있다.

의지will를 만족시키는 그 어떤 개별 대상도 신이 될 수 없음은 명백한 사실이다. 이런 이유로 의지를 신과 결합시키려면 의지는 스스로를 비우고, 제멋대로 날뛰는 모든 욕망의 감정, 높은 것이든 낮은 것이든 세속적인 것이든 영적인 것이든 그것이 분명 취할 수 있는 모든 만족을 벗어버려, 날뛰는 모든 만족, 기쁨, 욕망으로부터 순화되고 정화되어 온 마음으로 신을 사랑하는 데만 온전히 바칠 수 있어야 한다. 왜냐하면 어떤 식으로든 신을 이해하고 신과 결합할 수 있으려면 의지는 어떤 욕망도 수용해서는 안 되고 오로지 사랑을 통해야만 하기 때문이다. 의지가 감지할 수 있는 모든 환희, 달콤함, 기쁨은 사랑이 아니기 때문에, 즐거움을 주는 이런 인상들은 의지를 신과 결합시키는 적절한 수단이될 수 없다. 이런 적절한 수단들은 의지의 행위에 내재되어 있다. 의지의 행위는 느낌과는 매우 다르기 때문에, 의지가 신과 결합해서 신 안에 머무는 것은 행위act를 통해서다. 그런 행위가 사랑이다. 느낌이나 욕망을 통해서는 결코 이런 결합이 이루어지지 않는다. 왜냐하면 이들은 목적과 결과로서 영혼 속에 있기 때문이다. 느낌이 도움이 될 수 있는 것은 사랑의 동인으로서뿐이다. 의지가 전진하는 것에만 쏠려있다면, 그리고 그 외에는 아무런 관심이 없다면….

그렇다면 달콤함과 영적 환희가 사라졌을 때, 신이 그를 버린 이유를 생각하고, 그것들을 다시 찾으면 그런 식으로 신을 소유하게 되었다고 생각하면서 크게 기뻐하고 즐거워하는 자는 매우 어리석다.

신 안에서 달콤함을 찾아 헤매고 그것을 즐거워하며 거기에 안주하는 사람은 더욱 어리석다. 왜냐하면 그렇게 하는 가운데 그는 믿음과 사랑이라는 비어있음emptiness이 아니라 만들어진 것, 그 자신의 의지와 어리석은 즐거움을 따르는, 영적인 달콤함과 기쁨에 바탕을 둔 의지로 신을 찾기 때문이다… 의지는 천상과 지상의 사물들이 주는 온갖 즐거움에 대한 욕망을 거절해야만 신성한 결합의 달콤함과 지복의 즐거움에 도달할 수 있다.

십자가의 성 요한

감정적인 사랑은 하나로 만들지 않는다.
그런 사랑은 확실히 행위로는 결합시키지만,
본질로는 결합시키지 않는다.

에크하르트

지고의 대상에 대한 감각적인 사랑조차 영적 본질상 영혼을 신성한 근본바탕과 결합시킬 수 없는 이유는, 가슴에서 우러나오는 여타의 온갖 정서처럼 그런 결합으로 가는 여정에서 감각적 사랑은 최종 장애물인 자기중심성을 강화하기 때문이다. "저주받은 자들은 전혀 휴식하지 않고 영원히 움직인다. 아직도 이렇듯 순례하는 우리 필멸의 인간들은 어떤 때는 움직이고, 어떤 때는 쉰다… 신만이 움직이지 않고 휴식을 취하신다."[141] 그러므로 우리가 신에 대한 앎과 사랑 속에 거주하게 되는 것은 모든 이해를 넘어선 신의 평화[142] 속에 머물 때뿐이다. 이해를 넘어선 평화로 가기 위해서는, 모든 사람들이 이해할 수 있는 초라하고 매우 평범한 평화를 통해서 가야만 한다. 그런 평화는 국가와 국가 사이, 국가 내에서의 평화(왜냐하면 전쟁과 격렬한 혁명은 거기에 관여한 대부분의 사람들에게 거의 전적으로 신을 가리는 효과를 갖기 때문이다), 개인들 간의 그리고 개별 영혼 속에서의 평화(왜냐하면 싸움과 개인적 공포·사랑·증오·야망·정신의 산만함은 아무리 하찮더라도 더 큰 재난에 비해 영적 삶의 발달에 덜 치명적인 것은 아니기 때문이다)를 포함한다. 근본 영의 결실이자 성 바울이 암시한 바와 같이 신과 결합하는 앎-사랑의 결실인 그 밖의 다른 평화를 받아들일 수 있기 위해서 우리는 우리 자신과 타인들을 위해 우리 권한의 범위에 있는 평화를 원해야 한다.

죽고 재탄생하는 이 헛된 마음을 투명하고 직관적인 마음Mind으로 바꿀 수 있는 것은 마음의 고요함을 통해서다. 그렇게 함으로써 원초적이면서도 깨우침을 주는 마음의 본질을 깨달을 수 있다. 영적 수행을 위해서는 이것을 출발점으로 삼아야 한다. 그대의 출발점을 목표와 조화롭게 만들면, 올바른 수행으로 완전한 깨달음이라는 진정한 목적에 도달할 수 있을 것이다.

그대가 그대의 마음을 고요히 하고 그 본래의 순수함을 회복하려 한

---

141 성 프랑수아 드 살의 《Treatise on the Love of God》에서 인용
142 신약성경 〈필립비인들에게 보낸 편지〉 4:7에서 유래한 관용문구: "the peace (of God) that passes all understanding".

다면 흙탕물이 담긴 병을 깨끗이 할 때처럼 해야 한다. 우선 침전물이 바닥으로 가라앉을 때까지 병을 세워놓으면 물이 깨끗해질 것이다. 이는 마음을 더럽히는 열망들로 인해 혼란스러워지기 이전의 마음상태에 해당한다. 그러고 나서 그대는 깨끗한 물을 조심스럽게 걸러낸다… 마음이 고요해지고 집중되어 완전한 결합에 이르면, 일체의 사물이 분리된 것이 아니라 결합되어 있음을 볼 것이다. 그곳에서는 열망이 들어설 여지가 없으며, 그것은 니르바나라고 하는 신비하면서도 설명할 수 없는 순수함과 완전히 일치될 것이다.

《능엄경》

일자로부터 나와서 일자로 돌아가고 일자와 함께하는 이런 일체성이 빛나는 사랑의 근원이며, 원천이고, 폭발이다.

에크하르트

그 밖의 몇 개 맥락에서 찾아볼 기회가 있었던 것처럼, 영적 진보란 항상 나선형spiral이며 상호적이다. 산만함과 정서적 불안에서 평화로워지는 것이 최고의 사랑charity으로 가는 길이며, 최고의 사랑 혹은 신과 결합하는 사랑-앎이 더 높은 신의 평화로 가는 길이다. 최고의 사랑의 세 번째 특징인 겸손Humility에 대해서도 마찬가지다. 겸손은 최고 형태의 사랑을 위한 필요조건이며, 최고 형태의 사랑은 전적인 자기부정에서 겸손이 완성될 수 있게 만든다.

그대는 사랑의 길을 걷는 순례자가 되고 싶은가?

그 첫 번째 조건은

그대 스스로를 먼지나 재처럼 초라하게 만드는 것이다.

헤라트의 안사리

이웃을 사랑하는 것과 관련해서 그대에게 할 말은 단 한마디다. 즉 겸손 이외에 어떤 것도 그대 인격을 거기에 걸맞게 형성시킬 수 없다. 그대 자신의 취약함을 인식할 때만이 타인의 약점에 대해 관대해지고 동정심을 느낀다. 그대는 이렇게 대답할 것이다. "겸손이 타인을 인내 하게 만든다는 것을 나는 잘 이해하고 있습니다. 그러나 처음에 어떻게 겸손할 수 있겠습니까?" 다음의 두 가지를 결합하면 겸손해질 것이며, 그대는 그 둘을 결코 분리해서는 안 된다. 첫 번째는 깊은 심연에 대한 묵상으로, 그곳에서 신의 전능하신 손이 그대를 끌어낸 후, 그 후로도 그대를 그곳에 붙잡아두고 있다. 두 번째는 모든 곳에 스며있는 신의 현존이다. 우리가 자신을 잊는 것을 배우고, 우리를 눈부시게 만드는 무無를 제대로 측량하고, 감사하게도 만물을 흡수하는 그 위대한 왕 아 래 점점 작아지는 것에 익숙해질 수 있는 것은, 오로지 신을 바라보고 신을 사랑함으로써이다. 신을 사랑하라, 그러면 그대는 겸손해질 것이 다. 신을 사랑하라, 그러면 그대는 자아에 대한 사랑을 벗어날 것이다. 신을 사랑하라, 그러면 그분의 사랑에 대한 보답으로 그분께서 그대에 게 사랑하라고 주신 모든 것을 사랑하게 될 것이다.

페늘롱

이미 살펴보았듯이, 느낌은 최고의 사랑을 불러일으키는 동기로 도움이 될 수 있다. 그러나 최고의 사랑으로서의 사랑은 의지will(스 스로에게 존재하는 평화와 겸손을 향한 의지, 이웃 피조물들을 향한 인내와 친절함을 향한 의지, '어떤 것도 요구하지 않고 어떤 것도 거부하지 않는' 사심 없는 신의 사랑에 대한 의지)에서 출발한다. 그러나 그런 의지는 훈련으로 강해지고 인내심으로 굳건해진다. 이는 벨리Belley의 젊은 주교와 그가 사랑한 친구이자 스승인 프랑수아 드 살간의 대화에 대한 다음의 기록, 생생한 묘사로 인해 유쾌한 기록에 분명하게 드러나 있다.

제네바 주교인 성 프랑수아 드 살에게 완전함에 도달하기 위해서는 무엇을 해야 하는지를 여쭈었다. 그는 "온 가슴으로 신을 사랑하고 네 이웃을 네 몸처럼 사랑해야 한다네."라고 대답하였다.

나는 "완전함이 어디에 있는지를 여쭈어 본 것이 아니고 거기에 도달하는 방법을 여쭈었습니다."라고 다시 끼어들었다. 그는 다시 "최고의 사랑charity은 수단이자 목적이라네. 그것은 우리가 완전함에 도달할 수 있는 유일한 길이며, 결국 최고의 사랑뿐이라네… 영혼이 신체의 생명이듯이 사랑은 영혼의 생명이라네."라고 대답하였다.

나는 "그 모든 것을 알고 있습니다. 제가 알고 싶은 것은 어떻게 온 마음으로 신을 사랑하고 이웃을 내 몸처럼 사랑하는가입니다."라고 말했다.

그러자 그는 다시 "우리는 온 마음으로 신을 사랑하고 이웃을 우리처럼 사랑해야 한다네."라고 대답하였다.

나는 "한 발자국도 진전이 없습니다. 그런 사랑을 획득할 수 있는 방법을 말해주십시오."라고 대답했다.

"온 마음으로 신을 사랑하는 최선의 방법, 가장 빠르면서도 쉬운 방법은 그분을 완전히 진심으로 사랑하는 것이라네!"

그는 그 외에는 어떤 대답도 주지 않았다. 그러나 마침내 주교가 말했다.

"완전해지는 방법, 시스템, 비밀스런 길을 내게 알려달라고 한 사람이 자네 말고도 많았네. 그들에게 해줄 수 있는 유일한 대답은 신을 진심으로 사랑하는 것이 유일한 비밀이며, 그런 사랑에 도달하는 유일한 길은 사랑하는 것을 통해서라는 것이네. 자네는 말을 함으로써 말하는 걸 배우고, 공부함으로써 공부하는 걸 배우고, 달리기를 함으로써 달리기를 배우고, 일함으로써 일하는 걸 배우지 않나. 그와 마찬가지로 사랑함으로써 신과 사람을 사랑하는 걸 배운다네. 다른 방법으로 배울 수 있다고 생각하는 사람들은 스스로를 기만하고 있는 것이네. 신을 사랑하고 싶다면 계속해서 점점 더 많이 그분을 사랑하게나. 순수한 초보자로 시작하면 사랑의 힘이 자네를 예술의 대가로 만들어 줄 걸세. 진전을 가장 많이 보이는 사람은 계속해서 앞으로 밀고 나아가면서 스스로는 목적지에 도달했다고 믿지 않는다네. 왜냐하면 최고의 사랑은 우리가 마지막 숨을 쉴 때까지 계속해서 커져야만 하기 때문일세."

장 피에르 카뮈

성 베르나르가 신성한 인류에 대한 '세속적 사랑'이라고 부른 것으로부터 신성에 대한 영적인 사랑에 이르는, 사랑하는 사람과 사랑의 대상을 행위 속에서만 오로지 결합시킬 수 있는 감정적 사랑에서부터 이들을 영적인 실체로 통합시키는 완전한 최고의 사랑perfect charity에까지 이르는 그 길은 산만하고 정서적인 명상에서 출발하여 고취된 묵상에까지 이르는 종교적인 수행 속에 잘 반영되어 있다. 모든 그리스도교 저술가들은 신성에 대한 영적 사랑이 인류에 대한 세속적인 사랑보다 우월하다고 주장한다. 그러나 인류에 대한 세속적인 사랑은 신성한 근본바탕과 결합하는 사랑-앎이라는 인간의 최종 목적지에 도달하기 위한 입문이자 수단으로서 도움이 되는데, 그들 모두는 세속적인 사랑이 필연적인 도입부이면서 없어서는 안 될 수단이라고 역시 강하게 주장하고 있다. 동양의 저술가들은 이것이 많은 사람들에게 사실이지만 모든 사람들에게 적용되지는 않는다는 점에 동의할 것이다. 왜냐하면 '출발점을 목적지와 조화롭게' 만들 수 있으며 앎의 요가the Yoga of Knowledge에 직접 착수할 수 있는 일부 타고난 묵상가들이 있기 때문이다. 다음 인용문은 도교 철학자들 중 가장 위대한 타고난 묵상가의 관점에서 쓰인 것이다.

> 사람들은 하늘을 아버지로 여기고 몸소 사랑하는데, 하물며 그보다 훌륭한 것을 어찌 사랑하지 않겠는가? 사람들은 군주를 자기보다 낫다고 여겨 몸소 목숨을 던지는데, 하물며 그보다 진실한 것을 위해 어찌 목숨을 던지지 않겠는가?
> 샘물이 마르면 물고기들이 땅 위에 모여 서로 물기를 뿜어주고 점액을 내어 적셔주지만, 물이 가득한 강과 호수에서 서로의 존재를 잊고 사는 것만 못하다.
>
> 《장자》

개인적이면서 감정적인 사람에게서 배출되는 끈끈한 점액은 신성의 영적 존재에서 분비되는 액체와 그 유사성이 가장 멀고, 그 질은 열등할 뿐 아니라 (정확히 그런 사랑은 감정적이고 따라서 개인적이기 때문에) 그 양에 있어서도 충분치 않다. 자발적 무지, 잘못된 행위, 잘못된 존재로 인해 신성한 샘물이 마르게 되고, 인간들은 '점액으로 서로를 적셔줌'으로써 자신들이 처한 상황의 끔찍함을 완화시키기 위해 무언가를 할 수 있다. 그들은 점액이 충분하다고 생각하지만, 사실상 자신들의 구성요소인 것에 빠져서 영원한 물을 되찾을 때까지는 행복이나 안전도 있을 수 없고 영원으로의 해방도 있을 수 없다. 신의 나라를 맨 먼저 찾는 사람에게는 나머지 것들이 주어질 것이다. 진보를 우상시하는 현대인들과 마찬가지로 (원자력을 제어하고 다음번 혁명을 일으킨 후에) 신의 나라가 주어질 것을 기대하여 나머지 것들을 맨 먼저 찾는 사람들에게는 모든 것이 사라질 것이다. 그럼에도 불구하고 우리는 계속 진보를 신뢰하고 개인적인 점액을 영적 수분의 최고 형태로 간주하며, 우리가 태어난 태양의 사랑·기쁨·평화보다는 마른 땅의 고통스럽고도 불가능한 생존을 선호한다.

> 사랑하는 이들의 종파sect는 다른 모든 것들과 다르다.
> 사랑하는 이들은 자신들만의 종교와 믿음을 가진다.
>
> **잘랄루딘 루미**

영혼은 그것이 생기를 불어넣는 육체 속에서가 아니라 그것이 사랑하는 것에 의해 살아간다. 영혼은 육체 속에서 생명을 가지는 것이 아니라 육체에 생명을 주며, 영혼이 사랑하는 것 속에 살기 때문이다.

십자가의 성 요한

절제란 대상인 그분께 스스로를 온전히 조복시키는 사랑이다. 용기란 대상인 그분을 위해 온갖 것을 기꺼이 견디는 사랑이다. 정의란 대

상인 그분만을 위해 봉사함으로써 올바르게 통치하는 사랑이다. 신중
함이란 무엇이 방해가 되고 무엇이 도움이 되는지를 현명하게 구분하
는 사랑이다.

성 아우구스티누스

최고의 사랑의 뚜렷한 특징은 사심 없음, 고요함 그리고 겸손이다.
사심이 없는 곳에는 개인적 이득을 위한 탐욕이나 개인적 손실 및 처
벌에 대한 공포가 없다. 고요함이 있는 곳에는 갈망이나 혐오가 없으
며, 존재의 모든 수준에서 나타나는 신성한 도道나 로고스에 순응하
겠다는 지속적인 의지와 신성한 진여 및 자신이 그것과 마땅히 가져
야 할 관계에 대한 지속적인 자각이 있다. 겸손이 있는 곳에는 에고
나 타인들(자신과 똑같은 약점과 오류를 지녔지만, 신과 결합하는 앎을 통
해 그것들을 초월할 수 있는 동등한 역량을 갖춘 사람들로 인식되는)을 희
생시켜 얻은 투사된 또 다른 자아alter-ego의 비판이나 찬미가 존재하
지 않는다. 이상의 모든 사실로부터 다음과 같은 결론이 나온다. 최
고의 사랑은 도덕morality의 뿌리이자 핵심이며, 그 사랑이 부족한 곳
에는 죄악 또한 많을 것이다. 이 모든 것이 아우구스티누스의 문구,
"사랑하라, 그리고 그대가 좋아하는 것을 하라"에 요약되어 있다. 아
우구스티누스식 주제를 후대에 정교하게 만든 내용 중에서 우리는
다음과 같은 것을 존 에버라드의 저서에서 인용할 수 있겠다. 그는
영적인 마음을 갖춘 17세기 신학자 중 한 사람으로, 서로 다투었던
당파들은 그의 가르침에 전혀 귀를 기울이지 않았으며, 혁명과 군사
독재가 종식되었을 때 왕정복고 시대의 목사들과 문예 전성기[143]를
살았던 그 후계자들은 더더욱 귀를 기울이지 않았다. (스위프트가 사

랑한, 도덕적으로 완벽한 후이넘[144]에 관해 쓴 내용을 보면 그들이 얼마나 귀
머거리였는지 알 수 있다. 그들의 시에서처럼 그들의 대화 주제는 '우정과
선의, 자연이나 고대 전통의 눈에 보이는 작용, 미덕의 경계와 한계, 이성의
확실한 규칙'과 같은 것들이었다. 신, 최고의 사랑, 혹은 해방이라는 생각은
그들의 마음을 전혀 사로잡지 않았다. 이는 성 패트릭의 사제장이 그것을 수
단으로 금전을 벌어들이게 된 종교를 어떻게 생각하고 있는지를 아주 분명
하게 보여주고 있다.)

> 내면에 살아있는 안내자를 발견한 자를 풀어주라. 그리고 그로 하여
> 금 가능하면 외면을 무시하도록 하라! 자기 아내를 애정을 다해 사랑하
> 는 사람에게 말하듯 "원한다면 그대는 그녀를 때려도, 상처를 입혀도,
> 죽여도 된다"라고 말하라.

존 에버라드

여기에서 최고의 사랑이 있는 곳에는 강제가 있을 수 없다는 결론
이 나온다.

> 신은 누구도 강제하지 않는다. 왜냐하면 사랑은 강요할 수 없기 때문
> 이다. 그러므로 신에 대한 봉사는 완전한 자유이다.

한스 뎅크

---

143 문예 전성기Augustan age: 영국 앤Anne 여왕 시대(1690~1745), 특히 Pope, Addison, Swift가
활약한 1702~1714 시기.
144 후이넘Houyhnhnms: 스위프트의 《걸리버 여행기》에 등장하며, 말馬의 모습을 가졌지만 사람의
이성을 지니고 예술과 지성을 추구하는 소설 속의 고등동물.

　그러나 강요할 수 없으므로 최고의 사랑은 일종의 권위, 비강제적인 힘을 지니며, 이를 통해 스스로를 방어하고 이로운 의지를 세상에 행사한다. 물론 항상, 불가피하게, 자동적으로 그런 것은 아니지만(왜냐하면 개인과 더 나아가 조직은 신성한 영향이 침투할 수 없을 정도로 무장되어 있을 수 있기 때문이다) 놀랍게도 많은 경우가 그러하다.

　하늘이 사람을 도우고자 하면, 자애慈로써 지켜준다.

노자

　"그가 나를 학대하고, 때렸으며, 나를 무찌르고, 약탈해갔다."
　이런 생각을 품는 사람들에게 미움은 결코 사라지지 않을 것이다.
　"그가 나를 학대하고, 때렸으며, 나를 무찌르고, 약탈해갔다."
　이런 생각들을 품지 않는 사람들에게 미움은 사라진다.
　왜냐하면 언제나 미움은 미움으로 소멸되지 않기 때문에.
　이것은 오래된 법칙이다.

《법구경法句經》

　현재 경제적·사회적·국제적 제도는 대부분 조직화된 냉혹함 lovelessness에 근거하고 있다. 우리는 대자연에 대한 자비가 부족한 상태에서 출발하여, 무생물과 인간 이하의 수준에서 도道나 로고스와 협력하려고 노력하는 대신 그들을 지배하고 착취하며, 지구의 광물자원을 낭비하고, 그 토양을 파괴하였으며, 숲을 황폐하게 만들고, 강에 오물을 던지고, 대기에 유독가스를 뿜어내기에 이르렀다. 대자연과 관련된 냉혹함으로부터 우리는 예술과 관련된 냉혹함으로 나아갔다. 사랑이 없는 상태가 너무 심해져서, 토대가 되거나 유용한 모든 예술을 사실상 제거해버리고 그 대신에 기계가 만든 다양한 종류의 대량 생산품을 만들었다. 물론 예술과 관련된 이 같은 냉혹함은 동시에 인간(대량 생산 및 대량 분배에 관련된 끝없이 계속되는 서류작업과 우리의 기계적인 예술대용품들에 의해 부과된, 아주 쉽지만fool-proof 은 총이 통하지 않는grace-proof[145] 일들을 수행해야 하는)과 관련된 냉혹함이기도 하다. 대량 생산과 대량 분배에는 대중금융이 수반되는데, 이 세 가지가 공모하여 점점 더 그 수가 증가하는 소작인과 소규모 생산 장비를 갖춘 사업주들을 징발함으로써 다수가 소유하는 자유의 총량을 줄이면서 동료들의 삶에 강제 통제를 행사할 수 있는 소수의 힘을 강화하게 되었다.

강제로 통제하는 이런 소수는 사적 자본주의자들이나 정부 관료들 혹은 서로 협력하는 양 집단 우두머리들로 구성되어있다. 물론 우두머리들이 스스로를 '회사 책임자'나 '공무원'으로 불러도, 강제적이고 그럼으로써 근본적으로는 사랑이 결여된 통제의 성질은 여전히 똑같다. 이런 두 가지 과두정치 통치자들 간의 유일한 차이는, 첫 번째는 관습적으로 존경받아온 위계질서 내의 지위가 아니라 부에서 자신들의 권력을 도출하는 반면, 두 번째는 부보다는 지위로부터 더 많은 권력을 끌어낸다는 데 있다.

사랑이 없는 관계라는 꽤나 일률적인 기초 위에서 여타의 것들이 부과되는데, 이는 그 지역의 조건 및 사고와 감정습관에 따라 사회마

---

145 다루기 쉽지만 기계적이고 인공적인 세계에 길들여지면 미적인 감각이 둔해질 수 있다는 내용이 본문 10장에서 다루어지며, 이런 상태를 'fool-proof'와 대구를 맞추어 'grace-proof'로 표현.

다 상당히 다르게 나타난다. 몇 가지 예를 들면, 다수의 백인 사이에서 살아가고 있는 소수 유색인에 대한 멸시와 착취, 혹은 소수 백인 제국주의자들이 지배하는 다수 유색인들에 대한 멸시와 착취, 유대인·가톨릭· 프리메이슨 혹은 언어· 습관·외모나 종교가 그 지역의 다수와 차이가 있는 그 밖의 소수자들에 대한 증오가 있다. 무자비의 정점인 거대구조로는 국가와 군주국가 간 관계의 조직화된 냉혹함, 국가조직이 최초의 유리한 시기에 훔치고 죽일 만반의 채비를 갖추고 도둑과 살인자처럼 행동하는 것이 정당하며 자연스럽다는 것을 자명한 전제로 여기는 냉혹함이 있다. (독립국 지위의 성질에 관한 이런 가정이 얼마나 자명한지는 중앙아메리카의 역사가 잘 보여주고 있다. 인위적 한계가 그어진 중앙아메리카 영역을 스페인 식민국 영토라고 부를 때는 그 거주민들의 관계가 평화로웠다. 그러나 19세기 초 스페인 제국 여러 행정구역들은 '모국'에 대한 충성을 깨뜨리고 유럽식 모델의 국가가 되기로 결정하였다. 그 결과 이 국가들은 즉시 서로 전쟁을 치르게 되었다. 왜 그런가? 주권국가란 그 정의상 회원국들로 하여금 가능한 한 최대 규모로 훔치고 죽이도록 강요할 권리와 의무를 갖는 조직이기 때문이다.)

'우리를 유혹에 빠지지 말게 하옵소서'는 모든 사회조직들을 인도하는 원칙이 되어야 한다. 적절한 경제적·정치적 합의라는 수단을 통해 경계와 제거의 대상이 되려는 유혹은 최고의 사랑에 어긋나는 유혹, 즉 신· 대자연·인간의 사심 없는 사랑에 반하는 유혹이다. 첫째로 어떤 형태의 영원의 철학이든 이를 보급하고 일반적으로 수용하는 일은 결국 세속의 사물들을 맹목적으로 숭배하고 싶은 유혹으로부터 사람들을 보호하기 위해 무언가를 하는 일이 될 것이다. 교회 숭배, 국가 숭배, 혁신적인 미래 숭배, 인본주의적인 자기 숭배 등은 모두 최고의 사랑에 반대되는 것들이다.

두 번째로는 지방분권, 널리 행해지고 있는 토지의 사적 소유, 소규모의 생산수단, 국가나 기업에 의한 독점의 저지, 경제적·정치적 권력의 분화를 들 수 있다(액턴 경[146]이 끈질기게 주장하듯이 유일한 보장은 시민의 자유를 법으로 보장하는 것이다). 이런 사회적 재정비는 야망에 찬 개인, 조직 및 정부가 독재적으로 행동하려는 유혹에 이끌리는 것을 상당히 막을 수 있을 것이다. 반면에 서로 협력하고 민주적으로 통제되는 전문가 단체와 주민 회의는 탈중심화된 개인주의가 지나치게 견고해지려는 유혹으로부터 대중들을 구해줄 것이다. 물론 주권 국가가 서로 전쟁을 치를 준비를 하는 일이 옳고 또 자연스럽다고 생각하는 한, 본질적으로는 바람직한 이런 개혁들이 실행될 가능성은 희박하다. 현대의 전쟁은 충분히 발달된 자본재 산업을 보유한 나라가 아니고서는 치를 수 없다. 이런 나라들에서는, 세금을 부과하거나 필요하다면 일시적으로 국영화하기 쉬운 소수의 독점적인 기업들 또는 국가가 경제력을 휘두르며, 재산이 없는 노동자 대중들은 한곳에서 다른 곳으로 정처 없이 떠돌면서 공장의 규율에 의해 엄격한 규제를 받는다. 적절히 균형 잡힌 경제를 갖춘 자유롭고 억압적이지 않은 소규모 소유주들로 구성된 분권화된 사회는, 우리처럼 전쟁을 일으키는 세상에서는, 고도로 기계화되고 중앙 집중적인 생산 체제와 재산이 없어서 쉽게 강압받는 사람들로 구성된 불평등한 경제 체제를 갖춘 사회에 휘둘릴 수밖에 없다. 이런 이유로 멕시코와 중국처럼 산

---

146 존 액턴John Emerich Edward Dalberg-Acton (1834~1902): 영국의 가톨릭 역사학자·정치가·작가.

업적으로 저개발된 국가들의 유일한 소망은 독일이나 영국 혹은 미국처럼 되는 것이다. 전쟁을 위한 준비와 전쟁이라는 조직화된 냉혹함이 남아있는 한, 전국적이든 세계적이든 어떤 규모에서도 우리의 경제적·사회적 관계에서의 조직화된 냉혹함은 완화될 수 없을 것이다. 전쟁을 위한 준비와 전쟁은, 현재를 나쁘게 만들면서 기술이 점점 더 효율적이 될수록 사회가 신을 가로막는 방식을 점점 더 악화시키려는 유혹을 지탱하고 있다.

6
고행, 비집착, 올바른 생계
Mortification, Non-Attachment, Right Livelihood

신의 나라에 있는 이 보물은 시간과 다양성multiplicity, 영혼 스스로의 작업, 혹은 간단히 말해 피조물의 본성에 의하여 감추어져 있다. 그러나 영혼은 신의 나라를 그 자신 속에서 드러내는 경우, 이 다양성으로부터 스스로를 분리할 수 있다. 여기서 그 영혼과 신성은 하나이다.

에크하르트

'우리의 나라가 간다'라는 명제의 필요 불가결한 귀결은 '당신의 나라가 온다'이다. 자아가 많은 곳에는 신이 그만큼 적어진다. 갈망과 자기이익, 자아중심적인 생각·느낌·소망·행위로 구성된 부분적이면서도 분리된 삶을 자발적으로 포기한 사람들만이 삶의 신성하면서도 영원히 지속되는 충만함을 얻을 수 있다. 그리스도교·힌두교·불교 및 세계 대부분의 주요 종교와 소수종교의 정통적인 저서들, 신을 중심에 둔 모든 성인들, 현재까지 살아서 영원의 철학이 가르치는 교리를 설파한 영적 개혁가들은 고행 또는 의도적인 자아self의 죽음을 단호할 정도로 확고하게 가르치고 있다. 그러나 이런 '자기부정self-naughting'은 그 자체로 목적이 아니다(적어도 자신이 말하는 바를 알고 있는 사람 누구에게나 해당된다). 그것은 더 나은 것을 위해 없어서는 안 될 수단으로, 단지 도구적인 가치만 있을 뿐이다. 앞에서 우리가 자주 인용했던 분의 표현에 따르면, 우리 모두는 '모든 자기부정self-denials과 고행의 진정한 성질과 가치를 배우는 것'이 필요하다.

그 성질에 관해 말하자면, 그것들 자체로는 어떤 선량함이나 거룩함도 지니지 않으며, 우리를 신성하게 하는 실제적인 부분이 되지 못한다. 그들은 우리의 영혼에 신성한 생명을 길러주는 진정한 양식이나 영양분이 아니며, 그들 속에는 기운을 돋우고 신성하게 하는 힘이 없다. 그것들의 유일한 가치는 이렇다. 그들은 신성의 방해물을 제거하고, 신과 우리 사이에 놓여있는 것들을 깨부수고, 기운을 북돋우며 죄를 씻어주는 신의 영spirit이 우리 영혼에 작용하도록 길을 열어준다. 신의 그러한 작용은 영혼에 신성한 생명을 북돋우거나 최소한의 참다운 거룩함 또는 영적 삶에 닿을 수 있도록 돕는 유일한 것이다…

그러므로 왜 수많은 사람들이 그 혜택을 잃어버릴 뿐만 아니라 고행을 했음에도 불구하고 더 나빠지는지 이유를 알 수 있을 것이다. 왜냐하면 그것의 전반적인 성질과 가치를 착각했기 때문이다. 그들은 그 자체가 좋은 것인 양 그것만을 위해 수행한다. 그들은 그것이 거룩함의 참된 부분이라고 생각하면서 거기에 안주함으로써 더 멀리 보지 못한 채, 그들 속에 나타난 자신들의 진전에 대해 자존감과 자기찬양으로 가득 차있다. 이로 인해 그들은 자만심이 강해지고 성미가 까다로워질 뿐 아니라, 고행을 못하는 모든 사람들을 혹독하게 비판한다. 그리하여 다른 사람에게는 탐닉이 하는 역할을 그들에게는 자기부정이 맡게 된다. 그것은 신이 그들의 영혼에 작용하는 것을 막고 방해한다. 그리하여 실제로는 자기부정이 아니라 자신의 왕국을 강화하고 유지하는 일을 한다.

윌리엄 로

격정을 궤멸하고 파괴하는 일은 미덕이지만 궁극적인 미덕은 아니다. 지혜의 발견이야말로 뛰어난 미덕이다. 이것을 발견하면 모든 이가 노래 부를 것이다.

필로

신과 우리 영혼 사이에 기도와 다른 훈련들을 제대로 하지 않으면서 종교 생활을 하는 경우, 세상 속에 살고 있는 사람이라면 예전보다 품성이 훨씬 더 나빠진다. 왜냐하면 죄로 인해 영혼 속에 뿌리내린 자만심과 자기애는, 만일 그 영혼이 그녀에게 진정한 겸손을 가르치고 겸손을 불러일으키지 않는다면, 특히 종교 속에서 더 강화될 수단을 찾기 때문이다. 종교단체에 속한 어느 누구도 피할 수 없는 의지의 수정과 모순에 의해, 나의 가슴은 마치 돌멩이처럼 단단해지는 것 같다. 영혼이 신을 향하고 그분으로부터 진정 겸손해지는 교훈을 배우는 기도의 길로 들어서는 것 외에는 그것을 부드럽게 할 방법이 없다.

거트루드 모어[147]

---

147 거트루드 모어Dame Gertrude More (1606~1633): 17세기 영국 베네딕트회 수녀이자 스탠브룩 Stanbrook 수도회 설립자. 어거스틴 베이커Augustine Baker로부터 종교적 영향을 받음.

> 어쩔 수 없이 고기를 먹고는 속죄의 고행을 하지 않는 것에 대해 언젠가 내가 투덜거리고 있을 때, 그런 후회 속에는 때때로 고행을 바란다기보다는 자만심self-love이 있다는 소리를 들었다.
>
> 성 테레사

고행하는 자가 고행하지 않는 자보다 어떤 의미에서는 종종 더 나쁠 수 있다는 사실은 역사, 소설, 기술심리학[148]에서 흔히 볼 수 있다. 그러므로 종교적·도덕적으로 엄격한 청교도들은 온갖 세속적인 미덕, 즉 검약·용기·인내·정절 등을 훈련하지만 그럼에도 불구하고 철저히 악인일 수 있다. 왜냐하면 많은 경우 이런 미덕들은 자만심, 질투, 만성적 분노, 때로는 적극적인 잔인함으로까지 발전된 냉혹함lovelessness이라는 죄를 수반하거나 이것들과 인과적으로 연결되어있기 때문이다. 수단을 목적으로 혼동함으로써 청교도들은 자신이 금욕적으로 엄격하기 때문에 신성하다고 믿는다. 그러나 금욕적인 엄격함은 단지 덜 훌륭한 것을 희생시켜 에고의 보다 훌륭한 측면을 추어올린 것에 불과하다. 반면에 신성함이란 불명예스러운 것뿐 아니라 훌륭한 측면 속에서도 분리적 경향이 있는 자아를 완전히 부정하고, 그 의지를 신에게 바치는 일이다. '나', '나를', '나의 것'에 대한 애착이 남아있는 한 신성한 근본바탕에 대한 헌신은 존재하지 않으며, 따라서 그것과 결합된 앎 또한 없다. 무집착이나 (성 프랑수아 드 살의 표현으로는) '신성한 무관심holy indifference'의 정점까지 고행을 해

---

148 기술심리학descriptive psychology: 정신 현상을 객관적으로 기술記述하는 일을 목적으로 하는 심리학. 설명심리학 또는 분절적分節的 심리학.

야 하는데, 그렇지 않으면 그것은 자기의지self-will를 그저 한 채널에서 다른 채널로 옮긴 것일 뿐, 자기의지의 전체 양이 줄어들지 않았을 뿐 아니라 때로는 실제로 늘어나기까지 하기 때문이다. 언제나 그렇듯이 최고가 타락할 때 최악이 된다.

고행을 하지만 여전히 자만심에 차있고 자기중심적인 금욕주의자와 고행을 하지 않는 쾌락주의자의 차이는 다음과 같다. 후자는 칠칠치 못하고 야심이 없으며, 마음속으로는 자신을 부끄럽게 여겨서, 자신의 몸·마음·영 외에는 많은 해를 끼칠 에너지와 동기가 부족하다. 전자는 모든 부수적인 미덕을 갖추고 자신과 같지 않은 사람들을 업신여기기 때문에, 아무런 양심의 가책 없이 매우 큰 규모로 해를 끼치려고 마음먹을 수 있고, 실제로 그렇게 할 수 있는 도덕적인 준비가 되어 있다. 이는 분명한 사실이다. 그러나 우리 시대에 유행하는 종교적 언어로 '부도덕'하다는 말은 거의 세속적으로 자기탐닉적인 사람들에게만 적용된다. 욕심 많은 사람들, 야망에 찬 사람들, 존경받는 완강한 사람들, 권력과 지위를 향한 갈망을 올바른 종류의 이상적인 위선의 말로 감추는 사람들은 비난받지 않을 뿐 아니라 미덕과 독실함의 모델로 지지를 얻기까지 한다. 조직화된 교회의 대표자들은 전쟁과 혁명을 위해 많은 일을 한 사람들의 머리에 후광을 씌우는 것은 물론, 더 나아가 하소연하듯 이 세상이 왜 이렇게 엉망인지 모르겠다고 의아해한다.

많은 사람들이 상상하듯 고행은 주로 혹독한 신체적 금욕생활이 아니다. 특정 상황에 처한 어떤 사람에게는 혹독한 신체적 고행이 인간의 최종 목적을 향해 진보하는 데 도움이 될 수 있다. 그러나 대부분의 경우, 그런 금욕을 통해 얻을 수 있는 것은 해방이 아니라 매우 다른 '초능력적인' 힘의 성취다. 간청의 기도에 응답받을 수 있는 능력, 치유나 그 밖의 기적을 행할 수 있는 능력, 미래나 타인의 마음을 들여다볼 수 있는 요령 같은 능력들은 종종 단식, 잠자지 않기, 자기 형벌과 어떤 인과적 연결이 있는 것 같다. 신을 중심으로 삼는 위대한 성인과 영적 스승들 대부분은 비범한 능력의 존재를 인정하기는 했지만 이런 것들을 비난하였다. 싯디Siddhis라고 부르는 그런 것들이 해방과 어떤 관계가 있다고 생각하는 것은 위험한 환상이라고 인도인들은 말한다. 이런 것들은 삶의 주요 이슈와 무관하며, 이런 것들을 지나치게 높이 평가하거나 여기에 주의를 기울인다면 영적 진보의 길에 방해가 될 뿐이다.

이런 이유만으로 육체적 고행을 반대하는 것은 아니다. 극도로 수행할 경우 건강에도 해롭다. 그리고 건강하지 않다면 영적인 삶이 요구하는 지속적이고 꾸준한 노력의 성취가 매우 어려워진다. 또 어렵고 고통스러우며 보통은 눈에 잘 띄기 때문에, 육체적 고행은 신기록을 수립하려는 경쟁심과 허영심을 불러일으키는 지속적인 유혹이 된다. "육체적 고행을 하면 그대는 위대해지고 칭송받는다." 하인리히 조이제는 자신의 경험을 이렇게 적었다. 그를 이끌었던 경험들은 수 세기 전에 고타마 붓다가 그랬던 것처럼, 그의 육체적 고행의 과정을 포기하게 만들었다. 그리고 성 테레사는 스스로에게 엄청난 고행을 가하는 것이 인내와 자비와 겸손으로 매일매일 일어나는 가족생활의 평범한 십자가를 견뎌내는 것보다 얼마나 쉬운지에 대해 언급하였다(그런데 이것은 그녀로 하여금 죽음의 순간까지 가장 괴로움을 주는 자기고문의 형태를 수행하지 않는 것을 막지 못했다. 이런 고행이 신과 결합하는

앎에 도달하는 데 도움이 되었는지, 아니면 심령능력을 계발하는 데 도움이
되었기 때문에 소중히 여겨지며 지속되었는지는 알 수가 없다).

친애하는 성인(프랑수아 드 살)은 지나친 단식에 반대하셨다. 그분은
포식하면 영혼이 신체를 견딜 수 없지만, 충분한 영양을 주지 않으면
신체가 영혼을 견뎌낼 수 없다고 말씀하시곤 하셨다.

장 피에르 카뮈

의지가 감각적인 대상들에서 즐거움을 느껴 그런 기쁨 속에서 신께
로 상승할 때, 감각적인 대상들이 의지를 움직여 기도하게끔 할 때, 의
지는 그 대상들을 무시해서는 안 되고, 하나의 성스러운 훈련으로 그것
들을 이용해야 한다. 왜냐하면 이런 조건에서 감각적인 대상들이란 신
이 그것들을 창조한 목적에 도움이 되기 때문이다. 즉 그분을 더 잘 알
고 더 많이 사랑하게끔 만드는 근거가 되기 때문이다.

십자가의 성 요한

감각적이고 달콤한 대상들, 기도를 위한 동인으로 작용해야 하는 대
상들 가운데서 영혼의 자유를 의식하지 못하는 사람, 그의 의지가 휴식
하고 그것들을 먹이로 삼는 사람에게는 그것들을 사용하지 못하게 해
야 한다. 왜냐하면 그에게 그것들은 신으로 가는 길에 놓인 걸림돌이
될 테니.

십자가의 성 요한

단식을 할 수 없다고 선언할 수 있다. 그러나 신을 사랑할 수 없다고

선언할 수 있을까? 어떤 사람은 순결을 간직할 수 없다거나 가난한 사람들에게 나누어주기 위해 자신의 전 재산을 팔 수 없다고 말할 수 있을 것이다. 그러나 자신의 원수를 사랑할 수 없다고 말할 수 있을까? 필요한 것은 자신의 가슴을 들여다보는 일이다. 왜냐하면 신이 우리에게 요구하시는 것을 아주 멀리서는 찾을 수 없기 때문에.

성 제롬[149]

그러기를 원하는 사람은 누구나 고된 신체적 고행에 의지하지 않고도 일상에서 일어나는 매일매일의 삶의 사건으로부터 모든 고행을, 또 그 이상을 취할 수 있다. 다음은《신성한 지혜Holy Wisdom》의 저자가 거트루드 모어 수녀를 위해 정한 규칙이다.

첫째, 인간의 법이든 신성한 법이든 간에 그녀는 그 법을 통해 자신에게 속한 모든 것을 해야만 한다. 둘째, 인간 혹은 신성한 법이나 신성한 영감이 그녀에게 금지한 것을 행하지 말아야 한다. 셋째, 그녀는 가능한 한 강한 인내심과 순종으로 신의 손길이 지워주신 모든 십자가와 자신의 자연스러운 의지에 반하는 것들을 감내해야만 한다. 빈약함, 유혹, 고통이나 신체적 통증, 병, 불구, 더 나아가 친구의 상실, 필요한 물품이나 안락의 결핍들이 그 예다. 그런 십자가가 신으로부터 온 것이든

149 성 제롬St. Jerome (또는, 히에로니무스Eusebius Sophronius Hieronymus, 예로니모Jeronimo, 347~420): 로마의 그리스도교 사제·성서학자·신학자이자 서방교회의 4대 교회박사 중 한 사람. 382년 교황 다마소 1세의 명에 의해 기존의 라틴어 번역본을 집대성하고 그리스어·아람어·히브리어 성경을 번역해 통일한 로마 가톨릭의 표준 라틴어 성경인《불가타Vulgata》의 번역자.

그분의 피조물이라는 수단을 통해 온 것이든 간에 이 모든 것을 인내심으로 견뎌야만 한다… 이런 것들은 거트루드 수녀님이나 그 밖의 다른 영혼에게 충분한 고행이었으며, 누구에게도 다른 것을 조언하거나 강요할 필요가 없었다.

어거스틴 베이커[150]

요약하면, 자기의지, 사리사욕, 자기중심적 생각, 소망과 상상을 제거하는 것이 최고의 고행이다. 극도의 신체적 고행은 이런 고행을 하도록 하는 것 같지는 않다. 일상의 삶을 살면서 우리에게 일어나는 일들(물론 우리의 죄에서 출발한 것은 제외하고)을 수용하는 것이 이런 결과를 낳을 가능성이 높다. 특별한 자기부정 훈련을 실시할 경우에는 눈에 띄지 않으면서, 비경쟁적이고, 건강에 해롭지 않아야 한다. 식이요법의 경우, 대부분의 사람들은 영양전문가들이 건강에 해롭다고 조언한 모든 음식들을 먹지 않는 것만으로 충분하다는 것을 알게 될 것이다. 사회적 관계의 경우, 자기부정은 자칭 겸손하다는 겉치레의 행위가 아닌 혀와 기분을 조절하는 형태를 띠어야 한다. 이것은 몰인정하고 실없는 말을 하지 않으며(실제로 일상대화 중 약 50퍼센트를 자제해야 한다는 것을 의미), 외부 상황이나 몸의 상태가 우리를 불안, 우울, 혹은 지나치게 들뜨게 만들 때 고요하게 그리고 침착한 쾌활함을 지니며 행동하는 것이다.

---

150 어거스틴 베이커Augustine Baker (1575~1641): 영국 베네딕트 수도사이자 금욕적인 신비가. 원래 프로테스탄트 교육을 받았으나, 영적인 체험을 한 후 가톨릭으로 개종하고 《신성한 지혜Sancta Sophia》를 남김.

천상에 다시 태어나기 위하여,

또는 명예, 보상, 두려움 때문에 자비를 행한다면

그런 자비에는 어떤 공덕도 없을 것이다.

《다르마의 분별과 수호에 관한 경》

문왕文王이 장臧이라는 지방으로 시찰을 갔을 때 한 노인이 낚시하는 것을 보았다. 그러나 그는 실제로 물고기를 낚지 않았는데, 고기를 잡으려는 게 아니라 스스로 즐기며 유유자적하기 위한 낚시였기 때문이다. 문왕은 그를 관리로 등용하길 원했지만 대신과 친척들이 반대할까 두려웠다. 반면에 그 노인을 내버려둔다면 백성들이 그러한 영향력을 받지 못하게 될 거라는 생각에 견딜 수가 없었다.

《장자》

신이시여, 지옥이 두려워 당신을 섬긴다면 저를 지옥의 불에 타게 하소서. 낙원에 갈 것을 소망하며 당신을 섬긴다면 낙원에서 쫓아내버리시옵소서. 그러나 오로지 당신만을 위해 당신을 섬긴다면, 당신의 영원한 아름다움을 거두지 마옵소서.

라비아[151]

수피 여성 성자인 라비아는 헌신적인 유신론의 입장에서, 불교학

---

151 라비아Rabia Basri (717?~801): 이슬람교의 여성 성자·신비주의자. 초기 수피즘의 가장 유명한 시인이며, 신은 신 그 자신을 위해 사랑받아야 한다는 '신성한 사랑Divine Love'이라는 개념을 최초로 소개.

자들은 일반적인 도덕률의 입장에서, 독특한 유머를 갖춘 중국 철학자들은 정치적인 입장에서 말하고 생각하며 느꼈다. 그러나 이 세 부류는 모두 사리사욕에 집착하지 않는 것의 필요성을 역설하였다. 이런 주장은 그리스도가 바리새인들의 자아중심적 신앙을 비난할 때, 《바가바드기타》의 크리슈나가 아르주나에게 자기 행동의 결실에 대한 개인적 갈망이나 두려움 없이 운명 지어진 신성한 의무를 행하라고 말할 때만큼이나 강했다.

성 이그나티우스 로욜라는 만일 교황이 예수회 신학대학을 탄압한다면 어떤 기분이겠냐는 질문을 받았다. 그는 "25분 정도 기도하고는 거기에 대해 더 이상 생각하지 않을 겁니다"라고 대답했다.

아마도 이것이 모든 고행 중에서 가장 어려울 것이다. 자신이 최고의 에너지를 쏟아부은 이상이 성공하든 실패하든 '신성한 무관심'을 달성하는 것 말이다. 크게 성공한다면 좋은 일이다. 그리고 실패한다 해도 역시 좋은 일일 수 있는데, 그것이 시간에 속박된 제한된 마음에게 지금 여기에서 전혀 이해할 수 없는 방식으로 일어나기만 한다면 말이다.

감정의 격동이 없는 사람이란 선이나 악이 그의 내적 질서를 어지럽히지 않고, 일어나는 일과 조화를 이루고, 자신의 운명을 그대로 받아들이는 사람을 말한다.

《장자》

신과 결합하기에 적합한 기질이란 그 영혼이 신의 본성에 관한 주제를 이해하거나, 느끼거나, 맛보거나, 상상하거나 등등을 해야만 하는 것이 아니라, 오로지 신만을 위해서 영혼이 모든 것을 완전히 포기하고 완벽하게 초연한 순수함과 사랑 속에 머물러 있는 것이어야 한다.

십자가의 성 요한

불안한 상태란 언제나 무의미한데, 아무런 쓸모가 없기 때문이다. 온 세상이 혼란 속으로 뛰어들고 만물이 혼란스럽다 해도, 그런 이유로 불안해지는 것은 무의미하다.

십자가의 성 요한

다음 날을, 다음 장소를 걱정하지 말라. 아직 일어나지 않았거나 닿을 수 없는 곳에서 일어났기 때문에 우리가 바꿀 수 없는 일들에 대한 불안은, 우리 고민의 대상인 멀리 있거나 예측만 하는 나쁜 일로 지금 여기를 물들이기만 할 뿐이다. 오늘날에는 하루 4~5번 뉴스 진행자와 해설자의 말에 귀를 기울이고, 조간신문과 모든 주간지와 월간지를 읽는 것을 '정치에 지적인 관심을 기울이는 것'이라고 설명한다. 십자가의 성 요한이라면 이런 일을 쓸데없는 호기심의 탐닉, 불안을 위해 불안을 개발하는 것이라고 불렀을 것이다.

나는 거의 바라는 바가 없으며, 내가 원하는 것을 소망한 적이 거의 없다. 욕망도 거의 없지만, 다시 태어난다면 욕망을 전혀 갖지 않을 것이다. 우리는 어떤 것도 요구하지 말고, 어떤 것도 거절하지 말며, 신께서 그대에게 바라는 것 이외에는 어떤 욕망에도 시간을 소비하지 않으면서 우리를 신성한 섭리의 팔 안에 두어야 한다.

성 프랑수아 드 살

지극한 비움虛에 이르라.
고요함靜에 충분히 머물라.
만물이 어울려 생겨날 때
나는 그들이 어디로 돌아가는지를 보네.
아무리 번창하게 자랄지라도
만물은 그 뿌리根로 돌아가니,
뿌리로 돌아감을 고요함靜이라 한다.
고요함은 명命을 따르는 것이다.
명을 따르면 늘 그러하며,
늘 그러함常을 아는 것을 밝음明이라 한다.
이를 모른다면 재난으로 떨어지네.

노자

수도원장이 되어 책을 써야 하는 것보다는 (칼디 섬에서) '은둔자'에
합류할 수 있었으면 좋겠다. 그러나 물론, 내가 원하는 것을 얻기를 바
라지는 않는다.

존 채프먼 수도원장

우리는 매순간 일어나는 것 외에는 그 밖의 어떤 것도 바라지 말아야
한다. 그러나 그러는 동안 내내 미덕을 훈련해야 한다.

제노바의 성 카타리나

대부분의 다른 분야와 마찬가지로 고행 수행에서의 진전은 칼날 위에 서 있는 것과 같다. 한쪽에는 에고중심적인 고행의 스킬라가 잠 복해있고, 다른 쪽에는 무신경한 평온주의라는 카리브디스가 잠복하고있다[152]. 영원의 철학 옹호자들이 가르치는 신성한 무관심은 금욕 주의나 단순한 수동성이 아니다. 그것은 오히려 적극적인 포기이다. 무언가를 하려는 의지가 완전히 사라졌기 때문이 아니라, 신성한 의지가 고행을 수행한 마음과 몸을 영원히 그 도구로 쓸 수 있게 하기 위해 자기의지를 포기하는 것이다. 혹은 카비르처럼 "독실한 구도자는 갠지스 강과 줌나Jumna 강을 섞듯이 자신의 가슴속에 사랑과 초연함이라는 두개의 흐름을 섞는 사람이다"라고 말할 수 있을 것이다. 특정한 애착을 종식시키기 전에는 온 가슴, 마음, 힘으로 신을 사랑할 수 없으며, 신을 위하여 모든 피조물들에게 보편적인 자비를 베풀수 없다. 그러므로 복음서에는 배타적인 가족적 유대를 포기할 필요성을 강조하는 엄격한 금언들이 있다. 만약 사람의 아들이 자신의 머리를 둘 곳조차 없다면[153], 여래와 보살이 '어디에도 머물지 않은 채 그들의 생각이 실재의 본질로 깨어나게 한다면' 그 이유는 마치 태양처럼 정당한 것과 정당하지 않은 것을 평등하게 비추는, 실로 신과 같은 사랑은 사적인 선호나 혐오에 갇혀있는 마음에는 생겨날 수 없기 때문이다.

---

152 스킬라Scylla와 카리브디스Charybdis: 바다에 사는 머리 6개 달린 여자 괴물인 스킬라Scylla가 카리브디스Charybdis라는 바다의 소용돌이 사이를 지나가는 선원들을 잡아먹으려 했다는 고대 그리스 신화에서 유래된 표현으로, '진퇴양난'의 의미.
153 신약성경 〈누가복음〉 9:58, 〈마태복음〉 8:20.

안에 아무리 좋은 것이 많아도 무언가에 집착하는 영혼은 신성한 결합의 자유에 도달할 수 없을 것이다. 새를 묶어두는 것이 강한 철사 줄인지 가늘고 섬세한 실인지는 그 줄이 새를 단단하게 붙잡고 있는 한 중요하지 않다. 그 줄이 끊어지지 않는다면 새는 날아갈 수 없기 때문이다. 마찬가지로 아무리 보잘것없다 해도 인간적 감정이라는 끈으로 묶여있는 영혼은 그것이 남아있는 한 신께로 갈 수 없다.

십자가의 성 요한

그들의 죄로부터 새로이 벗어난 사람들이 있다. 그래서 신을 사랑하겠노라고 마음먹어도 그들은 여전히 부드럽고 약한 초심자, 견습생이다… 그들은 쓸데없고 헛되며 위험한 수많은 대상들을 우리의 주님과 동시에 사랑한다. 모든 것보다 신을 사랑한다 할지라도, 그들은 여전히 신을 따라 사랑하지 않고 신 이외의 많은 것들(말·몸짓·의상·취미·경박한 언행에서의 가벼운 일탈 등)로부터 계속 즐거움을 구한다.

성 프랑수아 드 살

어느 정도 신성한 사랑의 경지에 도달하여 위험한 것들에 대한 사랑을 모두 끊어버린 영혼들이 있다. 그럼에도 불구하고 그들은 여전히 위험하고 불필요한 사랑을 하는데, 신이 그들에게 바라는 것을 사랑하기는 하지만, 너무 부드럽고 열정적으로 과도하게 사랑하기 때문이다…

우리의 친척·친구·은인들에 대한 사랑은, 신의 뜻에 따르는 것이라 할지라도 너무 지나칠 수 있다. 우리의 신앙생활 또한 아무리 영적이라고 해도 마찬가지다. 종교적인 수행들은 깊은 사랑이 필요한 것들이지만, 그것들을 공손함이나 더 보편적인 선보다 우위에 놓을 때라든지 그것들이 수단에 불과한데도 목적으로서 소중하게 다룰 때는 사랑이 지나칠 수 있다.

성 프랑수아 드 살

측량할 수 없이 풍부한 신의 재화는 텅 빈 고독한 가슴에만 담을 수 있다.

십자가의 성 요한

배 한 척이 강을 지나가고 있는데 사람이 없는 빈 배가 와서 충돌하려 한다고 가정해보라. 아무리 성마른 사람이라도 버럭 화를 내지는 않을 것이다. 그러나 그 배에 누군가 타고 있다면, 다가오지 말라고 소리칠 것이다. 만일 소리쳐도 듣지 못하고 여러 번 고함을 지르게 만든다면 결국 욕설을 퍼붓게 될 것이다.

첫 번째 경우에는 화를 내지 않았지만, 두 번째 경우에는 화를 내게 된다. 왜냐하면 첫 번째 경우 그 배가 비어있었지만, 두 번째 경우에는 누군가 있었기 때문이다. 비어있는 채로 삶을 살아간다면 누가 그에게 해를 입힐 수 있겠는가?

《장자》

가슴이 잃어버린 것을 슬퍼하며 울고 있을 때,
영spirit은 찾은 것을 즐거워한다.

무명 수피의 격언

자기중심적인 삶을 잃어버림으로써, 지금껏 잠재된 채로 있어 발견하지 못했던 삶, 우리 존재의 영적 부분에서 볼 때에는 신성한 근본바탕과 공유하고 있는 삶을 지키게 된다. 새로이 발견한 이런 삶은 다른 삶보다 '더 풍요로우며' 색다르고 더 고상하다. 그런 삶을 사는 일은 영원으로의 해방이며, 이런 해방은 더 없는 지복beatitude이다. 왜냐하면 아트만과 하나인 브라흐만은, 존재이며 앎인 동시에 지복이기 때문이다. 그리고 사랑과 평화의 뒤를 잇는 근본 영의 최종 결실은 기쁨이다. 고행은 고통스럽지만 그런 고통은 축복받기 위한 선행조건이다. 영적 경험에 관한 이런 사실은 때로 그것이 서술된 언어로 말미암아 모호해졌다. 그러므로 어린아이처럼 되지 않은 자는 천국에 들어갈 수 없다고 그리스도께서 말씀하셨지만(이 단순한 구절이 불러일으키는 이미지는 매우 감동적이다), 우리는 매우 많은 노력을 하고 철저한 자기부정의 과정을 밟으려고 하지 않는 한 어린아이처럼 될 수 없다는 사실을 쉽게 잊어버린다. 4장 〈세상 속의 신〉에서 트러헌이 인용한 아름다운 글귀에서 분명하게 밝힌 것처럼 먼저 어른의 추잡한 책략들을 버리지 않는다면, 본질적으로 모든 신성한 아름다움으로 창조된 대자연을 알 수 없다. 똥 색깔을 띤 사리사욕이라는 색안경을 끼고 보면 우주는 똑같이 똥 무더기처럼 보인다. 오랫동안 쓰고 있었던 탓에 그 안경이 철저하게 몸에 붙어서, 영적 삶의 초기에는 '인식perception의 문을 정화'하는 과정이 종종 외과수술을 받는 것만큼이나 고통스럽다. 그러던 것이 나중에는 자기부정조차도 영의 기쁨으로 충만해진다. 14세기 《완전함의 단계Scale of Perfection》에서 인용한 다음 구절은 이 점을 분명하게 밝히고 있다.

많은 사람들이 이성과 의지로 이웃을 향한 겸손, 인내, 자비라는 미덕

virtue을 갖추지만 이는 영적 기쁨이나 사랑으로 인한 것이 아니다. 왜냐하면 이런 사람은 종종 불평을 품고, 부담을 느끼며, 냉소적이 되는데도 신을 두려워하기 때문에 이성을 불러일으켜 이런 일들을 행하기 때문이다. 이 경우, 이성과 의지로 미덕을 행하는 것이지 사랑으로 하는 것이 아니다. 그러나 예수님의 은총과 영적이고 신체적인 훈련을 통해 이성이 빛으로, 의지가 사랑으로 바뀌면 사랑으로 미덕을 행하게 된다. 쓰디쓴 나무껍질이나 호두 껍데기를 갉아내어 마침내 그것을 깨뜨린 후 이제 그 알맹이를 먹기 때문이다. 처음에는 실행하기가 매우 부담스러웠던 미덕들이 이제는 전적인 기쁨과 즐거움으로 변한 것이다.

월터 힐턴[154]

내가 이것이나 저것인 한, 혹은 내가 이것이나 저것을 소유하고 있는 한, 나는 모든 것이 아니고 모든 것을 갖고 있지도 않다. 이것이나 저것이 되지 않고, 이것이나 저것을 가지고 있지 않을 때까지 순수해지라. 그러면 그대는 어디에나 있으며 이것이나 저것이 아닌 모든 것이다.

에크하르트

이 시구에서 에크하르트가 극적으로 강조한 요점은 영적 삶을 살았던 도덕주의자들과 심리학자들이 자주 강조해왔던 것이기도 하다. '나', '나를', '나의 것'에 정신이 팔려있지 않을 때 우리가 살고있는

---

154 월터 힐턴Walter Hilton (1340?~1396): 영국 아우구스티누스 수도회의 신비주의자. 생애에 대해 알려진 것은 거의 없으나, 관상기도와 영적수행에 대해 한 여성 수도자에게 설명하는 내용인 《The Scale of Perfection》 등의 저작을 통해 14세기 당시부터 현재까지 그리스도교 영성에 지속적인 영향을 끼침.

세상을 진실로 소유할 수 있다. 어떤 것도 나의 소유로 생각하지 않으면 모두가 우리 것이 된다. 모두가 우리 것일 뿐 아니라 다른 모든 사람의 것이기도 하다.

> 진정한 사랑은 싸구려 물건이나 진흙과는 다르다.
> 나누어도 사라지지 않는다.

마음도 어느 정도까지는 그렇지만, 영spirit의 재화를 제외하고는 완전한 공산주의가 존재하지 않는다. 그리고 무집착과 자기부정 상태에 있는 사람이 그런 재화를 소유하고 있을 때만이 공산주의가 가능하다. 단순한 지적, 미적 재화를 창조하고 즐기는 데에도 어느 정도의 고행은 반드시 필요한 전제조건이다. 예술가나 철학자, 과학자의 직업을 선택하는 사람들도 많은 경우 노동의 대가를 제대로 얻지 못하는 가난한 삶을 선택한다. 그들이 떠맡아야만 하는 고행은 결코 이런 것만이 아니다. 세상을 바라볼 때 예술가는 실용적이면서 자기존중의 관점에서 사물들을 생각하는 평범한 인간의 경향성을 부정해야만 한다. 마찬가지로 비판적인 철학자는 자신의 상식을 극복해야 하며, 연구자는 지나치게 단순화시키고 관습적으로 생각하려는 유혹에 끊임없이 저항하면서 신비스러운 사실이 이끄는 대로 따라가야 한다. 미적, 지적 재화를 창조하는 사람에게 해당되는 것이 그런 재화가 창조된 후 이를 즐기는 자에게도 해당된다.

이런 고행은 결코 하찮지 않다는 사실이 역사 속에서 반복적으로 드러나고 있다. 예를 들어 소크라테스의 감화를 받지 않은 그의 동포들이 지적인 고행을 했던 그에게 내린 독배를 생각해보라. 아리스토텔레스적 사고의 관습과 결별하기 위해 갈릴레오와 그의 동시대인들이 해야만 했던 영웅적인 노력을 생각해보라. 시간을 소중히 여기는 데카르트의 방식을 사용했을 때 발견할 수 있는 것보다 더 많은 것이 이 우주에 존재한다고 믿는 과학자가 오늘날 기울여야 하는 결코 적지 않은 노력을 생각해보라. 그런 고행들은, 낮은 수준이지만 영적인 지복에 부합하는 의식의 상태로 그 보상을 받는다. 예술가·철학자·과학자들은 심미적 관조, 발견, 집착 없는 소유에서 오는 지복을 알고 있다.

지성·정서·상상이라는 재화가 진정한 재화다. 하지만 그것들이 최후의 가치는 아니다. 그 자체가 목적이라면 우상숭배에 빠지게 된다. 의지, 욕망, 행위의 고행만으로는 충분치 않다. 알고, 생각하고, 느끼고, 상상하는 분야에서도 고행이 있어야 한다.

> 인간의 지적 역량은 타락Fall으로 인해 그의 동물적인 식욕보다 훨씬 나쁜 상태에 처하게 되었으며 그러므로 더 많은 자기부정을 요구한다. 자신의 의지·이해·상상이 그 자연스러운 힘에 탐닉하고 거기에서 만족을 얻게 되며, 순수문학을 연구함으로써 얻게 되는 보물들로 표면적으로는 풍부해지고 존경받게 되면, 이런 것들은 타락한 가련한 인간이 그리스도와 한마음이 되도록 도울 수 없다. 이는 제대로 잘 연구된 요리법이 그리스도교적 절제의 정신과 실천에 있어 복음서를 연구하는 교수를 도울 수 없는 것과 마찬가지다.
>
> 윌리엄 로

독일어 Kultur(문화)는 K라는 철자가 있다는 이유로 1차 대전 중에는 조롱 섞인 경멸의 대상이 되었다. 이제는 모든 것이 변했다. 러시아에서는 문학·예술·과학이 새로운 인본주의 삼위일체를 형성하는 세 가지 분야가 되었다. 문화Culture를 숭배하는 것은 소련연방에만 국한되지 않는다. 자본주의적인 민주주의 안에서 살고 있는 지성인들 다수도 문화를 숭배한다. 신·인간·우주에 대해 모든 것을 알고 있고, 터무니없는 이것저것 모두를 꿰뚫어보는 사람처럼 모든 것에 대해 거들먹거리는 냉소적인 태도로 글을 쓰는 영리하고 냉소적인 저널리스트들이, 문화에 관해서라면 거의 자기 자신에 걸려 넘어진다. 사정이 이러하므로, 그들은 최신 벽화나 도심의 건물들이 보여주는 순수예술을 대할 때 형언할 수 없이 우스꽝스러운 진지함과 열정을 가지고 우리에게 그들의 적극적인 종교적 정서를 공유하자고 권한다. 그들은 X부인이 아무나 흉내 낼 수 없는 소설을 계속 쓰고 Y씨가 콜리지[155]이상의 비평을 하는 한, 보이는 것과는 정반대임에도 불구하고, 세상은 의미가 있다고 주장한다. 문화에 대한 마찬가지의 과대평가, 예술과 문학은 그 자체로 목적이면서 합리적이고 현실적인 삶의 철학과는 별개로 번성할 수 있다는 마찬가지의 믿음이 학교와 대학마저도 침범하였다. '진보적인' 교육자들 사이에서도 청소년들이 '스스로를 표현하도록' 허용하고 어린이들이 미술 시간에 '창조적'이 되도록 격려한다면 모든 게 잘될 거라고 생각하는 사람들이 많다. 그러나 맙소사, 공작용 점토와 자기표현은 교육 문제를

---

155 새뮤얼 테일러 콜리지Samuel Taylor Coleridge (1772~1834): 영국의 시인·비평가. 대표적인 낭만파 시인의 하나이자 영국문학사상 가장 뛰어난 비평가로 손꼽힘. 칸트의 영향을 받아 독일의 관념철학이 깃든 예술론을 전개함.

해결해주지 못할 것이다. 기술과 진로안내도, 고전과 수백 권의 양서도 마찬가지다. 250여 년 전에도 다음과 같이 교육을 비평했지만, 이런 비평들은 17세기와 마찬가지로 오늘날에도 유효하다.

그것의 적절한 위치, 그것이 어떻게 신·천사·인간·지상, 천국과 지옥, 시간과 영원 속의 모든 피조물들과 관련되는지 알지 못한 채 모든 것을 알고 있다고 생각하는 사람은 자신이 알아야만 하는 것을 모르고 있는 셈이다.

토머스 트러헌

그럼에도 불구하고 (영연방 옥스퍼드에서는) 여전히 무언가가 부족했다. 모든 다른 학문들의 연인임에도 불구하고, 지극한 행복Felicity을 제대로 가르치는 교사는 아무도 없었다. 우리는 모두 이런 것들을 이질적인 것인 양 공부하는데, 이들은 우리 자신의 즐거움으로 공부해야 한다. 우리는 지식을 알려고 공부하지만, 그 공부의 목적이 무엇인지는 모르고 있다. 특정 목적을 겨냥하고 있지 않기 때문에, 우리는 태도에서 실수를 범한다.

토머스 트러헌

트러헌의 말에서 '지극한 행복'은 사실상 해방과 의미가 같은 '지복beatitude'을 말하는 것으로, 이는 결국 내면의 정점에서, 그리고 내면뿐 아니라 외부의 충만함에서 신과 결합하는 앎을 말한다.

다음의 글은 영혼의 내적 정점에서 신성을 알고자 하는 데 주로 관심을 두는 사람들이 수행해야만 하는 지적 고행에 관한 설명이다.

계속해서 모든 이미지를 소멸시키고 내면을 들여다보며 자신의 마음을 신을 향해 고양시킴으로써, 마침내 그런 모든 장애물들을 잊어버리고 극복할 수 있는 사람은 행복하다. 오직 그런 방법을 통해서만 솔직하고 순수하며 단순한 지성과 감성으로 가장 순수하고 단순한 대상, 신에 대해 내면적으로 움직인다. 그러므로 그대 내면의 신에 대한 그대의 모든 훈련은 전적으로 그리고 유일하게, 벌거벗은naked 지성·감성·의지에 의존하고 있음을 보라. 왜냐하면 실로 이런 훈련은 어떤 신체기관이나 외적인 감각을 통해서 수행할 수 없고, 인간의 본질을 형성하는 이해와 사랑으로서만 가능하기 때문이다. 그러므로 그대가 진정한 지복이라는 목적에 도달하기 위해 안전한 계단과 지름길을 원한다면, 집중된 마음으로 가슴의 지속적인 정화와 마음의 순수함을 진지하게 바라고 또 열망하라. 이와 더불어 감각을 지속적으로 고요하고 평온하게 하고, 가슴에서 솟는 사랑을 되새기며, 그런 사랑을 계속 높은 곳에 고정시키라. 침입하는 헛된 환영들에 대해 평화롭게 부동을 유지하며 가슴을 단순하게 만들면, 그대는 항상 내면의 주님 안에 확고하게 서 있을 것이다. 그만큼 그대의 영혼은 항상 존재하는 영원한 현재, 즉 신의 상태에 이미 들어가 있게 된다.

신을 향해 올라간다는 것은 스스로의 내면으로 들어가는 것이다. 왜냐하면 그렇게 올라가고 들어가며, 스스로를 초월해서 자신을 넘어서가는 사람만이 신께로 올라갈 수 있기 때문이다. 그때서야 마음은 스스로를 자신보다 높이 고양시켜서, '무엇보다도 내가 원하는 그분께서는 내가 알고 있는 일체를 초월해 있다'고 말한다. 마음의 어둠 속으로 들어가 온통 충만한 선善에 마음을 모으면, 마음은 집에 머무는 법을 배우며, 온전한 헌신을 고수하면서 내면에 존재하는 지고의 선에 늘 정착하게 된다. 그러므로 그대가 결코 변치 않을 때까지, 그리고 시간과 공간의 어떠한 변화도 없는 신 그 자체인 진실한 생명에 도달하여 내적인 평정과 신성의 비밀스러운 전당에서 영원히 쉴 때까지 계속하라.

알베르투스 마그누스[156]로 추정

어떤 사람들은 지식과 판별력을 모든 것 중 최상으로, 가장 탁월한 것으로 사랑한다. 보라, 그러면 지식과 판별력을 판별되는 대상보다 더 사랑하게 될 것이다. 왜냐하면 가짜 자연광false natural light은 앎의 대상보다 자신의 앎과 힘을 더욱 사랑하기 때문이다. 이 가짜 자연광이 신과 진리 안에 있을 때처럼 단순한 진리를 이해할 수 있다면 그것은 여전히 자신의 속성을 잃지 않을 것이다. 즉 그것은 스스로에게서 그리고 그 자신의 대상들로부터 분리될 수 없다.

《독일 신학》

도덕적 행위와 영적인 앎과의 관계는 순환적, 이를테면 상호적이다. 이기심 없는 행동으로 인해 앎에 접근할 수 있으며, 앎에 접근함으로써 더 진실되고 더 많은 행동을 사심 없이 수행할 수 있으며, 이는 다시 앎의 역량을 높여준다. 이렇듯 모든 것이 순조롭게 진행되면 완전한 순응과 복종이 무한히 존재한다.《마이트라야나 우파니샤

---

156 알베르투스 마그누스Albertus Magnus (Albert the Great, 1193?~1280): 독일의 신학자·철학자, 도미니크회 수사쾰른의 주교. 제자인 토마스 아퀴나스와 함께 스콜라철학을 완성시킴. 아리스토텔레스 철학의 유용성을 인식하여 그리스도교 교의에 도입한 최초의 인물. 신비주의적 수행을 강조한 독일 신비주의의 선구자이자, 그리스·아라비아 등의 방대한 학술 자료를 수집, 자연학과 예술을 포함한 거의 모든 분야를 연구하고 종합적 체계를 구축하여 '만물박사Doctor Universalis'로 일컬어지는 가톨릭의 성인.

드》[157]의 몇 구절에 이런 과정이 요약되어 있다. 한 사람이 올바른 행위(물론 올바른 묵상과 올바른 명상이 포함됨)를 수행하였으며, 이로써 그는 분리된 개체성의 근간이 되는 참자아Self를 일견할 수 있었다. "그 자신의 자아를 참자아로 봄으로써, 그는 자아가 사라지고 (그러므로 사심 없이 행동하며) 그 덕분에 그는 조건 지어지지 않는다고 여겨진다. 이는 최고의 신비이며, 해방을 나타낸다. 자아가 없음으로 인해 그는 즐거움이나 고통에 관여하지 않고(다시 말해 무집착 또는 신성한 무관심의 상태로 들어감), 완전함을 성취한다." (또는 알베르투스 마그누스가 표현하듯이 "불변이 되어 신 그분이신 진정한 생명에 도달하였다.")

고행이 완전해졌을 때, 그것의 가장 특징적인 결실은 단순함 simplicity이다.

단순한 가슴은 지상에서 가장 소중한 모든 것, 남편이나 아내, 부모님이나 아이들, 형제나 친구들을 그 개체성을 훼손시키지 않은 채 사랑할 것이다. 영혼을 그분께 안내하는 것 이외에는 어떤 외적 대상도 매력을 갖지 않는다. 이슬방울이 햇볕 아래서 말라버리듯, 모든 과장이나 비현실성, 뽐냄이나 허위는 떠나가버린다. 유일한 동기는 신을 기쁘게 해주는 것이기에 다른 사람들이 말하고 생각하는 것에 완전히 무관심해짐으로써 언어와 행동이 단순하며 그분의 목전에서만 자연스럽다. 그런 그리스도교적 단순함이야말로 신만이 그의 의지이고 기쁨이며,

---

157 마이트라야나Maitrayana(또는 Maitri, Maitrayaniya) 우파니샤드: 성자 마이트리Maitri의 가르침이 담겨있으며, 아쇼카왕(기원전 3세기경) 이후의 경전으로 내용상 불교의 영향이 엿보임.

유일한 대상인 내적 삶의 완전함이다.

N. 그루[158]

심리분석의 위대한 스승이 이 문제에 관해 보다 길게 설명하였다.

세상에서 사람들이 누군가를 단순simple하다고 말하면 문자 그대로 어리석고 무지하며 잘 속는 사람을 의미한다. 그러나 진정한 단순성은 어리석기보다는 거의 숭고하다고 할 수 있다. 모든 선량한 사람들이 그것을 좋아하고 찬미하여 그것에 반해 죄를 짓는 것을 의식하고 있고, 타인에게서 그것을 보고 그것이 무얼 말하는지 알고 있지만 그것을 정확하게 정의할 수는 없다. 나는 단순성이란 자의식을 막아주는 영혼의 정직함이라고 말하고 싶다. 그것은 훨씬 초라한 미덕인 정직함과는 다르다. 많은 사람들은 단순하지 않지만 정직sincere하다. 그들은 자신이 진실하다고 믿는 것 이외에는 말하지 않고, 있는 그대로의 모습으로 비치는 것을 바란다. 그러나 그들은 끊임없이 스스로에 대해 생각하고 모든 말과 언어를 가늠하며, 너무 지나치지 않았는지, 너무 부족하지 않았는지를 불안 속에서 곰곰이 숙고한다. 이런 사람들은 정직하지만 단순하지 않다. 그들은 다른 사람들과 편안히 지내지 못하며 다른 사람들도 그들이 편치 않다. 그들에게는 쉽고, 솔직하며, 거리낌 없고, 자연스러운 것이 전혀 없다. 사람들은 덜 훌륭하더라도 덜 경직된 사람들이 낫다고 느낀다.

---

158 장 니콜라 그루Jean Nicolas Grou (1731~1803): 영성에 관련된 많은 저서를 남긴 프랑스의 가톨릭 신비주의자.

유형의 즐거운 것들에 마음을 빼앗긴 일부 사람들이 주변 세상에 몰입하고 생각을 결코 내면으로 돌리지 못하는 것은 단순함과는 반대되는 극단이다. 신에 대한 의무이든 인간에 대한 의무이든 간에 일체의 문제들에 몰두하는 것은 다른 한 극단으로, 제 딴에는 이것이 사람을 현명하게 만든다고 생각한다. 그는 말이 없고 자의식이 강하며, 자신의 내적 자족감을 훼방하는 작은 일에도 불편해하는 사람으로서, 그런 잘못된 지혜는 그 진지함에도 불구하고 세속적인 쾌락으로 곤두박질하는 사람들의 어리석음 만큼이나 헛되고 어리석다. 전자는 외부환경에 취해있고, 후자는 내적으로 향한다고 스스로 믿는 바에 취해있다. 양자 모두 중독 상태로서 후자가 전자보다 더 나쁘다. 왜냐하면 실제로는 그렇지 않지만 현명해 보이기 때문에, 사람들이 여기에서 벗어나려고 노력하지 않기 때문이다.

진정한 단순함이란, 성찰이 불가능할 정도로 영혼이 외부대상에 압도되지도 않지만 자의식이 유도하는 끝없는 정교함에 몰두하지도 않는, 모자란 생각이나 꾸미는 태도 양쪽 모두에서 자유로운 중용에 있다. 모든 단계에 대해 논쟁을 벌이거나 끊임없이 되돌아보며 시간을 낭비하지 않고, 가고자 하는 곳을 바라보는 그런 영혼은 진정한 단순성을 지니고 있다. 그런 단순성이 실로 위대한 보물이다. 어떻게 그것을 얻을 수 있을까? 그것은 성경이 말하는 값진 진주[159]이기 때문에 그것을 위해서라면 나는 내가 가진 모든 것을 줄 것이다.

---

159 신약성경 〈마태복음〉 13:46 : "Who, when he had found one pearl of great price, went and sold all that he had, and bought it(그는 값진 진주를 하나 발견하면 돌아가서 있는 것을 다 팔아 그것을 산다)."

그렇다면 그 첫 번째 단계는 영혼이 외부 대상들을 치우고 내면을 들여다보면서 자신의 진정한 관심을 아는 것이다. 여기까지는 모든 것이 올바르고 자연스럽다. 대부분은 영리한 자기애self-love에 불과한데, 이것은 세상에 대한 중독을 피하려는 것이다.

다음 단계에서 영혼은 자신에 대한 묵상에 더하여 자기가 두려워하는 신에 대한 묵상을 추가해야만 한다. 이것은 진정한 지혜에 이르기에는 미약한 접근으로, 영혼은 여전히 엄청나게 자신에게 몰두해있다. 영혼은 신을 두려워하는 일에 만족하지 않고 신을 두려워하는 것을 확신하고 싶어 하며, 두려워하지 않을까봐 두려워하면서 자의식의 영원한 순환을 돌고 돈다. 자기에 대해서 이렇듯 불안하게 깊이 숙고하는 일은 진정한 사랑이 지닌 평화와 자유와는 거리가 멀다. 이것은 아직도 멀리 있는 상태로서 영혼은 시련의 시기를 반드시 거칠 필요가 있다. 만일 갑자기 편안한 상태에 빠져버린다면, 그 상태를 이용할 방법을 알지 못할 것이다.

세 번째 단계에서 불안정한 자기묵상으로부터 벗어난 영혼은 그 대신 신에 대해 숙고하기 시작하며, 그분 안에서 점차 자신을 잊어버린다. 영혼은 그분으로 가득 차고 자기만으로 사는 것을 중단한다. 그런 영혼은 자신의 결점을 보지 못하거나 자신의 잘못에 무관심하지도 않다. 그런 것들을 예전보다 더 잘 알아차리며, 더 많은 빛이 그들을 더 단순한 형태로 보여준다. 그러나 이런 자기 앎은 신으로부터 온 것이기 때문에 불안하거나 불편하지 않다.

페늘롱

얼마나 놀랍도록 정확하고 섬세한가! 가장 근거 없고 황당한 20세기의 허영 한 가지는 프로이트 시절 이전에는 아무도 심리학에 대해서 몰랐다는 가정이다. 그러나 대부분의 현대 심리학자들은 그 선조들 중 가장 유능한 심리학자보다 인간을 더 잘 이해하지 못하고 있다는 것이 진실이다. 페늘롱과 라로슈푸코[160]는 잠재의식 속에 존재하는 깊고 불명예스러운 동기를 표면적으로 합리화하는 것에 대해 모든 것을 알고 있었으며, 종종 페르소나persona의 공손한 가면 아래 작동하는 실제적인 힘은 성性과 권력에의 의지라는 사실을 충분히 알고 있었다. 일찍이 마키아벨리는 후대에 파레토[161]가 말하는 '잔기residues'와 '파생체derivations'의 차이를 도출했다. 즉, 정치적 행동에 대한 실제적이고 이기적인 동기인 잔기와, 그런 행동을 속기 쉬운 대중들에게 설명하고 정당화시키는 멋진 이론·원칙·이상들인 파생체를 구별한 것이다. 붓다나 성 아우구스티누스의 관점처럼, 인간의 미덕과 합리성에 대한 파스칼의 관점이 현실적으로 더 수준 낮다고 할 수는 없을 것이다. 이 모든 사람들, 라로슈푸코, 마키아벨리조차도 20세기 심리학자들이 임의로 무시했던 어떤 사실들, 즉 인간의 본성은 마음과 몸뿐만 아니라 영spirit까지 세 가지로 구성되어 있다는 사실, 우리는 시간과 영원, 육체적 생명으로서의 인간과 신성이라는 두 세계 사이의 경계선에 살고 있다는 사실, 사람은 그 자체로는 아무것도 아니지만, '신으로 둘러싸인 무無, 신이 결여된, 만약 원한다면 신이 될 수 있고

---

160 라로슈푸코François de La Rochefoucauld (1613~1680): 프랑스 귀족 출신의 고전 작가·모랄리스트moralist. 파란만장한 인생을 통해 얻은 인간의 심리에 대한 탁월한 통찰을 책으로 펴냄.
161 빌프레도 파레토Vilfredo Pareto (1848~1923): 이탈리아의 경제학자·정치학자·사회학자. 80:20 법칙(파레토 법칙), 엘리트elite 이론 등 소득 불균형과 선택행동에 관련된 연구를 남김. 인간 행동의 불합리한 면도 중요시하여 이탈리아 파시즘에 사상적 영향을 끼쳤다고도 평가됨.

신으로 가득하다'는 사실을 인식하고 있었다.

　페늘롱과 그루가 서술했던 그리스도교적 단순성은 노자와 그의 후계자들이 그토록 높이 평가했던 덕목과 똑같은 것이다. 이들 중국의 현자들에 따르면, 개인적인 죄악과 사회적 부적응은 모두 인간이 자신들의 신성한 근원으로부터 분리되어 도道에 따르지 않고 자신들의 의지와 개념에 따라 살기 때문이다. 도道는 물질에서 출발하여 동물·정신·영적인 온갖 수준에 스스로를 현시하기 때문에 위대한 길이자 로고스이며 만물의 본성이다. 우리가 자기의지를 포기하고 주변세계, 우리 자신의 몸·마음·영에서 일어나는 도道의 작용에 순응하면 깨달음이 온다. 도교학자들은 때로는 루소가 말한 고결한 야만인 Noble savage을 믿고 있는 듯이 저술하였다. 중국인들은 이론적인 것에 그치지 않고 구체적이며 실용적인 것에 관심이 더 있었으므로, 통치자들이 문명의 복잡성을 줄여서 생각·느낌·행위의 인위적이면서 도道를 가로막는 관습들의 부정적인 영향으로부터 백성들을 보호하는 방법을 제시하는 것을 좋아했다. 그러나 대중을 위해 이런 과업을 수행해야만 하는 통치자들은 스스로 현자가 되어야만 했으며, 현자가 되기 위해서는 완고한 어른의 모든 경직성을 제거하고 다시 어린아이가 되어야만 했다. 부드럽고 유순한 것만이 실로 살아있는 것이기 때문이다. 모든 것을 정복하고 능가하는 것은 모든 것에 순응하고 항상 가장 낮은 자리를 찾는 것, 단단한 바위가 아니라 물水이며, 변치 않는 언덕들을 닳아 없앤다. 완전한 현자의 단순성과 즉흥성은 고행(의지의 고행, 묵상과 명상으로 인한 마음의 고행)이 맺는 결실이다. 가장 고도로 훈련된 예술가만이 처음으로 물감통을 갖게 된 어린아이의 즉흥성을 재현할 수 있다. 단순해지는 것보다 더 어려운 것은 없다.

안회顏回는 말한다. "부디 심재心齋에 대해 가르쳐 주십시오." 공자가 대답했다.

"잡념을 없애고 마음을 통일하라. 귀로 듣지 말고 마음으로 듣도록 하고, 마음으로 듣지 말고 기氣로 듣도록 하라. 귀는 소리를 들을 뿐이고 마음은 밖에서 들어온 것에 맞추어 깨달을 뿐이지만, 기氣란 공허하여 무엇이나 다 받아들인다. 참된 도는 오직 공허 속에 모인다. 이 공허가 곧 심재(즉 마음의 재계)이다."

안회는 말한다. "제가 지금까지 심재를 못한 것은 정말 제 자신에 얽매여 있었기 때문입니다. 지금 심재를 하여 자신에 구애되지 않게 되었습니다만, 이것으로 공허하다 할 수 있을까요?"

선생이 대답했다. "충분하다. 내 너에게 이야기를 해 두겠다만, 네가 위나라에 들어가면 그 옹색한 속박의 세계에서 자유로이 거동하여 명예 따위에 마음이 흔들려서는 안 된다. 네 말을 들어주면 하고, 안 들어주면 그만두어라. (자기 마음에) 출입문을 세우지 말고 보루堡壘도 쌓지 말며, 마음이 거처를 일정하게 하여 부득이할 때만 응하도록 하면 그런대로 무난하리라… 저 텅 빈 것虛空을 잘 보라. 아무것도 없는 텅 빈방에 눈부신 햇빛이 비쳐 (저렇게) 환히 밝지 않느냐. (이처럼 상대적인 것에 얽매이지 말고 마음을 공허하게 하면, 모든 사물의 진상이 환하게 뚜렷해진다.) 행복도 이 호젓하고 텅 빈 곳(마음)에 머무는(모이는) 것이다. 그런데도 (머물러야 할 곳에) 머물지 않으면 이른바 좌치坐馳(몸은 앉아 있어도 마음은 달림)라고 한다.[162]

《장자》

　이런 맥락에서 볼 때 고행이란 사건에 대한 자연스러운 반응, 즉 道·진여·신의 의지와 조화를 이루는 반응들을 마침내 배우게 되는 공부과정으로 생각할 수 있다. 영원의 철학 옹호자들은 만물의 신성한 본성에 순응하는 사람들, 갈애나 혐오가 아닌 그들이 좋아하는 것을 자발적으로 하도록 허용하는 사랑으로 상황에 반응하는 사람들, 내가 아니라 내 안에 있는 신이라고 진심으로 말할 수 있는 사람들을 어린아이, 바보, 얼간이, 때로는 다음과 같은 문장처럼 주정뱅이에 비유하였다.

　　수레에서 떨어진 술주정뱅이는 아프겠지만 죽지는 않는다. 그의 뼈가 다치는 것은 다른 사람들과 똑같지만 그는 다른 방식으로 사고를 경험한다. 그의 정신은 안전하다. 그는 수레에 타고 있음을 의식하지 않고, 거기에서 떨어졌다는 사실도 의식하지 않는다. 삶·죽음·공포 등의 생각들이 그의 가슴을 뚫고 들어가지 못한다. 그러므로 그에게는 객관적인 존재를 접촉할 때 겪는 고통이 없다. 술을 마시고도 정신을 보전함이 이와 같은데, 하물며 자연을 따라 정신을 보전함은 어떻겠는가?

《장자》

　예술가가 자연스럽게 일어나는 자발성과 완전한 숙달에 이르기 위해서는 오랜 복종과 노고가 필요하다. 자기 책임하에, 소위 그의 개인의식의 최상층으로부터 아무것도 창조할 수 없다는 사실을 알고

---

162 안동림 역주, 《장자》(현암사, 2005) 발췌.

그는 '영감'의 활동에 순순히 따른다. 자신이 작업하는 매체 또한 그 자체의 본성을 지니고 있고, 이런 사실을 무시하거나 거칠게 유린하지 말아야 한다는 사실을 알고 있는 그는, 스스로 참을성 있는 하인이 되며, 이런 식으로 완벽한 표현의 자유를 성취한다. 삶 또한 하나의 예술로서, 완전한 삶의 예술가가 되고 싶은 사람은 존재의 모든 수준에서 화가나 조각가 혹은 그 밖의 장인이 좀 더 한정된 완성에 도달하는 것과 동일한 과정을 거쳐야만 한다.

포정庖丁이 문혜군文惠君을 위해 소를 잡고 있었다. 칼질을 할 때마다 어깨를 기울이고 발로 누르며, 슥삭슥삭 칼이 움직이는 소리와 살점이 떨어지는 소리가 모두 완벽한 조화를 이루니, 상림桑林의 무악舞樂처럼 리듬감 있고 경수經首의 음절처럼 장단이 맞았다.[163] "훌륭하도다. 과연 경지에 이른 기술이구나." 문혜군은 감탄했다.

포정이 답했다. "폐하, 제가 항상 헌신하는 것은 도道입니다. 기술보다 우월한 것이지요. 제가 처음 소를 잡기 시작했을 때, 제 눈에는 온통 소밖에 보이지 않았습니다. 3년을 훈련하자 더 이상 온전한 소가 보이지 않았습니다. 지금은 마음으로 대할 뿐神遇 눈으로 보지 않습니다. 감각의 작용이 멈추니 마음의 작용에 맡깁니다. 하늘의 이치에 의지하여 커다란 틈새와 빈 곳을 자르니, 소의 자연스러운 구조를 그대로 따라갑니다. 살과 뼈가 붙은 자리도 막혀본 적이 없는데, 큰 뼈의 경우는 더 말할 것이 있겠습니까.

---

163 상림桑林의 무악舞樂은 은殷나라 탕왕湯王 때의 명곡, 경수經首는 요堯임금이 기우제를 지낼 때 연주되었다는 명곡으로, 소 잡는 포정庖丁의 기술이 이치에 맞고 아주 예술적이었다는 의미.

훌륭한 요리사는 일 년에 한 번 칼을 바꾸는데 그것은 살을 자르기 때문입니다. 평범한 요리사는 한 달에 한 번 칼을 바꾸는데 난도질을 하기 때문입니다. 저는 이 칼을 19년 동안이나 쓰고 있고 수천 마리의 소를 잡았습니다만, 칼날은 숫돌에서 갓 나온 듯이 날카롭습니다. 관절에는 항상 틈이 있고 칼날은 두껍지 않아서, 두껍지 않은 것을 그 틈새에 집어넣기만 하면 됩니다. 이런 방법을 통해 틈새가 벌어지면 칼날이 들어갈 충분한 공간이 생깁니다. 그러니까 19년이 되었어도 칼날이 방금 숫돌에 간 것 같습니다.

하지만 뼈와 살이 엉켜 있는 부분에 칼을 댈 때에는 그 어려움을 알아채고 충분히 경계합니다. 눈길을 거기 모으고, 천천히 손을 움직여 섬세하게 칼을 움직이면, 흙덩이가 땅에 떨어지듯 살이 툭툭 떨어지지요. 그러면 칼을 거두고 일어나서 사방을 살펴봅니다. 마침내 흐뭇한 마음으로 칼을 씻어 조심스레 치웁니다."

문혜군이 말하기를, "훌륭하다! 이 말을 듣고 나는 삶을 다스리는養生 법을 얻었노라."

《장자》

팔정도Eightfold Path[164]의 첫 일곱 항목에서 붓다는 여덟 번째이자 마지막 항목인 올바른 명상(정정正定)에 도달하기를 바라는 사람이라면 누구나 충족시켜야 할 조건들에 대해 설명하였다. 이런 조건들을 충

164팔정도八正道: 깨달음과 열반으로 이끄는 불교 수행의 여덟 가지 올바른 실천 덕목. 정견正見 right understanding, 정사유正思惟 right motives, 정어正語 right speech, 정업正業 right action, 정명正命 right means of livelihood, 정정진正精進 right effort, 정념正念 right intellectual activity, 정정正定 right contemplation.

족시키기 위해서는 가장 엄중하면서도 포괄적인 고행 과정(지성과 의지, 갈애와 정서, 생각, 언어, 행위, 마지막으로 생계수단의 고행)을 거쳐야 한다. 어떤 직업은 인간의 최종 목적의 달성과는 전혀 양립할 수 없다. 너무 육체적이거나, 무엇보다 도덕적·지적·영적으로 많은 해를 끼치기 때문에, 그들이 무집착의 마음을 수행했다 할지라도(대개는 불가능하지만), 자신뿐만 아니라 타인의 해방에 전념하는 사람들은 여전히 피해야 하는 생계 유지의 방식들이 있다. 영원의 철학 옹호자들은 매춘굴 운영, 위조 행위, 공갈협박 등과 같이 범죄와 관련된 직업을 피하거나 금지하는 것에 만족하지 않는다. 그들은 또한 통상 합법적으로 여겨지는 수많은 생계수단을 스스로 피할 뿐 아니라 타인들이 못하도록 경고한다. 그러므로 많은 불교사회에서는 무기 생산, 사람을 취하게 하는 액체의 조제, 도축장 고기를 도매로 조달하는 행위들이 현대 그리스도교 국가에서처럼 부귀와 명예, 정치적 영향력이라는 보상을 받지 못한다. 이런 일들은 깨달음과 해방을 달성하려고 수행하는 사람들, 그리고 그 공동체의 다른 일원들까지 특별히 힘들게 만드는 직업으로 여겨지며 비난을 받는다. 마찬가지로 중세 유럽에서는 그리스도교인이 금전적인 이득을 취하거나 시장을 매점함으로서 생계를 꾸리지 못하도록 금지하였다. 토니[165]나 다른 사람들이 보여주듯이, 이표분리, 고리대금, 주식과 상품에서의 도박이 존중받게 되고 교회의 승인을 얻어낸 것은 종교개혁 이후에야 가능했다.

---

165 리처드 헨리 토니Richard Henry Tawney (1880~1962): 영국의 경제학자·역사가. 종교적 관점과 페이비언 사회주의의 입장에서 노동문제에 관심을 가졌으며, 자본주의의 기원과 발전에 관한 연구로 유명.

퀘이커교도들에게 병역은 잘못된 생계수단의 한 형태였으며 현재도 여전히 그렇다. 그들의 안목에서 보면 전쟁은 반그리스도교적인데. 전쟁이 고통을 야기하기 때문이라기보다 증오를 퍼뜨리고 속임수와 잔인성에 포상을 주며. 사회 전체를 분노·공포·자만심·무자비함으로 오염시키기 때문이다. 그런 격렬한 감정은 내면의 빛을 가로막으며, 이런 감정들이 촉발되고 강화되는 전쟁은 그 직접적인 정치적 결과가 무엇이든 간에 세상을 영적인 어둠이 안주할 수 있도록 만드는 것으로 간주해야만 한다.

올바른 생계수단正業에 대해서 융통성 없는 상세한 규칙을 정하는 것이 위험하다는 사실은 경험을 통해 드러났다. 사람들 대부분은 지나칠 정도로 올바르게 살아갈 필요성을 느끼지 못하므로, 지나치게 경직된 규약을 부과하면 위선이나 공공연한 반발로 반응하기 때문에 위험하다. 예를 들어 그리스도교 전통에서는 모든 사람들이 따라야 하는 일반적인 계율과 '세상'을 완전히 포기하려는 사람들이 따르는 완전함에 이르는 권유the Counsels of Perfection[166]를 구분하고 있다. 계율 precepts에는 마음과 목숨과 뜻을 다하여 신을 사랑하고 이웃을 자신처럼 사랑하라는 계명과 일반적인 도덕률이 포함되어 있다. 이 가장 위대한 마지막 계명을 따르기 위해 진지하게 노력한 사람들 중 일부는 완전함에 이르는 권유를 따라 세상과의 모든 연결을 끊지 않고서

---

166 신약성경 〈마태복음〉 19:21 : "네가 완전하려면 가서 네 재산을 다 팔아 가난한 사람들에게 주어라. 그러면 하늘에서 보물을 얻을 것이다. 그리고 와서 나를 따르라." 한 젊은이가 예수에게 영생을 얻으려면 어떤 선행을 해야 하는지 묻자, 살인·간음·도둑질·거짓 증언을 하지 말고 부모를 공경하며 네 이웃을 네 몸같이 사랑하라고 대답하니, 그가 그 모든 것을 다 지켰는데 무엇을 더 해야 하는지를 물음. 이에 예수는 위의 인용문과 같이 '완전함에 이르는 권유'를 하였지만, 그 사람은 재산이 많았기 때문에 이를 따르지 못하고 물러났다는 일화에서 유래.

는 온 마음으로 이 계명들을 지킬 수 없다는 사실을 알게 되었다. 그럼에도 불구하고 사람들이 '완전함'을 달성하는 일은 가능한데, 결혼 상태를 포기하거나 재산을 모두 팔아 가난한 사람에게 주지 않더라도 신과 결합하는 앎을 통해 해방되는 것이다. 실제의 빈곤(돈을 갖지 않는 것)은 감정적인 빈곤(돈에 무관심한 것)과 항상 같지는 않다. 어떤 가난한 이는 갈망·시기·쓰라린 자기연민으로 가득 차서 돈으로 살 수 있는 것들에 필사적으로 관심을 기울인다. 어떤 사람은 돈이 있지만 돈이나 돈으로 살 수 있는 물건들·권력·특권에 집착하지 않을 수 있다. '복음서의 가르침을 따르는 빈곤'이란 실제의 빈곤과 감정적인 빈곤이 결합된 것이다. 그러나 진정한 빈곤 정신은 실제로 빈곤하지 않은 사람들에게도 가능하다. 상식적인 도덕규범의 범위를 넘어서는 올바른 생계 문제는 엄밀히 말해서 개인적인 문제로 간주할 수 있다. 개인적 문제가 제시되는 방식과 적합한 해법의 성질은 해당 개인이 성취한 앎, 그 사람의 도덕적 감수성, 영적 통찰의 정도에 달려있다. 이런 이유로 보편적으로 적용 가능한 규칙을 가장 일반적인 말로서만 정할 수 있다. 노자는 "여기 나의 세 가지 보물이 있다. 이것을 보호하고 지키라! 그 첫째는 자애慈, 둘째는 검약儉, 셋째는 세상에 앞서려 하지 않음不敢爲天下先이다."라고 말했다. 어떤 낯선 이가 예수에게 유산을 두고 벌어진 형제간의 싸움을 해결해달라고 요청했을 때 예수는 판단을 거부하고(상황을 모르기 때문에) 탐욕스러움에 대한 일반적인 경고만 했다.

　　어느 날 가산은 자신의 추종자들에게 다음과 같은 가르침을 주었다.
　　"살생에 반대하는 사람, 의식 있는 모든 생명에게 해를 입히지 않으려는 사람은 올바르다. 동물과 곤충조차 보호하는 것이 좋다. 하지만 시간을 죽이는 사람, 재물을 파괴하는 사람, 그 사회의 경제를 죽이는 사람은 어떤가? 이들을 간과해서는 안 된다. 또, 깨닫지 않고 설법하는 사람은 어떤가? 그는 불교를 죽이고 있다."

《101가지 선禪 이야기》에서

존귀한 이브라힘Ibrahim이 권좌에 앉았을 때
지붕에서 아우성치는 소리와 외치는 소리가 들려왔다.
궁의 지붕에서 무거운 발소리도 들렸다.
그는 혼잣말로 "누구 발소리인가?"
창문에 기대어 "거기 누구인가?"라고 외쳤다.
보초병이 어리둥절하며 머리를 숙여 대답했다.
"저희들이 무언가를 찾아 돌고 있는 중입니다."
왕은 "무엇을 찾고 있는가?"라고 물었고,
그들은 "낙타입니다."라고 대답하였다.
"누가 지붕에서 낙타를 찾는단 말인가?"
"권좌에 앉아서 신과 결합하길 바라는 폐하의 예를 따르고 있나이다."

잘랄루딘 루미

　사회적 · 도덕적 · 영적인 모든 문제 중에서 권력의 문제가 만성적으로 가장 시급하며 해결하기도 가장 어렵다. 권력에 대한 갈망은 신체에서 생기는 악이 아니기 때문에 폭식, 무절제로 인한 피로와 물릴 만큼 충족된 생리가 부과하는 한계를 전혀 모른다. 연속되는 모든 만족과 함께 자라난 권력에의 욕망은 신체적 피로나 질병으로 방해받지 않은 채 스스로를 무한정 드러낸다. 게다가 사회의 모습을 볼 때 정치적·경제적·종교적 위계질서에서 높이 올라갈수록 권력을 행사할 가능성과 자원이 훨씬 더 많아진다. 그러나 위계질서의 계단을 오르는 일은 보통 느린 과정이고, 야망을 가진 자는 인생을 상당히 살고 난 후에야 최고 권력에 오른다. 권력을 사랑하는 자는 나이가 들수록 자신이 빠지기 쉬운 죄악에 탐닉할 가능성이 많아지고, 유혹에 끊임없이 더 많이 노출되며, 이런 유혹들이 더 매력적으로 보인다. 이런 면에서 그의 상황은 난봉꾼의 상황과는 전혀 다르다. 후자의 경우, 자신의 악을 자발적으로 떠날 수는 없지만, 세월이 지남에 따라 자신의 악이 그를 떠나는 것을 알 수 있다. 그러나 전자의 경우는 자신의 악을 떠나지 못할 뿐 아니라 악이 그를 떠나지도 않는다. 권력을 사랑하는 자는 나이 들수록 그 중독이 고맙게도 잠시 중단되는 것이 아니라 갈망을 더 큰 규모로, 더 극적인 방식으로 만족시키는 것이 더 쉬워짐으로써 강화되는 경향이 있다. 그런 이유로 액턴Acton의 표현을 빌면, "모든 위대한 이는 악하다." 그러므로 많은 경우 공공의 선을 위해서가 아니라 오로지 혹은 적어도 악한 인간의 권력욕을 만족시켜주기 위해 취한 정치적 행위가 종종 스스로를 망치거나 노골적으로 재앙을 가져온다면 이것이 놀랄 만한 일일까?

　독재자는 "짐이 곧 국가니라L' État c'est moi"라고 말한다. 물론 이 말은 피라미드 정점에 도달한 전제 군주에게 적용될 뿐 아니라 사실상 국가의 진정한 통치자이면서 왕이 통치하는 지배권을 행사하고 있는 모든 소수 멤버들에게도 해당된다. 더구나 지배집단의 권력욕을 충족시키는 정책이 성공하는 한, 성공의 대가가 그렇게 크지 않은 한,

통치를 받는 대중조차도 그들이 국가라고 느낄 것이다. 이는 본질적으로는 하찮은 개인의 에고가 엄청나고 눈부시게 투사된 것이다. 평범한 사람도 거물처럼 제국주의 국가의 활동을 통해 자신의 권력욕을 대리적으로 충족시킬 수 있다. 이들 간의 차이란 질적인 것이 아니라 정도의 차이에 불과하다.

지금까지는 권력을 향한 갈망이 정치적으로 표출되는 것을 조절하는 확실한 방법이 고안되지 않고 있다. 권력이란 그 본질상 무한정 확장할 수 있는 것이기 때문에 다른 권력과 충돌하는 것으로만 저지할 수 있다. 그러므로 집단이익이나 개인적인 명령보다는 법에 의한 통치라는 의미에서, 자유에 가치를 두는 모든 사회는 그 통치자의 권력이 분산되어야만 한다는 점을 직시해야 한다. 국가적 통일이란 국가가 유일자와 그를 지지하는 과두정치에 예속되어 있음을 의미한다. 조직화되고 균형 잡힌 분열이 자유의 필요조건이다. 폐하의 충성스런 반대자(야당)는 가장 충성스러운 사람들이라고 할 수 있는데, 자유를 사랑하는 모든 공동체에서 진실로 가장 유용한 계층이기 때문이다. 게다가 권력에의 욕구는 가장 정신적이고 그럼으로써 만족할 줄 모르며, 질병이나 나이에 영향을 받지 않기 때문에 자유를 소중히 여기는 어떤 공동체도 그 통치자들에게 장기 재임권을 주지 않는다. '결코 나빠지지 않기 때문에 전혀 개혁도 되지 않는' 카르투지오 수도회[167]가 오랫동안 부패로부터 자유로웠던 것은 대수도원장의 임기가 한 해 뿐이라는 사실 때문이다. 고대 로마에서 법률상 자유의 양은 행정관의 재임기간과 반비례했다. 권력욕을 조절하는 이런 규칙들을 제정하기는 매우 쉽지만 역사가 보여주듯이 실제로 행하기는 아주 어렵다. 시간을 소중하게 여기는 정치기구가 기술의 빠른 변화로 쓸모없어지고, 조직화되고 균형 잡힌 불일치의 건전한 원칙들이 새롭고 보다 적절한 기구 내에서 구체화될 필요가 있는 요즘 같은 시기에는 이런 규칙들을 실행하기가 특히 어렵다.

박식한 가톨릭 역사가인 액턴은 모든 위대한 자들은 악惡하다는 견해를 갖고 있었다. 페르시아 시인이자 신비가인 루미는 왕좌를 차지하면서 신과 결합하기를 구하는 일은 굴뚝 꼭대기 통풍관에서 낙타를 찾는 것만큼이나 어리석은 일이라고 생각했다. 성 프랑수아 드 살은 약간 더 낙관적인 어조로 말을 했는데, 이 문제에 관한 그의 견해를 벨리Belley의 젊은 주교인 그의 제자가 꼼꼼하고 상세하게 기록하였다.

어느 날 내가 말했다. "신부님, 높은 지위에 있는 사람이 복종의 미덕을 실천하는 것이 어떻게 가능하겠습니까?"

성 프랑수아 드 살은 "그들은 신하들보다 그런 미덕을 수행할 수 있는 더 위대하고 탁월한 방법을 가지고 있지."라고 대답하였다.

내가 이 대답을 이해하지 못하자 그는 계속해서 말을 이었다. "복종에 예속된 사람들은 보통 자신보다 지위가 높은 사람에게만 복종하네… 스스로 높은 지위에 있는 사람들은 명령을 내릴 때조차도 더 넓은 영역에 복종한다네. 왜냐하면 그들을 남들 위에 두고 자신들이 마련한 법규를 주신 분은 신이라는 사실을 마음에 새기고 있다면, 그들은 신을

---

167 카르투지오 수도회Carthusian Order: 11세기 성 브루노St. Bruno of Cologne(1030~1101)에 의해 프랑스에 설립된 가톨릭 수도회. 세속과 완전히 분리된 폐쇄적인 공동생활 속에서 청빈과 순종, 침묵을 지킴.

향한 복종의 마음으로 법규를 행사할 것이기 때문에 명령을 내릴 때조차도 복종한다네. 게다가, 양심과 영혼에 관련된 영적인 우월성 외에는 그렇게 높은 자리란 없다네. 윗사람 모두가 열망하는 더 높은 복종이 있는데, 성 바울조차도 여기에 대해 언급하면서 '나는 모든 사람으로부터 자유로워졌지만, 스스로 모든 사람의 노예가 되었다.'고 말했지. '모든 사람들에 대한 모든 것'이 되는 것은 누구나에게 보이는 이런 보편적인 복종을 통해서라네. 우리 주님을 위해 모든 사람들에게 봉사하면서 모든 것을 우리 윗사람으로 존중한다네."

이런 규칙에 따라서 나는 종종 성 프랑수아 드 살이 모든 사람을, 그에게 다가오는 가장 천한 사람에게조차도 자신이 더 낮은 사람인 것처럼 대하는 것, 누구도 거절하지 않고, 훼방꾼이 아무리 집요하고 타이밍이 좋지 않아도 조금도 지치거나 성마르거나 짜증내지 않고 말하거나 들으면서 누구와도 대화를 나누는 것을 관찰하였다. 왜 당신은 시간을 그렇게 낭비하냐고 묻는 사람에게 그는 끊임없이 답했다. "그것은 신의 의지입니다. 이것은 그가 내게 요구하는 것이지요. 더 이상 뭘 바라겠습니까? 내가 이 일을 하는 동안 다른 일을 할 필요가 없습니다. 신의 신성한 의지는 우리가 행하는 모든 일이 빛을 발하는 중심입니다. 그 밖의 것들은 지루하기만 하거나 흥분을 일으킬 뿐입니다."

장 피에르 카뮈

이제 우리는, '위대한 사람'은 권력을 행사하는 동안 두 가지 조건을 충족시킬 수 있다면 신성한 근본바탕과 결합하는 앎을 열망할 정도로 충분히 훌륭하다는 사실을 알게 되었다. 첫째, 그는 권력이 주는 모든 개인적 이득을 부정해야 하고 인내와 묵상(이것 없이는 신이나 인간에 대한 사랑이 있을 수 없는)을 수행해야 한다. 둘째, 그는 세속적 권력을 우연히 소유함으로써, 만물의 본성을 직접 통찰한 살아계시거나 돌아가신 선각자들에게만 속해있는 영적 권위를 부여받지 못한다는 사실을 깨달아야 한다. 스스로를 예언자라 믿을 정도로 정신나간 우두머리가 있는 사회는 파멸될 운명에 처해있다. 성장할 수 있는 사회란, 예견의 자격을 갖춘 사람들이 지향의 목표점을 보여주는 반면 통치의 소임을 맡은 사람들은 권위를 존중하고 선각자들의 조언에 귀를 기울이는 사회이다. 적어도 이론적으로 인도는 이 모든 것을 잘 이해하고 있었고, 종교개혁이 일어나기 전까지 '양심과 영혼에 관련된 영적인 우월성 외에는 그렇게 높은 자리란 없던' 유럽도 마찬가지였다. 불행히도 교회는 권좌 뒤에서 직접적으로 혹은 한 발짝 물러나 영향을 끼쳤던 세속적인 권력을 영적인 권위와 결합시키며, 양쪽 세계 모두를 최대한 이용하려고 했다. 그러나 완전히 자아를 비운, 그러므로 그 동기에 있어 의혹의 여지가 없는 사람들만이 영적 권위를 행사할 수 있다. 교회기구는 스스로를 그리스도 신비체Mystical Body of Christ라고 부를 수 있다. 그러나 과거처럼 교회 고위 성직자들이 노예를 소유하고 왕국을 통치한다면, 혹은 오늘날처럼 그 단체가 대규모 자본가라면, 어떤 존칭을 쓴다 하더라도 그것이 정치적·경제적으로 어떤 다른 속셈이 있는 이해 당사자라는 사실을 숨길 수 없다. 종교단체의 세속적 권력과 직접 관련되지 않은 사항에 대해 성직자 개개인은 사심이 없을 수 있고, 실제로도 그것을 입증해 왔다. 그래서 그들은 진정한 영적 권위를 가질 수 있었다. 성 필립 네리가 적절한 예가 된다. 절대로 어떤 세속적인 권력도 소유하지 않았던 그는 그럼에도 불구하고 16세기 유럽에 막대한 영향력을 행사하였다. 그러나 그러한 영향력으로 인해 가톨릭교회를 내부로부터 개혁시키려는 트리엔트 종교회의[168]의 노력이 크게 성공을 거두었는지는 의심스럽다.

권력이 피통치자뿐만 아니라 통치자에게도 해를 끼치지 않는 조건들을, 위대한 사람들은 실제 상황에서 얼마나 많이 충족시켜왔고 또 충족시킬 수가 있을까? 분명 거의 없을 것이다. 성자를 제외하고는 권력 문제는 결국 해결할 수 없는 문제이다. 진정한 자치행정은 아주 작은 소집단에서만 가능하기 때문에, 국가적 혹은 초국가적 단위의 사회는 항상 권력욕으로 인해 힘을 갖게 된 과두적인 소수들이 지배해왔다. 이것이 의미하는 바는, 권력 문제는 항상 생겨나고 프랑수아드 살과 같은 사람 이외에는 그 문제를 풀 수 없기 때문에 항상 존재할 것이라는 점이다. 그리고 이것은 결국, 과거에 가장 좋았던 짧은 기간 동안의 사회들보다 미래의 대규모 사회들이 훨씬 더 나을 것이라고 기대할 수 없음을 의미한다.

---

168 트리엔트 종교회의Council of Trent (~공의회公議會, 1545~1563): 16세기 오스트리아 북부의 도시 트리엔트Trient(현재 이탈리아 트렌토Trento)에서 단속적으로 열린 가톨릭 종교회의. 종교개혁 이후 프로테스탄트의 근본주의나 예정설 등에 맞서 로마 가톨릭이 스스로 개혁을 단행한 반反종교개혁의 하나. 가톨릭의 신앙과 교리에 대한 입장을 명확히 하여 교회의 쇄신을 이루어냈으나, 프로테스탄트와의 분열은 더욱 심화됨.

7

진리
Truth

왜 신에 대해 지껄이는가?
무엇이든 그분에 대해 말하는 것은 사실이 아니다.

에크하르트

종교문학에서 'Truth(진리)'라는 용어는 적어도 세 가지 뚜렷하면서도 매우 다른 의미로 즐겨 사용되었다. 먼저 "God is Truth(신이 근본적인 실재Reality라는 의미)"라고 단언할 때처럼 '허구가 아닌 사실fact'의 동의어로 간주될 때가 있다. 이것은 "worshipping God in spirit and in truth"[169]라는 구절에서 truth가 의미하는 것과는 분명히 다르다. 이 두 번째 경우에서는 '영적인 실재의 직접적인 파악'을 의

169 신약성경 〈요한복음〉 4:24의 내용. 한글 성경에서 'in spirit and in truth'는 '영적으로 참되게(공동번역 · 개역한글 · 현대인의 성경)' 또는 '영과 진리로(개역개정 · 새번역)'라는 크게 두 가지 다른 표현으로 풀어쓰고 있음.

미한다. 이것은 문장으로 형식화되며, 권위에 의해서나 이전에 용인된 명제들이 논리적으로 설득력 있다는 주장에 의해 받아들여지는, 실재에 '대한about' 간접적인 지식과는 대립적 의미를 갖는다. 마지막으로 "이 진술은 참truth이다(그것이 지칭하는 사실들과 부합하는 진술로 구성된 언어적 상징이 주장됨을 의미)"와 같은 문장에서처럼, 보다 평범한 의미가 있는 경우이다.

에크하르트가 "무엇이든 신에 대해 말하는 것은 사실이 아니다"라고 썼을 때, 그는 모든 신학적인 진술이 잘못되었다고 주장하는 것이 아니다. 인간의 상징과 신성한 사실 간에 어떤 상관관계가 있을 수 있다면, 일부 신학적 진술은 참이기 때문에 우리가 그런 진술들을 사실로 만들 수 있다. 신학자였던 에크하르트는 이 점을 확실히 인정했을 것이다. 그러나 에크하르트는 신학자이면서 신비가였다. 신비가였기 때문에 그는 현대 의미론자들이 그토록 열심히(또한 그토록 불운하게도) 현대인들의 마음에 주입시키려고 노력했던 것, 즉 말은 사물과 같지 않고, 사실에 대한 언어적 지식은 사실에 대한 직접적이면서 즉각적인 이해와 전혀 같지 않음을 아주 생생하게 이해하고 있었다. 에크하르트가 실제로 주장한 것은 이렇다. 무엇이든 신에 대해 말하는 것은 어떠한 경우라도, 그토록 많이 오용되고 모호해진 단어의 첫 번째 두 가지 의미에서 결코 'truth'가 될 수 없다. 관상기도를 경험한 후에 그때까지 그가 저술해왔던 모든 것은 그에게 허락된 직접적인 앎과 비교할 때 지푸라기에 불과했다고 선언하면서 자신의 신학 작업을 지속하기를 거부했을 때, 성 토마스 아퀴나스도 암암리에 정확히 똑같은 말을 하고 있었다. 200년 전 바그다드의 위대한 이슬람교 신학자 알 가잘리도 마찬가지였다. 그는 신에 관한 진리를 고찰하던 방식에서 묵상과 '사실인 진리Truth-the-Fact'를 직접 이해하는 것으로, 순전히 지적인 철학자들의 영역에서 도덕적·영적인 수피의 영역으로 전향했다.

이 모든 것의 교훈은 명백하다. '진리'에 대해 듣거나 읽을 때마다, 우리는 항상 위에서 열거한 그 단어의 세 가지 의미 중 그 순간 어떤 것이 사용되고 있는지 스스로 물어보기 위해 충분히 멈추어 살펴봐야 한다. 이렇게 간단한 예방 조치를 함으로써(이것은 정말이지 진리 탐구에 충실한 효과적인 행위이다), 우리는 많은 불안과 상당히 불필요한 정신적 혼란을 줄일 수 있다.

> 눈먼 자를 인도하길 바라면서,
> 붓다는 장난삼아 자신의 입에서 말씀이 새어나가도록 하셨다.
> 그 후로 하늘과 땅은 서로 얽혀든 들장미로 가득 찼다.
>
> 다이오 국사[170]

> 일체는 참됨眞이 있지 않으니,
> 참됨을 찾으려 하지 마라.
> 참됨을 보았다고 말한다면
> 그렇게 본 것은 참됨이 아니라네.
> 만약 능히 스스로 참됨이 있다면,
> 거짓을 떠난 것이 곧 마음의 참됨이라.

170 다이오大應 국사國師(난포조묘南浦紹明, 1235~1308): 일본 선사 중 최초로 국사國師 칭호를 받은 임제종 승려. 25세에 중국 송나라에 가서 선불교와 차茶 문화를 배워와 일본에 다도茶道를 전파함.

자기 마음이 거짓을 떠나지 않으면

참됨이 없으니, 어느 곳에 참됨이 있으리.

혜능 《육조단경》

붓다는 실로 어떤 진리도 설파하지 않으셨다.

자신의 내면에서 진리를 깨달아야 함을 통찰하셨기 때문에.

《장엄경론藏嚴經論》[171]

더 멀리 나아갈수록, 아는 바는 더 적어진다.

노자

"제 말 좀 들어보세요!" 손오공이 소리쳤다. "중국에서부터 여기까지 온갖 어려움을 겪은 후에, 저희에게 경전을 주라고 당신께서 특별히 지시하셨는데도 아난과 가섭은 엉터리 물건을 건네주었습니다. 아무것도 씌어있지 않은 책을 가져가라고 주었다니까요. 여쭈노니, 이런 책이 저희에게 무슨 소용입니까?"

붓다는 미소 지으며, "소리칠 필요 없다. 사실 그렇게 아무것도 씌어 있지 않은 두루마리가 진짜 경전이다. 사람들이 너무 어리석고 무지해서 이것을 믿지 않는다는 걸 알기 때문에, 그들에게 약간의 글이 쓰인 책을 줄 수밖에 없겠구나."

오승은[172] 《서유기》

---

171 대승장엄경론大乘莊嚴經論: 유식唯識 불교를 성립시킨 인도의 논사 아상가Asaṅga(무착無着, 310?~390)가 지은 불교 논서로, 보살이 실천해야 할 가르침을 여러 방면에 걸쳐 체계적으로 서술.

성문聲聞 · 연각緣覺은 정진하나 도의 마음이 없고,
외도外道는 총명해도 지혜가 없다. 어리석고도 겁이 많으니,
빈주먹에 무언가 진짜가 담겨있다고 생각하고
가리키는 손가락을 그 대상으로 여긴다.
손가락을 달로 집착하여 잘못 공부하니,
그들의 모든 노력은 헛되도다.

영가 현각

이른바 불법佛法이라고 하는 것은 곧 불법이 아니니라.

《금강경》

"불교의 궁극적 가르침은 무엇입니까?"
"그것을 알게 될 때까지 그대는 그것을 이해하지 못하리라."

석두 희천[173]

영원의 철학의 주제는 영원한 영적 실재Reality의 성질이다. 그러나
그것을 표현하는 언어는 시간 속의 현상들을 다룰 목적으로 발달해
왔다. 이런 이유로 이 모든 설명에서 우리는 역설적인 요소를 발견하
게 된다. 사실인 진리Truth-the-Fact의 성질은 그것과 올바로 상응하지

172 오승은吳承恩(1500?~1582?): 중국 명나라 시대의 소설가 · 시인.

173 석두石頭 희천希遷(700~790): 중국 당나라 때의 선승. 6조 혜능에게 출가하고 청원 행사靑原行思
에게 사사하여 법을 이어받음. 742년경 형산의 큰 바위 위에 암자를 짓고 지내어 석두石頭 화상이라
부름. 《참동계參同契》《초암가草庵歌》를 남김.

않는 언어적 상징이라는 수단으로는 설명될 수 없다. 기껏해야 난센스나 모순으로 암시할 수 있을 뿐이다.

어떤 영적 저술가들은 피할 수 없는 이런 역설에 고의적이면서도 계산된 엄청난 양의 언어들(지성의 원죄인 자족적인 자기만족으로부터 독자들을 놀라게 만들고 충격을 줄 수 있도록 고안된 난해한 말, 과장, 모순되거나 유머 넘치는 엉뚱한 생각)을 덧붙였다. 도교와 선불교 스승들은 이런 간접적인 역설들을 특히 선호하였다. 사실, 선불교는 그릇된 추론과 심지어 난센스조차도 '폭력으로 천국을 빼앗으려는'[174] 도구로 활용하였다. 완성의 삶을 열망하는 사람들은 완전히 비논리적인 문구에 대해 추론적 명상discursive meditation을 수련하도록 장려되었다. 그 결과는 모든 자기중심적이고 세계중심적인 추론과정에 대한 일종의 귀류법歸謬法, '이성reason'(스콜라철학의 용어)으로부터 직관적인 '지성intellect', 모든 존재의 신성한 근본바탕을 진정으로 통찰할 수 있는 '지성'에까지 이르는 갑작스런 돌파구였다. 우리에게 이런 방법은 낯설면서도 기괴한 인상을 심어준다. 그러나 실제로 이것은 마침내 근본적인 마음의 변화metanoia, 또는 의식과 성격에서의 변용을 일으킬 정도로 많은 사람들에게 효과가 있다.

선에서 가장 중요시하는 철학적 진리를 강조하기 위해 거의 희극적으로 사용한 엉뚱한 언행은 앞에서 언급된 다이오 국사의 인용문이 잘 설명하고 있다. 우리는 인류에게 짓궂은 장난을 치기 위해 화신이 설교를 했을 것으로 심각하게 생각하지는 않는다. 반면에 그 작

174 신약성경 〈마태복음〉 11:12

가는 우리를 자극하여, 통상적으로 그 안에서 삶의 대부분을 살아가는 스스로 만든 언어의 우주에 대해 우리의 습관적인 자기만족을 벗어나도록 하는 데 성공하고 있다. 언어는 사실이 아니며, 근본적인 사실은 더욱 아니다. 우리가 언어를 너무 심각하게 받아들이면, 서로 엉켜버린 들장미 숲에서 길을 잃게 될 것이다. 반면에 충분히 진지하게 받아들이지 않는다면, 잃어버릴 길이나 도달해야 할 목표가 있다는 사실조차 모를 것이다. 깨달은 사람이 가르침을 펴지 않는다면 아무도 해방될 수 없을 것이다. 그러나 인간의 마음과 언어가 지닌 특성 때문에, 필요하면서도 없어서는 안 될 이런 설교에는 위험이 따른다. 모든 종교의 역사는 한 가지 중요한 측면에서 유사하다. 종교 추종자들 중 일부는 깨닫고 해방되는데, 그 창시자들이 대화중 무심코 흘린 말에 적절하게 반응했기 때문이다. 어떤 사람들은 부분적으로 타당하게 반응함으로써 부분적인 구원만을 성취했다. 어떤 사람들은 그런 말에 완전히 부적절하게 반응함으로써, 즉 완전히 무시하거나 대개는 그 말들을 지나치게 심각하게 받아들여 말이 지칭하는 사실과 말을 동일한 것처럼 취급함으로써 자신과 동료들에게 해를 끼쳤다.

말이란 한 번 정도는 반드시 필요하지만, 많은 경우에 치명적이라는 사실을 영원의 철학을 신봉하는 사람들은 모두 알고 있다. 그래서 예수는 자신이 들장미 숲보다 더 나쁜, 칼sword을 주러왔다고[175] 말했던 것이다. 성 바울은 사람을 죽이는 문자와 사람을 살리는 영spirit을 구분[176]하였다. 그 이후 몇 백 년 동안 그리스도교 영성의 스승들은 결코 진부해지지 않는 주제에 대해 반복적으로 언급할 필요성을 느꼈는데, 왜냐하면 '말하기 좋아하는 인간homo loquax'은 바벨탑을 건설할 때 그랬듯이 그 자신의 말에 속수무책으로 피해를 입으면서도 그가 이룩한 성취를 바보처럼 여전히 기뻐하기 때문이다. 의미론에 관한 많은 저작물과 여러 가지 국수주의·민족주의·군국주의 선전물들이 최근 몇 년 동안에 많이 출판되었다. 잘못된 말의 위험성에 대해 그토록 많은 유능한 인물들이 인류에게 경고했던 적은 없었다. 그리고 말이란 것을 정치가들보다 더 무분별하게, 대중보다 더 심각하게 받아들인 적도 없었다. 사실 이 오래된 문제들은 형태만 바뀌면서, 긴급하지만 풀리지 않고 모든 면에서 해결할 수 없는 것처럼 언제나 남아있다는 것이 충분히 입증된다.

이 삶에서 상상력으로 상상할 수 있고, 이성으로 생각하고 이해할 수 있는 모든 것은 신과의 결합에 있어서 직접적인 수단도 아니며 그렇게 될 수도 없다.

십자가의 성 요한

메마르고 무미건조한 사색은 진리의 옷에 잡힌 주름을 펼 수는 있지만 진리의 사랑스러운 얼굴을 발견할 수는 없다.

플라톤주의자 존 스미스[177]

---

176 신약성경 〈고린토인들에게 보낸 둘째 편지〉 3:6

얼굴 중의 얼굴이 모든 얼굴들 속에서 베일에 싸인 채 수수께끼처럼 드러난다. 그러나 베일 벗은 모습은 누군가가 모든 얼굴 너머에 있는 어떤 비밀과 신비한 침묵 속으로 들어갈 때까지 보이지 않는데, 거기에는 얼굴에 대한 앎이나 개념이 없다. 그가 모든 앎과 개념 너머로 갈 때, 당신의 얼굴을 찾아서 들어가는 이 안개·구름·어둠 또는 무지는, 베일에 싸인 모습 외에는 그 얼굴이 보이지 않는 상태보다 아래쪽의 상태이다. 그러나 바로 그 어둠이 모든 베일들 너머 당신의 얼굴을 드러낸다. 따라서 그 어둠 속으로 들어가 반대되는 것들의 일치를 허용하고, 모든 이성적 이해를 넘어, 불가능을 직면하는 곳에서 진리를 추구하는 것이 나에게 얼마나 필요한지를 깨닫는다.

쿠사의 니콜라스[178]

신성에 이름이 없는 것처럼, 그분께는 모든 이름이 낯설듯이, 영혼에도 이름이 없다. 신께서 그러하듯 그것은 여기here에 존재하기 때문이다.

에크하르트

접근할 수 없는 신께서는 감각으로 지각할 수 있고 이해력으로 파악

---

177 플라톤주의자 존 스미스John Simth, the Platonist (1618~1652): 영국의 철학자·교육자. 플라톤주의란 개별적인 감각적 사물로부터 초월하여 존재하는 이데아Ideas를 세계의 설명 근거로 삼는 입장.
178 쿠사의 니콜라스Nicholas of Cusa (니콜라우스 쿠자누스Nicolaus Cusanus, 1401~1464): 독일의 신학자·철학자·천문학자. 신플라톤학파의 영향을 받았으며 교회개혁에 진력한 근대철학의 선구적 사상가.

할 수 있는 대상을 생각하는 데 계시지 않는다. 이런 일은 신보다 못한 것에 만족하는 셈이 된다. 그렇게 함으로써 그대는 그분과 함께 걸어가기 위해 필요한 영혼의 에너지를 죽일 것이다.

십자가의 성 요한

신이 스스로 나타나고 그대에게 자명한 것이 아니라, 어떤 외적 증거를 통해 신을 찾거나 알고자 한다면, 지금이든 나중이든 결코 이루어지지 않을 것이다. 신·천국·지옥·악마·육체도 그 자체의 존재와 그대 내면에서의 나타남이 아니라면, 그대 안에서나 그대에 의해 인식될 수 없기 때문이다. 그대 내면에서 이들이 출현하는 것을 자명하게 감지하지 못한 채 이런 것들을 아는 척하는 것은, 모두 한 번도 빛을 본 적 없는 맹인이 빛을 안다고 하는 것과 마찬가지이다.

윌리엄 로

다음 글은 즈냐나jnana, 즉 브라흐만이나 신성한 근본바탕에 대한 해방적인 '앎'에 관련된 인도의 이론들에 탁월한 한 학자가 요약한 것이다.

즈냐나는 영원하고, 일반적이며, 필수적이다. 하지만 이 사람 저 사람의 개인적인 지식이 아니다. 그것은 아트만 그 자체에 있는 앎으로서 모든 아비디야avidya(무명無明) 아래 감추어져 있다. 분명하지 않고 증명할 수 없지만 제거할 수가 없다. 왜냐하면 자명하고, 증명이 필요 없으며, 그 자체가 모든 증명에 대한 가능성의 바탕을 제시하기 때문이다. 이런 문장들은 에크하르트의 '앎knowledge'에 가깝고, 영혼 속에

존재하는 영원한 진리(그 자체가 즉각 확실하며 모든 확실성의 바탕이자, A
나 B가 아닌 '영혼'이 소유하고 있는)에 대한 아우구스티누스의 가르침에
가깝다.

루돌프 오토[179]

미학은 예술의 실행이나 감상과 동일하지 않고, 예술의 직접적인
수단도 아니다. 어떻게 그림에 대한 안목을 갖추거나 훌륭한 화가가
될 수 있을까? 베네데토 크로체[180]를 읽어서 되는 일이 아니라는 사
실만은 확실하다. 그림을 그려봄으로써 그림 그리는 법을 배울 수 있
고, 화랑에 가서 그림을 보아야 그림 감상하는 법을 배우게 된다.

크로체와 그의 동료들이 시간을 허비하고 있다는 뜻은 아니다. 직
접적으로 파악된 그림의 의미와 가치를 다른 경험 사실과 관련된 일
반적 지식의 경험으로 평가할 수 있고, 이런 식으로 그리고 이 정도
까지 '설명할 수' 있는 사고체계를 구축하는 데 있어 그들이 쏟은 노
고에 대해서는 감사해야 한다.

신학도 이와 마찬가지이다. 신학적 사유는 신의 다양한 측면을 직
접 경험한 사람들이 다른 경험들과 연관된 근본바탕에 대한 그들 스
스로의 경험과 신성한 근본바탕의 본질에 대해 알기 쉬운 개념들을

---

179 루돌프 오토Rudolf Otto (1869~1937): 독일의 프로테스탄트 신학자·종교학자. 종교적 체험 속
의 성스러움을 이성이 아닌 감성으로 파악하고, 종교나 신성의 비합리적이고 신비로운 측면을 밝
힘. 그리스도교뿐만 아니라 인도 종교 등 동양의 신비사상도 함께 연구하여 동양의 종교학계에도
영향을 끼침.
180 베네데토 크로체Benedetto Croce (1866~1952): 이탈리아의 철학자·미학자·역사가. 독재정권
에 도전한 휴머니스트이며 패전한 조국을 재건하기 위해 힘쓴 현대 이탈리아의 정신적 지주. 20세
기 미학 이론에도 많은 영향을 남김.

형성할 수 있도록 하는 한 가치가 있다. 신학의 일관된 체계가 구축되면, 그것은 신성한 근본바탕을 상정하는 것이 본질적으로 자기모순이 아니며 어떤 조건을 만족시킬 준비가 된 사람들에게는 그 상정이 실현될 수 있다는 점을 그 체계를 공부한 사람들에게 확신시키는 한 유용하다. 그러나 어떤 상황에서도 신학에 대한 연구나 신학적 진술에 대한 마음의 동의는 로Law가 '내면적인 신의 출현'이라고 부른 것을 대신할 수 없다. 왜냐하면 이론은 실천이 아니고, 말은 그것이 지칭하는 대상이 아니기 때문이다.

> 우리가 알고 있는 신학은 위대한 신비가, 특히 성 아우구스티누스와 성 토마스 아퀴나스가 정리한 것이다. 그 밖의 수많은 위대한 신학자들, 특히 교황 그레고리오 1세와 성 베르나르, 수아레스[181]까지도 신비한 초월적 앎이 없다면 그런 통찰을 할 수 없었을 것이다.
>
> 존 채프먼 수도원장

테넌트[182] 박사는 정반대 견해를 갖고 있었다. 즉 종교적 경험은 무언가 실제적이고 독특한 경험이기는 하지만, 궁극적 실재에 대한 경험자의 앎에 어떤 것도 추가해서는 안 되며, 항상 다른 원천에서 도출된 신에 대한 개념의 입장에서 해석되어야 한다는 것이다. 사실들

---

181 프란시스코 수아레스Francisco Suárez (1548~1617): 스페인의 예수회 신학자·법철학자. 신新스콜라철학의 대표적 철학자로, 수많은 신학 저술을 남김. 과학의 진리와 신앙의 진리가 동일함을 주장했고, 국제법의 창시자 중 한 사람.
182 F.R. 테넌트Frederick Robert Tennant (1866~1957): 영국의 철학자이자 신학자. 다양한 분야에 관심을 가지고 신학에 대한 실증적인 접근을 통해 과학과 종교의 조화를 시도함.

에 관한 연구는 이런 견해들이 어느 정도는 옳다는 점을 시사하고 있다. 신비적 통찰에서 온 사실은(역사적 계시로 알려진 사실과 함께) 일반적 지식의 관점에서 합리화되었으며 이로써 신학의 기초가 되었다. 반대로 일반적 지식의 측면에서 현존하는 신학은 영적 삶을 살아가는 사람들에게 엄청난 영향력을 행사하는데, 영적 수준이 낮은 경우 낮은 형태의 경험에 만족하도록, 높은 경우에는 책에 서술된 신의 특징과 모순되는 특징을 지닌 모든 형태의 실재 경험을 부적절한 것으로 부정하도록 유도한다. 그래서 신비주의자는 신학을 만들고, 신학은 신비주의자를 만드는 것이다.

진리 아닌 도그마에 동의하거나, 포괄적인 체계 중 진실한 한 가지 도그마에 모든 주의를 기울이면서 거기엔 충실하지만 다른 것들은 무시하는 사람은 (수많은 그리스도교인들이 삼위일체에서 오로지 두 번째 위격의 인간성에만 집중하고 성부와 성령은 무시하는 것처럼) 실재Reality에 대한 자신의 직접적 이해를 미리 한정 짓는 위험을 감수하게 된다. 자연과학에서와 마찬가지로 종교에서도 경험은 경험에 의해서만 결정된다. 거기에 대해 선입견을 갖거나, 전혀 사실과 상응하지 않거나 일부 사실과만 상응하는 이론이 부과하는 틀에 경험을 억지로 맞추는 것은 파멸의 원인이 된다. 선禪의 스승은 "참됨을 구하려 하지 말고, 오직 망령된 견해만 쉴지니라"고 썼다.

오류가 있거나 불완전한 신학을 믿는 데서 오는 결과들을 고칠 수 있는 유일한 방법이 있다. 그리고 이것은 실제로 가장 진실한 신학에 대한 믿음에서부터 앎 혹은 근본적인 사실로 넘어가는 유일하게 알려진 방법과 동일한데, 바로 영원의 소여datum에 대한 무아·순종·열려있음이다. 견해란 우리가 만드는 것이므로 이해하고, 고안해내며,

논쟁할 수 있다. 그러나 십자가의 성 요한의 표현을 빌면, "감각으로 지각할 수 있고, 이해로 파악되는 대상을 생각하는 데 머무는 것은 신보다 못한 것에 만족하는 것이다." 신과 결합하는 앎은 '망령된 견해를 쉬는' 사람에게만 가능하다. 비록 언어화된 추상화가 가능할 정도로 그 견해가 진실하다 하더라도 말이다.

> 일어나라 고귀한 영혼이여! 지성이며 사랑인 그대의 신발을 신고 그대의 정신적 힘을 숭배하는 것보다 멀리, 그대의 이해보다 멀리 뛰어넘어 신의 심장으로, 그대가 모든 생명체들로부터 사라지는 그의 비밀로 뛰어들라.
>
> 에크하르트

> 언어와 분별의 등불을 들고
> 언어와 분별을 넘어 깨달음의 길로 들어서야 한다.
>
> 《능가경》

'지성intellect'이라는 말을 에크하르트는 직접적인 직관을 말하는 학문적 의미로 사용하였다. 아퀴나스는 "지성과 이성은 두 개의 힘이 아니지만 완전한 것과 불완전한 것이 다르듯 서로 뚜렷이 구분된다… 지성은 진리를 정통으로 꿰뚫어보는 것인 반면, 이성은 탐구하고 담화하는 것이다"라고 말했다. 지성적 혹은 직관적인 '깨달음의 길'로의 진입은 '언어와 분별'의 이성적이고 정서적인 길을 따라간 후 그것을 버림으로써 가능하다. 그러나 자아가 비워짐으로써 문자에서 영spirit으로, 이론에서 직접적인 앎으로 건너간 사람들이 경고했음에도 불구하고, 조직화된 그리스도교 교회들은 수단을 목적으로 착각하는 치명적인 습관을 그대로 유지하고 있다. 어느 정도 적당히 합리화한 신학의 언어적 표현들은 너무 진지하게 받아들여졌고, 그것들이 묘사하려던 오직 그 사실 때문에 경건하게 다루어졌다. 그 올바른 공식에 가깝다고 간주되는 것에 동의하면 영혼이 구원되지만, 그렇지 않으면 파멸한다고 여겼다. '필리오케filioque'[183]라는 단어가 동방교회와 서방교회의 분열을 일으킨 유일한 원인은 아니었을 것이다. 그러나 이것은 의심할 바 없이 그럴싸한 구실이었으며 전쟁을 시작하는 이유가 되었다.

언어와 형식적인 문구의 과대평가는 시간적 존재를 과대평가한 특별한 경우로 간주될 수 있는데, 이것은 역사적 그리스도교 신앙이 갖고 있는 매우 치명적인 특성이다. 사실인 진리Truth-as-Fact를 아는 것, 그리고 이것을 '영spirit과 직접 파악한 진리로' 통합적으로 아는 것, 이것이 '우리의 영생永生이 있는'[184] 해방이다. 언어화된 진리(직접적 파악으로서의 진리 혹은 역사적 계시로서의 진리를 통해 알려지거나 추론할 수 있는 한, 상징적으로는 진리에 상응하는)에 익숙해지는 것, 이것은 구원이 아니라 특별한 철학 분야를 연구하는 것에 불과하다. 시간 속에 존재하는 사물이나 사건에 대한 가장 평범한 경험조차도 제대로 혹

---

183 라틴어로 '그리고 아들로부터' 라는 의미. 그리스어로 경전이 기록된 초기의 그리스도교에서는 동방교회와 서방교회가 모두 "성령聖靈은 성부聖父로부터 나온다"고 하였으나, 6세기경 서방교회에서 니케아 신경Nicene Creed을 라틴어로 옮길 때 그리스어 원문에는 없던 'filioque'를 삽입하여 "성령은 성부에게서 '그리고 성자聖子로부터도filioque' 나온다"고 표현하면서 삼위일체론에 관련된 신학적 논쟁이 시작됨. 이 논쟁은 결국 1054년에 동방과 서방으로 교회가 분열되는 한 가지 원인으로 작용.

184 14장에 인용된《성공회 일반 기도서》의 한 구절.

은 적절하게 언어로 설명하는 일은 결코 가능하지 않다. 하늘을 바라보거나 신경통을 앓고 있는 경험은 전달할 수 없다. 우리가 할 수 있는 최선은 '파랗다' 혹은 '고통'이라고 말하면서 우리의 말을 듣는 사람이 우리와 비슷한 경험을 함으로써 자신만의 의미를 부여할 수 있기를 희망하는 것이다. 그러나 신은 시간 속에 존재하는 사물이나 사건이 아니며, 시간적 문제조차도 제대로 다룰 수 없는 시간에 예속된 언어는 본질적인 성질과는 무관하게 전혀 다른 이치에 속해있는 우리 자신의 결합 경험을 다루기에는 더욱 부적절하다. 상투적인 문구를 공부하고 이에 동의하는 것으로 구원을 받을 수 있다고 생각하는 것은, 지도를 열심히 연구함으로써 멀리 떨어진 곳에 갈 수 있다고 생각하는 것과 같다. 지도는 상징일 뿐이며, 최고로 좋은 지도조차도 부정확하고 불완전한 상징에 불과하다. 지도는 오로지 주어진 목적지에 도달하려고 진실로 원하는 사람에게만, 그 여행자가 나아가야 할 방향과 그가 택해야 할 길을 알려줌으로써 유용할 뿐이다.

후기 불교철학에서는 언어words가 인간의 창조적 진화creative evolution를 결정하는 주된 요소 중 하나로 간주되었다. 이 철학에서는 존재의 다섯 범주[185], 즉 이름名, 모양相, 분별分別, 바른 지혜正智, 진여眞如가 인식되었다. 첫 세 개는 나쁜 것, 마지막 두 개는 좋은 것과 관련이 있다. 감각기관을 통해 모양이 구별된 후 이름 붙이기를 통해 구

---

185 오법자성五法自性(줄여서 오사五事 또는 오법五法): 모든 법法의 자성을 분별하여 다섯 가지로 나눈 것. 이름名, 모양相, 분별分別, 바른 지혜正智, 진여眞如(또는 여여如如)이며, 앞의 세 가지는 미혹迷, 뒤의 두 가지는 깨달음悟의 법에 해당됨. 불교의 유식학唯識學에서 주로 다루었던 내용.

체화됨으로써 언어는 사물로 간주되며, 상징들은 현실의 척도로 사용된다. 이 견해에 따르면 언어는 분리감을 일으킬 뿐 아니라 개인적 자족감이라는 신성모독적인 생각을 만드는 주요 원천으로, 필연적으로 탐욕·시기·권세욕·분노·잔인함이라는 결과를 낳는다. 그리고 이런 유해한 격정으로부터, 무한정 오래 지속되고 반복되는 분리된 존재라는 필요성이 갈망과 집착의 저절로 계속되는 조건들 속에서 나타난다. 유일한 탈출은 의지의 창조적인 행위에 의해, 붓다의 가피를 받으면서, 무아를 통해 바른 지혜正智로 인도되는 것인데, 이는 다른 무엇보다 이름·모양·분별의 참된 평가로 이루어진다. 바른 지혜를 통해, 그리고 그 안에서, 사람을 도취시키는 '나', '나를', '나의 것'이라는 망상으로부터 벗어나며, 시기상조의 편향된 황홀경 상태에서 세계를 부정하거나 또는 평범한 육체적인 인간처럼 살면서 세계를 긍정하려는 유혹에 저항하면서, 마침내 삼사라와 니르바나가 하나라는 거룩한 자각, 순수한 진여Suchness(언어적 상징으로는 제대로 설명할 수 없고 암시만 할 수 있을 뿐인 궁극적인 근본바탕)의 통합적인 이해에 도달한다.

회개하지 않는 인간 본성의 진화에 있어서 언어가 중요하면서도 창조적인 역할을 하고 있다는 대승불교의 견해와 관련하여, 인과관계의 실재를 반대하는 흄Hume의 주장을 언급할 수 있다. 이 주장은 모든 사건은 서로 '느슨하고 분리되어loose and separate' 있다는 가정에서 출발하여, 완전무결한 논리로 조직화된 모든 사고나 목적 있는 행동이 전혀 무의미하다는 결론을 내린다. 스타우트Stout 박사가 지적했듯이 여기에는 임의로 설정한 가정에 오류가 있었다. 흄으로 하여금 사건들이 '느슨하고 분리되어' 있다는 이상하고 매우 비현실적인 가정을 하도록 유도한 것은 무엇이었을까? 직접적인 경험을 무시하며 반대했던 그의 유일한 논리는 다음과 같은 사실 때문이었음을 알 수 있다. 즉, 사물과 사건들은 명사·동사·형용사를 통해 우리의 생각 속에서 상징적으로 표현되는데, 이들이 나타내는 사물과 사건들 자체는 꽤 명백하게 그렇지 않은데도 불구하고 이런 언어적 표현들은 사실상 어느 정도 서로 '느슨하고 분리되어' 있다는 것이다. 사물들을 언어의 척도로 사용하지 않고 언어를 사물의 척도로 사용함으로써, 흄은 연속된 실제 경험에 언어의 불연속적이면서 소위 점묘적 pointilliste인 패턴을 강요하였다.

대부분의 사람들은 철학자가 아니므로 사고나 행위에 있어서 일관성의 여부는 전혀 신경 쓰지 않는다. 그래서 어떤 상황에서는 사건들이 '느슨하고 분리된' 것이 아니라 조직화되어지고 또 조직화하는 전체 우주라는 장field 속에서 함께 존재하거나 서로를 뒤따르는 것을 당연하게 생각한다. 하지만 정반대의 관점이 그들의 열정이나 이해관계와 더 가깝게 일치할 경우, 그들은 완전히 무의식적으로 흄의 입장을 취하며 사건들을 마치 그것이 상징화된 언어처럼, 서로가 그리고 나머지 세계와 독립적인 것처럼 취급한다. 이것은 '나', '나를', '나의 것'이 포함된 모든 사건들에 일반적으로 적용된다. '느슨하고 분리된' 명칭들을 구체화하여 생각하면, 우리는 사물들 또한 느슨하고 분리된 것으로 간주하게 된다. 즉, 법칙의 적용을 받지 않고, 관계라는 네트워크(사실 이것에 의해 만물은 그들의 물리적·사회적·영적 환경과 아주 밀접한 관련을 가진다)에 연관되지 않은 것으로 말이다. 자연에 원인과 결과라는 과정이 없고, 다른 사람들의 삶에서 일어나는 사건과 사물들 사이에는 어떠한 유기적인 관계도 없다는 생각을 우리는 이치에 맞지 않다고 여긴다. 그러나 동시에 우리는 스스로 신성시하는 에고가 우주와 '느슨하고 분리되어' 있다는 생각, 도덕적 다르마와 심지어 많은 측면에서는 인과관계의 자연법칙조차 넘어선 제멋대로 만든 원칙을 자명하게 받아들인다.

불교와 가톨릭은 모두 인칭 대명사를 피하고 자신들을 우주적 실재와 그 동료 피조물과의 실제 관계를 분명하게 나타내는 완곡어법으로 말하도록 승려와 수녀들을 장려했는데, 이는 현명한 예방책이다. 친숙한 말에 대한 우리의 반응은 조건반사적이다. 따라서 자극을 변화시킴으로써 반응을 변화시키기 위한 무언가를 할 수 있다. 파블로프의 종이 없다면 개가 침을 흘리지도 않는다. '나를', '나의 것'과 같은 단어를 되씹지 않으면 순전히 자동적이고 무반성적인 이기주의도 생겨나지 않는다. 수도승이 스스로를 '나'라고 하지 않고 '이 죄인' 혹은 '이 쓸모없는 종'이라고 부르면, 그는 자신의 '느슨하고 분리된' 자아를 당연한 것으로 여기지 않으면서 신과 이웃과의 실재적이고 유기적인 관계를 의식하게 될 것이다.

우리는 사실을 진술하는 목적 이외의 다른 목적을 위해서도 언어를 사용한다. 열정을 불러일으키거나 바람직하다고 생각하는 어떤 행동 방향으로 의지를 돌릴 때 언어를 종종 수사적으로 사용한다. 때로는 언어를 시적으로 사용하기도 한다. 즉 실제 혹은 상상적 사물이나 사건들에 관해 언급하고, 의지나 열정에 수사적으로 호소하며, 독자들로 하여금 언어가 아름답다고 느끼게끔 하는 데도 언어가 사용된다. 예술이나 자연에서의 아름다움이란 그 자체로는 아름답지 않은 사물들 사이의 관계에서 비롯된다. 예를 들어 'time(시간)'이나

'syllable(음절)' 같은 단어는 전혀 아름답지 않다. 그러나 '기록된 시간의 마지막 음절까지'라는 구절에서 쓰일 때 구성 단어의 소리 사이, 그 단어들이 지칭하는 사물들에 대한 우리의 생각 사이, 각 단어와 구절 전체가 제시하는 연상 작용이 함축하는 바들 간의 관계에 관한 직접적이고 즉각적인 직관은 아름답게 포착된다.

수사적으로 단어를 이용하는 것에 관해서는 많은 말이 필요 없다. 좋은 것을 일으키는 수사법과 나쁜 것을 일으키는 수사법이 있다. 전자는 사실에 대해 웬만큼은 진실이면서 정서적인 감동을 주는 수사법이고, 후자는 무의식적 혹은 고의적으로 거짓말을 하는 수사법이다. 서로 다른 종류의 수사법을 구분하는 법을 배우는 일은 지적 도덕성의 필수적인 부분이다. 지적 도덕성은 의지의 조절과 더불어 가슴과 말을 감시하는 일처럼 영적인 삶에 필요한 선행조건이다.

이제 우리는 더 어려운 문제를 고려해야만 한다. 시적 언어를 사용하는 일과 영적인 삶에는 어떤 관계가 있을까? (물론 시적으로 언어를 사용하는 것, 회화적으로 물감을 사용하는 것, 음악적으로 소리를 사용하는 것, 진흙이나 돌을 조각에 사용하는 것 등 모든 예술에 동일하게 적용된다.)

"아름다움은 진리이고, 진리는 아름다움이다." 그러나 불행히도 키츠Keats는 자신이 '진리'라는 단어를 사용할 때 주로 어떤 의미로 썼는지는 구체적으로 밝히지 않았다. 어떤 비평가들은 이 장 도입부에서 나열한 세 번째 의미로 진리라는 단어를 사용했다고 가정하고 이 금언을 터무니없다고 일축해버렸다. Zn+HSO=ZnSO+H. 이것이 세 번째 의미의 진리이고, 이런 진리는 물론 아름다움과 동일하지 않다. 키츠는 분명 이런 식의 '진리'를 말하고 있지 않다. 그는 주로 첫 번째 의미, 즉 '사실'과 동의어로서 진리라는 단어를 썼으며, 두 번째 인 사도 요한의 표현으로는 '진리로 신을 경배하다'에서 그 단어에 부여한 중요성으로 이 말을 썼다. 그러므로 그의 문장에는 두 가지 의미가 담겨있다. '아름다움이란 근본적인 사실이며, 근본적인 사실 은 아름다움으로, 이는 모든 특별한 아름다움의 원리이다'라는 의미 와 또한 '아름다움은 직접적인 경험이다. 그리고 이 직접 경험은 원 리로서의 아름다움, 태고의 실재로서의 아름다움과 동일하다'라는 의미이다. 첫 번째 진술은 영원의 철학이 갖고 있는 신조에 충분히 부합된다. 형언할 수 없는 일자—者가 스스로 드러난 세 가지 중에는 선善, 진眞, 미美가 있다. 우리는 전체의 부분들 사이에 존재하는 조화 로운 간격에서 아름다움을 지각한다. 이런 맥락에서 볼 때 신성한 근 본바탕을 역설적이게도 순수한 간격Pure Interval(분리된 것과는 무관하 게, 전체성 안에서 조화를 이루는)으로 정의할 수 있을 것이다.

두 번째 의미에서 살펴본 키츠의 진술에 영원의 철학 옹호자들은 분명 동의하지 않을 것이다. 예술과 자연에서 얻을 수 있는 아름다움 에 대한 경험은 신성한 근본바탕이나 신성에 대한 직접적이고 결합 적인 경험과 질적으로 유사할 것이다. 그러나 이 둘은 동일하지 않으 며, 경험된 특정한 아름다움은 이것이 어떤 신성한 성질을 띠고 있기 는 하지만 신성Godhead과는 꽤 거리가 멀다. 시인, 자연 애호가, 심미 가들은 자아를 비운 묵상가에게 허락된 바와 유사한 실재Reality를 포 착하였다. 그러나 그들은 스스로 완벽히 자아를 비우는 수고를 하지 않았기 때문에 신성한 아름다움을 그 자체로 충분히 아는 것이 불가 능했다. 시인은 그가 받은 은총과 영감에 있는 약간의 특성을 다른 사람들이 백지의 공간, 즉 그가 지은 시의 행간에서 느낄 수 있도록 단어를 배열하는 능력을 갖고 태어났다. 이런 재능은 위대하고 소중한 재능이다. 그러나 시인이 자신의 재능에만 만족한다면, 자기가 비워짐으로써 신성한 근본바탕 속에 존재하는 아름다움 자체를 포착할 수 있도록 계속 노력하지 않고 예술과 자연에 존재하는 아름다움만 계속 숭배한다면, 그는 우상숭배자에 불과할 뿐이다. 사실 그런 우상숭배는 인간이 할 수 있는 최선이기는 하지만, 그럼에도 불구하고 우상숭배에 머물고 만다.

> 아름다움의 경험은 순수하고 자명하며, 기쁨과 의식이 똑같이 혼합되어 있고, 그 밖의 다른 지각과 뒤섞여있지 않으며, 신비 체험과 쌍둥이 형제이다. 그것의 생명은 초감각적인 경이로움이다… 신의 형상은 그 자체로 그것이 인식되는 기쁨이듯이, 스스로 거기에 적합한 사람들이 그런 경험을 즐긴다.
>
> 비스바나타[186]

다음의 글은 젊은 시절 대단히 아름다웠으며 뛰어난 시인이었던 어느 여성 선사의 마지막 작품이다.

> 이 눈은 66번이나 변화하는 가을의 풍경을 보았다.
> 달빛에 대해서도 충분히 이야기하였다.
> 더 이상 내게 묻지 말라.
> 바람 한 점 없을 때 소나무와 삼나무의 소리를 들어보라.
>
> 료넨[187]

바람 없는 나무 아래의 고요를 말라르메[188]는 '음악의 빈 공간creux néant musicien'이라고 부를 것이다. 시인이 귀를 기울이는 음악은 미적이고 상상일 뿐인데 비해, 스스로를 비운 묵상가는 순수한 진여에 자신을 열어놓는다. "고요히 하고 내가 신임을 알라."[189]

> 이런 진리는 마땅히 행할 바요, 입으로 외우는 데 있지 않다…
> 이 가르침에는 본래 다툼이 없다.
> 다투면 곧 도道의 뜻을 잃게 된다.
> 어긋남에 집착하여 가르침을 다툰다면,
> 자성自性이 생사生死에 들어간다.
>
> 혜능 《육조단경》

그리스도교의 편이든 그에 반대하든, 추론적 이성의 작업과 허구는 사라져라! 이것들은 신을 모르고 그 자체의 성질과 조건에 무감각한, 마음의 터무니없는 망령에 불과하다.

죽음과 삶만이 의문을 불러일으키는 유일한 것이다. 삶이란 영혼 속에 신이 살아서 움직이는 것이다. 죽음이란 무지한 육체의 감각과 분별을 따라 영혼이 살고 움직이는 것이다. 이런 삶과 죽음은 모두 우리 속

---

186 비스바나타Visvanatha Chakravarti Thakura (1626~1708): 인도 벵갈 태생의 비슈누Vishnu파 종교 운동 지도자이자 저술가.

187 료넨了然(1646~1711): 빼어난 외모 때문에 출가가 허락되지 않자 불에 달군 인두로 자신의 얼굴을 짓뭉갠 후 하쿠오白翁 선사의 제자로 입문하여 수행에 힘썼다는 일본 에도시대 황벽종黃檗宗의 비구니.

188 스테판 말라르메Stéphane Mallarmé (1842~1898): 19세기 프랑스의 대표적인 상징주의 시인.

189 구약성경 《시편》 46:10 : "Be still, and know that I am God."

에서 그 자체의 씨앗으로부터 자라나, 분주한 이성이 말하고 지시하는 대로가 아니라 이쪽저쪽 가슴이 향하는 대로 스스로 성장한다.

윌리엄 로

그분을 친구로 삼지 않는 사람에게 친구인 그분을 설명할 수 있을까?

잘랄루딘 루미

어머니가 아직 젖을 떼지 않은 아기에게 "이리 오너라. 애야. 내가 너의 엄마다."라고 부를 때 아기가 "오 엄마, 당신의 젖을 먹으면 위안이 되는지 그 증거를 보여주세요."라고 대답할까?

잘랄루딘 루미

위대한 진리는 대중들의 가슴을 사로잡지 않는다. 이제 세상 모두가 잘못을 저지를 때, 진정한 길을 알고 있다 해도 어떻게 내가 안내할 수 있단 말인가? 성공할 수 없는데도 불구하고 억지로 성공하려고 한다는 사실을 나 스스로 알고 있다면, 이것은 또 다른 오류의 원천이 될 것이다. 그때는 단념하고 더 이상 애쓰지 않는 것이 좋다. 내가 애쓰지 않는데 누가 애를 쓸 것인가?

《장자》

장자가 직면한 딜레마의 뿔[190] 사이에는 사랑·평화·기쁨의 길만이 존재한다. 아무리 적어도, 스스로 지닌 근본 영의 결실을 보여주는 사람들만이 영spirit의 삶은 살아볼 가치가 있다고 다른 사람들을 설득할 수 있다. 토론과 논쟁은 거의 쓸모가 없다. 실로 많은 경우 그것들은 절대적으로 해롭다. 그러나 교묘한 논법과 풍자에 천부적인 재능이 있는 영리한 사람들은 이 점을 인정하기가 특히 어려울 것이다. 밀턴[191]은 틀림없이 자신이 좋아하는 독재자의 적들을 향해 학식이 풍부한 독설을 연발하고 불복종이라는 그가 선호하는 오명을 쓰며 분노함으로써 진실, 정당성, 신의 영광을 위해 일하고 있다고 진정으로 믿었다. 물론 실제로는 그를 비롯해서 16세기와 17세기에 살았던 그 밖의 논쟁가들은 진정한 종교(어느 편이든 이를 위해 똑같은 학식과 솜씨로, 입을 통한 언어라는 난폭한 행위로 싸웠던)를 일으키는 데 해만 끼쳤을 뿐이다. 때때로 제정신으로 돌아왔던 휴지기가 있었음에도 불구하고 논쟁은 약 200년 동안 계속되었다. 가톨릭 신자들은 반反 가톨릭 신자들과, 프로테스탄트들은 다른 프로테스탄트들과, 예수회는 정적주의자들 및 얀센파 사람들과 논쟁을 벌였다. 마침내 소란이 가라앉자 그리스도교 정신(다른 종교들과 마찬가지로 근본 영의 결실을 명백히 드러낼 때만이 살아남을 수 있는)은 거의 죽어버렸다.

가장 교육을 많이 받은 유럽인 대부분이 믿는 종교는 이제 민족주의적 우상숭배가 되었다. 우상숭배로의 이런 변화는 18세기 중에는 (발렌슈타인[192]과 틸리[193]가 그리스도교 정신이라는 미명하에 잔학행위를 저

---

190 딜레마의 뿔the horns of a dilemma: 어느 한쪽을 택하면 다른 쪽이 성립되지 않는 서로 모순되는 두 사항. 딜레마의 모순되는 선택지 각각을 뿔horn이라고 함.

191 존 밀턴John Milton (1608~1674): 영국의 시인이자 청교도 사상가. 영국 문학사상 최고의 서사시인《실낙원Paradise Lost》의 저자. 서양에서 최초로 언론과 출판의 자유를 주장한 책자를 출판했으며, 영국 국교회(성공회)와 왕정에 반대하여 청교도주의와 공화주의를 주장하는 등 급진적인 사상을 전개함.

지른 이후) 더 개선된 변화인 듯이 보였다. 왜냐하면 통치계급은 종교 전쟁의 공포를 반복해서는 안 되었기 때문에, 신사다운 면모로 권력 정치를 일부러 완화시켜야 한다고 결심했기 때문이다. 나폴레옹 전쟁과 크림반도 전쟁에서도 신사다움의 증후를 목격할 수 있었다. 그러나 국가적 희생Moloch이 18세기의 이상을 끊임없이 삼켜버리고 있었다. 제1 · 2차 세계대전 동안 우리는 오래된 견제와 자기억제가 완전히 사라지는 것을 목도하였다. 정치적 우상숭배의 결과는 현재 인본주의적 명예와 예의 혹은 초월적 종교에서 조금도 완화되지 않고 그 모습을 드러내고 있다. 서로를 살상하는 언어, 조직형태, 돈과 권력에 대한 싸움으로 인해 역사적 그리스도교는 (처음부터 세속적인 사물들에 지나치게 전념하면서 그토록 비극적으로 수행했던) 자기 파괴의 과업을 달성하였다.

> 그대의 영리함을 팔아서 당혹감을 사들여라.
> 영리함은 의견일 뿐이지만, 당혹감은 통찰이다.

잘랄루딘 루미

> 이성Reason은 왕이 나타났을 때의 신하와 같다.

---

192 알브레히트 폰 발렌슈타인Albrecht Wenzel Eusebius von Wallenstein (1583~1634): 보헤미아의 군인이자 정치가. 보헤미아의 프로테스탄트들이 합스부르크 왕가의 지배에 대항해 일으킨 30년 전쟁 때 황제와 가톨릭의 편에 서서 큰 전공을 세운 후 권력의 중심에 올랐으나, 이를 견제한 황제에 의해 암살됨.

193 틸리 백작 요한 체르클라에스Johann Tserclaes, Count of Tilly (1559~1632): 현재의 벨기에에 해당하는 니벨 근교 틸리Tilly 성에서 태어나 30년 전쟁 때 가톨릭 동맹군의 총사령관을 맡아 발렌슈타인과 함께 공을 세운 장군.

왕이 나타나면 신하는 힘을 잃고 모습을 감춘다.

이성은 신이 드리운 그림자. 신은 태양.

잘랄루딘 루미

비이성적 생물체는 과거나 미래를 살피지 않고, 영원한 현재라는 동물적인 영원 속에서 살아간다. 본능은 그들의 동물적 우아함이자 끊임없는 영감이다. 그들은 자신들의 동물적 다르마 혹은 내재적 법칙에 따라 사는 것과 다르게 살려고 하지 않는다. 이성의 힘과 이성·언어라는 수단 덕분에, 인간(그저 인간 조건에 불과한)은 현재뿐만이 아니라 과거와 미래에서도 향수에 젖고 불안을 느끼며 희망을 가지면서 살아간다. 어떤 본능도 그에게 해야 할 바를 말해주지 않으며, 만물의 신성한 본성에 따른 영감보다는 개인의 영리함에 의존해야 한다. 격정과 신중함 사이, 그리고 자각과 윤리적 감수성의 더 높은 수준에서는 이기심과 깊어가는 영성 사이에서 만성적인 내전 상태에 놓인 자신을 발견한다. 그러나 이런 '인류의 지루한 조건'은 깨달음과 해방을 위해 없어서는 안 될 전제조건이다. 더 이상 동물이 아닌 영적 수준에서 영원으로 나아가기 위해, 인간은 시간 속에서 살아야만 한다. 분리된 자아를 의식적으로 초월할 수 있으려면 우선 스스로를 분리된 자아로 자각해야만 한다. 신성한 비자아Not-Self와 같은, 내면의 더 높은 자아와 하나 되기 위해서는 더 낮은 자아와 싸움을 벌여야만 한다. 그리고 마침내 영리함을 넘어서서 진리의 지적 비전, 신성한 근본바탕과 결합하는 직접적인 앎으로 가기 위해 자신의 영리함을 이용해야만 한다. 이성과 이성의 작업은 '신과의 결합에 있어서 직접적인 수단도 아니며 그렇게 될 수도 없다'. 이 '직접적인 수단

proximate means'을 학술적 용어로 표현하면 '지성intellect' 혹은 영이다. 마지막 분석에서 이성의 사용과 목적은 영에 의해서, 또 영으로 변모하기에 좋은 내적·외적 조건을 만들어주는 데 있다고 했다. 그것은 스스로를 넘어설 수 있는 방법을 찾게 하는 등불이다. 그때 추론적 이성은 최종 목적을 향한 직접적인 수단으로서 엄청난 가치를 지닌다는 사실을 알게 된다. 그러나 자존심과 광기로 말미암아 그것을 신성한 최종 목적의 직접적인 수단으로 여긴다면(수많은 종교인들이 그렇게 해왔고 여전히 그렇게 하고 있듯이), 혹은 영원한 최종 목적의 존재를 부정하면서 동시에 그것을 진보를 위한 수단과 시간 속에서 계속 희미해지는 목표로 간주한다면, 영리함은 적, 영적 맹목성의 원천, 도덕적 사악함과 사회적 재앙이 될 것이다. 역사상 요즘처럼 영리함을 높이 평가하거나 어느 면에서는 더 광범위하면서도 효과적으로 훈련한 적이 없었다. 어떤 시대도 지성적 비전과 영성을 존중하지 않고, 이들이 직접적인 원인으로 작용하는 최종 목적을 광범위하고 진지하게 찾지 않았다. 기술이 진보하기 때문에 다른 것들도 따라서 진보할 것이라고 상상한다. 생명 없는 자연을 지배할 수 있는 힘을 상당 정도 가졌기 때문에 스스로가 자급자족하는 운명의 주인이며 영혼의 우두머리임을 확신한다. 그리고 영리함으로 말미암아 기술과 힘이 주어졌기 때문에 그 반대 증거가 충분히 있음에도 불구하고 사회적 질서, 국제간의 평화, 개인적 행복을 성취하는 보다 체계적인 방법에 있어 계속해서 더 똑똑해지기만 하면 된다고 믿는다.

아서 웨일리[194]가 훌륭하게 번역한 오승은의 걸작 《서유기》에는 희극적이면서 심오한 이야기가 하나 있다. 인간의 영리함을 비유한 손오공이 천상에서 말썽을 많이 일으키자 붓다는 마침내 그를 잘 다루어보라는 요청을 받게 되었다. 이 삽화는 다음과 같은 단락으로 끝을 맺는다.

"너와 내기를 걸겠다." 붓다가 말하였다. "네가 정말 그렇게 재주가 있다면 내 오른 손바닥에서 뛰어내려 보아라. 성공하면 옥황상제께 서방정토에 오셔서 나와 함께 지내자고 말씀드리고, 너는 소동을 더 이상 부리지 않아도 그의 권좌에 앉게 될 것이다. 그러나 네가 실패한다면 너는 땅으로 내려가 몇 겁을 참회한 후에야 나와 다시 겨뤄볼 수 있을 것이다."

'이분은 완전 바보로군. 손바닥은 한 뼘밖에 안 되고, 나는 10만 8천 리나 뛸 수 있는데, 내가 어찌 거기서 뛰어내릴 수 없단 말인가?'라고 손오공은 생각하며 "당신께서는 확실히 나를 위해 이 일을 할 수 있는 위치에 계시단 말인가요?" 하고 물었다.

"물론이지." 붓다가 대답했다.

그는 연꽃잎 크기로 보이는 자신의 오른손을 뻗었다. 손오공은 자신의 여의봉을 귀 뒤에 넣고 온 힘을 다해 뛰었다. 그는 '제대로 되었군. 이제 손바닥을 빠져나온 거야.'라고 생각하였다. 그는 아주 빠르게 윙윙 소리를 내서 거의 보이지 않았다. 지혜의 눈으로 그를 바라보고 있던 붓다는 그저 소용돌이만 일어나는 것을 보았다.

손오공은 마침내 다섯 개의 살색 기둥에 도달해서 공중으로 날아올라 '이것이 세상의 끝이다. 내가 해야 할 일은 붓다에게 돌아가서 나의

---

194 아서 웨일리Arthur David Waley (1889~1966): 영국의 동양연구가이자 중국·일본문학 번역가.

권리를 요구하는 것이지. 왕좌는 내 것이 되었어.'라고 생각하였다.

'잠깐만. 그와 말썽이 생길 것을 대비해서 뭔가 기록을 남겨두는 것이 좋겠어.' 그는 털 하나를 뽑아 "변하라!"라고 외치며 거기에 마법의 숨을 불어넣었다. 그것은 즉시 먹물이 잔뜩 묻은 붓으로 변했으며, 그는 중앙 기둥 주춧돌에 '하늘과 맞먹는 위대한 현자가 이곳에 도달했다'라고 썼다. 그러고 나서 자신의 무례한 언동을 표시하기 위해 첫 번째 기둥뿌리에 소변을 보고는 공중제비를 하여 자신이 왔던 곳으로 되돌아왔다. 붓다의 손바닥에 서서 그가 말했다. "자, 다녀왔습니다. 가서 옥황상제에게 궁전을 넘겨주라고 말하십시오."

"이 악취 나는 원숭이." 붓다가 말했다. "너는 내내 내 손바닥 안에 있었노라."

"그럴 리가요. 나는 세상 끝까지 가서, 하늘로 치솟은 다섯 개의 살색 기둥을 보았어요. 그 기둥 중 하나에 뭔가를 써 놓았으니 원한다면 당신을 거기로 데려가서 보여주겠습니다."

"그럴 필요 없다. 내려다보아라." 붓다가 말했다.

손오공은 타오르는 강철 같은 눈으로 아래를 뚫어지게 내려다보았다. 붓다의 손 가운뎃손가락 밑동에 '하늘과 맞먹는 위대한 현자가 이곳에 도달했다'라고 쓰인 글이 있었고, 엄지와 검지 사이에서는 원숭이 소변 냄새가 났다.

《서유기》

내밀은 지혜의 손에 의기양양하게 소변을 본 우리 안의 원숭이는, 뒤돌아서서 전능에 대한 오만한 자신감으로 가득 차, 온 세상을 가슴에서 불타고 있는 욕망을 채우기 쉬운 대상으로 바꿀 채비를 하였다.

그의 의도는 때로는 선하고 때로는 의도적으로 악하다. 그러나 그 의도가 어떠하든, 만물의 신성한 본성에 의해 깨어나지 않고 근본 영에 복종하지 않는다면, 심지어 가장 빛나는 영리함이 취하는 행동의 결과조차 일반적으로 사악해진다. 이런 사실을 전 인류가 항상 분명하게 이해했다는 사실은 언어의 사용을 통해 증명되고 있다. '교활한cunning'과 '영리한canny'은 '아는knowing'과 동의어이며, 이 세 개 형용사는 모두 이들이 적용되는 사람들을 향해 어느 정도는 비호의적인 도덕적 판단을 하도록 만든다. '개인적인 의견conceit'은 '개념concept'에 불과하지만, 인간의 마음이 가장 분명하게 품고 있는 것은 자신의 에고라는 최상의 가치이다. '욕을 퍼붓다shrew'의 분사형이면서 '악의적'이라는 의미를 갖고 있고, '저주하다beshrew'와 연결되어 있는 '약삭빠른shrewd'은 요즘 다소 모호한 칭찬의 의미로 영리한 사업가나 변호사에게 적용된다. 마법사Wizard는 현명wise하기 때문에 그렇게 불리는데, 물론 미국 속어에서도 '세상 물정에 밝은 사람wise guy'은 현명하다는 의미에서 그러하다. 반대로 한때는 바보idiot가 일반적으로 순진하다innocent는 의미로 쓰였다. 리처드 트렌치는 "순진한innocent을 이렇게 사용하는 것은 상처 주고 해 끼치는 일에 지적 능력을 주로 쓴다는 것이며, 그들이 현명할 경우 나쁜 짓을 하는 것이 대체로 현명하다는 점을 가정한다"고 말했다. 한편으로는 영리함과 축적된 지식이 필수적인 요소이지만, 이들은 언제나 직접적인 수단을 위한 수단에 불과할 뿐, 결코 직접적인 수단이나 심지어 목적 그 자체가 될 수 없다는 점은 말할 것도 없다. 성 베르나르는 말했다. "사랑 없는 배움이 무슨 소용이란 말인가? 그것은 우쭐해질 것이다. 그리고 배움 없는 사랑이란? 길을 잃을 것이다."

신이 어떻게 보이는가는
그가 어떤 사람인가에 달려있다.

플라톤주의자 존 스미스

사람의 마음은 두 번째 원인을 인지하지만,
예지자만이 첫 번째 원인의 활동을 인지한다.

잘랄루딘 루미

우리가 습득하는 지식의 양과 종류는 첫째로는 의지에 달려있고,
둘째로는 우리의 심리-생리적 기질, 환경 및 우리 자신의 선택으로
말미암아 그 기질이 수정되는 바에 달려있다. 그러므로 버킷[195] 교수
는 기술적 발견과 관련해서 "인간의 욕망이 중요한 요인이다. 무언가
를 확실히 원하면 그것은 지극히 짧은 시간 동안 반복해서 생산된
다… 반대로 남아프리카의 부시맨에게 씨앗을 심고 가축을 기르는
것을 가르쳐주지 못할 것이다. 그들에게는 그렇게 하고 싶은 욕망이
없다."고 지적하였다. 윤리적이고 영적인 발견에서도 마찬가지다.
'너희들은 자신이 원하는 만큼 신성하다'가 로이스부르크가 자신을
찾는 학생들에게 주었던 좌우명이다. 그는 '그러므로 너희들은 자신
이 알고자 원하는 만큼 실재에 대해 알 수 있을 것이다'라고 덧붙였
을 것이다. 왜냐하면 앎은 아는 자knower의 양태에 따라 아는자 안에
존재하며, 아는 자의 양태mode는 모든 면에서 아는 자의 통제하에 있

---

195 프랜시스 버킷Francis Crawford Burkitt (1864~1935): 영국의 신학자. 케임브리지 대학 신학 교수.

기 때문이다. 해방을 주는 신에 대한 앎은 가슴이 순수하며 마음이
가난한 자에게 온다. 그런 순수함과 가난을 성취하기는 아주 어렵지
만, 그럼에도 불구하고 모든 사람들에게 가능하다.

그녀가 말씀하시길, 마음의 순수함에 도달하려면 이웃에 대한 모든
판단과 자신의 행위에 대한 온갖 쓸모없는 이야기들을 모두 자제해야
할 필요가 있다. 피조물 속에서 항상 신의 의지만을 찾아야 한다. 그녀
는 강조하여 말씀하셨다. "이유가 어떻든 피조물의 행동이나 동기를 판
단해서는 안 된다. 실제로 죄라고 생각할 때조차도 우리는 거기에 대해
서 판단해서는 안 된다. 성스럽고 진실한 자비심을 가지고 겸손하고 독
실한 기도로 그것을 신께 바쳐야 한다."

톰마소 디 페트라가 받아적은 시에나의 성 카타리나[196]의 유언

형제들에 대한 판단을 완전히 자제하는 일은 내적 순수함을 이루는
조건 중 하나일 뿐이다. 나머지는 6장 〈고행〉에서 이미 설명하였다.

비축해둔 것에 매일매일 무언가를 추가하는 것이 배움이다.
도의 수행은 매일매일 덜어내는 것이다.
계속 덜어내서 무위無爲에 이를 때까지.

노자

---

196 시에나의 성 카타리나St. Catherine of Siena (1347~1380): 이탈리아의 수녀·신비가·철학자·신
학자. 어릴 때부터 경험한 깊은 신비체험과 함께 당대의 사회적 정치적 상황에도 적극적으로 개입
했던 실천적인 신비가. 그리스도와의 신비적 결혼이나 다양한 환상, 공중부양, 영적인 대화 등의 체
험을 제자들을 통해 글로 남겼으며, 이러한 글은 인간의 영적 문제 전반을 다룬 역작으로 여겨짐.

자기의지와 에고 중심의 영리함이 활동을 그치면 영원한 진여의 텅 비고 순수해진 영혼 속에서 활동할 수 있다. 내면의 정점에서 영원을 알게 되면, 바깥세상 경험의 충만함 속에서도 그것을 알게 된다.

시간의 날개에서 영광스러운 영원을 불현듯 본 적이 있는가? 어느 한 대상의 작은 점에서 빛나는 무한을 본 적이 있는가? 그렇다면 그대는 영혼이 무엇인지 알고 있는 것이다. 모든 것들이 조화롭게 올라가는 첨탑. 그들은 거기에서 만나고 깊이를 알 수 없는 삶의 심연에서 만족하며 앉아 있다.

피터 스테리[197]

---

197 피터 스테리Peter Sterry (1613~1672): 영국의 신학자로 칼뱅주의와 케임브리지 플라톤주의를 결합함.

8
종교와 기질
Religion and Temperament

이 시점에서 윤리학으로부터 심리학으로 잠시 돌아가는 것이 좋겠다. 거기에는 매우 중요한 문제, 영원의 철학 옹호자들이 상당한 주의를 기울인 문제가 우리를 기다리고 있다. 개인의 체질과 기질, 영적 앎의 종류와 정도 사이에는 정확히 어떤 관계가 있을까? 경험 많은 '영적 지도자'들의 마음속에 존재하는, 직관과 오랜 수행에 근거를 둔 소통 불가능한 과학의 형태를 제외하고는 이런 질문에 대해 포괄적이면서도 정확한 답변을 줄 수 있는 자료들은 없을 것이다. 그러나 비록 불완전할지라도 답변을 얻을 수 있다는 사실은 매우 중요하다.

우리가 이미 본 바와 같이 모든 앎은 존재의 작용이다. 동일한 아이디어를 학문적 용어로 바꾸어 표현하면, 알려진 사물은 아는 자 안에서 인식자의 양태에 따라 존재한다. 거룩함이나 그 반대 방향으로 움직이는 존재의 수직축이라 부를 수 있는 것을 따라 존재가 변화할 때 이것이 앎에 미치는 영향에 대해 서론에서 언급한 바 있다. 수평

면에 있어서도 다양성이 존재한다. 선천적인 심리-생리적psycho-physical 체질상, 우리 각자는 이 수평선상의 어느 한 위치에서 태어난다. 그것은 아직 완전히 탐구되지 못한 광대한 영역으로서 정신박약에서 천재, 잔인함에서 특별한 친절함, 스스로를 드러내 보이는 사교성에서 입이 무거운 인간 불신과 고독에 대한 사랑, 거의 광적인 음탕함에서 거의 유혹을 받지 않는 금욕에까지 걸쳐있는 영역이라 할 수 있다. 인간본성상 가능한 이렇듯 광대한 범위의 어떤 지점에서 개인은 그 자신 및 다른 모든 존재의 신성한 근본바탕과의 합일을 향해, 혹은 분리감과 자아라는 지옥 같은 최종의 극단을 향해 위나 아래로 거의 무한정 움직인다. 그러나 수평 이동에서는 자유가 훨씬 적다. 어느 한 생리적 체질이 다른 체질로 바뀌는 것은 거의 불가능하다. 그리고 주어진 생리적 체질과 연관된 특정 기질은 매우 협소한 한계 내에서만 수정이 가능하다. 세상에서 최선의 의지와 최고의 사회적 환경을 갖춘 상태에서 누군가에게 기대할 수 있는 것은 선천적인 그의 심리-생리적 기질을 최대한 이용하는 것이다. 체질과 기질의 근본 패턴을 바꾸는 데까지 그의 힘이 미치지는 못한다.

지난 3000년 동안 인간의 차이를 측정하고 설명할 수 있는 분류체계를 만들려는 수많은 노력들이 있었다. 예를 들어 심리-생리-사회적 범주에 따라 인간을 분류하려는 카스트caste라는 고대 힌두의 방법이 있었다. 히포크라테스의 이름과 연관된 주로 의학적인 분류도 있었는데, 이 분류는 두 가지 주요 '습관habits', 즉 폐결핵 체질phthisic과 뇌졸중 체질apoplectic, 혹은 네 가지 체액(혈액·점액·흑담즙·황담즙)과 네 가지 성질(뜨겁고·차갑고·축축하고·건조한)로 구분하였다. 더 최근에는 18세기 및 19세기 초의 다양한 인상학적 체계가 있으며,

내향과 외향이라는 거칠면서 심리적인 이분법의 분류법이 있고, 크레치머[198] · 스톡카드[199] · 비올라와 그 밖의 다른 사람들이 제안한, 완성도가 더 높기는 하지만 여전히 부적절한 심리–생리적 분류법이 있다. 마지막으로는 그 이전 것들보다 복잡한 사실에 더 융통성 있게 부합되면서 더 포괄적인, 윌리엄 쉘던[200]박사와 그의 동료들이 만들어낸 분류법이 있다.

이 장에서 우리의 관심은 영적인 삶의 문제와 관련하여 사람들 사이에 존재하는 차이를 분류하는 데 있다. 전통적인 체계를 설명하고 예시한 후, 가장 최근의 과학적 연구를 통해 도달한 결론들과 영원의 철학이 발견한 바를 비교할 것이다.

서구에서 가톨릭이 전통적으로 인간을 분류한 것은 마르타와 마리아[201]의 복음서 일화에 근거한 것이다. 마르타가 걸어간 길은 행위를 통한 구원의 길인데 반해 마리아의 길은 묵상을 통한 길이다. 여타의 수많은 문제와 마찬가지로 이 점에 있어서 영원의 철학과 조화를 이루는 아리스토텔레스에 따르면, 가톨릭 사상가들은 묵상(최상으로는

---

198 에른스트 크레치머Ernst Kretschmer (1888~1964): 독일의 정신의학자. 체격과 성격의 상관관계를 연구함. 과학적 연구방법을 통해 기존의 체격-성격 관련 이론을 통합하여 이후의 성격론에 영향을 끼침.

199 찰스 루퍼트 스톡카드Charles Rupert Stockard (1879~1939): 미국의 발생학 · 동물학 연구자. 말년에 '인간의 체질적 차이는 개인별 내분비 복합체의 유전 형질 패턴들에 의존할 수 있다' 는 전제를 연구함.

200 윌리엄 허버트 쉘던William Herbert Sheldon (1898~1977): 미국의 심리학자. 사람을 체형에 따라 내배엽 · 중배엽 · 외배엽형의 3가지로 구분하고 이에 따라 성격이나 심리적 특성이 달라진다는 분류체계를 세움.

201 마르타Martha와 마리아Mary: 신약성경에 등장하는 자매. 예수의 집회 때 언니인 마르타는 손님 접대를 위해 분주하게 일한 반면, 마리아는 예수의 발치에 다소곳이 앉아 말씀을 경청함.

신성과 합일하는 앎)을 인간의 최종 목적으로 삼았으므로 마리아의 길이 항상 더 좋은 길이라는 생각을 품었다.

의미심장하게도 그것은 래딘 박사가 철학자이면서 종교의 헌신자들인 원시종족들을 분류하고 평가한 방식과 근본적으로 유사하다. 그는 원시종교의 고등한 일신교 형태는 두 종류의 위대한 심리-생리적인 인간 부류 중 첫 번째, 즉 사유하는 인간에 속하는 사람들에 의해 창조되었다(혹은 플라톤이 말한 바와 같이 '발견되었다')는 점을 전혀 의심하지 않았다. 다른 부류에 속하는 행동하는 인간은 더 낮고 비철학적이며 다신교적인 종류의 종교를 창조 또는 발견하였다.

이런 식의 단순한 이분법은 인간의 차이점을 나름대로 타당하게 분류하였다. 그러나 생리적(폐결핵 체질 습관과 뇌졸중 체질 습관으로 인간을 나눈 히포크라테스식 구분)이든 심리적이든(내향과 외향으로 나눈 융의 분류에서처럼) 모든 이분법과 마찬가지로, 종교적인 인간을 사고하는 사람과 행동하는 사람, 마르타의 길을 따르는 사람과 마리아의 길을 따르는 사람으로 구분 짓는 것은 사실과 부합되지 않는다. 물론 어떤 영혼의 지도자도, 어떤 종교 조직의 수장도 지나치게 단순한 이런 체계에 만족하지 않을 것이다. 기도에 관한 가톨릭 최고의 문헌과 소명을 인식하고 역할을 할당하는 문제와 관련된 가톨릭 최고의 관례를 살펴보면, 우리는 행위와 묵상이라는 명시적인 이분법보다 더 완전하고 더 현실적으로 인간의 차이를 구분한 암시적이면서도 비공식적인 분류법이 존재함을 감지할 수 있다.

보다 완전하고 적절한 분류에 대한 개요가 힌두 사상에서 분명 나타나고 있다. 해방을 가져오는 신과의 결합으로 이끄는 방법은 둘이 아니라 셋으로 볼 수 있는데, 즉 행위의 방식, 앎의 방식, 헌신의 방식이 그것이다. 《바가바드기타》에서 스리 크리슈나는 이 세 가지 길(집착 없는 행위를 통한 해방, 참자아 및 참자아와 동일한 모든 존재의 절대적 근본바탕에 대한 앎을 통한 해방, 인격적 신 혹은 신성한 화신에 대한 강렬한 헌신을 통한 해방) 전부를 아르주나에게 가르쳐주었다.

그대가 해야 할 일을 집착 없이 행하라. 집착 없이 자신의 일을 행하는 사람은 진실로 최고의 목표를 달성할 수 있으므로. 자나카Janaka왕처럼, 사람은 오직 행위를 통해서만 완성에 이른다.

그러나 마리아의 길 또한 존재한다.

격정·공포·분노로부터 벗어나 나에게 몰입하고, 내 안에서 안식처를 찾고, 앎의 불꽃으로 정화된 수많은 이들이 나의 존재와 하나가 되었도다.

그리고 또

자신의 감각을 완전히 제어하고, 모든 조건하에서 마음마저도 제어하여, 불멸의 것, 말로 표현할 수 없는 것, 현시되지 않는 것, 편재하는 것, 알 수 없는 것, 영원한 것을 묵상하는 자, 그들은 모든 존재의 행복에 헌신하면서 오로지 내게로만 이르노니.

그러나 묵상의 길은 쉽지 않다.

비현시된 것에 마음을 둔 사람들의 과업은 더 어렵다. 왜냐하면 육체 속에 존재하는 사람들이 비현시된 것을 깨닫기는 어렵기 때문이다. 그러나 자신들의 모든 행위를 나에게(인격적 신으로서 혹은 신성한 화신으로서) 바치는 사람, 나를 최상의 목표로 삼는 사람, 나를 숭배하고 한 마음으로 집중하여 나에 대해서 명상하는 사람, 그리하여 마음이 나에게 몰입해있는 사람들에게 나는 머지않아 필멸이라는 세상의 대양으로부터 구원해주는 구원자가 된다.

해방이 일어나는 이 세 가지 방식은 쉘던의 세 개 범주, 즉 그가 인간 사이에 존재하는 차이를 의심할 바 없이 가장 적절하게 잘 분류한 범주와 정확한 상관관계가 있다. 그에 따르면 인간은 3극 체계의 뚜렷한 극단 사이에서 끊임없이 변하며, 세 개 좌표와 관련시켜서 어느 한 개인을 정확하게 위치시킬 수 있는 생리적, 심리적 척도를 고안할 수 있다. 문제를 다른 각도로 볼 경우, 사람은 세 가지 신체적 요소 및 이와 밀접하게 관련된 세 가지 심리적 요소들이 서로 다른 비율로 혼합되었다고 말할 수 있다. 실증적으로 결정된 절차에 따라 각 요소의 강도를 측정할 수 있다. 쉘던은 세 가지 신체적 요소에 내배엽형 endomorphy, 중배엽형mesomorphy, 외배엽형ectomorphy이라는 명칭을 부여하였다. 내배엽 정도가 높은 사람은 주로 부드럽고 둥글며 비만해질 가능성이 매우 높다. 중배엽이 높은 사람은 단단하며, 뼈가 굵고, 근육이 강하다. 외배엽이 높은 사람은 호리호리하고 뼈가 가늘고 약하며 근육에 힘이 없다. 내배엽형은 내장이 큰데, 극단적인 외배엽형에 비해 거의 두 배의 무게와 길이를 가진다. 진정한 의미에서 내배엽형 신체는 소화관 주변을 둘러싸고 형성되었다. 중배엽형 체격의 두드러진 특징이 강력한 근육인 반면, 외배엽형의 경우에는 과민함과 (외배엽형은 다른 유형에 비해 체표면 대 체중의 비율이 높다) 상대적으로 보호되지 않은 신경계를 그 특징으로 하고 있다.

내배엽형과 밀접하게 관련을 맺고 있는 것은 쉘던이 내장형 성격 viscerotonia이라고 부른 기질적 패턴이다. 내장형 성격은 음식을 좋아할 뿐 아니라, 먹는 것을 좋아하는 공통된 특징이 두드러진다. 이들은 안락과 호사, 지나치게 형식적인 것을 좋아하고, 사람을 가리지 않고 친절하게 대하며 사람 자체를 좋아한다. 고독을 두려워하고 친구들을 열망하며, 정서표현을 억제하지 않고, 자신의 과거를 향한 향수라는 형태로, 그리고 가족생활을 강렬하게 즐기는 형태로 어린 시절을 좋아한다. 이들은 애정과 사회적 지지를 갈망하고, 어려움에 처할 때는 사람을 필요로 한다.

중배엽형과 관련된 기질은 신체긴장형somatotonia이라고 부른다. 근육활동, 공격성, 권력욕을 좋아하는 것이 이런 형에서 나타나는 우세한 특징이다. 이들은 통증에 무관심하고 다른 사람들의 느낌에 무감각하며, 싸움과 경쟁을 좋아하고, 신체적 용맹성이 대단하며, 어린 시절보다는 근육의 힘이 최대인 청년기를 선호하고 어려움에 처할 때는 활동할 필요를 느낀다.

지금까지의 설명으로 볼 때, 내향의 단순한 반대로서 외향이라는 융의 개념이 얼마나 부적절한지 알 수 있을 것이다. 외향은 단순하지 않다. 근본적으로 외향에는 두 가지 부류가 있다. 내장형 성격의 내배엽형처럼 정서적이면서 사교적인 외향형이 있다. 그는 항상 친구를 찾으며 자신이 무엇을 느끼는지 모든 사람들에게 말한다. 그리고 큰 근육을 갖고 있는 신체긴장형의 외향형이 있다. 그는 스스로 힘을

행사할 수 있고, 자신의 의지에 따라 사람들을 움직이고, 자신의 욕
망에 따라 사물들을 짜 맞추는 장소로써 세상을 대하며 바깥을 바라
본다. 전자는 세일즈맨, 로터리클럽 회원처럼 잘 섞이는 사람, 자유
주의 프로테스탄트 성직자의 모습을 한 친절한 외향형이다. 후자는
사물에 대해 지배력을 행사하는 엔지니어, 운동선수 및 철혈정책을
구사하는 직업군인, 야망에 찬 기업인과 정치인, 집에서나 한 나라의
정상에 선 독재자가 갖고 있는 외향형이다.

외배엽 체격과 상관이 있는 기질을 가진 외배엽 성격의 경우, 찰스
디킨스 소설 속 인물인 픽윅Pickwick의 온화한 세상, 무모한 사람의 맹
렬한 경쟁 세계에서 떠난 완전히 이질적이고 다소 불안한 우주(햄릿
과 이반 카라마조프의 우주)로 진입한다. 극단적인 외배엽 성격은 지나
치게 기민하며 과민한 내향형으로서, 방식이 서로 다르지만 내배엽
성격과 중배엽 성격이 주로 관심을 쏟고 전념하는 외부 세상보다 눈
으로 보이는 이면에 놓인 것(사고와 상상의 구축, 느낌과 의식의 다양성)
에 더 관심을 기울인다. 외배엽 성격은 지배하려는 욕구가 거의 혹은
전혀 없으며, 내배엽 성격이 보이는 사람들을 가리지 않고 좋아하는
성향도 갖고 있지 않다. 이와는 정반대로 그들은 자신의 방식대로 살
아가길 원하며, 사생활 보호에 대한 열정이 강하다. 부드럽고 원만하
며 온화한 사람들에게는 가장 끔찍한 처벌이 될 수 있는 고독한 유폐
를 외배엽 성격은 전혀 처벌로 느끼지 않는다. 사람들과 함께 있으면
외배엽 성격들은 불안해하고 수줍음을 타며, 부자연스럽게 억제하고
예측할 수 없을 정도로 침울해진다(극단적인 외배엽 성격들은 훌륭한
배우가 될 수 없다). 외배엽 성격들은 문을 꽝 닫는다거나 언성을 높이
는 것을 매우 싫어하며 중배엽 성격이 보이는 제어되지 않은 고함과

거칠게 다루는 것을 극도로 고통스럽게 여긴다. 그들의 매너는 차분하며, 감정을 드러내야 할 때는 극도로 자제한다. 내배엽 성격이 보이는 정서적 분출이 그들에게는 무례할 정도로 경박하고 위선적으로 보이며, 내배엽 성격의 형식 존중 및 사치품과 화려함에 대한 사랑을 전혀 참지 못한다. 그들은 쉽게 습관에 젖지 않으며, 중배엽 성격에게는 당연하게 다가오는 일상적 삶에 적응하기 어려워한다. 외배엽 성격은 과민함 때문에 종종 극단적으로, 거의 광적으로 성적이다. 그러나 그들은 거의 술을 마시지 않는데, 왜냐하면 중배엽 성격에게는 자연스럽게 공격성을 높여주고 내배엽 성격에게는 이완된 친화력을 높이는 술이 그들을 아프거나 우울하게 만들기 때문이다. 내배엽 성격과 중배엽 성격은 나름대로 자신이 살고 있는 세상에 잘 적응하며 살아간다. 내향형의 외배엽 성격은 그를 둘러싼 사물·사람·조직들과는 비교할 수 없이 다르다. 그러므로 극도로 외배엽인 성격들의 상당수는 훌륭한 정상 시민과 사회의 평균 인물들이 되지 못한다. 그러나 상당수가 실패하더라도, 또한 상당수는 평균 이상으로 비범한 사람들이 된다. 일상적인 난투를 통해 먹거나 싸우지 못하는 약한 배짱과 유약한 근육을 지닌 사람들에게 은신처 환경으로 제공되는 대학·수도원·연구실에는 거의 언제나 뛰어난 재능으로 성취를 이룬 외배엽 성격의 비율이 아주 높다. 이렇듯 과도하게 진화했지만 별로 실용적이지 않은 극단적인 인간 유형들이 중요하다는 사실을 깨달은 모든 문명들은 어떤 식으로든 그런 보호막을 제공해왔다.

이런 설명의 관점에서 볼 때 우리는 《바가바드기타》가 언급한 구원의 길에 관한 분류를 보다 분명하게 이해할 수 있을 것이다. 헌신의 길은 내배엽 요소가 높은 사람들이 자연스럽게 따라갈 수 있는 길이다. 사람들을 향해 자발적으로 느끼는 정서를 외현화시키는 그들의 타고난 경향성을 훈련시키고 방향을 잡아줌으로써 동물적인 군집성과 인간적인 친절함에 불과한 특성을 최고의 사랑, 즉 인격적인 신과 보편적인 선의에 대한 헌신 및 모든 살아있는 존재에 대한 자비심으로 변형시킬 수 있다.

행위의 길은 그 외향성이 중배엽 성격을 가진 사람들, 모든 상황에서 '무언가를 할' 필요성을 느끼는 사람들을 위한 것이다. 신을 믿지 않는 중배엽 성격의 경우 행위를 향한 이런 갈망은 항상 공격성, 자기주장 및 권력욕과 관련을 맺고 있다. 타고난 크샤트리아Kshatriya, 즉 전사-지배자의 과업은 크리슈나가 아르주나에게 설명했듯이 행위를 사랑하는 데서 생기는 해로운 부산물을 제거하고, 자아에 대한 완전한 비집착의 상태에서 행위의 결실을 생각하지 않고 일하는 것이다. 다른 여타의 것들과 마찬가지로 이 일은 물론 말하기보다 행하기가 훨씬 더 어렵다.

마지막으로, 의식을 변형시킴으로써 에고 중심성에서 벗어나 신성한 근본바탕에 집중하여 근본바탕과 결합하는 앎의 방법이 있다. 이것은 극도의 외배엽 성격이 자연스럽게 끌리는 길이다. 그의 특별한 훈련은, 순수한 지적 직관이라는 시간을 초월한 행위 속에서 환상과 추론적 이성의 궁극적인 초월을 위한 방법이라기보다는 내향 그 자체가 목적인, 내향을 향한, 그것들 자체가 목적인 생각·상상·자기분석을 향한 타고난 성향의 고행으로 구성되어 있다.

우리가 보았듯이 일반 사람들 사이에서는 다양성이 끊임없이 나타나고, 대부분의 사람들에게서 이 세 가지 요소는 상당히 혼합되어 있다. 이 요소들 중 어느 한 요소가 극도로 우세한 사람들은 비교적 드물다. 그러나 어쨌든 이론적인 측면에서 신학과 윤리학을 주로 지배했던 사람들은 이렇게 드물고 극단적인 사고유형의 특징을 지닌 사람들이었다. 그 이유는 간단하다. 모든 극단적인 위치는 (성격을 구성하는 요소가 고르게 균형 잡혀 있는 자연스러운 사고유형의 인간들이 가지는) 중간위치 보다 타협을 불허할 정도로 분명하고 그러므로 더 쉽게 인식되고 이해될 수 있다. 중간 위치에 있는 사람들은 극단의 위치에 있는 사람들을 결코 포섭할 수 없고 이들과 어울릴 수 없다는 점을 기억해야 한다. 그들은 가능한 체계의 목록에 추가된 다른 사고유형일 뿐이다. 형이상학·윤리학·심리학 모두를 망라하는 체계를 구축하는 일은 어떤 한 개인이 성취할 수 있는 과업은 아닌데, 왜냐하면 누구나 어느 한 유형의 구조와 기질만을 지니기 때문에 자신의 존재양상에 따라서만 알 수 있기 때문이다. 따라서 진리에 대한 선집選集적인 접근이라 부를 수 있는 것에는 이점이 내재하고 있다.

산스크리트어 '다르마dharma(영원의 철학을 인도식으로 표현한 핵심어들 중 하나)'에는 두 가지 주된 의미가 있다. 우선 개인의 다르마는 그의 근본적 성질, 그의 존재와 발달에 내재하고 있는 법칙이다. 그러나 다르마는 또한 정당성과 경건함의 법칙을 의미하기도 한다. 이런 이중 의미가 갖고 있는 함의는 분명하다. 한 인간의 의무, 그가 어떻게 살아야 하며, 무엇을 믿어야 하고, 자신의 믿음에 대해 무엇을 해야 하는가와 같은 것인데, 이들은 그의 근본 성질, 체질과 기질에 의해 조건화된다. 소명에 관한 교리가 있는 가톨릭보다 훨씬 더 나아간 인도인들은 신성한 것에 대한 서로 다른 측면이나 관념들을 숭배하기 위해 서로 다른 다르마를 갖고 있는 개인의 권리를 인정하였다. 그러므로 힌두교인과 불교인들 간에는 피비린내 나는 박해, 종교적인 전쟁, 개종을 강요하는 제국주의가 거의 존재하지 않았다. 가톨릭은 자신의 교회단체 안에서는 힌두교나 대승불교와 거의 유사하게 관대했다는 점에 주목할 필요가 있다. 보통 이들 각각의 종교는 사실상 서로 다른 수많은 종교로 구성되어 있는데, 물신 숭배에서 시작하여 다신교, 율법주의적 일신교, 화신Avatar의 성스러운 인간성에 대한 헌신을 거쳐 영원의 철학의 공언 및 절대 신성과 결합하는 앎을 추구하는 순수하게 영적인 종교수행에 이르기까지 사고와 행동의 전 영역을 망라한다. 물론 종교 내에서 용인된 이런 종교들을 똑같이 가치있고 진실한 것으로 간주하지는 않았다. 어떤 사람에게 다르마는 다신교를 숭배하는 것일 수 있다. 그럼에도 불구하고 인간의 최종 목적이 신성과 결합하는 앎이라는 사실은 여전히 유효하며, 영원의 철학에 대한 모든 역사적 표현들이 동의하는 바에 따르면 모든 인간은 그 목적을 달성해야만 하고 사실상 어떤 식으로든 달성하게 될 것이다. 가리구 라그랑주[202] 신부는 "모든 영혼은 신비스러운 삶으로 이끄는 먼 곳으로부터 부르심을 받고 있다. 인간적이면서도 사소한 죄를 마땅히 피할 정도로 신앙이 깊다면, 자신의 조건에 따라 각자의 성령 Holy Ghost에 순순히 따른다면, 그리고 그들이 충분히 오래 산다면, 고

---

202 가리구 라그랑주Réginald Marie Garrigou-Lagrange (1877~1964): 프랑스의 신학자·철학자. 토마스아퀴나스에 의거한 철학(토미즘)을 체계화하여 경험론과 칸트적 주관주의 등 근대 사상을 비판함으로써 네오토미즘Neo-Thomism을 주장함.

귀한 완전함과 진정한 의미의 신비스러운 삶으로 이끄는 가깝고도 효율적인 소명을 받게 될 날이 올 것이다."라고 적고 있다. 힌두 및 불교학자들은 아마도 이런 진술에 동의할 것이다. 그러나 그들은 사실 모든 영혼은 결국 '고귀한 완전성'에 도달하게 될 것이라고 첨언할 것이다. 모든 사람들이 부르심을 받지만 어떤 시대에는 선택받은 자들이 거의 없는데, 왜냐하면 스스로 선택한 자들이 거의 없기 때문이다. 유형이든 무형이든 의식적 존재들의 수효는 무한히 많다. 그러므로 필요한 교훈을 배울 수 있는 시간과 기회가 모든 사람에게 주어진다. 더구나 도와주는 사람들이 언제나 존재한다. 왜냐하면 신성이 육체적 형상으로 주기적으로 '강림'하기 때문이다. 모든 살아있는 존재가 마침내 영원으로 해방될 때까지 구원자와 교사로서 고통·시간·죄악이 있는 세상으로 거듭 되돌아오기 위해 즉각적인 해방의 지복을 포기하는, 지성적인 광명과 결합하기 직전에 있는 미래의 붓다가 항상 준비하고 있다.

이런 교리가 어떤 실제적인 결과를 낳는지는 분명하다. 정서적이든, 행동적이든, 지적이든 간에 낮은 형태의 종교를 결코 최종적인 것으로 받아들일 수는 없다. 어떤 체격과 기질의 사람들에게 어떤 종교는 당연하게 다가온다. 그러나 우연히 잘 맞는 불완전한 종교에 만족스럽게 머무는 일이 어느 한 개인의 다르마나 의무는 아니다. 오히려 그에게 자연스럽게 여겨지는 사고·행동·느낌의 양상을 극단적으로 부정함으로써가 아니라 그것들을 이용하여, 자연을 통해 자연을 넘어설 수 있는 것처럼 그것을 초월한다. 그러므로 내향형은 '분별력 discrimination'(인도식 표현)을 사용하여 신성한 근본바탕과 유사하거나 동일한 최상의 참자아 의식을 에고의 정신활동과 구별하는 법을 배운다. 정서적 외향형은 '자신의 아버지와 어머니를 증오하는', 달리 표현하면 가리지 않고 사랑하고 사랑받는 즐거움에 대한 이기적인 집착을 포기하는 법을 배우고, 자신의 헌신을 신의 인격적 혹은 육화된 측면에 집중하여 마침내는 느낌이 아니라 앎에 의해 명확해진 의지will의 행위를 통해 절대적인 신성을 사랑하게 된다. 마지막으로, 애정을 주거나 받는 데서 오는 즐거움이 아닌 사물·사건·사람에 대한 지배욕에 만족을 느끼는 데 관심을 갖는 다른 유형의 외향형이 있다. 자신의 본성을 초월하기 위해 스스로의 본성을 사용함으로써《바가바드기타》에서 혼란에 빠진 아르주나에게 놓였던 길, 성 프랑수아 드 살이 '신성한 무관심'이라고 부른 길, 자아를 잊음으로서 참자아의 발견으로 이끄는 그 길을 따라가야 한다.

역사의 과정에서는 불완전한 종교들 중 어느 것인가를 너무 진지하게 받아들여서, 모든 종교의 궁극적 목적을 향한 수단으로서가 아니라 이들을 그 자체로 훌륭하고 진실한 것으로 받아들였던 때가 종종 있었다. 그런 오류는 때로 끔찍한 영향을 끼쳤다. 예를 들어 프로테스탄트의 수많은 종파들은 극단적인 개종의 필요성, 혹은 적어도 격렬한 개종이 매우 바람직하다고 주장하였다. 쉘던이 지적했듯이 격렬한 개종은 대개 중배엽의 정도가 높은 성격의 사람에게만 한정되는 현상이다. 이런 사람들은 매우 외향적이어서 마음의 낮은 수준에서 무슨 일이 일어나는지 전혀 의식하지 못한다. 어떤 이유에서든 그들이 자신의 주의를 내면으로 돌리면, 그 결과로 생기는 자신에 대한 앎은 그 생소함과 낯섦으로 인해 계시의 힘과 질로서 스스로를 드러낸다. 그러므로 회개metanoia, 혹은 마음의 변화는 갑작스러우면서도 감동으로 넘친다. 이런 변화는 종교와 관련될 수도 있지만 다른 것, 예를 들어 정신분석과 관련될 수도 있다. 구원에 대한 유일한 수단으로써 격렬한 개종이 필요하다고 주장하는 것은 큰 얼굴, 단단한 골격, 힘이 넘치는 근육이 필요하다고 주장하는 것과 마찬가지로 일리는 있다. 이런 종류의 정서적 격변에 자연스럽게 끌리는 사람에게 구원을 개종에 의존하게 만드는 교리는 만족감을 주지만, 영적 성장에는 매우 치명적이다. 그럴 수 없는 사람이 치명적인 절망에 빠지는 일이 적지 않다. 심리학적 무지에 근거한 부적절한 신학의 다른 예를 쉽게 들어볼 수 있다. 자신의 지적 작용을 너무 심각하게 받아들여 인간적인 것뿐 아니라 영적인 모든 현실감각을 잃었던 칼뱅의 슬픈 예를 기억할 것이다. 다음으로 자유주의 프로테스탄트 사상이 있다. 이는 주로 내배엽적 성격의 이단적 주장으로, 성부·성령·로고스의 존재를 잊은 것처럼 보이며, 다른 신은 없는 듯 우상적으로 숭배하는 그리스도의 인간성, 또는 (요즘 유행하는 표현으로는) '예수의 성격'에 대한 감정적 집착을 그리스도교와 동일시한다. 심지어 모든 것을 포용하는 가톨릭 신앙 내에서도 우리는 무지하고 자기중심적인 지배자(자신이 관할하는 영혼들에게 그들의 성질에 전혀 걸맞지 않은 종교적 다르마를 강요하여 그 결과 십자가의 성 요한 같은 저자들까지도 완전히 사악하게 표현한)의 불평을 끊임없이 듣고 있다. 그렇다면 우리는 우리 기질 때문에 그분 안에서 인지하는 성질을 신께서 갖고 계시다고 생각하는 것이 당연함을 알게 된다. 그러나 본성이 본성에 의해 스스로를 초월하는 방법을 발견할 때까지 우리는 길을 잃고 있는 셈이다. 신을 순수하고 단순하게 일자로 파악하지 않는 사람들은 신뿐 아니라 스스로, 나아가서는 동료들에게 해를 끼친다고 한 필로의 말은 전적으로 옳다.

앎의 길은 주로 외배엽 기질인 사람들에게 가장 자연스럽게 다가온다. 이 말은 앎의 길을 따라가는 것이 외배엽 기질에게 쉽다는 뜻이 아니다. 외배엽 기질이 특히 빠지기 쉬운 죄악은 권력을 좋아하는 중배엽 성격과 음식, 안락, 사회적 인정에 탐닉하는 극단적인 내배엽 성격을 따라다니는 죄악만큼이나 극복하기 어렵다. 내 말의 의미는 그런 길이 존재하며 그런 길을 따라갈 수 있다는 생각(분별력이나 집착하지 않는 행위, 하나로 집중된 헌신)이 외배엽 성격에게 자연스럽게 일어난다는 것이다. 모든 수준의 문화에서 그런 성격은 당연히 일신교도가 되며, 래딘 박사가 제시한 원시신학의 예가 분명하게 보여주듯이 이런 자연스러운 일신교도들은 종종 "그대가 그것이다tat tvam asi", 즉 내면의 빛 학파를 신봉하는 사람들이다. 두 종류의 외향형 중 어느 한쪽 기질을 갖고 있는 사람들은 타고난 다신교도들이다. 그러나 타고난 다신교도들도 이론적으로는 일신교가 우월하다는 사실을 별 어려움 없이 확신할 수 있다. 인간의 이성에는 어떤 가설이라도 단일성으로 다양성을 설명하고, 명백한 다양성을 근본적인 동일성으로 환원하려 하는 내재적 성질이 존재한다. 반쯤만 개종한 다신교도들도 스스로 선택할 경우 자기 자신뿐 아니라 다른 모든 존재의 신성한 근본바탕을 이론적인 일신교로부터 실제로 깨닫게 될 수도 있다(자신의 특정한 기질에 맞는 수행을 통해서). 반복해서 말하지만 그들은 할 수 있고, 때로는 실제로 해낸다. 그러나 대개의 경우 그렇지 못하다. 삶 전체와 모든 행위가 실제로는 자신의 기질이 갖고 있는 성향으로 여전히 기울어짐을 입증하는 이론적인 일신교도들도 많다. 그들은 자신들이 종종 언급하는 유일신을 숭배하는 것이 아니라 국가주의 · 과학기술 · 금융 · 혈통이라는 수많은 신들을 숭배하는 다신교도들로서, 사실상 그들의 충성을 모두 바친다.

그리스도교 예술에서 구세주는 거의 언제나 호리호리하고 뼈가 가늘며 근육이 빈약하게 표현되었다. 아주 오래된 규칙상 크고 건장한 그리스도는 오히려 충격적인 예외이다. 루벤스의 그리스도 수난 그림에 대해 윌리엄 블레이크[203]는 경멸 섞인 어조로 다음과 같이 썼다.

나는 그리스도를 목수로 알고 있습니다.
양조업자의 하인이 아니랍니다, 선생님.

한마디로 말해서 전통적인 예수는 주로 외배엽 체형의 남자로 생각되며, 외배엽형 성격 기질로 암시되었다. 원시그리스도교 교리의 중심을 이루는 핵심은 근본적으로 도상학적 전통iconographic tradition이 올바르다는 사실을 확인시켜주고 있다. 복음서 중심의 종교는 외배엽형 성격, 물론 모든 외배엽 성격이 아닌 본성을 초월하기 위해 자신의 본성적 심리-생리적 특징을 이용한 사람, 영적 목적을 위해 자신의 특수한 다르마를 추구해왔던 사람을 기대하게 만드는 종교다. 천국은 내면에 있다는 주장, 의식에 대한 무시, 율법주의, 조직화된 종교의 의례적인 일과, 신성화시킨 날짜와 장소에 대한 다소 경멸적인 태도, 일반적인 비현실성, 외현적 행동 뿐 아니라 욕망과 표현되지 않은 의도를 제어하는 것의 강조, 물질문명의 화려함에 대한 무관심, 빈곤을 가장 큰 재산으로 사랑하기, 가족관계 영역에서 조차도

---

203 윌리엄 블레이크William Blake (1757~1827): 영국의 시인·화가·판화가·신비주의자. 낭만주의의 선구자로, 자신의 영적인 환상을 신비감이 넘치는 시나 그림·판화를 통해 상징적으로 표현.

비집착을 수행해야 한다는 교리, 인간적 이상의 최고 목적에 대한 헌신이나 율법학자와 바리새인들의 정당성조차도 신에 대한 사랑에서 벗어난 우상숭배적 일탈일 수 있다는 교리, 이 모든 것들은 외배엽 성격이 가지는 생각들의 특징으로서 외향형의 권력애호가나 외향적인 내배엽의 인간에게는 이런 특징들이 결코 자발적으로 일어나지 않을 것이다.

원시그리스도교만큼이나 원시불교는 외배엽 성격이 우세하며, 힌두사상의 중심에 놓여있는 형이상학 분야인 베단타도 마찬가지다. 이와는 달리 유교는 가족 중심적이고, 의식을 중시하며, 철저히 현세적인 점에서 주로 내배엽형 체계다. 중배엽 성격이 강한 요소가 포함된 체계는 이슬람교에서 발견된다. 그러므로 성전과 박해라는 이슬람의 검은 기록(종교가 신을 믿지 않는 중배엽형들과 더욱 더 타협하여 교회조직을 '교회 투사the Church Militant'로 부를 정도가 된 후기 그리스도교 기록에 견줄만한 기록)이 존재하는 것이다.

인간의 최종 목적을 성취하는 일과 관련해서 극단적으로 중배엽 성격이 되는 것은 극단적으로 외배엽 성격이 되거나 극단적으로 내배엽 성격이 되는 것만큼이나 불리한 조건이다. 그러나 내배엽형과 외배엽형은 자신들 및 자신들과 직접 접촉하는 사람들 이외에는 해를 많이 끼칠 수 없지만, 타고난 공격성을 갖고 있는 극단적인 중배엽형은 사회 전반에 참혹한 피해를 줄 수 있다. 어떤 면에서 문명이란 극단적인 중배엽형들이 지나치게 많은 범행을 저지르지 않도록 막고, 억압할 수 없는 그들의 에너지를 사회적으로 바람직한 통로로 돌리기 위한 종교·법률·교육 기구의 복합체라고 정의할 수 있을 것이다. 유교와 중국 문화는 자식으로서의 효심, 훌륭한 매너, 내배엽형의 친절한 쾌락주의(다소 모순되지만 외배엽형의 영성 및 불교와 고전 도교가 제어함으로써 오히려 강화된)를 심어줌으로써 이런 목적을 성취하려고 하였다. 인도의 카스트제도는 군사적·정치적·재정적 세력을 영적 권위에 종속시키려는 노력을 나타낸다. 모든 계급에게 주어진 교육은 아직도 여전히 다음과 같은 사실을 강하게 주장하고 있다. 즉 인간의 최종 목적은 신과 결합하는 앎이며, 점차 유럽화가 가속화 된 지 거의 200년이 지난 오늘날조차도 성공한 중배엽형들은 중년기에 재산·지위·세력을 포기하고 깨달음을 추구하는 겸손한 사람으로 여생을 마칠 거라는 사실 말이다. 인도와 마찬가지로 유럽의 가톨릭에서도 세속적 권력을 영적 권위에 귀속시키려는 노력이 있었다. 그러나 교회 자체는 정치적인 수도원장과 주교로 임명된 사업가의 힘을 통해 그 세속적 권력을 행사했기 때문에 그런 노력은 부분적인 성공만을 거둘 수 있었다. 종교개혁이 일어난 후에는 영적 권위라는 수단으로 세속적 권력을 제한시키려는 절실한 소망을 완전히 버리게 되었다. 스터브스[204]의 표현을 빌면, 헨리 8세는 스스로를 '교황, 결함이 없는 교황, 교황보다 더한 존재'로 만들었으며, 그 이후로 많은 국가 수장들이 그의 예를 따랐다. 권력Power은 도덕적으로나 영적으로 자신들이 무엇을 말하는지를 알 자격을 갖춘 사람들이 해석한 기본 원칙들에 호소하지 않고 오로지 다른 세력에 의해서만 제한을 받았다. 그러는 사이에 종교에 대한 관심은 모든 곳에서 쇠퇴하였고, 영원의 철학은 믿음이 있는 그리스도교인들 사이에서조차 상당 정도

---

204 윌리엄 스터브스William Stubbs (1825~1901): 영국의 역사가·옥스퍼드 교구의 주교.

불가피한 진보 및 진화하는 신에 관한 형이상학, 영원이 아닌 미래에 대한 열정적인 관심으로 대체되었다. 지난 사반세기 동안 전통적인 그리스도교 문화의 이론과 수행에 있어 외배엽 특징을 지닌 모든 것에 대항해서 일어난, 셸던이 '중배엽형의 반란somatotonic revolution'라고 부른 것이 거의 갑자기 완성되었다. 여기에 중배엽형 반란의 몇 가지 증후가 있다.

영원의 철학이라는 모든 위대한 종교체계가 그렇듯이 전통적인 그리스도교에서는 묵상contemplation이 행위의 최종점이자 목표라는 점이 자명했다. 오늘날에는 자칭 그리스도교인들 중 다수가 행위(물질적·사회적 진보를 향한)를 목표로 삼고 있으며, 분석적 사고(통합적 사고나 묵상에 대한 의문은 더 이상 존재하지 않는다)를 그런 목적을 위한 수단으로 간주하고 있다.

다른 영원의 철학 체계와 마찬가지로 전통적인 그리스도교에서는 행복의 비밀과 구원의 길은 외부환경에서가 아닌 환경과 관련된 개인의 마음 상태에서 찾아야 한다고 하였다. 오늘날 매우 중요한 것은 마음 상태가 아니라 환경 상태다. 행복과 도덕적 진보는 더 크고 나은 기구들 및 높은 생활수준에 달려있다고 생각한다.

전통적인 그리스도교 교육은 제어를 강조했지만, 최근 '진보학파 progressive school'가 부상하자 활동과 '자기표현'을 강조하고 있다.

전통적으로 볼 때, 육체적 기호를 만족시키면서 즐거움을 표현하는 것은 모두 금지하는 것이 그리스도교의 예의범절이었다. '끽끽 울어대는 올빼미를 사랑해도 좋지만 구운 암탉을 사랑해서는 안 된다.' 50년 전만 해도 아이들은 보육원에서 이런 시를 듣고 자랐다. 오늘날의 젊은이들은 다양한 음식과 음료를 얼마나 '사랑하고', '숭배하는지' 끊임없이 보여준다. 청년과 성인들은 자신들의 성을 자극하는 데서 오는 '스릴'에 관해서 이야기한다. 인생에 대한 대중철학은 헌신이라는 고전적이고 귀족적인 훌륭한 혈통의 예절규칙에 근거하지 않고, 모든 사람을 설득하여 가능한 한 외향적이며 아무 거리낌 없이 탐욕스러워지라는 한 가지 생각만을 가진 광고서적 작가들에 의해 형성된다. 왜냐하면 광고주들이 팔고자 원하는 물건들에 돈을 소비하는 사람들은 소유욕이 강한 사람, 불안한 사람, 산만한 사람들 뿐이기 때문이다. 기술적 진보의 일부는 중배엽형 반란의 산물이며, 일부는 그런 반란을 만들고 유지하는 사람들의 산물이다. 외부로 향한 주의는 기술적인 발견을 낳는다. (공식적으로 확인된 바에 따르면 고도의 물질문명은 항상 대규모의 다신론 실천과 관련 있다는 사실이 의미심장하다.) 순차적으로, 기술적 발견은 대량 생산을 낳게 된다. 중배엽형 세계관을 받아들이고 그에 따라 행동하도록 전체 인구를 설득하지 않을 경우, 대량 생산이 최대한도로 유지될 수 없다는 점은 분명하다.

현대 전쟁은 여러 측면에서 밀접한 관련이 있는 기술적 진보와 마찬가지로 중배엽형 반란의 원인인 동시에 결과다. 전쟁을 특별히 교육하는 나치 교육은 두 가지 주된 목표를 갖는다. 즉 중배엽 성격의 요소를 가장 풍부하게 타고난 사람들에게 중배엽형 성격이 발현되도록 격려하는 일과 나머지 대중에게 이완된 친화력이나 내면을 향한 감수성 및 자기제어와 낙관성을 부끄러워하게 만드는 일이다. 물론 나치즘의 적들은 전쟁 중에 나치의 교육철학을 빌어 올 수밖에 없었다. 전 세계 수백만 젊은 남녀들은 '강인해지고', 어떤 다른 도덕적 성질보다 '강인함'에 가치를 두도록 체계적으로 훈련받았다. 우상숭배적이며 다신교적인 국수주의 신학(현 시점에서 보면 사악함과 분리에 있어 단일화와 선을 위한 그리스도교 혹은 그 밖의 일신교적 종교보다 훨씬 더 강력한 유사종교)은 이런 중배엽형 윤리체계와 관련을 맺고 있다. 과거 대부분의 사회들은 중배엽 성격들을 좌절시키기 위해 체계적인 노력을 기울여왔다. 이것은 자기방어의 한 수단으로서 그들은 가장 활동적인 소수의 힘을 좋아하는 공격성에 의해 물리적으로 파괴되기를 원치 않았으며, 지나친 외향성으로 인해 영적으로 맹인이 되고 싶지 않았다. 지난 몇 년 사이 모든 것이 변했다. 먼 옛날에 있었던 사회적 정책이 현재 세계 규모로 역전된 일이 어떤 결과를 낳을지 우려하지 않을 수 없다. 시간이 가면 드러날 것이다.

9

자기이해

Self-Knowledge

살아있는 다른 피조물에게는 자기에 대한 무지ignorance of self가 본
성이지만, 인간에게는 악덕이다.

보이티우스[205]

의지가 동의하고 그 결과가 나쁜 일련의 행동을 악덕vice으로 정의
할 수 있을 것이다. 왜냐하면 첫째로 악덕은 신을 가로막기 때문이
고, 둘째로는 그것을 저지른 사람이나 그의 동료들에게 신체적으로
나 심리적으로 해를 끼치기 때문이다. 자기에 대한 무지가 이런 설명
에 답을 준다. 악덕은 자발적으로 시작된다. 내적 성찰을 통해서, 타

---

205 보이티우스Anicius Manlius Severinus Boëthius (480~524): 로마 말기의 철학자·정치가. 플라톤
과 아리스토텔레스의 철학을 그리스도교 교리에 접목한 스콜라철학의 선구자. 반역죄로 처형을
기다리는 동안 감옥에서 집필한 《철학의 위안》을 통해 신과 세계와의 관계, 영원, 최고의 선, 신의
섭리와 운명, 은총과 자유의지의 본질 등을 다루어 후대의 철학자·시인에게 많은 영향을 끼침. 서
양의 '중세'는 대체로 보이티우스에서 시작된다고 간주되며, '최후의 로마 철학자' 또는 '최초의
스콜라철학자'라는 별칭을 얻음.

인들이 우리 성격을 판단하는 내용을 들어봄으로써, 원한다면 우리는 우리의 결점과 약점 그리고 우리가 한 행동의 공공연하면서도 알려진 동기에 반하는 실제 동기에 대해 매우 통찰력 있는 이해가 가능하다. 우리 대부분이 스스로에 대해 무지한 이유는 자기이해self-knowledge가 고통스러울 뿐 아니라 환상의 즐거움을 좋아하기 때문이다. 공리주의에서 초월주의에 이르는 모든 기준에서 볼 때 무지는 그 결과가 좋지 않다. 자기무지self-ignorance는 비현실적인 행동으로 이끌고 그럼으로써 관련된 모든 사람들에게 온갖 종류의 말썽을 초래하기 때문에 나쁘다. 또 자기이해가 없으면 진정한 겸손이 있을 수 없고 따라서 효과적으로 자기를 부정할 수 없으며, 자아에 내재하고 대개 자아로 인해 가려진 신성한 근본바탕과 결합하는 앎이 없기 때문에 나쁘다.

　모든 위대한 종교 전통의 성자들과 학자들은 자기이해의 중요성을 강조하고 있으며 자기이해를 없어서는 안 될 필수요건으로 간주하고 있다. 서구에 살고 있는 우리에게는 소크라테스의 목소리가 가장 친숙하게 느껴진다. 영원의 철학을 신봉하는 인도인들은 소크라테스보다 더 체계적으로 동일한 주제에 대해 반복해서 말했다. 붓다가 그 예인데, 《마음챙김의 확립》[206]에 관한 논설은 신체·감각·느낌·생각의 전 분야에 있어서 자기이해에 관한 모든 방법을 팔리 경전의 특징인 절대 변치 않는 철저함으로 상세하게 설명하고 있다. 이런 자기이해의 기술은 두 가지 목적을 염두에 두고 있다. 직접적인 목적은

---

206 마음챙김의 확립The Setting-Up of Mindfulness: 《염처경念處經 Satipatthāna sutta》.

다음과 같다. '수행자는 신체와 관련해서 지속적으로 몸身을 관찰하면서 열심히 침착하게 마음챙김하여 세상에 흔한 갈망과 실의를 극복한다. 느낌受, 생각心, 개념法들에 대해서도 그는 각각을 관찰하여 갈망하거나 좌절하지 않고 열심히 침착하게 마음챙김한다.' 이렇듯 바람직한 심리적 조건 너머에는 인간의 최종 목표, 개체화된 자아 밑에 깔려있는 것에 대한 이해가 있다. 그리스도교 저자들은 자신들만의 용어로 똑같은 생각을 표현하였다.

인간 속에는 가슴의 심연을 덮고 있는 수많은 피부가 있다. 인간은 많은 대상을 알고 있지만 스스로는 알지 못한다. 30~40개의 피부 혹은 껍질들이 황소나 곰처럼 매우 두껍고 단단하게 영혼을 덮고 있다. 그대 자신의 바탕으로 가서 거기에서 스스로를 알라.

에크하르트

어리석은 자들은 스스로 현재 깨어있다고 느낀다. 그들의 이해는 매우 개인적인 것이다. 왕자이든 목동이든 간에 그들은 스스로에 대해 자신만만해한다.

《장자》

꿈에서 깨어난다는 이런 식의 은유는 영원의 철학에 대한 다양한 설명에서 반복해서 나타난다. 이런 맥락에서 보면 해방이란 난센스, 악몽, 보통 진정한 삶이라고 부르는 것이 가지는 환상적 즐거움에서 깨어나 영원성의 자각으로 진입하는 과정으로 정의할 수 있다. 밀턴이 가장 고상한 음악을 경험하면서 서술했던 멋진 구절, '깨어있는 지복이 주는 냉철한 확실성sober certainty of waking bliss'이 아마도 깨달음과 해방을 가장 가깝게 설명한 표현일 것이다.

> 그대(인간)는 그대가 아닌 것이다.
> '나는 스스로 있는 자다.'
> 그대의 영혼 속에서 이 진실을 지각한다면 적들이 그대를 속이지 못할 것이며, 그대는 그들의 유혹에서 벗어날 수 있을 것이다.
>
> 시에나의 성 카타리나

> 우리 자신에 대한 이해는 우리가 어디에서 왔으며, 어디에 있고, 어디로 가는지를 알려준다. 우리는 신으로부터 왔고, 유배 중이다. 우리들 사랑의 힘은 신을 향하는 경향이 있기 때문에, 이런 유배 상태를 의식하고 있다.
>
> 로이스부르크

자기를 아무것도 아닌 것으로, 신성을 모든 것을 포괄하는 절대 실재로 알아갈 때 영적 진보가 일어난다(물론 그런 이해가 이론적인 데에 그친다면 쓸모가 없다. 그것이 효과를 갖기 위해서는 직접적이고 직관적인 경험으로 그것을 깨달아야만 하고 거기에 걸맞게 행동해야 한다). 영적인 삶의 위대한 스승인 에티엔 질송 박사는 다음과 같이 쓰고 있다. "겸손을 수행함으로써 공포를 자비로 바꾸는 것, 거기에 성 베르나르가 말씀하신 자기단련의 전부, 그 시작과 발달 및 종결이 있다." 공포, 염려, 불안들이 개체화된 자아의 핵심을 형성한다. 개인적인 노력으로는 공포를 없앨 수 없으며, 개인적인 관심보다 더 큰 원인에 에고가 몰입함으로써만 가능하다. 어떤 원인이든 거기에 몰입함으로써 공포의 마음이 일부 사라질 것이다. 그러나 신성한 근본바탕을 사랑하고 아는 데 몰입하는 것은 모든 공포를 사라지게 할 수 있다. 왜냐하면 그 원인이 최고의 것이 아니라면 공포감과 불안감은 자아로부터 그 원인에게로 전이되기 때문인데, 이는 사랑하는 개인이나 단체를 위한 영웅적인 자기희생이 그 희생을 감수한 대상과 관련된 불안을 수반하는 것과 마찬가지다. 반면에 신을 위해서, 신의 이름으로 타인을 위해 희생을 감행했다면 공포나 지속적인 불안이 있을 수 없다. 왜냐하면 신성한 근본바탕에는 어떤 것도 위협이 될 수 없는데, 실패나 재앙조차도 신성한 의지에 따르는 것으로 수용되기 때문이다. 소중히 간직한 사람이나 단체에게 공포와 불안을 투사하지 않을 만큼 신에 대한 사랑이 강렬한 사람은 지극히 드물다. 자신이 해야 할 사랑을 할 수 있을 만큼 충분히 겸허한 사람이 거의 없기 때문이다. 그들에게는 필요한 겸손함이 부족한데 왜냐하면 개인적으로 자신은 아무것도 아님을 충분히 깨닫지 못했기 때문이다.

겸손함이란 우리의 재능과 미덕을 숨기거나 스스로를 실제보다 더 나쁘고 평범하다고 생각하는 데 있지 않고, 우리 속에 부족한 모든 것을 분명하게 알고, 신께서 우리가 가진 것을 우리에게 무상으로 주셨으며, 그분께서 주신 모든 재능에도 불구하고 우리는 여전히 전혀 중요하지 않다는 사실을 알고 거기에 대해 스스로를 높이지 않는 데 있다.

라코르데르[207]

광명이 커짐에 따라 우리는 스스로를 우리가 생각했던 것보다 더 나쁘게 본다. 마치 더러운 뱀이 숨겨진 굴에서 기어나오듯 우리의 가슴으로부터 수치스러운 감정이 떼 지어 솟아나는 것을 보면 우리는 이전에 가졌던 무지에 놀라게 된다. 그러나 놀라거나 혼란에 빠져서는 안 된다. 우리는 예전보다 더 나빠진 것이 아니라 더 좋아진 것이다. 결점이 줄어들면 결점을 보게 한 빛이 더 밝아져서 우리는 공포로 가득 차게 된다. 치료가 되는 징후가 없다면 우리는 질병이 얼마나 깊은지 알지 못한다. 우리는 맹목적인 추론과 고집스러운 상태에 빠져 자기기만의 먹이가 된다. 흐름을 따르는 동안에는 흐름이 빠르다는 것을 모른다. 아무리 적을지라도 흐름을 저지하려 한다면 그 흐름을 느끼게 된다.

페늘롱

내 딸아. 스스로 두 개의 방을 만들라.

첫 번째는 진짜 현실의 방으로, 이웃을 위한 사랑이나 필요한 경우가 아니라면 바쁘게 돌아다니면서 말할 필요가 없다. 그다음 영적인 방을 지어라. 그것은 진정한 자기이해의 방이며, 언제나 너와 함께 지니고 다닐 수 있다. 거기에서 너를 향한 신의 선하심에 대해 알게 될 것이다.

여기에서 실제로 두 방은 하나이며, 한 방에 살면 다른 방에도 살아야 한다. 그렇지 않으면 영혼은 절망하거나 거만해진다. 자기이해에만 머무른다면 절망에 빠지고, 신에 대한 앎에만 머무르면 거만이라는 유

---

207 앙리 라코르데르Henri Lacordaire (1802~1861): 프랑스의 성직자·저널리스트. 종교개혁 이후 프랑스 도미니크회 수도원을 설립하는 등 가톨릭 부흥운동을 주도함.

혹에 빠질 것이다. 하나는 다른 하나와 함께 가야만 하며, 그러면 너희
는 완전해질 것이다.

시에나의 성 카타리나

10

은총과 자유의지

Grace and Free Will

해방Deliverance이란 시간에서 벗어나 영원으로 진입하는 것으로, 만물의 영원한 본성에 복종하고 순응함으로써 성취된다. 존재에서 우리 자신의 의지self-will를 행사하여 계속 '은총의 상태'에 살기 위해 우리에게 자유의지가 주어진 것이다. 결국, 활동 및 신성한 실재의 존재에 관련된 우리의 모든 행위들은 우리 자신을 수동적으로 만드는 쪽으로 가야 한다. 마치 바람을 맞아 저절로 울리는 악기처럼 우리는 근본 영Spirit이라는 바람에 우리 자신을 드러내거나, 거기에서 스스로를 닫아버릴 수 있는 힘을 부여받고 있다.

계곡의 신은 절대로 죽지 않는다.

그것을 신비스러운 여성玄牝이라고 부른다.

신비스러운 여성의 문은

하늘과 땅이 생기는 근본이다.

그것은 언제나 우리 속에 존재한다.

원하는 만큼 끌어쓰라. 그것은 결코 마르지 않느니.

노자

　영원의 철학에 관한 모든 설명에서는 신성, 인격신, 대자연의 질서
와 관련해서 인간의 영혼을 여성으로 간주한다. 원죄 휴브리스Hubris
는 내면의 근본 영 및 외부의 대자연과 관련해서 개인적 에고를 자립
할 수 있는 남성으로 간주하고 그에 따라 행동하는 것이다.

　성 바울은 정신psyche과 영pneuma을 매우 유용하면서도 명확하게
구분하였다. 그러나 후자의 용어는 전혀 인기를 얻지 못했으며, 절
망스러울 정도로 애매한 용어인 정신이 개인의식이나 영spirit을 지
칭하는 단어로 무분별하게 사용되기에 이르렀다. 서구 교회의 헌신
적인 저술가들은 이성적인 영혼rational soul을 지칭하는 단어로 전통
적으로 사용해왔던 아니무스animus 대신에 왜 남성의 아니마
anima(로마인들에게는 낮은 수준의 동물 영혼을 의미)를 선택하게 되었
을까? 신과 관련해서 인간 영이 갖는 본질적인 여성성을 자신들의
힘이 미칠 수 있는 모든 수단을 동원해서 무척 강조하고 싶어서였을
것이다. 중성인 영pneuma과 남성적인 아니무스는 아니마와 정신보
다 문법적으로 덜 적절하게 여겼다. 구체적인 예를 들어보자. 그리
스어와 라틴어의 구조를 생각해볼 때, 이런 언어를 쓰는 사람들은
문법상 여성이라고 할 수 없는 영혼을 〈아가雅歌〉[208] 서의 여주인공(오
랜 세기 동안 그리스도교 사상과 정서에서 힌두교 신학 및 예배의 고피 처

---

208 아가the Song of Songs: 구약성경에서 솔로몬이 부른 것으로 나오는 연인들의 노래.

녀들[209]과 동일한 역할을 한 우화적 인물)과 동일시하는 것이 매우 어려 웠을 것이다.

> 이 근본적인 진실에 주목하라. 죄악은 예외겠지만 자연과 생명체 속 에 작용하는 모든 것은 자연과 생명체 속에서 일어나는 신의 작업이다. 자신의 의지를 자유롭게 사용하는 것 이외에 생명체의 힘이 미치는 것 은 전혀 없으며, 그의 자유의지는 자연 속에 존재하는 신의 활동에 협 력하거나 저항하는 것 이외에 어떤 힘도 갖고 있지 않다. 자유의지가 있는 생명체는 존재에 아무것도 가져올 수 없고, 자연의 활동을 조금도 수정할 수 없다. 생명체는 자연의 활동 속에서 오로지 자신의 상태나 위치만을 변화시킬 수 있기 때문에 자신의 상태에서 이전에는 느끼거 나 발견하지 못했던 무언가를 느끼거나 발견할 수 있을 뿐이다.

> 윌리엄 로

심리학적 용어로 정의하면, 은총grace이란 그것을 통해 우리가 도 움을 받을 수 있는 자의식적 인간 자아를 넘어선 것을 말한다. 우리 는 세 종류의 도움, 즉 동물적 은총, 인간적 은총, 영적 은총을 경험한 다. 동물적 은총은 생물학적 수준에서 우리 자신의 본성과 완전히 일 치되어 살아갈 때 찾아온다. 즉 우리의 신체를 과도하게 남용하지 않 고, 의식적인 갈망이나 혐오로 우리 속에 살고 있는 동물적 지성의 활동에 간섭하지 않고 건전하게 살아가며 '태양의 미덕과 공기의

---

209 고피 처녀들Gopi maidens: 비슈누신의 10화신 중 하나인 크리슈나가 숲속에서 부르는 피리소리 를 듣고 밤새도록 함께 춤을 추며 사랑을 나누었다는 마을 목동의 아내나 딸들.

영'에 열어놓음으로써 이런 은총이 가능하다. 그 물리적이고 생리적인 측면에서 도道나 로고스와 조화를 이루는 존재의 보상이 행복감 sense of well-being이며, 어떤 이유 때문에서가 아니라 그냥 그것이 삶이기 때문에 좋다는 삶에 대한 자각이다. 동물적 은총의 조건 속에 있을 때, "삶을 위해 삶의 이유를 없애다"[210]라는 말에는 의심의 여지가 없다. 왜냐하면 이런 상태에서는 삶의 이유와 삶 자체가 전혀 구별되지 않기 때문이다. 이때 삶은 미덕처럼 그 자체가 보상이 된다. 그러나 물론, 동물적 은총의 충만함은 동물들을 위한 것이다. 인간의 본성은 선과 악 이전에 있었던 거의 이성에 가까운 더없이 행복한 불멸성 속에 있지 않고 시간 속에서 자의식적인 삶을 살아가야 하는 데 있다. 따라서 동물적 은총은 때때로 자의식에서 벗어나거나 혹은 다른 상태(삶 자체가 보상이 아니라 그 외부에 존재하는 어떤 이유로 살아야만 하는)에 수반되는 것으로 오로지 돌발적으로만 알게 되는 것이다.

인간적 은총은 사람들, 사회적 집단들, 혹은 우리 바깥으로 투사된 우리 자신의 소망·희망·상상들로부터 오며, 어쨌든 간접적 객관성이라 부를 수 있는 상태로 정신적 매체속에서 지속된다. 우리 모두는 서로 다른 유형의 인간적 은총을 경험한다. 예를 들어 어린 시절에 어머니·아버지·유모나 사랑하는 선생님으로부터 오는 호의가 있다. 나중에는 친구들의 호의, 우리 자신보다 도덕적으로 더 훌륭하고 현명한 사람의 은혜, 구루나 영적 지도자의 은혜를 경험한다. 그다음으로는 국가·정당·교회 혹은 그 밖의 사회조직을 향한 애착에서 오

---

210 고대 로마의 풍자시인 유베날리스Juvenal(Decimus Iunius Iuvenalis, 55~138)가 남긴 말: "Propter vitam vivendi perdere causas".

는 은혜가 있다. 이는 가장 연약하고 수줍은 사람들조차도 도와줌으로써 그런 은총이 없었다면 성취가 불가능했을 것을 성취하도록 만드는 은혜다. 마지막으로 들 수 있는 은총으로는 높든 낮든, 추상적 형태로 상상한 것이든 상상적 의인화로 표상한 것이든 우리의 이상理想에서 나온 은총이 있다. 여러 종교에서 믿음이 두터운 신도들이 경험하는 수많은 은총은 이 마지막 유형에 속하는 것 같다. 몇몇 개별적 성자, 신 혹은 화신을 헌신적으로 숭배하거나 이들에게 기도하는 사람들이 받는 도움은 종종 진정한 영적 은총이기보다는 인간적인 은총이라고 추측할 수 있는데, 이는 자신뿐만 아니라 타인의 믿음·갈망·상상의 반복된 행위에 의해 형성된 정신적인 힘의 소용돌이로부터 숭배자에게 되돌아가는 은총이다.

영적 은총은 진실로 '내가 아니라, 내안에 계신 신'이라고 말할 수 있는 경지까지 의지력을 발휘하여 자기의지self-will를 멀리한 사람들 외에는 지속적으로 충만하게 받을 수가 없다. 그런데 자신의 성격 속에 갇혀버린 것에 대해 돌이킬 수 없을 정도로 너무 양심의 가책을 받은 나머지, 모든 영혼에게 순간순간 제공되는 그 은총들을 아예 받아들일 수 없는 사람들은 거의 없다. 우리 대부분은 때때로 '나', '나를', '나의 것'에 사로잡힌 상태를 부분적으로나마 일부러 잊어버림으로써, 그 순간 우리에게 제공된 그 은총들을 부분적으로 받을 수 있다.

영적 은총은 모든 존재의 신성한 근본바탕에서 시작되고, 사람들로 하여금 그의 최종 목적, 시간과 자아로부터 탈출하여 그 근본바탕으로 돌아가는 목적을 달성하는 일을 돕기 위해 주어진다. 자의식적 인간의 자아와는 전적으로 다른 원천에서 나온다는 점에서 이것은 동물적 은총을 닮았다. 사실, 이것은 동물적 은총과 동일하지만 물질에서 신성까지 상승하는 나선의 더 높은 수준에서 스스로를 드러낸다. 인간적 은총은, 어떤 주어진 순간에 그 수혜자가 신과 결합하는 앎을 달성하는 일을 돕고 있는 한, 전적으로 선할 수 있다. 그러나 그런 은총은 개별화된 자아를 원천으로 삼기 때문에 언제나 약간은 의심스럽다. 그리고 물론 많은 경우, 그것이 주는 도움은 우리 존재의 진정한 목적과는 매우 다른 목적을 성취하고자 한다.

> 우리의 모든 선善함은 빌린 것으로, 신께서 소유주이시다. 신께서 일하시며, 그분의 일이 곧 신이시다.
>
> **십자가의 성 요한**

> 동물의 삶에 끊임없는 호흡이 필요하듯, 선하고 성스럽고 행복한 삶에는 끊임없는 영감inspiration이 필요하다.
>
> **윌리엄 로**

반대로, 선하고 성스러우며 행복한 삶 또한 끊임없는 영감에 필요한 조건이다. 행위와 묵상, 윤리학과 영성 간의 관계는 순환적이면서 상호적이다. 각각은 동시에 원인이면서 결과이다.

> 대도大道가 쇠퇴하면 인간적인 친절함과 도덕仁義이 생겨난다.
>
> **노자**

중국어 동사에는 시제가 없다. 역사적으로 볼 때 가설적 사건에 관한 이런 언급은 현재인 동시에 미래다. 그 의미는 단순히 이렇다. 자의식이 생기면서 동물적인 은총은 더 이상 삶의 행위를 위한 충분한 조건이 되지 못했으며, 옳고 그른 것을 의식적이면서 자의적으로 선택(분명하게 명시된 윤리 규범의 관점에서 이루어져야만 하는 선택)함으로써 보충되어야만 했다. 그러나 도교 현자들이 끊임없이 반복해서 말했듯이 피상적 의지로 실행한 윤리 규범과 자의적 선택은 차선책일 뿐이다. 개별화된 의지와 얄팍한 지성은 도道에 대한 오래된 동물적인 관계, 그러나 더 높은 영적 수준에서 일어나는 관계를 되찾으려는 목적으로 이용해야만 한다. 그 목표는 개인적 자아를 넘어서서 근원으로부터 오는 끊임없는 영감이다. 그리고 그 수단은 근본바탕인 동시에 로고스로서의 도와 결합하는 앎인 최고의 사랑charity으로 이끄는 '인간적인 친절함과 도덕'이다.

> 신이시여, 당신은 제게 당신의 은총과 자비를 더 많이 받을 수 있도록 끊임없이 스스로를 만들 수 있는 성질을 주셨나이다. 당신으로부터 왔고, 그 안에서 당신의 전능한 힘의 살아있는 이미지를 갖게 된 이 힘은 자유의지입니다. 이것을 통해서 저는 당신의 은총을 받을 수 있는 역량을 키울 수도, 제한할 수도 있나이다.
>
> 쿠사의 니콜라스

순舜이 승丞에게 물었다. "도道라는 것을 얻어 가질 수 있습니까?"

"그대의 몸도 그대의 것이 아닌데, 어떻게 도가 그대의 것일 수 있겠는가?"

"내 몸이 나의 것이 아니라면 대체 누구의 것이란 말입니까?"

승은 이렇게 말했다. "천지天地가 그대에게 맡겨둔 형상形일 뿐이지.

그대의 생명生도 그대의 것이 아니라 천지가 맡겨둔 조화和일 뿐이다.

그대의 본성性命도 그대의 것이 아니라 천지가 맡겨둔 순리順이며,

그대의 자손들도 그대의 소유가 아니라 천지가 맡겨둔 허물蛻일 뿐
이다.

그대는 움직여도 어떻게 움직이는지 알지 못하고,

머물러도 왜 그런지 알지 못하며, 맛을 보아도 그 원인을 알지 못한다.

이들은 천지의 강한 양기陽氣가 그렇게 한 것이다.

그러니 어찌 도를 얻어 내 것으로 삼을 수 있단 말인가?"

《장자》

신에게 봉사할지 안 할지는 내 손에 달려있다. 그분께 봉사하면 나는
나 자신의 선함과 온 세상의 선함을 더하게 된다. 그분께 봉사하지 않
으면 나 자신의 선량함을 잃고 내 힘으로 만들게 될 그 선함을 세상으
로부터 빼앗게 된다.

레프 톨스토이

신은 그대에게서 그분의 사랑의 작용을 앗아가지 않지만, 그대는 그
분께 협조하지 않는다. 그대가 그분의 사랑을 거절하지 않는다면 신은
결코 그대를 거부하지 않는다. 오, 최고로 선한 신이시여, 당신은 버림
받지 않으시면 버리지 않으시고, 우리가 우리의 가슴을 치울 때까지 당
신은 결코 당신의 선물을 치우지 않으시나이다.

성 프랑수아 드 살

일등 목수인 재경梓慶이 나무를 깎아 악기받침대鐻를 만들고 있었다. 일이 끝났을 때, 이것을 본 사람들은 그 귀신 같은 솜씨에 놀랐다. 노魯 나라 왕이 보고는 물었다. "그대는 어떤 비술로 이것을 만드는 것인가?"

"전하, 아무런 비법도 없습니다. 그렇지만 한 가지 이런 것은 있습니다. 제가 그 받침대를 만들려고 할 때는, 감히 기운을 소모하지 않고 반드시 재계齋戒하여 마음을 고요하게 합니다. 사흘을 재계하면 상이나 벼슬에 대한 생각이 없어지고, 닷새를 재계하면 비난과 칭찬, 잘하고 못함에 대한 생각이 없어지며, 이레를 재계하면 마음이 움직이지 않고 내가 사지와 육체를 지녔다는 생각조차 잊고 맙니다. 이 정도가 되면 조정의 권세에는 마음이 없고, 그 기술에 전념하여 외적으로 마음을 어지럽히는 것이 모두 없어지고 맙니다. 그런 뒤에야 산의 숲 속으로 들어가 나무 본래의 성질이나 형태가 지극히 뛰어난 것을 찾아봅니다. 그리고 나서 마음속에 이제 만들 것의 모양을 그려보고, 그 후에 나무에 손을 댑니다. 그렇지 않으면 만들지 않습니다. 이렇게 하면 나무의 자연스런 본성과 저의 자연스런 본성이 하나가 됩니다. 제가 만든 받침대가 귀신의 솜씨 같다고 하는 것이 여기서 유래한 듯합니다."

〈장자〉

예술가의 영감은 인간적인 은총이거나 영적인 은총, 혹은 두 가지가 혼합된 것일 수 있다. 고도의 예술적 성취는 실행될 예술의 종류에 적합한 지적·정서적·육체적 고행 없이는 불가능하다. 어떤 예술가들은 전문적인 고행이라 부를 수 있는 이런 과정에 더해서, 신성한 근본바탕과 결합하는 앎의 필수적인 전제조건인 일종의 자기부정을 실천했다. 예를 들어 프라 안젤리코[211]는 기도와 명상을 통해 자신의 작업을 스스로 준비했다. 앞의 《장자》 인용문에서 우리는 예술에 대한 도교 장인의 접근이 단지 전문적일 뿐만 아니라 본질적으로 얼마나 종교적인지 알 수 있다.

말이 난 김에 기계화는 영감과 양립할 수 없다는 점에 주목할 수 있다. 숙련공조차도 전혀 형편없는 일을 할 수 있으며 과거에도 종종 그래왔다. 일등 목수인 재경처럼 자신의 예술에 신경을 쓰고 영감을 받아들이는 데 필요한 것들을 할 준비가 되어있다면 종종 자신의 일을 훌륭하게 해낼 수 있고 지금까지도 그렇게 해오고 있어서 '귀신 같은 솜씨'로 보일 수 있다. 효율적인 자동기계가 갖고 있는 엄청난 이점은 아주 다루기 쉽다fool-proof는 데 있다. 그러나 얻는 것이 있으면 잃는 것도 있는 법. 자동기계는 아주 다루기 쉬운 반면, 그 때문에 은총이 통하지 않는다grace-proof. 그런 기계에 주의를 기울이는 사람은 인간이나 진정한 영적 원천에서 오는 온갖 형태의 미적 영감에 둔감하다. "예술 없는 산업은 야만이다"라고 말한 러스킨[212]은 실제로 야만성을 비방하였다. 부지런한 새나 곤충이 일을 할 때는 (생리적 수준 바로 위에서 스스로를 드러내는 도道에 의해) 본능이라는 확실한 동물

---

211 프라 안젤리코Fra Angelico (본명 귀도 디 피에트로Guido di Pietro, 1387?~1455): 이탈리아 화가·수도사. 기도를 드리듯 경건한 마음으로 그림을 그렸으며, 르네상스 초기에 밝고 정교하며 사실적인 화풍으로 프레스코화를 비롯한 많은 종교 작품을 남김. 두터운 신앙심과 훌륭한 인격으로 사후에 '프라 안젤리코(천사 같은 수도사)'라는 별명이 붙었으며 피렌체 회화에서 독보적인 위치를 차지.

212 존 러스킨John Ruskin (1819~1900): 영국의 예술비평가·사회사상가. 뛰어난 문장력과 심미안, 다방면에 걸친 관심으로 당대 예술계에서 최고의 권위를 차지. 미와 종교, 도덕의 일치를 주장했으며 사회문제에도 관심을 가져 사회개혁과 노동, 사회비평 관련 저술을 펴내 경제와 도덕 방면에서도 존경을 받음.

적 우아함에서 영감을 얻는다. 다루기 쉽지만 은총이 통하지 않는 기계를 다루는 산업 노동자들은 정확한 자동장치로 이루어진 인공적인 우주에서 임무를 수행한다. 그 우주는 동물·인간·영성의 어느 수준에서든 도道를 완전히 벗어나 있다.

이런 맥락에서 볼 때 때로는 어린아이들에게 허락되며, 때로는 어른들(시인이거나 속물적인 사람, 학식이 풍부하거나 순진한 사람들이지만 그들에게 일어난 것에 대해 전혀 아무런 준비도 되어있지 않다는 점에서 공통적인)에게 허락되는 갑작스러운 신의 출현을 언급할 수 있다. 상당수 문학과 회화에 영감을 불러일으켰던 이런 까닭 없는 은총은 어떤 경우에는 웅장하고 어떤 경우에는(타고난 재능으로 영감을 보강하지 못하는 경우) 정서적으로 부적절하지만 일반적으로는 두 가지 주요 부류 중 하나에 속하는 것 같다. 이 두 부류란 사랑·빛·지복으로서의 궁극적 실재를 갑작스럽고 심오하게 인상적으로 지각하는 경우와, 그것을 유사할 정도로 깊은 어둡고 경외감을 불러일으키며 헤아릴 수 없는 힘이라는 인상으로 지각하는 경우다. 워즈워스는 신성한 근본바탕의 양 측면에 대한 자신의 경험을 기억할 만한 형태로 기록하였다.

> 그런 때가 있었지.
> 초원, 숲 그리고 시냇물,
> 대지와 모든 평범한 모습이
> 내게는 천상의 빛으로 꾸며진 것 같던.

그러나 이것이 유일한 환영은 아니었다.

힘차게

나는 노를 고요한 호수에 담갔다.

노를 젓자, 내 배는 백조처럼 물을 가로질러 움직였다.

바위투성이 낭떠러지 뒤부터 수평선 경계선까지

마치 자연스럽게 일어나는 힘의 본능처럼

검고 거대한 봉우리가 자신의 머리를 들어올린다.

나는 때리고 또 때렸으나

소름끼치는 형상은 키가 점점 커져

나와 별들 사이에 높이 솟았다.

그 광경을 보고 난 후

수많은 날들을 내 머리는 알 수 없는 존재에 대한

희미하고 막연한 느낌으로 복잡하여

사유에는 어둠이 깃들어

고독하고 완전히 버려진 상태가 되었다.

미개한 마음이 더 많이 수용했던 것은 실재Reality의 이러한 두 번째 측면이었음이 의미심장하다. 욥[213]도 마침내 굴복하고 말았던 무시무시한 신은 '알 수 없는 존재'로서, 그 가장 특징적인 창조물로는 베헤모스와 레비아탄[214]을 들 수 있다. 그는 주로 피의 희생이라는 형태로, 심지어 인간희생이라는 형태로, 키르케고르[215]의 표현을 빌면 '도

---

213 욥Job: 구약성경에서 신의 가혹한 온갖 시련을 견뎌내고 굳게 믿음을 지킨 의인義人.
214 베헤모스Behemoth는 구약성경에 등장하는 거대한 수륙양서 괴물의 이름. 레비아탄Leviathan은 베헤모스와 함께 만들어진 사나운 바다 괴물.

덕의 목적론적 정지teleological suspension of morality'를 요구하는 신이다. 더욱 섬뜩한 측면을 지닌 힌두여신 칼리는 똑같이 알 수 없는 존재의 또 다른 현현이다. 현대의 수많은 미개인들도 근저에 놓여있는 근본 바탕을 달래면서 숭배하고, 가능하면 상습적인 마술을 써서 유익하게 이용해야 할 절대적이며 완전한 힘으로 이해하거나 신학적으로 합리화시켰다.

신을 단순한 힘으로, 이와 함께 힘·사랑·지혜로 생각하는 것은 신을 믿지 않은 평범한 사람들로서는 매우 당연하다. 자기를 완전히 없앤 사람들만이 온갖 것에도 불구하고 '모든 것은 잘될 것이다all will be well', 또 어떤 면에서는 이미 잘되고 있다는 사실을 경험적으로 알고 있다. 루미는 '성인의 눈에는 신성한 섭리를 부정하는 철학자가 낯설다.'고 썼다. 성자처럼 인식하는 사람들만이 항상 그리고 직접적인 경험을 통해서, 신성한 실재는 사랑스럽고 자비로우며 현명한 힘으로서 스스로를 드러낸다는 사실을 알 수 있다. 나머지 사람들은 아직도 자신들이 발견한 바를 의심 없이 수용하는 것 이상을 할 수 있는 영적 위치에 있지 못하다. 성인들이 남겨놓은 기록이 없었다면 우리는 욥과 미개인들에게 동의하기가 더 쉬웠을 것이다.

영감은 우리를 막아준다. 영감을 느낄 수 있기 전에도. 그러나 영감을 느낀 후에도 그들의 흡인력에 동감하고 따르는 데 동의할 것인가, 아니면 반대하고 거절할 것인가는 우리에게 달려있다. 그것들은 우리

215 쇠렌 오뷔에 키르케고르Søren Aabye Kierkegaard (1813~1855): 덴마크의 실존주의 철학자·종교 사상가.

없이도 느껴질 수 있지만, 우리 없이는 동의를 얻어낼 수 없다.

성 프랑수아 드 살

우리의 자유의지는 영감의 진행을 가로막을 수 있다. 신의 은총이라는 우호적인 세찬 바람이 우리 영혼의 돛을 부풀리면, 우리 힘으로 승인을 거절함으로써 우호적인 바람이 주는 효과를 방해할 수 있다. 그러나 영spirit이 출항하고 그 항해가 순조로우면, 우리는 영감의 돌풍이 우리를 위해 불어오게 만들 수 없다. 그 세찬 바람과 함께 돛대가 부풀어 오르게 만드는 것도 우리가 아니다. 우리 가슴의 범선을 움직이게 하는 것도 우리가 아니다. 우리는 그저 돌풍을 맞이하고 그 움직임에 동의하며, 우리의 저항으로 그것을 방해하는 것이 아니라 그것을 따라 배가 나아갈 수 있도록 허용한다.

성 프랑수아 드 살

구원을 위해서는 은총이 필요하다. 자유의지 또한 필요하다. 그러나 구원을 주기 위해서는 은총이 필요하고, 그것을 받기 위해서는 자유의지가 필요하다. 그러므로 선한 일의 일부를 은총의 결과로, 일부를 자유의지의 결과로 보아서는 안 된다. 그것은 두 가지의 공통적이면서 분리할 수 없는 활동에 의해 전체적으로 이루어진다. 전적으로 은총에 의해, 전적으로 자유의지에 의해 이루어지지만, 자유의지에 있는 은총으로부터 일어나고 있다.

성 베르나르

성 베르나르는 보편적 의지voluntas communis와 고유한 의지voluntas

propria를 구분하였다. 보편적 의지는 보통 두 가지 의미를 갖는다. 함께 나누고자 하는 의지, 인간과 신 모두에게 공통된 의지다. 실제적인 목적에서 볼 때 그것은 자비와 동일하다. 고유한 의지는 자신만을 위해 취하고 유지하려는 의지로서 모든 죄악의 뿌리가 된다. 인지적 측면에서 볼 때 고유한 의지는 고유한 의견sensum proprium과 동일하며 자신이 갖고 있는, 내 것이기 때문에 간직한 의견으로서 이론적으로는 옳아도 도덕적으로는 항상 그르다.

파리대학에서 온 두 학생이 로이스부르크를 찾아와서는 삶의 원칙으로 삼을 수 있는 짧은 구절이나 좌우명을 주십사 요청하였다. 로이스부르크는 대답하였다. "그대는 지금 장차 그렇게 될 모습처럼 성스럽다."

그대가 준비되자마자 신께서는 자신을 그대 안에 쏟아붓게 될 것이다.

에크하르트

의지란 모든 힘을 갖고 있는 것이다. 의지는 천국도, 지옥도 만들 수 있다. 왜냐하면 피조물의 의지가 신에게 등을 돌리는 곳에 지옥이 있고, 피조물의 의지가 신과 함께 일하는 곳에 천국이 있기 때문이다.

윌리엄 로

오 인간이여, 스스로를 알라! 그대는 선과 악이 격렬하게 영원히 투쟁하는 이곳에 서 있다. 모든 자연은 위대한 속죄를 위해 끊임없이 일하고 있다. 일체의 창조된 것은 헛된 시간으로부터 해방되기 위해 고통

을 겪으며 고되게 일하고 있다. 그대는 잠들어 있을 것인가? 그대가 듣
거나 보는 것들은 아무런 말도 하지 않고 영원한 빛이나 영원한 어둠이
무엇을 가져오는지 그대에게 보여준다. 낮과 밤이 우리의 시간을 나누
듯이 천국과 지옥이 우리의 생각·언어·행위를 나눈다. 그대의 의지대
로 움직이고 그대의 의지대로 행하라. 어떤 쪽이든 행위하는 자는 그대
이다. 그대는 일시적이면서 영원한 자연의 활동 속에서 살고 있기 때문
에 가만히 꼼짝하지 않고 서있을 수 없다. 그대가 선과 함께 일하지 않
으면 자연 속에 있는 악이 그대를 이끌 것이다. 그대 안에는 영원의 정
점과 심연이 있다. 그러므로 방에서나 들판에서, 상점에서나 교회에서
그대가 뜻하는 바를 행하면 그대는 자라나 영원 속에서 수확할 씨를 심
는 것이다.

윌리엄 로

신께서는 그대에게 오로지 한 가지를 기대하신다. 그대가 창조된 존
재인 한 자신으로부터 벗어나야 하며, 신을 그대 안의 신으로 허용하는
것이다.

에크하르트

경전 및 도그마적 가정에 근거하여 신학적으로 사유하는 것에 즐
거움을 느끼는 사람들을 위해서 은총, 일, 신앙, 죄를 사함에 대한 가
톨릭과 프로테스탄트 간의 수천 페이지에 달하는 논쟁이 있다. 비교
종교학을 공부하는 사람들에게는 《바가바드기타》, 라마누자[216]와 후
대 비슈누신의 추종자(은총에 대한 교리가 루터의 교리와 놀랄 만큼 닮
음)의 작품들에 대한 학술적인 주석서들이 있다. 구원이란 힘겨운 자

기수양의 결실이라는 소승불교의 교리에서부터 (그의 내면 의식과 '위대한 자비의 가슴'이 만물의 영원한 진여를 이룬다는) 본초불本初佛의 은총 없이는 구원을 성취할 수 없다는 대승불교의 교리에 이르기까지 종교적 발달을 충분히 따라가며 기술한 불교의 역사도 있다. 나머지 사람들에게는, 앞에서 언급한 그리스도교와 초기 도교 전통 저술가들의 인용문들이, 은총과 영감의 주목할 만한 사실들 그리고 이들이 자유의지의 주목할 만한 사실들과 가지는 관계를 적절하게 설명하고 있는 것 같다.

---

216 라마누자Ramanuja (1017~1137): 남인도 브라만 계급 출신의 신학자·철학자. 인격신의 개념을 과감하게 수용하여 비슈누신과 그 배우자 락슈미에 대한 박티를 통해 신과의 합일을 강조한 힌두교 한정적 불이론Vishishtadvaita 베단타 학파의 창시자.

11
선과 악
Good and Evil

 욕망은 우리 의식의 첫 번째 전제datum다. 우리는 공감과 반감, 소망과 의지를 갖고 태어난다. 처음에는 무의식적으로 나중에는 의식적으로, 우리는 '이것은 좋고, 저것은 나쁘다.'고 평가한다. 조금 지나서는 '이것은 좋기 때문에 행해야 하고, 저것은 나쁘기 때문에 행해서는 안 된다.'는 의무를 발견한다.

 모든 평가는 똑같이 타당하지 않다. 우리는 우리의 욕망과 혐오가 좋거나 나쁘다고 확신하는 바에 따라 판단해야 한다. 우리는 종종 첫 단계에서 빠르고 속편한 마음으로 내린 결정이 상위 단계의 결정과는 다르다는 사실을 알게 된다. 우리 자신, 친구들, 세상 전체에 대해 알고 있는 바에 따라 우리는 처음에는 좋게 보였던 것이 나중 혹은 더 큰 맥락에서는 나쁘다는 사실을 발견한다. 그리고 처음에는 나쁘게 보였던 것이 성취할 의무가 있다고 느껴지는 좋은 것일 수 있다.

 어떤 사람에게 날카로운 도덕적 통찰력이 있다고 말할 때 그 의미는, 가치주장에 관한 그의 판단이 건전하며 긴 안목에서 그리고 넓은 맥락에서 그가 어떤 것이 좋은지 말할 수 있을 정도로 충분히 알고 있다는 것이다. 어떤 사람이 강인한 도덕적 품성을 갖고 있다고 말할 때는, 그가 통찰을 통해 발견한 사실이 불편하고 처음에 자발적으로 가치 판단한 것과 고통스러울 정도로 다를 때조차도 그런 사실에 바탕을 두고 행동할 준비가 되어있다는 의미가 있다.

사실 엄밀히 말해서 도덕적 통찰은 개인적인 문제가 아니다. 판사는 법체계를 집행하며 선례의 안내를 받는다. 다른 말로 표현하면, 개개인은 사회의 일원으로서, 그 사회는 결국, 그리고 더 넓은 맥락에서는 실제로 무엇이 좋은지에 대해 과거에 발견한 것들을 근거로 한 도덕적 코드를 갖고 있다. 대부분의 경우, 주어진 사회의 일원들은 일반적으로 수용되는 도덕적 관례의 안내를 받는다. 일부는 그 관례를 전적으로 혹은 부분적으로 거부한다. 몇몇은 더 높고 더 엄격한 다른 코드에 따라 살기로 선택한다. 그리스도교 표현을 빌면, 큰 죄를 짓고 반사회적인 무법 상태에서 살아가기를 완고하게 고집하는 소수의 사람들이 있다. 법을 준수하고 도덕 계율을 안내자로 삼으며, 큰 죄를 지으면 뉘우치지만 가벼운 죄는 피하려고 그다지 애를 쓰지 않는 대다수의 사람들도 있다. 끝으로 '율법학자와 바리새파 사람들보다 더 정의롭게' 살면서 '완전함에 이르는 권유the Counsels of Perfection'를 따르며, 가벼운 죄나 결함까지도 인식하는 통찰력과 그것들을 피하려는 인격까지 갖춘 소수의 사람들이 있다.

철학자와 신학자들은 사람들 각자가 자신의 즉각적인 평가를 근거로 판단하는 데 있어 도움을 줄 수 있는 현존하는 도덕적 관례의 이론적 근거를 마련하기 위해 노력하고 있다. 모세에서 벤담, 에피쿠로스에서 칼뱅, 보편적 사랑에 대한 그리스도교와 불교 철학에서부터 국수주의와 인종우월주의라는 광적인 가르침에 이르기까지 그 목록은 길고 사고의 범위는 엄청나게 광범위하다. 다행히도 우리는 이런 다양한 이론들을 고려할 필요가 없다. 우리의 관심은 영원의 철학, 그리고 자신과 타인의 평가에 관해 판단할 때 그 철학을 믿는 사람들이 이용했던 윤리적 원칙체계에만 쏠려있다. 이 장에서 우리가 던져야 할 질문은 아주 단순하며 대답 또한 단순하다. 항상 그렇듯이 이론에서 실제로, 윤리적 원칙에서 특정한 적용 사례로 갈 때 어려움이 시작된다.

개별 영혼의 바탕은 모든 존재의 신성한 근본바탕과 유사하거나 동일하며, 이런 신성한 근본바탕은 말로 표현할 수 없고 인격적 신으로 혹은 육화된 로고스로서 스스로 현시하는 신성임을 받아들인다면, 선과 악의 궁극적 성질은 무엇이며, 인간 삶의 진정한 목적과 마지막 목표는 무엇일까?

18세기 영국의 윌리엄 로가 표현한 가장 놀라운 작품의 언어로 이 질문에 대한 대답을 어느 정도 할 수 있을 것이다. (우리의 교육체계는 얼마나 이상한가! 영국문학을 공부하는 학생들은 스틸[217]과 애디슨[218]의 우아한 저널리즘을 읽도록 강요당하고, 디포[219]의 이류소설과 매튜 프라이어[220]

---

217 리처드 스틸Richard Steele (1672~1729): 아일랜드 출신의 작가·언론인·정치가. 친구인 애디슨과 함께 잡지《The Tatler》《The Spectator》《Guardian》를 주관하여 18세기 영문학의 방향을 선도함.
218 조지프 애디슨Joseph Addison (1672~1719): 영국의 수필가·시인·극작가·정치가.
219 다니엘 디포Daniel Defoe (1659?~1731): 영국의 소설가·언론인.《로빈슨 크루소》의 저자.
220 매튜 프라이어Matthew Prior (1664~1721): 영국의 시인·외교관.

의 미미한 기품을 모두 알아야 한다. 그러나 그들은 영국 산문의 거장일 뿐 아니라 그 당시 가장 흥미로운 사상가 중 한 사람이자 영국 성공회 교회의 전 역사에서 가장 친숙한 성인 중 한 사람의 저서를 들여다보지도 않고 모든 시험을 최우등으로 통과할 수 있다.)

우리가 현재 로Law를 무시하는 것은 20세기 교육자들이 궁극적 진리나 의미의 문제에 더 이상 관심을 갖지 않는다는 뜻이며, (단순한 직업훈련과는 별도로) 근본 없고 부적절한 문화의 전파와 학력을 위한 학력이라는 엄숙하고 어리석은 짓을 조장하는 데에만 관심을 갖는다는 수많은 징후의 또 다른 예가 된다.

지옥에서는 자아만을 태운다.

《독일 신학》

마음이 타오르고 생각도 타오른다. 마음—의식Mind-consciousness, 마음으로 받아들인 인상, 마음이 받아들인 인상에서 생겨나는 감각, 이들도 또한 타오른다.

그것들은 무엇과 함께 타는가? 탐욕의 불길, 분노의 불길, 미혹의 불길, 태어나고 늙고 죽는 것, 슬픔과 비탄, 재난과 탄식, 절망과 함께 타오른다.

〈붓다의 불길 법문〉[221]

---

221 붓다의 불길 법문Fire Sermon: 초기 불교경전인 《상윳따 니까야Samyutta Nikaya》의 〈Adittapariyāya Sutta〉 중 일부.

악마를 보지 못했다면, 그대 자신의 자아를 보라.

잘랄루딘 루미

그대의 자아는 그대의 아벨을 살해한 카인이다. 왜냐하면 자아의 모든 행위와 움직임에는 그리스도에 반대하는 영spirit이 존재하며, 그대 내면에 존재하는 신성한 삶을 살해하기 때문이다.

윌리엄 로

자아를 경멸하는 상태일 정도로 신을 사랑하는 것이
신의 도시를 만든다.
신을 경멸하는 상태일 정도로 자아를 사랑하는 것이
세속적인 도시를 만든다.

성 아우구스티누스

선한 사람과 악한 사람의 차이는 전자는 선한 것을 지향하는데 후자는 그렇지 않다는 데 있지 않고, 전자는 자신의 내면에 살아서 영감을 주는 신의 영과 합류하지만 후자는 거기에 저항하면서 그 저항으로 인해 죄에 대한 책임을 져야 하는 데 있다.

윌리엄 로

사람들은 그들이 해야만 하는 일에 대해서는 덜 생각하고, 그들이 되어야 할 존재에 대해 더 생각해야 한다. 그들의 존재가 선하다면 그 활동은 밝게 빛날 것이다. 그대의 구원의 근거가 행위에 있다고 생각하지 말라. 구원은 반드시 그대가 어떤 존재인가에 달려있다. 훌륭한 인격이 의존하는 토대는 인간의 활동이 그 가치를 갖는 것과 동일한 토대, 즉 오로지 신을 향한 마음에 있다. 그대가 실로 그런 마음을 갖고 있다면, 그대는 반석 위에 있는 셈이며, 자신의 이익만을 위해 주님의 몸을 받고 영적 초연함이 결여된 경우보다 더 경건한 일이 될 것이다.

에크하르트

인간은 자신의 믿음으로 형성된다. 그가 믿는 바대로 된다.

《바가바드기타》

마음이 사물의 성질, 토대, 존재를 부여한다. 불순한 마음으로 말하거나 행동하는 자에게는 바퀴가 마차를 끄는 황소를 따르듯 슬픔이 따라올 것이다.

《법구경》

한 사람의 존재의 본질은 그의 행위의 성질을 결정하며, 그의 존재의 본질은 우선 마음에서 드러난다. 그가 갈망하고 생각하는 것, 그가 믿고 느끼는 것, 이것이 소위 로고스Logos이며, 개인의 근본적인 성격은 로고스의 작용으로 인해 그 창조적 행위를 수행한다. 그 존재가 신을 향한다면 이런 행위들은 아름답고 도덕적으로 선하겠지만 그것이 개인적 자아에 집중되어 있다면 나쁘고 추악하다. "돌은 밤낮으로 끊임없이 자신의 일을 행한다."고 에크하르트는 말했다. 실제 떨어지지 않더라도 돌은 무게를 갖고 있다. 한 사람의 존재란 신을 향하거나 신에게서 멀어짐을 나타내는 그의 잠재적인 에너지이다. 그가 선한지 악한지는 이 잠재된 에너지로 판단할 수 있을 것이다. 왜냐하면 복음서 표현에 따르면 행위는 결백할지라도 마음속에서는 간음과 살인을 저지르는 것이 가능하기 때문이다.

탐욕·시기·자만심·분노는 자아, 자연 또는 지옥의 네 가지 요소로서 이 모든 것들은 거기에서 분리될 수 없다. 이렇게 될 수밖에 없는 이유는 창조주의 높고 신비스러운 선에 참여하기 위해 피조물의 자연스러운 삶이 주어졌기 때문이다. 극도의 결핍상태가 아닌 한, 어떤 높은 선을 향한 극도의 욕구가 없는 한, 그 삶은 그런 선에 적합하지도 않고, 그런 선을 받아들일 역량도 없다. 그러므로 이런 자연스러운 삶에서 신이 없으며 신으로부터 추락했다면, 끊임없이 욕망하면서 극도로 결핍되어 있는 삶, 그리고 지속적으로 결핍되어 극도로 욕망하는 삶이 될 수밖에 없다. 그렇기 때문에 전 생애가 탐욕·시기·자만심·분노의 재난과 고통의 삶일 수밖에 없으며 이를 일러 자연, 자아, 지옥이라고 한다.

이제 탐욕·자만심·시기는 서로 다른 세 개가 아니라 동일한 의지나 욕망의 끊임없는 활동에 부여된 세 가지 다른 이름이 된다. 이 세 가지에서 네 번째로 탄생한 분노는 이 세 가지 중 하나 혹은 세 가지 모두가 부정되면, 그것들의 의지에 반하는 무언가를 하면 존재할 수 없다. 이 네 가지 속성은 고유한 고통을 낳는다. 이들에게는 외부의 원인이 존재하지 않으며, 그것들을 변화시킬 내적인 힘도 없다. 그러므로 어떤 초자연적인 선이 거기로 들어오거나, 그 안에서 탄생할 때까지 모든 자아나 자연은 이런 상태에 있어야만 한다. 인간이 실로 허망한 시간 속에서 살아가는 동안, 그의 탐욕·시기·자만심과 분노는 견딜 수 있는 상태가 되고, 인간을 평화와 동요가 혼합된 상태에 붙잡아둘 수 있다. 그들은 때로는 고통뿐 아니라 만족도 선사한다. 그러나 죽음이 모든 세속적인 기만이라는 허식에 막을 내릴 때, 초자연적인 신의 음성과 영으로 다시 태어나지 않은 영혼은 만족을 모르고 변하지 않으며 스스로를 고통에 빠뜨리는 탐욕·시기·자만심과 분노에 사로잡히고 간혀있는 자신을 어쩔 수 없이 직면해야만 한다.

윌리엄 로

사실 그대는 그대의 사악함이 어느 정도인지 제대로 표현할 수 없다. 왜냐하면 죄악의 그 모든 추악함을 이 삶에서 표현하는 것이 불가능하기 때문이다. 신의 광명이 아니라면 그 죄악들을 있는 그대로 알지 못할 것이다. 신께서는 어떤 영혼에게는 엄청난 죄라는 인상을 심어주어 그들이 생각하는 것보다 비교할 수 없을 정도로 죄가 크다고 느끼도록 만든다. 그런 영혼들은 자신의 죄를 신앙이 보여주는 바대로 생각해야 한다(즉 죄를 있는 그대로 생각해야 한다). 그러나 죄악을 입으로 말할 수 있는 인간의 언어로 설명하는 데 만족해야 한다.

샤를 드 콩드랑[222]

루시퍼Lucifer는 신이 창조하신 대로 타고난 고결함의 상태에 있을 때는 순수하게 고결한 피조물이었다. 그러나 그가 자아 속에 틀어박히고, 스스로와 자신의 타고난 고결함을 하나의 자산으로 소유했을 때 추락

---

222 샤를 드 콩드랑Charles de Condren (1588~1641): 17세기 프랑스에서 발달한 영성주의 프랑스학파L'École française de spiritualité의 대표적 인물 중 하나. 프랑스 오라토리오 수도사·소르본 대학 박사.

하여 천사가 아닌 악마가 되었다. 인간도 마찬가지다. 인간이 자신에게
갇혀 타고난 고결함을 하나의 자산으로 소유하게 되면 그는 추락하여
인간이 아닌 악마가 된다.

《그리스도를 따라서》[223]

맛있고 향기로운 열매가 공기의 미덕과 태양의 영혼으로부터 받은
풍요로운 영, 훌륭한 맛, 향기, 색깔로부터 분리될 수 있는 힘을 갖고
있다면, 혹은 성장 초기에 태양에 등을 돌려 태양에서 오는 미덕을 받
지 못한다면, 악마가 뒤돌아 자신의 어두운 뿌리로 내려가 신의 광명
과 영을 거부한 것처럼 그 과일은 처음으로 천벌을 받아 신맛·쓴맛·
떫은맛이 될 것이다. 악마의 지옥 같은 성질이 천상의 빛과 사랑으로
부터 움츠러들거나 분리된 삶의 첫 형태에 불과한 것처럼 과일의 신
맛·쓴맛·떫은맛은 그 과일이 태양의 미덕과 공기의 영혼에 도달하기
전에 그 식물로서의 삶을 사는 첫 형태에 불과하다. 과일이 스스로에
대한 감수성을 갖고 있다면 과일로서의 최초 형태의 삶에 갇히자마자
고통으로 가득 차듯이, 천사들이 자신의 삶의 최초 형태로 되돌아가서
천상의 광명과 신의 사랑으로부터 단절되면 스스로 지옥을 만들 것이
다. 아무도 그들에게 지옥을 만들어 주지 않았고, 어떤 새로운 성질도
그들에게 부과되지 않았으며, 사랑의 주님께서는 그들에게 어떤 복수
를 하거나 고통을 주지도 않았음에도 불구하고 그들은 스스로 만든 자

223 그리스도를 따라서The Following of Christ: 그리스도가 보여준 청빈하고 이타적인 삶을 따르자
는 내용으로, 1886년 영국에서 영어로 번역될 때 요하네스 타울러의 저서라고 소개되었으나, 저자
가 불확실함.

신들의 행위로 인해 신의 아들과 성령으로부터 분리되고 멀어진 상태에 있다. 그들은 신으로부터 온 것, 천상의 삶이라는 최초의 형태밖에는 그 어떤 것도 갖고 있지 않지만 그것을 자기학대의 상태로 갖고 있다. 왜냐하면 그들은 사랑과 빛의 탄생으로부터 그것을 분리시켰기 때문이다.

윌리엄 로

모든 가능성에 비추어 볼 때 오로지 한 가지 행복과 한 가지 불행밖에는 없다. 한 가지 불행이란 스스로에게 위탁된 자연과 피조물이며, 한 가지 행복이란 자연과 피조물로 현시된 생명, 빛, 신의 영Spirit이다. 이것이 우리 주님Our Lord이라는 말의 진정한 의미다. 선한 것은 하나이니, 그것은 신이시다.

윌리엄 로

신의 분노를 사서 인간이 지옥에 떨어진 게 아니다. 눈을 감은 사람에게 태양 빛이 닿을 수 없듯이, 신으로부터 무한히 흘러나오는 빛에 대해서도 눈을 감음으로써 인간은 노여움과 어둠 속에 갇혀있다.

윌리엄 로

신을 믿지 않고 타락한 모든 영혼의 본질인, 분노에 차고 성급하며 어둡고 자학하는 지속적이고 강한 감정으로부터 외부 세상의 빛과 안락이 최악의 인간조차 지켜줌에도 불구하고, 세상 모든 사람들은 자신의 영혼의 가장 깊은 바탕에서 그것이 그와 함께한다는 암시를 어느 정도 자주 그리고 강하게 받고 있다. 사람들은 자신이 두려워하며 그 근원을 모르는 내면의 불편함을 피하기 위해 얼마나 많은 발명품들에 억지로 의지하고 있는 것일까? 슬프구나, 왜냐하면 타락한 영, 어둡고 고통스러운 화염이 그들 내면에 있기 때문이다. 세상의 온갖 즐거움이 사라질 때마다 도움을 청하고 스스로를 찾으려고 애쓰지만 결코 참된 구원을 얻지 못한다.

월리엄 로

유대-그리스도교 전통에서 볼 때, 창조 후에 타락(추락Fall)이 일어났으며, 이는 분리된 자아가 아닌 신성한 근본바탕에 중심을 두고 있어야 했던 자유의지를 완전히 이기적으로 사용했기 때문에 일어난 일이다. 창세기 신화는 매우 중요한 심리학적 진실을 구체화하고 있지만 완전히 만족스러운 상징에는 미치지 못하는데, 왜냐하면 그것은 인간 이외의 세상에서 일어나고 있는 악과 고통에 대한 사실을 언급하지도 설명하지도 못하고 있기 때문이다. 우리의 경험과 부합되려면 그런 신화는 두 가지 방식으로 수정되어야 한다. 첫째로는 드러나지 않은 일자로부터 드러난 자연의 다원성으로, 영원에서 시간으로의 불가해한 변화라는 '창조'는 '타락'의 전조였을 뿐 아니라 필요조건이며, 어느 정도까지는 그 자체가 타락이었음을 분명히 해야만 한다. 둘째로는 자유의지와 유사한 무언가가 인간 수준 이하에서 존재할 수 있다는 사실을 지적해야만 한다.

영성의 단일성으로부터 다양한 시간적 존재로의 변화가 타락의 필수적인 부분이라는 사실은 영원의 철학에 대한 불교와 힌두교의 표현에서 분명하게 언급되고 있다. 고통과 죄악은 시간의 세계 속에 살고 있는 개인적 존재와는 불가분의 관계에 있다. 또 인간의 경우 신성한 근본바탕이 아닌 자아와 다자多者에게 욕망이 향해 있을 때 피할 수 없는 이런 고통과 죄악이 강화된다. 추측해 보건데 인간 이하의 존재에게도 (개별적으로나 유類와 종種으로서 집단적으로 볼 때) 선택의 힘과 유사한 무언가가 주어질 수 있다는 의견을 여기에 더할 수 있다. '인간만이 직립한다.'는 특별한 사실이 존재한다. 판단컨대 다른 종이란 모두 현존하는 화석이 보여주는 종으로서, 이들은 진화적으로 더 진보한 것이 아니라 퇴화되고 소멸되었다. 스콜라철학 아리스토텔레스주의의 표현을 빌면, 물질은 형상form, 반드시 최선의 형태는 아닐지라도 형상 자체를 향한 욕망을 지니고 있다. 살아있는 대상들로 구성된 세상 속에 사는 우리를 돌아볼 때, 우리는 물질을 향한 지칠 줄 모르는 욕망이 만족을 찾았던 셀 수 없이 많은 형상, 언제나 아름답고 때로는 지나치게 이상하며 때로는 불길한 형상을 보게 된다. 기쁨에 찬 경이로움으로, 때로는 감동하여, 인정할 수밖에 없지만 다소 의아해하고 실망하면서. 이 모든 살아있는 물질 중에서 오로지 인간으로서 구조화된 물질만이 어쨌든 정신적인 측면에서 더욱 발달할 수 있는 형상을 발견하는 데 성공했다. 나머지는 모두 현재 그대로의 모습으로 남아있을 수 있는 형상, 혹은 변화가 있다면 더 나쁘게 변화한 모습에 머물러있다. 우주 지성의 검열에서 인간을 제외한 살아있는 모든 물질은 그 생물학적 여정의 어느 시기에 결국 최선은 아니지만 지금 당장으로서는 최대한 유리한 형상을 취하려는 유혹에 굴복해버린 듯이 보인다. 인간을 제외한 모든 종들은 자유의지와 유사한 행위를 통해 분화specialization라는 빠른 응답과, 비록 낮은 수준이지만 존재의 완벽함이라는 현재의 황홀감을 선택했다. 그 결과 그들은 모두 진화상 막다른 골목 끝에 서게 되었다. 이윽고 다양하게 표현된, 창조라는 최초의 우주적인 추락에, 그들은 인간의 자발적인 추락에 상응하는 이해하기 어려운 생물학적 추락을 덧붙였다. 종種으로서 그들은 신성한 근본바탕과 재결합할 수 있는 역량보다는 자아의 직접적인 만족을 선택하였다. 이런 잘못된 선택으로 인해, 인간이 아닌 생명 형태는 (분화되지 않고 그럼으로써 보다 자유롭고 고등한 의식을 가진 인간의 형태에서나 가능한) 지고의 선善을 실현하는 것에서 제외됨으로써 부정적인 처벌을 받게 되었다. 그러나 물론 지고의 선을 위한 역량은 극단적인 사악함 또한 가능하다는 대가를 치름으로써 달성된다는 점을 기억해야 한다. 여러 면에서 동물들은 고통을 받지 않으며, 사람이 받는 정도만큼 고통받지 않는다는 사실을 확실히 느낄 수 있다. 그들에게는 인간 종의 뚜렷한 징후 중 하나인 악마적인 사악함도 거룩함과 마찬가지로 존재하지 않는다.

그렇다면 영원의 철학에서 선善이란 분리된 자아가 자아에게 존재를 부여한 신성한 근본바탕에 순응하고 마침내는 그 속에서 소멸되는 것이며, 악惡이란 분리감의 강화, 근본바탕이 존재한다는 사실을 알고 싶어 하지 않는 것임을 알 수 있다. 물론 이런 교리는 일련의 부정적·긍정적인 신성한 계율로서, 혹은 사회적 유용성의 견지에서 윤리적 규범을 표현한 것과 완전히 일치하고 있다. 모든 곳에서 금지되는 범죄는 모든 곳에서 나쁜 것으로 비난받는 마음상태에서 나온다. 경험적 사실로 볼 때, 이런 잘못된 마음의 상태는 영원의 철학이 지고의 선이라고 말하는 신성한 근본바탕에 결합하는 앎과 절대로 양립할 수 없다.

12
시간과 영원
Time and Eternity

우주란 사건들의 끊임없는 연속이다. 그러나 영원의 철학에 따르면 그 바탕은 신성한 영Spirit의 영원한 현재timeless now다. 보이티우스가 자신의 선배들, 특히 플로티누스의 개념들을 요약한《철학의 위안 Consolations of Philosophy》말미에서 시간과 영원 간의 관계에 관한 고전적인 언급을 찾아볼 수 있다.

영원한 생명을 계속하는 것과 영원한 생명의 온전한 현존을 함께 포용하는 것은 별개인데, 후자는 분명 신성한 절대마음divine Mind에 적합하다.

세속적인 세상은 이 빈약하고 덧없는 순간에 존재하는 어떤 것이든 거기에 얽매이면서, 충분히 얻을 수도 표현할 수도 없는 것을 부분적으로 모방하는 것처럼 보인다. 존재하는 것은 그것이 변함없는 현존 Presence의 어떤 이미지를 지니고 있기 때문에, 그것과 함께하는 것이라면 무엇이든, 늘 그러한 것처럼 보이는 속성을 부여한다. 그러나 그것은 머물러 있을 수 없기 때문에, 시간이라는 무한한 여행길에 나선다. 그리하여 움직임으로써 그 생명을 지속하는데, 머물러서는 그 충만함을 이해할 수 없다.

보이티우스

신은 항상 영원하고 현재인 상태에 있기 때문에, 시간관념을 넘어서는 그분의 앎은 그분의 현존이라는 단순성 속에 머물러 있으며, 과거와 미래의 무한함을 이해하면서, 모든 것을 막 이루어지려는 것으로 여긴다.

보이티우스

지금 일어나고 있는 일에 대한 앎이 사건을 결정하는 것은 아니다. 보통 '신의 선견지명God's foreknowledge'이라고 부르는 것은 사실상 시간을 초월한 현재를 아는 것now-knowledge이며, 이것은 시간 속 인간 피조물의 의지가 갖는 자유와 양립 가능하다.

드러난 세계와 모든 움직이는 것들은 신성한 절대마음의 안정성으로부터 원인·질서·형태를 취한다. 이것은 행위의 다양한 방식을 결정한다. 신적 인식의 순수성 속에서 고려되는 방식들을 섭리Providence라고 한다. 그가 움직이고 처리하는 것들에 관해 말할 때는 운명Fate이라고 한다… 섭리란 신성한 이성 그 자체로, 만물을 다스린다. 그러나 운명이란 변화 가능한 사물들에 내재한 성향으로서, 이를 통해 섭리는 모든 것을 그에 알맞은 질서로 연결한다. 왜냐하면 아무리 다양하고 무한해도 섭리는 모든 것을 한꺼번에 동등하게 포용하기 때문이다. 그러나 운

명은 장소·형태·시간에 의해 분포된 모든 것들을 움직이게 한다. 그러
므로 신성한 절대마음의 선견지명에 결합되어 시간적 순서가 전개되는
것이 섭리이며, 시간 속에서 소화되고 전개되는 동일한 결합을 운명이
라고 부른다…

숙련공이 마음속에 어떤 형상을 그리면서 그의 작업을 처리하고, 단
순히 또 순간적으로 예견한 시간의 순서에 따라 실행하듯이, 신께서는
자신의 섭리에 따라 무엇이든 해야 할 일을 단순하고 견실하게 처리하
신다. 그분께서는 운명을 통해 시간 순서를 따라 여러 가지 방식으로 하
시려는 일을 수행하신다… 운명에 속한 모든 것은 섭리에 속한 것이기
도 하다. 그러나 섭리에 속한 어떤 것들은 운명의 행로를 넘어서 있다.
왜냐하면 그것들은 최초의 신성에 가까운 덕분에 안정적으로 뿌리내림
으로써 운명의 움직임이라는 순서를 뛰어넘은 것들이기 때문이다.

보이티우스

시계라는 개념은 시간의 모든 연쇄를 포섭한다. 비록 시계가 시간을
알리지 않더라도, 그 개념이 지시할 때를 제외하고는 개념상 여섯 번째
시간은 일곱 번째나 여덟 번째보다 앞서지 않는다.

쿠사의 니콜라스

영원의 철학을 반대하는 이들은 홉스[224] 이후로 영원한 현재의 존재
를 부정해왔다. 이런 사상가들에 따르면, 시간과 변화는 근본적인 것

---

224 토머스 홉스Thomas Hobbes (1588~1679): 영국의 정치철학자·법학자.

이며 그것 말고는 어떤 실재도 존재하지 않는다. 더구나 미래의 사건은 완전히 불확실하고 신조차도 그것을 알 수가 없다. 그러므로 신을 알파와 오메가로써는 묘사할 수 없다. 단순히 알파와 람다, 또는 중간에 들어가는, 지금 발음되고 있는 어떤 다른 일시적인 알파벳 철자로도 묘사할 수 없다. 그러나 심령연구협회가 수집한 일화적 증거와 수천 년 동안의 임상 실험을 거쳐 수집된 초감각 지각에 대한 통계학적 증거는 심지어 인간의 마음까지도 예지력을 가질 수 있다는 결론을 불가피하게 내리고 있다. 어떤 유한한 의식체가 지금부터 3초 후 어떤 카드가 나올지 알 수 있거나 다음 주에 어떤 조난사고가 생길 것인지 알 수 있다면, 우리에게는 미래인 무한히 멀리 떨어진 사건을 지금 알 수 있는 무한한 의식이라는 개념이 불가능하지도 않으며 본질적으로는 개연성이 낮지도 않다. 인간이 살고 있는 '겉보기의 현재'[225]는 기지의 과거로부터 미지의 미래로 가는, 기억의 생생함 때문에 우리가 '지금now'이라고 부르는 순간으로 간주되는 짧은 과도기적 부분 그 이상일 수 있으며 아마 언제나 그럴 것이다. 그것은 거의 항상 머지않은, 더 나아가서는 비교적 먼 미래의 일부를 포함할 수 있다. 신성에게 '겉보기의 현재'는 엄밀히 말하면 보이티우스가 언급한 '완전히 끝없는 생명의 완벽한 소유'[226]일 수 있다.

시간적 상태는 비시간적인 상태와 공존할 수 없다는 이유 때문에

---

225 겉보기의 현재specious present: 변화 및 지속이 직접 경험된다고 주장되고 있는 짧은 시간적 길이.

226 영원Eternity을 의미하며 《철학의 위안》에서 인용된 문장. "Aeternitas igitur est interminabilis vitae tota simul et perfecta possessio." (영역: Eternity, therefore, is the complete and perfect possession of unending life all at once.)

'영원한 지금'의 존재가 종종 부정되었다. 그리고 변화하는 실체가 변함없는 실체와 결합하는 것도 불가능하다. 비시간적 상태가 기계적인 성질을 띠거나, 변함없는 실체가 공간적·물질적 속성을 갖는다면 이런 반대는 분명 타당할 것이다. 그러나 영원의 철학에 따르면 영원한 현재는 의식, 신성한 근본바탕은 영spirit, 브라흐만의 존재는 의식chit 또는 앎이다. 세속적인 세상은 영원한 의식에 의해 알려지고, 알려지는 가운데 유지되며 끊임없이 창조되어야 한다는 생각에는 전혀 자기모순이 없다.

마지막으로 우리는 인간의 마음을 통해 영원한 근본바탕을 통합적으로 알 수 있다고 주장하는 사람들과는 정반대되는 논의에 도달했다. 이런 주장은 모순된 듯이 보이는데 왜냐하면 여기에는 '나는 한때는 영원하고, 다른 한때는 시간 속에 존재한다'는 주장이 포함되기 때문이다. 그러나 이런 진술은 인간에게는 두 가지 본성이 있고, 한 수준에서만 살아갈 수 있다고 하는 경우에만 모순된다. 하지만 영원의 철학 신봉자들이 항상 주장하고 있듯이 인간이 육체와 마음psyche일 뿐만 아니라 영spirit이라면, 단순한 인간적 차원의 삶이든 자기 존재의 신성한 근본바탕과 조화를 이루거나 심지어 합일하는 삶이든 자신의 뜻대로 살 수 있다면, 그런 진술은 완전히 의미가 통한다. 육체는 항상 시간 속에 존재하고 영은 항상 영원하며, 마음은 스스로를 육체와 어느 정도 관련시키지만, 원한다면 그 영을 경험하고 그것과 동일시할 수 있으며 영을 통해서 신성한 근본바탕과 동일시할 수 있는 인간존재의 법칙에 따르는 양면성을 지닌 피조물이다. 영은 항상 영원히 있는 그대로의 모습으로 남아있다. 그러나 인간은 자신의 마음을 항상 영과 동일시할 수 없도록 되어있다. '나는 어떤 때는 영원하지만, 어떤 때는 시간 속에 존재한다'는 진술에서 '나'라는 단어는 마음을 지칭하는 단어로, 영과 동일시하면 시간성에서 영원으로 가고, 스스로 신체와의 동일시를 선택하거나 어쩔 수 없이 동일시하게 되면 자발적 혹은 비자발적 필요성에 의해 다시 영원에서 시간성으로 넘어간다.

"수피Sufi는 현재라는 시간의 아들이다"라고 잘랄루딘 루미는 말했다. 영적 진보는 나선형으로 나아간다. 어린아이일 때 우리는 미래에 대한 불안이나 과거에 대한 후회 없이 그 순간에 일어나는 삶이라는 동물적 영원성에서 출발한다. 우리는 이전과 이후를 살피고 대부분은 현재가 아니라 기억과 기대 속에, 자발적으로가 아니라 규칙을 따르며 조심스럽게, 후회와 공포와 희망 속에서 살아가는 사람들이 처해있는 명확히 인간적인 조건으로 성장한다. 그리고 원한다면 계속 위로, 동물성이라는 출발점에 해당되는 지점이긴 하지만 그보다 상위의 전혀 다른 지점으로 나선을 그리며 움직일 수 있다. 다시 한 번 말하지만 삶은 순간을 사는 것이다. 현재의 삶이란 인간 이하의 피조물에게 해당하는 것이 아니라, 자비가 공포를 몰아내고 비전vision이 희망을 대신하며, 자기만족적인 회상이라는 긍정적 이기주의와 자책이라는 부정적인 이기주의가 무아selflessness에 의해 멈춰버린 존재에게 해당하는 것이다. 현재의 순간이란 영혼이 시간에서 영원으로 갈 수 있는, 은총이 영원에서 영혼으로 갈 수 있는, 최고의 사랑이 시간 속에 있는 하나의 영혼에서 시간 속에 있는 다른 영혼으로 전달될 수 있는 유일한 간극이다. 이런 이유로 수피는, 또 수피와 더불어 영원의 철학을 실천하면서 신봉하는 모든 사람들은 현재 시간의 아들이고 또 그렇게 되려고 노력한다.

과거와 미래는 신을 시야에서 가려버린다.

이 둘을 불에 태워버리라.

그대는 이런 조각들로 나뉘지려 하는가, 마치 갈대 피리처럼?

갈대 피리가 나뉘져 있는 한, 비밀에 접근할 수 없고,

입술과 호흡에 응하여 소리 내지도 못한다.

잘랄루딘 루미

이렇듯 기억을 비우는 것은 그 이득이 합일상태union가 주는 이득만
큼 크지는 않지만 이는 불완전함과 죄악뿐 아니라 비애, 비탄, 슬픔으
로부터 영혼을 해방시켜주기 때문에 실제로는 상당히 선한 것이다.

십자가의 성 요한

대승불교의 이상적인 우주론에서, 기억memory은 다소 해로운 데미
우르고스[227]의 역할을 담당하고 있다. 《능가경》에 따르면 '삼계三界를
둘러본 보살은, 시작 없는 과거 이래로 축적되고 잘못 이해된 기억으
로 인해 삼계가 존재함을 알아차렸다.' 여기에서 '기억'으로 번역된
단어의 문자적인 의미는 '풍기는perfuming'[228]이다. 심신체mind-body는
인종적·개인적 과거를 통해 생각하고 행한, 욕망하고 느낀 모든 것
이 풍기는 지울 수 없는 냄새를 담고 있다. 중국인들은 그 산스크리
트 용어를 '습관-에너지'를 의미하는 두 가지 상징[229]으로 번역하였

---

227 데미우르고스demiurge: 조물주, 창조신, 세계의 형성자, 물질적 세계를 지배하는 존재.

228 한문 경전에서 '훈습薫習'의 '향기 훈薫'을 가리킴.

229 습기習氣. 산스크리트어 vāsanā는 한문 불교경전에서 습기習氣, 훈습薫習, 습習 등으로 번역됨.

다. 우리의 조상이나 우리 자신, 현생이나 전생의 존재로부터 형성된 의식적·무의식적·생리학적으로 기억된 모든 습관 때문에 세상은 (우리 눈에 보이는 바대로) 현재의 모습이 되었다. 기억된 이 나쁜 습관들이 우리로 하여금 다양성이 유일한 실재이며, '나', '나를', '나의 것'이라는 생각이 궁극적 진리를 표현하고 있다고 믿게끔 만들었다. 니르바나Nirvana는 우리에게 그렇게 보이는 것처럼 '우리에 관한quoad nos' 실재가 아니라 '있는 그대로의 실재reality 세계를 들여다보는 것'에 있다. 실재가 상대적일 수 있는 '우리'가 있는 한, 이것이 성취될 수 없음은 명백하다. 그러므로 영원의 철학을 신봉하는 모든 사람들이 자아의 죽음과 고행의 필요성을 강조하는 것이다. 이런 고행은 식욕·느낌·의지의 고행이 되어야 할 뿐 아니라, 추론하는 힘, 의식 자체, 우리의 의식을 의식으로 만드는 것, 즉 개인적인 기억과 유전된 습관-에너지의 고행이 되어야 한다.

완전한 해방을 위해서는 죄로부터 회심하는 것만으로는 충분치 않고, 대승불교도들이 파라브리티paravritti라고 부른 마음의 회심, 혹은 의식의 심연에서 일어나는 급변이 있어야 한다. 축적된 기억의 습관-에너지가 이런 급변의 결과로 파괴되고, 이와 더불어 분리된 에고라는 감각도 파괴된다. 실재Reality는 더 이상 우리에 관한quoad nos 것으로 인식되지 않고(그것을 지각하는 우리nos가 더 이상 존재하지 않으므로), 있는 그대로의 그 자체로 지각된다. 블레이크Blake의 표현에 따르면, "인식의 문이 정화되면, 모든 것이 있는 그대로, 무한하게 보인다." 가슴이 순수하고 마음이 가난한 사람들에게 삼사라와 니르바나, 외양과 실상, 시간과 영원은 완전히 동일한 것으로 경험된다.

시간 때문에 빛이 우리에게 도달하지 못한다. 신께로 나아가는 데 있어 시간보다 더 큰 장애물은 없다. 시간뿐 아니라 일시적인 것도, 일시적인 대상뿐만 아니라 일시적인 감정도, 일시적인 감정뿐만 아니라 시간의 흔적과 냄새까지도.

에크하르트

항상 신 안에서 기뻐하라고 성 바울께서 말씀하셨다. 그는 항상 기뻐했으며, 시간을 초월하고, 시간에서 해방되어 기뻐하였다. 인간이 신을 알지 못하도록 방해하는 세 가지가 있다. 첫 번째는 시간, 두 번째는 육체성corporeality, 세 번째는 다양성multiplicity이다. 신께서 임하시면 이런 것들은 떠나야만 한다. 그대가 보다 높고 나은 방식으로 이런 것들을 취함으로써 그대 안에서 다양성이 하나로 합쳐지는 경우를 제외하고는.

에크하르트

신을 전적으로 시간 속에 있는 존재로 생각할 때에는, 그분을 도덕적인 존재가 아닌 '신비한 존재numinous'로, 힘·지혜·사랑의 신이 아닌 그저 완전한 힘으로, 영적으로 예배드려야 하는 근본 영spirit이 아니라 희생으로써 비위를 맞추어야 하는 신비스러우면서도 위험한 지배자로 여기는 경향이 있다. 그도 그럴 것이, 시간이란 끊임없이 소멸하며, 전적으로 시간 속에 계신 신은 창조하는 것만큼이나 빠르게 파괴하는 신이기 때문이다. 대자연은 사랑스럽고 풍성하지만 그만큼 이해할 수 없이 섬뜩하다. 신성한 것이 스스로 그 속에 내재하는 시간의 상태를 초월하지 않는다면, 인간의 영이 시간에 속박된 영혼을 초월하지 않는다면, '인간을 향한 신의 길을 정당화'[230]할 수 있는 가능성은 없다. 우주에 나타난 신은 회오리바람 속에서 욥에게 말을 건넨 거부할 수 없는 존재, 베헤모스와 레비아탄, 군마軍馬와 독수리로 상징되는 존재다. 이는 《바가바드기타》의 계시적인 11장에서 설명한 것과 동일한 존재다. "오, 지고의 영이시여." 이제 크리슈나가 신성의 화신임을 알게 된 아르주나가 그를 부르면서 말한다. "저는 오랫동안 당신의 이슈와라 형상(세상, 대자연, 시간적 질서의 신으로서의 형상)을 보고 싶어 했나이다." 크리슈나가 대답한다. "그대는 나의 몸에서 생물과 무생물을 모두 포함한 전 우주를 보게 될 것이다." 계시에 대한 아르주나의 반응은 놀라움과 공포였다.

> 아, 나의 신이시여. 당신의 몸에서 모든 신을 보나이다.
> 수많은 피조물들이 자신의 분수를 갖고 있나이다.
> 주님 브라마Brahma께서는 연꽃 위에 앉아 계시고,
> 모든 현자들과 성스러운 뱀들도 보이나이다.
>
> 당신을 한량없는 보편적 형상으로 보나이다.
> 무한한 눈들, 팔들, 입들과 배들…
> 보라. 끝도, 중간도, 시작도 없도다.

다음에는 이슈와라 형상을 갖고 있는 신의 전능과 포괄성을 자세

---

230 밀턴의 《실낙원》에서 인용: "Justifying the ways of God to man."

히 진술하는 긴 문장들이 나온다. 그다음에는 비전의 성질이 변하면서, 공포와 전율에 싸인 아르주나는 우주의 신이 창조의 신일뿐만 아니라 파괴의 신이기도 하다는 사실을 깨닫는다.

이제 당신 입안의 무시무시한 엄니를 갈고 있고,
세상의 마지막 날 아침의 화염처럼 이글거리며
북·남·동·서, 모두가 무너지네.
데바deva들의 왕, 세상의 거처abode여, 자비를 베푸소서!

빠르게 바다로 흘러가는 수많은 강처럼,
영웅들이 당신의 성난 목구멍으로 빨려들어가네.
나방들이 죽음으로 이끄는 불꽃으로 뛰어들듯이
이들은 당신 안으로 곤두박질치며 들어가서 사라지네…

당신이 누구인지, 처음부터 누구였는지 말해주십시오.
무시무시한 모습을 한 당신. 신 중의 신이시여, 자비를 베푸소서.
존경을 받으소서, 주여. 당신의 길들은 제게 숨겨져 있나이다.

'당신이 누구인지 말해주십시오'에 대한 답은 분명하고 뚜렷하다.

나는 시간Time, 사람들을 파괴하는 자로 왔노라.
그들의 파멸이 무르익는 때를 준비하라.

끔찍하게도 시간으로 온 신은, 하지만 또한 신성으로서, '존재

Sat · 의식Chit · 지복Ananda'을 그 본질로 삼는 브라흐만으로서, 시간을 초월하여 존재한다. 시간의 괴롭힘을 당하는 인간의 마음psyche 내면에, 그리고 마음을 초월하여 에크하르트가 말한 '창조되지 않고, 창조할 수도 없는' 인간의 영spirit, 브라흐만과 유사하거나 동일한 아트만이 존재한다. 영원의 철학에 관한 여타의 모든 설명과 마찬가지로, 《기타Gita》는 인간이 스스로 원한다면 자신의 일시적이고 분리된 자아를 벗어나 영원한 근본 영과 합일할 수 있다는 사실을 관찰과 직접적인 경험에 근거를 두고 확인함으로써 인간에 이르는 신의 길들을 정당화하고 있다. 또한 화신Avatar은 이런 합일을 성취하는 데 있어 인간을 돕기 위해 육체를 갖고 나타났다고 한다. 화신은 세 가지 방식, 즉 자발적 무지로 눈이 먼 세상에서 진정한 교리를 가르치고, 그 자체가 목적이 아니라 근본 영의 영적인 사랑-앎에 이르는 수단으로써 인간적인 '세속적 사랑'으로 영혼을 초대하며, 은총의 통로로 봉사함으로써 그런 일을 수행한다.

근본 영Spirit인 신은 오로지 영적으로만, 그리고 신 자체를 위해서만 숭배될 수 있다. 그러나 시간 속에 계신 신은 보통 세속적인 목적을 달성하려는 의도로 물질적인 수단에 의해 숭배된다. 시간 속에 계신 신은 분명 창조자인 동시에 파괴자다. 사정이 이러하므로 신 스스로 가한 파괴만큼이나 끔찍한 방법으로 그를 숭배하는 것이 적절해 보인다. 이런 이유로 인도에서는 파괴자인 대자연Nature-the-Destroyer의 측면을 가진 칼리Kali에게 피를 제물로 바쳤고, 히브리 예언자들의 비난에도 불구하고 몰록231에게 어린아이를 제물로 바쳤으며, 페니키아인 · 카르타고인 · 드루이드교인 · 아즈텍인들은 인신공양을 행했다.

그 모든 경우에서 언급된 신성이란 시간 속의 신 또는 의인화된 대자연이었으며, 시간 그 자체, 자기 자손을 먹어치우는 자 이외에 아무 것도 아니다. 그리고 모든 경우에 있어서 종교적 예식의 목적은 미래에 이득을 얻거나, 시간과 대자연이 언제나 지니고 있는 엄청난 해악 중 하나를 피하기 위한 것이었다. 이런 이유로 파괴자가 그토록 중요시한 고통이라는 화폐로 높은 대가를 치르는 것이 가치 있다고 여긴 것이다. 세속적 목적의 권위는 본질적으로 끔찍한 수단의 사용을 정당화시켰다. 세속적 목적이 본질적으로 시간의 속성을 지니기 때문이다. 속죄Atonement의 특정 이론들과 영원히 반복되는 신-인간 God-Man의 희생으로써의 미사Mass라는 개념 속에서 이러한 고대의 생각과 행동 패턴의 승화된 흔적들을 여전히 찾을 수 있다.

현대사회에서 인간을 희생 제물로 바쳐야 하는 신들은 대자연이 아니라 인간 스스로 손수 만들어놓은 정치적 이상들의 인격화이다. 물론 이들 모두는 시간상의 사건들로서 과거나 현재의 실제 사건이거나 상상 속의 미래 사건들이다. 여기에서 영원의 존재와 그 즉각적인 실현가능성을 주장하는 철학은 어느 한 종류의 정치적인 이론 및 행위에 연관되어 있음을 주목해야 한다. 시간 속에서 진행되는 것이 유일한 실재reality라고 주장하는 철학은 다른 종류의 이론을 낳고, 꽤 다른 종류의 정치적 행위를 정당화시킨다. 마르크스주의를 신봉하는 저술가들은 이 점을 분명하게 인식하면서, 그리스도교 정신이 주로 시간상의 사건에 몰두해있으면 '혁명적인 종교'가 되며, 신비적 영향

---

231 몰록Moloch: 어린아이를 제물로 바쳐 제사 지냈다는, 구약성경 〈레위기〉에 언급된 셈족의 신.

아래 (경전에 기록된 역사적 혹은 유사역사적 사실들이 단지 상징에 불과한) 영원한 복음Eternal Gospel을 강조하면 정치적으로 '정지'하고 '보수적'으로 된다고 지적하였다.

물질에 대한 마르크스주의적 설명은 어느 정도까지는 지나치게 단순하다. 영원이 아니라 시간에 주로 관심을 두는 모든 신학과 철학들이 반드시 혁명적이라고 말하는 것은 사실과 전혀 다르다. 모든 혁명의 목적은 과거와는 근본적으로 다르게 미래를 더 개선된 형태로 만드는 데 있다. 그러나 시간에 집착하는 일부 철학들은 주로 미래가 아닌 과거에 관심을 기울이며, 그들의 정치학은 완전히 현 상태를 유지하거나 복구해서 좋았던 옛 시절로 되돌아가는 것이다. 그러나 시간을 숭배하며 과거를 회고하는 사람들은 더 크고 나은 미래를 위해 혁명적으로 헌신하는 사람들과 한 가지 공통점을 갖고 있다. 모두 자신들의 목적을 달성하기 위해서는 폭력을 무한정으로 사용할 준비가 되어있다는 것이다.

여기에서 우리는 영원-철학자eternity-philosopher의 정치학과 시간-철학자time-philosopher의 정치학이 근본적으로 다름을 발견한다. 후자의 경우, (미래에는 모든 사람이 완전히 새롭고 전례 없던 것을 행하고 생각하기 때문에, 혹은 반대로 오래되고 전통적이며 신성시된 것을 행하고 생각하기 때문에 모든 사람이 행복할) 세속적인 세상에서 궁극적인 선善을 찾을 수 있다. 궁극적인 선은 시간 속에 있기 때문에, 그것을 성취하기 위해는 세속적인 어떤 수단을 써도 정당하다고 느낀다. 인간의 영원한 구원에 필요하다고 간주된 교의, 종교의식, 종교-정치-재정 기구를 영속화시키기 위해, 종교재판은 사람들을 화형에 처하고 고문했다. 성경을 숭배하는 프로테스탄트들은 실로 오래된 사도시대

apostolic times의 그리스도교라고 허황되게 상상한 것을 위해 안전한 세상을 만들려고 길고 야만적인 싸움을 벌였다. 자코뱅 당원과 볼셰비키들은 현재와는 다른 눈부시게 화려한 정치적·경제적 미래를 위해 수백만의 목숨을 희생시킬 준비가 되어있었다. 현재 모든 유럽인과 아시아인 대부분은 영원한 상호번영과 천년왕국이라는 예언적인 비전을 위해 희생을 치러야만 한다. 시간을 너무 진지하게 받아들인 대부분의 종교와 철학들은 대규모 폭력의 사용을 되풀이하여 가르치고 정당화하는 정치이론과 관련이 있다는 사실이 역사기록에서 아주 분명하게 드러나는 것 같다. 유일한 예외는 쾌락주의자Epicurean들의 단순한 믿음이라고 할 수 있는데, '먹고 마시고 즐거워하라. 내일이면 죽을 테니'가 시간에 대한 너무도 현실적인 반응이다. 이것은 별로 고상하지도 않고 심지어 현실적이지도 않은 도덕성이다. 그러나 이것은 혁명적인 윤리, '죽어라(그리고 죽이라). 내일이면 누군가 다른 사람이 먹고 마시고 즐거워 할 테니까'보다 더 일리가 있어 보인다. 사실상 다른 누군가가 누리게 될 미래의 즐거움에 대한 전망은 매우 불안정하다. 왜냐하면 대규모로 죽고 죽이는 과정은 사실상 이로운 목적을 달성하는 것에 반하는 혁명을 보장해주는 물질적·사회적·심리적 조건들을 만들기 때문이다.

자신의 철학이 시간을 지나치게 심각하게 다룰 정도로 강요되지 않는 사람들은, 혁명적이고 진보적인 사회적 계시나 그 반작용으로 부활하고 영속화된 과거에서 궁극적인 선을 찾지 않으며, 영원하고 신성한 현재, 즉 이런 선을 충분히 소망하는 사람들이 직접 경험한 사실로서 깨달을 수 있는 현재에 둔다. 죽는다는 단순한 행동은 그 자체로는 영원으로 통하는 통행증이 아니며, 대규모의 학살은 살해

자나 살해당한 사람들 혹은 그 자손들에게 해방을 가져올 어떤 일도 할 수 없다. 모든 이해를 넘어선 평화peace는 영원으로 진입하는 해방의 결실이다. 그러나 평범한 일상 형태로서의 평화는 또한 해방의 근간이 되기도 한다. 왜냐하면 격렬한 열정과 어쩔 수 없는 분열이 있는 곳에서는 이런 궁극적인 선善을 깨달을 수 없기 때문이다. 이것이 영원-철학과 관련된 정책이 관대하고 비폭력적인 한 가지 이유다. 또 다른 이유는 영원이 내면에 있는 천국이며, 영원을 깨닫는 것이 궁극적인 선이라는 것이다. "그대가 그것이다." 그리고 '그것'은 불멸이면서 넘을 수 없는 것이기 때문에, 개별적인 '그대들'을 죽이고 고문하는 것은 우주적으로 중요한 문제가 되는데, 그것이 개별적 영혼과 모든 존재의 신성하고 영원한 근본바탕 사이의 정상적이고 자연스러운 관계를 방해하기 때문이다. 무엇보다도 모든 폭력은 신성한 질서에 반하는 신성모독적인 반역이다.

이제 이론에서 역사적 사실로 넘어가면, 신학적으로 시간상의 사건들에 최소한의 관심만 기울인 채 영원에 모든 관심을 쏟았던 종교들은 언제나 정치적 실천에 있어 가장 비폭력적이면서 가장 인간적이었다. 초기 유대교·그리스도교·이슬람교(이들은 모두 시간에 사로잡혀 있다)와는 달리, 힌두교와 불교는 한 번도 신앙을 박해한 적이 없고, 성전聖戰을 일으키도록 설득한 적도 거의 없으며, 유색인들에 대한 정치·경제적 탄압을 하면서 개종을 강요하는 종교적 제국주의를 멀리하였다. 16세기 초부터 20세기 초까지 4백 년 동안 대부분의 유럽 그리스도교 국가들은 다른 대륙에 있는 비그리스도교 이웃 국가들을 공격하고 정복하며 착취하는 데 상당량의 시간과 에너지를 소비했다.

　그러나 이 시기 동안 개별적인 많은 성직자들은 그런 부정한 행위들의 결과를 줄이기 위해 최선의 노력을 기울였다. 그리스도교 주요 교회들은 공식적으로 그런 행위들을 비난하지 않았다. 영국인들과 스페인인들이 신세계에 도입한 노예제도에 항의하는 최초의 집단시위는 1688년 저먼타운에서 열린 퀘이커교도의 집회에서 일어났다. 이 사실은 매우 의미심장하다. 17세기의 그리스도교 분파 중 퀘이커교도들은 역사에 가장 사로잡혀 있지 않았으며, 시간 속에 존재하는 것들을 우상숭배 하는 데 가장 덜 빠져 있었다. 그들은 모든 사람들 속에 내면의 빛이 존재하며 그 빛에 순응하여 사는 사람들에게는 구원이 찾아오고, 구원이란 역사적 혹은 유사역사적 사건들을 믿는다고 고백하거나 특정 의식을 수행하고 특정 교회조직을 지원하는 데 달려있지는 않다고 믿었다. 게다가 그들의 영원−철학은 진보−숭배의 물질주의적 계시신앙(이 신앙은 최근에 전쟁과 혁명을 비롯하여 노동자·노예·야만인과 어린아이에 대한 착취까지 모든 종류의 부당함을 정당화시켰는데, 지고의 선은 미래에 존재하며 그 선을 성취하기 위해서는 본질적으로 끔찍한 어떤 세속적 수단도 사용할 수 있다는 이유로 그것들을 정당화했다)으로부터 그들을 보호하였다. 퀘이커교 신학은 영원−철학의 형태를 띠기 때문에, 그들의 정치적 이론은 이상적인 목적을 향한 수단으로서의 전쟁과 박해를 거부하고 노예제도를 규탄하면서 인종적 평등을 선언한다. 다른 종파의 구성원들은 백인들이 강탈했던 아프리카의 희생자들을 위해 훌륭한 일을 했다. 예를 들어 카르타헤나 Cartagena의 성 페드로 클라베르[232]가 있다. 그러나 영웅처럼 자비로웠던 이 '노예들의 노예'는 노예제도나 그 제도를 유지시켰던 범죄적

거래에 대항해서 목소리를 높이지 못했으며, 현존하는 기록으로 밝혀진 바에 따르면 그는 결코 존 울먼처럼 노예 주인을 설득해서 노예를 풀어주게 하지 못했다. 그 이유는 아마도 클라베르가 예수회 수사였기 때문에 완전한 복종을 서약했으며, 특정 정치·교회 조직을 그리스도의 신비한 몸the mystical body of Christ으로 여기도록 자신의 신학에 의해 강요당했기 때문일 것이다. 이런 조직의 지도자들은 노예제도나 노예거래에 반대하는 자신들의 의사를 공식적으로 표명하지 못했다. 윗사람들이 공식적으로 승인하지 않았던 생각을 표현한 페드로 클라베르는 누구였을까?

힌두교와 불교처럼 역사적으로 위대한 영원의 철학이 낳은 또 하나의 실제적인 결과로는 동물들에 대해 친절함을 심어주는 도덕성을 들 수 있다. 유대교와 정통 그리스도교는 인간의 세속적 목적의 실현을 위해 동물들을 물건처럼 사용할 수 있다고 가르친다. 심지어 짐승이라는 피조물에 대한 성 프란체스코[233]의 태도조차도 완전히 분명한 것은 아니었다. 실제로 그는 늑대를 개종시키고 새들에게 설교하였다. 그러나 튀긴 족발을 먹고 싶어 하는 병자의 갈망을 충족시켜 주기 위해 주니퍼 수사가 살아있는 돼지의 발을 잘랐을 때, 이 성인은 소중한 사유재산의 일부를 손상시킨 제자의 무절제한 열의만을 비난

---

232 성 페드로 클라베르St. Pedro Claver (1581~1654): 스페인의 예수회 사제·선교사. 당시 스페인의 식민지였던 콜롬비아에서 노예매매의 중심지였던 카르타헤나에 머물며 평생 흑인 노예들의 처참한 상황을 개선하는 데 기여함.

233 아씨시의 성 프란체스코San Francesco d'Assisi (또는 프란치스코, 프란시스Francis, 1182~1226): 13세기 초 프란체스코 수도회(작은형제회)를 설립하여 교회 개혁을 이끈 이탈리아의 가톨릭 수도사. 자연과 동물을 사랑한 것으로 유명함. 예수가 십자가에 매달렸을 때 입은 상처가 몸에 나타나는 '성흔'이 발생했는데, 이것을 최초로 교회의 공식 인정을 받은 그리스도교 성인.

하였다.

정통 그리스도교가 유럽인들의 마음에 미치는 영향력의 상당부분을 잃게 된 19세기에 와서야, 동물에 대해서도 인간적으로 행동하는 것이 좋다는 생각으로 나아가기 시작했다. 이런 새로운 도덕은 낭만파 시인과 과학자들에 의해 자극되었던 대자연에 대한 새로운 관심과 관련이 있다. 동물에 대한 친절함을 선호하는 최근의 움직임은 영원의 철학, 즉 '살아있는 모든 피조물들 안에 거주하는 신성'이라는 교리에 기초하고 있지 않기 때문에, 인간을 향한 편협함, 박해, 조직적인 잔인함과 완전히 양립하고 있었고 현재에도 양립하고 있다. 젊은 나치Nazi 당원들은 개와 고양이를 온화하게 대하되 유대인들에게는 무자비하라는 교육을 받는다. 왜냐하면 나치즘은 궁극적인 선善이 영원이 아닌 미래에 존재하는 것으로 생각하는 전형적인 '시간의 철학'이기 때문이다. 나치즘의 가설에 따르면, 지고의 선을 실현하는 여정에서 유대인들은 장애물이지만 개와 고양이는 그렇지 않다. 논리적으로 볼 때 다음 내용이 뒤따라 등장하게 된다.

현세에서조차도 이기주의와 편파성은 비인간적이고 비열한 속성이다. 그러나 종교적 교리로 보면 그것들은 더 비열한 성질을 띠고 있다. 이제 이것은 교회의 분열이 가져온 가장 큰 죄악이 되었다. 그것은 모든 종교단체가 자신이 갖고 있는 모든 것을 용감하게 수호하고, 가지고 있지 않은 모든 것을 비난하는 특징이 있는 이기적이고 편파적인 정통성을 형성한다. 그러므로 모든 승리자들은 그들만의 진리, 그들만의 학문, 그들만의 교회를 수호하도록 훈련받으며, 승리자는 최대의 공덕과 최대의 영예를 누리면서, 자신들끼리는 모든 것을 좋아하고 모든 것을 방어

하지만 다른 종파에 속한 것들은 모두 샅샅이 검열한다. 그런 수호자보다 진리, 선, 합일, 종교를 더 공격할 수 있는 자가 누구겠는가? 위대한 모Meaux의 주교[234]가 왜 종교개혁의 모든 부분에 반대하는 수많은 학문적 저술을 집필하였는지 묻는다면, 그가 프랑스에게 태어났고 가톨릭교회의 품안에서 자랐기 때문이라고 대답할 수 있다. 그가 만일 영국에서 태어났더라면, 옥스퍼드나 케임브리지가 그의 모교라면, 우리의 위대한 스틸링플릿 주교[235]와 경쟁했을 것이며, 그가 했듯이 가톨릭교회에 반대하는 학술서를 다수 집필했을 것이다. 그러나 만일 각 교회가 한 사람의 사도apostle가 지닌 신앙심과 예루살렘 첫 교회의 첫 그리스도교인이 지녔던 공정한 사랑을 갖고 있는 사람을 각각 한 사람씩 만들어낼 수 있다면, 이런 특성을 지닌 프로테스탄트 한 명과 로마 가톨릭 교도 한 명은 화합의 약정을 담을 반 장의 종이도 필요하지 않을 것이고, 하나의 종교에 소속되기까지 반 시간도 채 걸리지 않을 것이라고 나는 감히 말하고 싶다. 그러므로 편파적인 학문·논리·역사·비평들에 의해 교회가 분열되고 서로 소원해지며 서로 간에 적의를 품게 되었다고 말한다면, 각각의 특정한 교회가 자신들의 것만이 진실임을 너무 많이 입증했다고 말하는 셈이 될 것이다. 가장 훌륭한 가톨릭교인마저도 교회 규율의 타당성을 인정하기를 매우 꺼리는 이유를 물어보라. 그들은 종교개혁에 대

---

234 자크 베니뉴 보쉬에Jacques-Bénigne Bossuet (1627~1704): 프랑스의 가톨릭 신학자·설교자·역사가. 루이 14세 때의 대표적 문인 중 한 사람으로 학식과 웅변이 뛰어남. 모 지방의 주교Bishop of Meaux를 지냈으며(1681~1704), 교황권에 맞서 프랑스 교회의 권리를 변호하는 왕권신수설을 주장했고 가톨릭 신앙을 옹호하여 낭트칙령의 폐지에도 관여. 정적주의를 반대하여 페늘롱과 서로 대치함.
235 스틸링플릿 주교Bishop Stillingfleet (본명은 에드워드Edward Stillingfleet, 1635~1699): 영국의 신학자로 성공회를 옹호했으며 설득력 있는 글과 뛰어난 설교로 유명.

한 어떤 증오도 없애고 싶지 않기 때문이다. 복음을 전파하기 위해 세상 일에서 멀리 떨어진 사람들에게는 독신생활이 이롭거나 필요하다고 언급하는 프로테스탄트들이 왜 아무도 없는지 물어보라. 그것은 성직자들이 결혼의 고통을 감수하지 않는 로마 가톨릭의 오류를 줄이는 것처럼 보이기 때문이다. 영국 성공회에서 가장 존경할 만하고 독실한 성직자들도, 신성한 빛으로 충분하고 성령의 안내와 영감만을 찾을 필요가 있다고 주장하기는 두려워한다. 왜냐하면 교회로부터 떨어져 나간 퀘이커 교도들이 이런 교리를 자신들의 토대로 삼았기 때문이다. 우리가 진리를 그 자체로 사랑한다면, 진리 자체를 위해 진리를 추구한다면, 이웃을 내 몸같이 사랑한다면, 종교를 통해 신에게 받아들여지는 것 말고는 아무것도 바라지 않는다면, 모든 사람의 구원을 똑같이 원한다면, 우리뿐만 아니라 형제 피조물에게 해롭기 때문에 오류를 두려워한다면, 종교적 이기주의와 편파성은 우리 속에 절대로 자리를 잡을 수 없을 것이다.

따라서 보편적 정신catholic spirit, 즉 신의 사랑과 모든 선 안에 존재하는 성인들의 영적 교류가 존재하는데, 특정 교회들이 정통이라고 부르는 것으로부터는 그 누구도 이것을 배울 수 없다. 모든 세속적 관점들을 완전히 버림으로써, 순수한 신의 사랑에 의해 모든 이기심으로부터 마음을 구해내고, 그리스도교인이건 유대인이건 이방인이건 모든 사람 안에 존재하는 동등한 사랑으로 진리와 선을 사랑하게 만드는, 위에서부터의 그러한 기름 부음에 의해서만이 그런 정신을 갖출 수 있다. 이런 혼란스럽고 분열된 상태에서 신성하면서도 보편적인 정신을 가질 수 있는 사람, 교회의 어떤 분파에도 속하지 않으면서 분열된 교회에서 살아가는 사람은 다음의 세 가지 진리를 가슴속 깊이 간직해야 한다. 첫째, 가슴의 모든 힘을 신에게 바치고 우리 자신을 사랑하듯 모든 사람을 사랑하게 만드는 보편적 사랑은 가장 고귀하고 신성한 신과 같은 영혼의 상태이며, 가장 완전한 종교가 우리를 상승시킬 수 있는 궁극의 완전성이라는 사실이다. 종교가 이런 사랑의 완전함을 가져다주지 않는 한 어떤 종교도 사람들에게 전혀 도움이 되지 않는다. 이런 진리는 신과 우리 이웃에 대한 사심 없는 순수한 사랑 안에서만 진정한 정통성을 발견할 수 있다는 사실을 보여준다. 둘째, 지금처럼 교회가 분열된 상태에서는 진리 자체가 찢겨지고 조각나 버렸다. 분열된 어떤 교파든지 그것이 보호하는 것보다 더 많은 진리와 더 적은 오류를 범하는 자만이 진정한 보편적 교인이라고 할 수 있다. 이런 진리는 분열 때문에 상처받지 않은 채로 분열된 교파에서 살아갈 수 있도록 할 것이며, 다른 교파에서 듣거나 보는 모든 선을 통해 덕성을 기르고 도움을 받을 수 있는 진정한 자유와 온당함 안에 머물 수 있게 한다. 셋째, 항상 이 위대한 진리, 즉 교파나 사람을 차별대우하지 않고 유대인이건 이방인이건, 무엇이 옳고 그른지에 마음을 써서 평등한 입장을 지키는 것이 신성한 정의Divine Justice의 영광이라는 사실을 항상 마음속에 간직해야 한다. 그러므로 신이 좋아하는 것을 좋아하고, 신이 비난하는 것을 비난하는 사람은 가톨릭신자의 눈도, 프로테스탄트의 눈도 가지지 말아야 한다. 이그나티우스 로욜라나 존 버니언이 매우 열성을 보였던 진리라고 해서 그 진리를 덜 사랑해서는 안 되고, 트랩[236] 박사나 조지 폭스가 저질렀다고 해서 그런 오류를 덜 혐오해서도 안 된다.

윌리엄 로

---

236 조지프 트랩Joseph Trapp (1679~1747): 당대의 지성적인 사제로 손꼽혔던 영국 성직자·시인·저술가.

트랩 박사는 〈과도한 정의의 성질, 어리석음, 죄악 및 위험에 대하여On the Nature, Folly, Sin and Danger of Being Righteous Overmuch〉라는 제목을 띤 종교적인 소논문의 저자다. 논쟁거리가 된 로Law의 글 중 하나가 이 논문에 대한 답변이었다.

베나레스는 동쪽에, 메카는 서쪽에 있다. 그러나 그대 자신의 가슴을 탐색하라. 거기에 라마Rama와 알라Allah가 계시니.

카비르

여러 가지 꽃에서 꿀을 모으는 벌처럼, 현명한 사람은 다양한 경전의 본질을 수용하고 모든 종교에서 좋은 점만을 본다.

《스리마드 바가바탐》

폐하께서는 고행자든 재가자든 상관없이 선물과 다양한 형태의 공경심을 갖고 모든 종파 사람들에게 경의를 표하신다. 그러나 폐하께서는 선물이나 외적인 공경보다는 모든 종파에서 문제의 본질the essence of the matter이 성숙하는 데 더 관심을 쏟으신다. 문제의 본질이 성숙하는 것은 다양한 형태로 드러나지만 그 뿌리는 말을 삼가는 것으로써, 더 정확히 말하면 자신의 종파만 공경하고 다른 종파를 이유 없이 비방하지 않는 것이다. 특별한 이유가 있는 경우에만 다른 종파를 경시할 수 있는데, 다른 사람들이 믿는 종파는 모두 어떤 이유에서든 존경받을 만한 가치가 있기 때문이다….

자기 종파의 영광을 높일 목적으로 자신의 종파에 전적으로 집착함으로써 자신의 종파만을 공경하고 다른 종파를 비방하는 사람은 사실상 그런 행위로 인해 자신의 종파에게 심각한 해악을 끼치고 있다. 그러므로 화합하는 것, 더 정확히 말해서 다른 사람들이 받아들이는 경건함의 법칙에 기꺼이 귀를 기울이는 것이 훌륭하다.

아소카의 칙령[237]

안타깝게도 아소카 왕의 칙령에 필적하는 그리스도교 왕의 칙령을 찾기는 어렵다. 서구에서 오래된 훌륭한 규칙이자 단순한 계획이란 자신의 종파를 찬양하고 다른 모든 종파들을 비방하며 심지어 박해까지 하는 것이었다. 그러나 최근에 그 정책이 바뀌었다. 개종시키고 박해하려는 열정은 공산주의·파시즘·국수주의 같은 정치적인 유사종교에게로 넘어갔다. 그런 유사종교가 공언하고 있는 세속적 목적을 향한 진보에 방해가 된다고 생각되지 않는 한, 영원의 철학이 다양하게 표명한 바는 경멸이 섞인 관대한 무관심으로 처리되고 있다.

신의 아이들은 매우 사랑스럽지만 매우 별나고,

매우 친절하지만 매우 편협하다.

사두 선다 싱[238]

---

237 아소카의 칙령Edict of Asoka: 인도 역사상 최초의 통일국가를 이룬 마가다국 제3왕조 마우리아 제국의 3번째 임금인 아소카왕(BC. 304?~232?)이 기원전 3세기경 돌기둥 등 수많은 석조물에 새긴 33개의 비문. 불교의 가르침을 바탕으로 다른 종교에 대한 존중, 살생 금지 등 비폭력과 사회 윤리에 기초를 둔 다르마를 주요 내용으로 함.

238 사두 선다 싱Sadhu Sundar Singh (1889~1929?): 인도 출신의 그리스도교 선교사. 시크교 집안에서 태어났으나 15세 때 예수의 환상을 보고 그리스도교로 개종한 후 평생을 사두(인도 수행자)의 복장으로 돌아다니며 선교활동을 펼침. 전 세계를 돌아다니며 강연했으며, 주로 활동했던 티베트 지방 선교 중 행방불명됨.

인도의 개종자들 중 최고의 유명인사가 몇 년 동안 그리스도교 형제들과 사귄 후에 어쩔 수 없이 내린 결론이다. 물론 존경할 만한 예외들도 있다. 그러나 박식한 프로테스탄트와 가톨릭교도들 사이에서 통용되는 규칙이라 할지라도 거기에는 일종의 거만한 편협성이 있어서, 자비와 진리에 반하는 심각한 범죄가 되지 않는 한 그저 소란스러운 우스갯거리가 될 뿐이다. 백 년 전에는 산스크리트어·팔리어·중국어가 유럽에 거의 알려져 있지 않았다. 유럽 학자들의 무지가 그들의 편협주의를 충분히 설명해주고 있다. 어느 정도 적절한 번역이 풍성해진 오늘날에는 그럴 이유가 전혀 없으며 변명의 여지 또한 없다. 그럼에도 불구하고 종교와 형이상학에 관해 집필하는 대부분의 유럽 및 미국의 저자들은 유대인, 그리스인, 지중해 연안 지역과 서구 유럽 사람들만이 이 주제에 관해 생각해본 것처럼 쓰고 있다. 완전히 자의적이면서 고의적인 무지가 20세기에 와서야 이렇게 드러난 것은 어리석을 뿐만 아니라 불명예스럽기까지 하다. 게다가 사회적으로 위험하기까지 하다. 다른 형태의 제국주의와 마찬가지로 신학적 제국주의는 영원한 세계 평화에 위협이 되고 있다. 첫째로는 대부분의 사람들이 삶의 진정한 철학에 대해 동일한 것을 수용할 때까지, 둘째로는 세계 모든 종교에 공통된 최고 요인으로서 영원의 철학을 인식할 때까지, 세 번째로는 모든 종교 추종자들이 자신들의 특정 신앙에 영원에 관한 영원의 철학the Perennial Philosophy of eternity을 덧씌운 맹신적인 시간의 철학을 포기할 때까지, 네 번째로는 인간 지고의 선이 미래에 이루어진다고 함으로써 그런 목적을 위한 수단으로 현재 일어나는 온갖 부정행위를 정당화하고 찬양하는 모든 정치적인 유사 종교들을 전 세계적으로 거부할 때까지, 폭력의 지배는 결코 끝나지

않을 것이다. 이런 조건들이 충족되지 않는다면 어떤 정치적인 계획
도, 아무리 정교하게 작성된 경제적 청사진도 전쟁과 혁명의 재발을
막을 수는 없을 것이다.

13
구원, 해방, 깨달음
Salvation, Deliverance, Enlightenment

구원Salvation, 그러나 무엇으로부터의 구원인가? 해방Deliverance, 특정 상황을 벗어나 다른 어떤 상황으로 해방되는 것일까? 인간은 이런 질문들에 많은 대답을 해왔다. 저마다 기질이 상당히 다르고, 사회적 상황은 매우 다양하며, 생각과 느낌의 유행은 그들이 지속되는 동안 매우 강렬하기 때문에 수많은 대답이 가능하며 이들은 서로 양립할 수 없다.

우선 물질적 구원주의material salvationism가 있다. 가장 단순한 형태로 말하면, 이것은 삶을 위협하는 상황으로부터 도피하려고 하는 체계화된 욕망을 통해 스스로를 표현하면서 살아가려는 의지이다. 실제로 그런 소망을 효과적으로 충족시키는 일은 두 가지에 달려있다. 즉 특정한 경제적·정치적 문제들에 지성intelligence을 적용시키는 일과, 지성이 최선의 이익을 위해 일할 수 있는 호의적인 분위기를 창조하고 유지하는 일이다. 그러나 구체적인 상황이라는 한계에 처한 인간은 친절하고 영리한 것만으로는 만족할 수 없다. 인간은 자신의 행동, 그리고 그런 행동에 수반되는 사고와 느낌을 일반적인 원리들 및 우주적 규모의 철학과 관련시키고 싶어 한다. 이렇듯 방향을 설정하고 설명을 제시하는 철학이 영원의 철학이 아니거나 영원의 철학과 어느 정도 밀접하게 관련된 역사적 신학이 아닌 경우, 그것은 유사종교, 일종의 조직화된 우상숭배 체계라는 형태를 띤다. 그러므로 굶어죽지 않으려는 단순한 소망, 절박하게 배가 고플 때는 착하거나 현명하거나 행복하기가 아주 어렵다는 근거 있는 확신은 필연적 진보Inevitable Progress라는 형이상학의 영향을 받아서 예언적인 유토피아 이상주의Utopianism로 한층 다듬어졌다. 압제와 착취에서 벗어나고자 하는 소망은, 모든 선善 중에서 국가를 최고선으로 간주하는 몰록Moloch 숭배와 이론적으로는 항상 그렇지 않지만 실제로는 반드시 결합된 계시록적인 혁명에 대한 믿음으로 설명되고 인도되었다. 이 모든 경우에 있어, 구원은 다양한 정치적·경제적 수단을 통해 열악한 물질적 조건과 연관된 고통과 불행에서 벗어남으로써 현재보다 훨씬 나은 (어떻게 해서든 모든 사람을 완전히 행복하고 현명하며 고결하게 만들어줄) 미래의 또 다른 물질적 조건들로 옮겨가는 해방처럼 간주되었다. 우익이든 좌익이든 모든 전체주의 국가들이 공식적으로 표명한 이런 신조信條는 자본주의적 민주주의라는 명목상의 그리스도교 국가에서 아직도 유일하게 준공식적으로 통용되고 있다. 이런 곳에서는 국가나 교회의 대표자들이 아니라 가장 영향력 있는 유명한 도덕주의자와 철학자, 광고문구 집필자들(모든 대중이 매일 그들의 작품을 읽는 문학역사상 유일한 저자들)이 대중의 마음에 이 신조를 되풀이해서 주입시킨다.

　다양한 종교의 신학에서 구원은 또한 어리석음·죄악·불행에서 벗어나 행복·선·지혜로 가는 해방으로 간주되었다. 그러나 정치적·경제적 수단들은 개인적 신성함의 개발, 개인적 공덕의 획득, 어떤 신성한 원리나 방법으로든 개개인의 영혼을 용서하고 정화시킬 수 있는 힘을 가진 사람에 대한 개인적 신앙의 유지에 부수적으로 따라오는 것으로 생각되었다. 게다가 우리가 선호하는 정치인들이 계속 권력을 잡고 올바른 법을 만든다면, 성취할 필요가 있는 목적은 22세기나 짐작컨대 그보다 더 일찍 시작하는 어떤 유토피아적 미래에 존재할 것으로 생각되지 않으며, 오히려 '천국에in heaven' 존재한다.

이 마지막 구절은 두 가지 서로 다른 의미를 지닌다. 위대한 역사적 종교에 소속된 아마도 대다수의 사람들에게 이것은 무기한의 개인적 존속이라는 행복한 사후死後 조건(선한 행동과 올바른 믿음에 대한 보상으로서, 그리고 육체를 지닌 삶으로부터 분리될 수 없었던 불행들에 대한 보상으로 생각되는)을 의미하며 언제나 그런 의미를 지녀오고 있었다. 그러나 다양한 종교 전통 안에서 영원의 철학을 하나의 이론으로 받아들이고 그것을 실제로 살아보려고 최선을 다해왔던 사람들에게 '천국'은 뭔가 다른 것이다. 그들은 시간 속에 살아가는 분리된 자아로부터 해방되어 신성한 근본바탕과 결합하는 앎 속에서 실현되는 영원으로 진입하기를 동경했다. 현생에서 근본바탕과 결합하는 앎을 얻을 수 있고, 얻어야 하기 때문에(이들의 궁극적 목적과 의도는 이런 앎뿐이다), '천국'이란 전적으로 사후에 일어나는 조건이 아니다. 지금 여기here and now로 구출된 사람만이 완전하게 '구원된다'.

구원의 수단들은 윤리적인 동시에 지적이고 영적인 것으로서, 붓다의 팔정도八正道가 이것들을 탁월할 정도로 명료하고 간결하게 요약하고 있다. 완전한 해방은 다음과 같은 것들을 조건으로 삼고 있다. 첫째, 고통과 죄악의 원인은 분리된 에고 중심적인 존재를 향한 갈망이며, 그 결과 '나', '나를', '나의 것'이라는 갈망과 집착을 제거하지 않고서는 개인적이거나 집단적인 죄악으로부터의 해방이 있을 수 없다는 것이 아주 분명한 사실임을 올바로 믿는 것(정견正見)이다. 둘째는 자기 자신과 타인들을 해방시키고자 하는 올바른 의지(정사유正思惟), 셋째는 모든 살아있는 존재들을 향한 자비심과 최고의 사랑의 인도를 받는 올바른 언어(정어正語), 네 번째는 평화와 선의를 만들고 유지하려는 목적을 지닌 올바른 행위(정업正業)이다. 다섯 번째는 올바른 생계수단으로, 이를 수행하는 가운데 모든 인간존재 또는 가능하면 살아있는 모든 피조물에게 해를 끼치지 않는 직업의 선택(정명正命), 여섯 번째는 자기조절을 향한 올바른 노력(정정진正精進), 일곱 번째는 삶의 모든 상황에서 훈련함으로써 그 결과 '우리가 무엇을 하는지 모른다'는 이유로 단지 부주의해서 그릇된 짓을 저지르는 것을 절대 용납하지 않는 올바른 주의 혹은 회상(정념正念), 여덟 번째는 근본바탕과 결합하는 앎인 올바른 묵상(정정正定)이다. 회상과 첫 여섯 정도正道에서 규정한 윤리적 자기부정을 통해 올바른 묵상에 접근할 수 있다.

이런 것들은 인간의 최종 목적을 달성하고 '구원을 받기' 위해 사용할 수 있는, 인간의 능력에 존재하는 수단들이다. 엄격한 20세기 실험 물리학자들만큼이나 '실체가 없는 질문'에 대해서 반감을 가졌던 팔리 경전 속의 붓다는 사람들이 그들의 목적을 달성하는 것을 돕기 위해 신성한 근본바탕이 사용하는 수단들에 대해서 말하기를 꺼렸다. 그가 말할 준비가 되어 있던 모든 것은 '슬픔과 슬픔의 종식'이었다. 이것은 고통과 악에 관한 엄청나게 잔혹한 사실과 그만큼 실증적인 또 하나의 사실, 즉 개인이 악에서 벗어날 수 있고, 그를 둘러싼 세상에서 악의 총합을 줄이기 위해 무언가를 할 수 있는 방법이 있다는 사실이다. 힌두교와 특히 그리스도교 신학의 사색 주제에 부합하는 은총의 신비들을 풍부하게 다루면서 논의한 것은 오로지 대승불교뿐이다. 해방에 대한 초기 소승불교의 가르침은 마지막으로 기록된 붓다의 말씀, 즉 "형성된 모든 것은 소멸하기 마련이다. 부지런히 자신의 구원을 성취하라"를 그저 상세히 설명한 것일 뿐이다. 아래에 인용한 유명한 구절에서 알 수 있듯이, 소승불교에서는 스스로의 노력을 최대한 강조하고 있다.

> 그러므로 아난다Ananda여, 그대들은 스스로를 등불로 삼고 스스로를 귀의처로 삼되, 남을 귀의처로 삼아 머물지 말라. 진리를 등불로 삼고 진리를 귀의처로 삼되, 다른 것을 귀의처로 삼아 머물지 말라…
>
> 아난다여, 누구든지 지금이나 내가 죽고 난 후에 자신을 등불로 삼고 자신을 귀의처로 삼되, 남을 귀의처로 삼아 머물지 않으며, 진리를 등불로 삼고 진리를 귀의처로 삼되, 다른 것을 귀의처로 삼아 머물지 않으면서 공부하기를 원하는 사람들은 으뜸 중의 으뜸이 될 것이다.

다음의 글은 《찬도기야 우파니샤드》에서 자유롭게 번역하여 옮긴 구절이다. 영적 지식의 수준이 다양한 만큼 구원에 대해서도 수많은 개념이 존재하며, 모든 개별 영혼이 성취하는 자유(혹은 노예화)의 종류는 실제로 그 영혼이 자발적인 무지를 근본적으로 없애려고 노력하는 정도에 달려있다는 점이 이 짧은 신화가 보여주려는 진리다.

부정한 행위로부터 자유롭고, 늙음과 죽음으로부터 자유로우며, 슬픔·목마름·배고픔으로부터 자유로운 참자아Self, 그 욕망이 참되고 바라는 것들이 실현되는 그런 참자아를 찾고, 탐구하며, 깨달아야 한다.

데바Deva(신이나 천사)들과 아수라Asura(악마나 거인)들은 모두 이 진리를 들었다. 그들은 '이 참자아를 찾고 깨닫는다면 우리는 온 세상을 얻을 수 있고 모든 욕망을 채울 수 있을 것이다.'라고 생각하였다.

그래서 데바들 중에서는 인드라Indra가, 아수라들 중에서는 바이로차나Virochana가 유명한 스승인 프라자파티Prajapati에게 찾아갔다. 그들은 32년 동안 학생으로서 그와 함께 살았다. 프라자파티가 그들에게 물었다. "그대들은 무슨 이유로 이렇게 오랜 시간 동안 여기에서 살았는가?"

그들은 "참자아를 깨달은 사람은 온 세상을 얻고 모든 욕망을 성취할 수 있다고 들었습니다. 우리는 참자아를 배우기 원했기 때문에 여기에서 살았습니다."라고 대답하였다.

프라자파티는 그들에게 말했다. "눈에 보이는 사람, 그가 바로 참자아다. 그는 불멸이고, 두려움이 없으며, 브라흐만Brahman이다."

제자들은 "스승님, 물이나 거울에 비치는 자는 누구입니까?"라고 물었다.

프라자파티는 "그는 아트만Atman이다. 실로 이 모든 것에서 그가 보인다."라고 대답하고는 "물에 비치는 그대들을 보라. 이해할 수 없는 점이 있으면 내게 와서 말하라."라고 덧붙였다.

인드라와 바이로차나는 물속의 모습을 뚫어지게 바라보았다. 참자아에 관해 무엇을 보았는지 말하라는 질문을 받자, 그들은 대답하였다. "스승님, 참자아가 보입니다. 머리카락과 손톱까지도 보입니다."

그러자 프라자파티는 그들에게 가장 좋은 옷을 입고 물속에 비친 '자신들의 모습'을 다시 바라보라고 명하였다. 그들은 지시를 따랐으며, 프라자파티는 그들이 본 것을 물었다. 그들은 "잘 치장하고 좋은 옷을 차려입은 우리와 정확히 똑같은 참자아가 보입니다."라고 대답하였다.

그러자 프라자파티는 말했다. "이런 것들 속에 참자아가 보인다. 그 참자아는 불멸하며, 두려움이 없고, 브라흐만이다."

제자들은 진심으로 기뻐하며 떠났다.

그러나 그들을 배웅하던 프라자파티는 슬픔에 젖어 말하였다. "그 둘은 분석하거나 분별하지도 않고 진정한 참자아를 이해하지도 못하고 떠나버렸다. 참자아에 대한 이런 잘못된 교리를 따르는 자는 누구나 소멸하고야 만다."

참자아를 발견한 것에 만족한 바이로차나는 아수라들에게 돌아가서 육체적인 자아만을 숭배하고 육체를 위해서만 일하라고 가르쳤으며, 에고를 숭배하고 육체를 위해서만 일하는 사람은 현세와 내세를 모두 얻는다고 가르쳤다. 사실상 이것이 아수라의 교리이다.

그러나 데바들에게 돌아간 인드라는 이런 지식이 쓸모없음을 깨달았다. 그는 곰곰이 생각했다. '이와 같은 참자아는 몸이 잘 치장하면 잘 치장하고 있고 몸이 좋은 옷을 걸치면 좋은 옷을 걸치고 있으므로, 눈이 멀면 따라서 눈이 멀고 절름발이가 되면 따라서 절름발이가 되며, 불구가 되면 따라서 불구가 될 것이다. 그뿐 아니라 이런 참자아는 몸이 죽으면 따라서 죽을 것이다. 이런 지식은 쓸모가 없다.' 그래서 인드라는 프라자파티에게로 되돌아가서 더 많은 가르침을 받고자 하였다. 프라자파티는 다시 32년 동안을 자신과 함께 살라고 명했다. 그런 다음 그는 인드라에게 하나씩 가르치기 시작했다.

프라자파티는 말했다. "꿈속에서 즐기며, 찬양받으면서 움직이는 그가 참자아다. 그것은 불멸하며, 두려움이 없고, 브라흐만이다."

진심으로 기뻐하며 인드라는 다시 떠났다. 그러나 다른 천상의 존재들과 재회하기 전에 그는 그런 지식 또한 쓸모없음을 깨달았다. 그는 생각했다. '이 새로운 참자아는 육체가 눈이 멀어도 눈멀지 않고, 육체가 불구가 되거나 다쳐도 불구가 되거나 다치지 않는다. 그러나 그 참자아는 꿈속에서조차도 수많은 고통을 의식하고 있다. 이런 가르침은 쓸모가 없다.'

따라서 그는 더 많은 가르침을 위해 프라자파티에게로 되돌아갔으며, 프라자파티는 32년을 자신과 함께 더 살도록 하였다. 그 기간이 지나자 프라자파티는 그에게 가르침을 주었다. "잠들어서 완전한 고요 속에서 휴식하고, 전혀 꿈을 꾸지 않으면, 그는 참자아를 깨달은 것이다. 이것이 불멸이고, 두려움이 없으며, 브라흐만이다."

인드라는 만족하면서 떠났다. 그러나 집에 도착하기 전에 그는 이런 지식 또한 쓸모없음을 느꼈다. "잠이 들면, '이것이 나다'라고 알지 못한다. 사실 어떤 존재도 의식하지 못한다. 그런 상태는 거의 소멸에 가깝다. 이런 지식 또한 소용이 없다."

그래서 인드라는 다시 돌아가 가르침을 받고자 하였다. 프라자파티는 그에게 5년 더 머물라고 명하였다. 그 기간이 지나자 프라자파티는 참자아에 관한 최고의 진리를 가르쳐주었다.

"필멸하는 이 몸은 죽음의 손아귀에서 영원히 벗어나질 못한다. 그러나 그 안에 불멸이면서 형상이 없는 참자아가 거주하고 있다. 의식 안에서 몸과 연결된 참자아는 즐거움과 고통을 받게 된다. 이런 연결이 계속되는 한, 누구도 고통과 즐거움에서 자유로울 수 없다. 그러나 그 연결이 끊어지면, 고통과 즐거움도 끝이 난다. 신체적 의식에서 벗어나 감각기관과 마음으로부터 분리된 참자아를 알고, 진정한 빛 속에서 참자아를 알면, 기뻐하며 자유로워진다."

《찬도기야 우파니샤드》

그 자신의 자아를 참자아로 깨달음으로써, 그는 자아가 사라진다. 그 덕분에 그는 조건 지어지지 않는다고 여겨진다. 이는 최고의 신비이며, 해방을 나타낸다. 자아가 없음으로 인해 그는 즐거움이나 고통에 관여하지 않고 완전함을 성취한다.

《마이트라야나 우파니샤드》

모든 덕성을 갖춘 선한 생활양식, 신 그분이신 영원한 선조차도 인간이 영혼을 벗어나 있다면, 즉 인간이 자신의 감각과 이성을 통해 외부 사물과 대화하면서 자신의 내면으로 철수하지 않는다면, 자신의 삶, 자신이 누구이고 무엇인지 이해하려고 배우지 않는다면, 인간은 덕성을 갖추지도, 선하지도, 행복하지도 않다는 진리에 주목하면서 여기에 대해서 알아야만 한다.

《독일 신학》

부처님께서는 자신의 내면에서 구원의 진리를 깨달아야 한다는 사실을 간파하시고, 그것을 결코 설법한 적이 없으시다.

《장엄경론》

구원은 어디에 있는가? 역사상 중요한 신앙에 있는 것도, 멀리 있거나 부재하는 무언가에 대한 지식에 있는 것도, 여러 가지 규제와 규칙, 미덕을 수행하는 방법에 있는 것도, 신앙·일·참회, 죄악의 용서나 정당화와 신성화에 관한 어떤 공식적인 의견에 있는 것도, 그대로부터, 혹은 최고의 인간과 서적으로부터 얻을 수 있는 어떤 진리나 정당성에 있는 것도 아니다. 오로지 그대 안에서 되살아나고 재탄생한 신의 생명 혹은 신의 그리스도에 있으며, 다시 말해서 인류에게 가장 중요한 양면적인 삶[239]을 회복하고 완전하게 결합하는 데에 구원이 있다.

윌리엄 로

여기에서 로Law는 뵈메와 정통 프로테스탄트, 루터교도, 칼뱅교도, 영국 성공회교도들이 무시하거나 박해하는 것을 인정했던 (이들이 의견일치를 보일 수 있었던 아주 소수의 항목 중 하나였다) 여타의 '영적 개혁가'들의 표현을 쓰고 있다. 그러나 그와 그들이 영혼 속에서의 새로운 신의 탄생이라고 불렀던 것은 2천 년도 더 된 과거에 힌두교도들이 내면에서의, 그러나 개별적 에고를 초월하고 있는 참자아의 실현이라고 설명했던 경험과 분명 근본적으로 같다.

게으른 자도, 어리석은 자도, 둔한 자도
모든 매듭을 풀어주는 니르바나에 도달하지 못하리.

《본사경》[240]

---

239 양면적인 삶twofold life: 천상과 지상, 영적인 것과 감각적인 것, 기도하기와 일하기, 삶과 죽음, 창조와 파괴 등 상반되는 두 가지 요소가 동시에 존재하는 경우에 사용되는 표현.
240 본사경Iti-vuttaka: 원시불교의 소부小部에 속하는 경전. 현장玄奘이 《본사경本事經》으로 한역.

이것은 충분히 자명한 것으로 보인다. 그러나 우리 대부분은 게으름을 즐기고, 항상 애써 묵상에 잠길 수 없으면서도 나태함과 비자각이 낳은 결과로부터 보호받기를 열렬히 원한다. 그 결과 무엇보다도 종말이 올 때 우리 삶에 끼어들어, 스스로 해결하기에는 너무 게을렀던 고르디우스의 매듭Gordian knot을 단숨에 잘라낼 알렉산더 대왕 같은 구세주에 대한 소망과 믿음이 널리 퍼지게 되었다. 그러나 신은 조롱받지 않는다. 세상일이란 게 보통 그러하듯, 완전한 무아의 성취 여부에 따르게 되는 근본바탕과 결합하는 앎은, 설령 외부로부터의 도움이 있을지라도, 아직 자아가 비워지지 않은 사람들에 의해 실현될 수 있는 것이 아니다. 말하자면 아미타불이나 예수의 구원하는 힘에 대한 믿음을 통해 얻어지는 구원은 《우파니샤드》, 불교 경전, 그리스도교 신비주의자들의 저서에서 설명하고 있는 전적인 해방이 아니다. 그것은 그 정도나 성질에 있어 전혀 다르다.

> 원하는 대로 많은 철학을 말하고, 원하는 만큼 많은 신을 숭배하고, 모든 의식을 준수하고, 모든 신성한 존재를 헌신적으로 찬양하는 노래를 부르라. 그래도 참자아의 유일성Oneness을 깨닫지 못한다면 천억 년이 지나도 해방은 찾아오지 않을 것이다.
>
> 샹카라

이 참자아Self는 연구 혹은 지성과 학습을 통해서 깨달을 수 없다. 스스로 참자아에게 몰두하는 사람에게만 참자아는 그 본질을 드러낸다. 부도덕한 방식을 포기하지 않는 사람, 스스로를 조절할 수 없는 사람, 내면에 평화가 없는 사람, 마음이 산만한 사람은 세상의 모든 지식으로 가득 차 있다 해도 참자아를 깨달을 수 없다.

《카타 우파니샤드》[241]

니르바나란 탄생도 소멸도 없는 곳이다. 그것은 진여Suchness의 상태를 들여다보는 것이며, 마음이 구성한 모든 범주를 완전히 초월하는 것이다. 왜냐하면 그것은 여래의 내적 의식이기 때문이다.

《능가경》

《찬도기야 우파니샤드》에서 설명하고 있는 잘못된 혹은 불완전한 구원에는 세 가지가 있다. 첫째로는 물질이 궁극적 실상이라는 믿음과 관련된 유사구원이 있다. 힘을 사랑하고 외향적인 중배엽 성격의 악마적 존재 바이로차나는 구원을 자신의 몸과 동일시하는 것이 아주 당연하다고 생각했으며, 순전히 물질적인 구원을 찾기 위해 다른 거인들에게로 돌아갔다. 오늘날 바이로차나의 화신은 열렬한 공산주의자, 파시스트 혹은 국수주의자들일 것이다. 인드라는 물질적인 구원주의를 꿰뚫어보고 꿈-구원dream-salvation, 육체적 존재에서 물질과 영 사이에 존재하는 (매혹적일 정도로 색다르면서 흥분되는 심령우주psychic universe로써, 거기에서는 기적과 예지, '정신적 소통', 초감각적 지각이 놀라울 정도로 흔하게 일상적 삶으로 난입하는) 중간세계intermediate world로의 해방을 선사받았다. 그러나 보다 더 자유로운 이런 개별화

---

241 카타Katha 우파니샤드: 소년 나치케타Nachiketa가 죽음의 신인 야마Yama와 나눈 심오한 대화를 담은 서사시 형식의 우파니샤드.

된 존재 역시 너무 개인적이고 에고 중심적이라서 그 자신의 불완전성을 의식하여 전체가 되기를 간절히 소망하는 영혼을 만족시킬 수 없었다. 따라서 인드라는 한 걸음 더 나아가서 깊은 잠, 가짜 삼매, 정적주의자의 트랜스 상태 등의 구분되지 않는undifferentiated 의식을 최종 해방으로 받아들이고 싶어 했다. 그러나 브라마난다[242]의 표현을 빌면, 그는 타마스[243]를 사트바[244]로, 잠재의식을 평정과 초의식으로 오인하기를 거부했다. 그리하여 분별력을 통해 그는 참자아를 깨닫게 되었는데, 이는 무지의 어둠을 밝혀주는 일이었으며 그 무지가 초래하는 치명적 결과로부터의 해방이었다.

다른 인용문에서 우리가 경고를 했던 가짜 구원은 그 종류가 다르다. 여기에서는 분석적 이성과 그 개념들을 맹목적으로 숭배하는 것보다는 우상숭배와 미신을 강조한다. 그리고 의식 · 도그마 · 신앙고백은 어쨌든 그 자체가 마술적으로 효력이 있다고 미신적으로 믿는다. 로Law가 암시하고 있듯이, 다수의 그리스도교인들은 이런 우상숭배와 미신의 과실을 범하고 있다. 그들에게 신성한 근본바탕과의 합일로 가는 완전한 해방은 이 세상에서 혹은 사후에도 불가능하다. 그들이 바랄 수 있는 최상의 것은 칭찬할 만하지만 여전히 이기적인 육신의 삶이며, 중국인들이 말하는 죽은 후에 일어나는 일종의 행복한 '장수', 낙원일 수도 있는 생존 형태, 그러나 필연적으로 시간 · 분

---

242 스와미 브라마난다Swami Brahmananda (1863~1922): 근대 힌두교의 영적 지도자인 라마크리슈나Ramakrishna의 직계제자 중 하나로 라마크리슈나 교단의 초기 발전에 크게 기여함.

243 타마스tamas: 인도철학 상키야 학파에서 말하는 근본물질 프라크리티prakrti를 이루는 세 가지 구성요소 중 하나로, 어둡고 무겁고 게으르며 무관심하고 행위를 억제하는 성질.

244 사트바sattva: 프라크리티의 또 다른 구성요소로, 순수하고 자비롭고 즐겁고 밝은 성질.

리 · 다양성이 여전히 수반되는 생존이다.

깨달은 영혼이 인도되는 지복beatitude은 즐거움과는 상당히 다르다. 그렇다면 그것의 성질은 무엇인가? 다음 인용문이 적어도 부분적인 해답을 줄 것이다. 축복Blessedness은 비집착과 무아無我에 달려 있으므로, 싫증이나 혐오감 없이도 즐길 수 있다. 그것은 영원에 동참하는 것이므로 줄거나 변동하지 않는다.

이제부터 진정한 브라흐만 속에서, 그(해방된 영)는 완전해지고 달라진다. 속박이 풀어지는 것이 그가 얻는 결실이다. 욕망 없이, 그는 영원하면서도 무한한 지복에 도달하며 그곳에 머문다.

《마이트라야나 우파니샤드》

신은 즐겨야 하며, 피조물들은 즐거움의 대상인 신의 수단으로만 쓰여야 한다.

성 아우구스티누스

영적 즐거움과 육체적 즐거움 간에는 차이가 있다. 육체적 즐거움은 그것을 얻기 전에는 욕망이 생기지만 얻은 후에는 싫증이 난다. 반면에 영적 즐거움은 그것을 얻기 전에는 모르다가 얻은 후에 욕망이 생긴다.

교황 그레고리오 1세

인간이 이 두 가지 상태, 지복이나 영혼의 어두운 밤 중 어느 하나에 머물러있을 때 그에게는 아무런 문제가 없으며 천국에서와 같이 지옥에서도 안전하다. 지상에 머물러 있는 한, 어느 하나에서 다른 하나로

가는 것이 종종 가능하다. 심지어 낮과 밤 사이에도, 그 자신이 아무것
도 행하지 않아도 가능하다. 그러나 이 두 상태 어디에도 있지 않다면,
그는 피조물들과 대화하며 이리저리 흔들리면서 자신이 어떤 사람인지
알지 못한다.

《독일 신학》

수피즘 문헌의 상당수는 시적이다. 이런 시들은 때로는 좀 부자연
스럽고 과장되지만, 때로는 명백한 단순함으로 인해 아름다우며, 때
로는 어둡고 마음을 어지럽힐 정도로 불가사의하다. 10세기 무슬림
성자인 이집트인 니파리[245]의 발언은 마지막 부류에 속한다. 다음은
그가 구원이라는 주제에 대해 쓴 것이다.

신은 내게 바다를 지켜보게 하셨다. 나는 배가 가라앉고 널빤지가 떠
다니는 것을 보았다. 그 후 널빤지마저 가라앉았다. 그러자 신께서 내
게 말씀하셨다. "떠도는 사람은 구원받지 못한다." 그리고 또 말씀하셨
다. "떠도는 대신 물로 뛰어드는 사람은 위험을 무릅쓴다. 떠돌면서 위
험을 무릅쓰지 않는 사람은 멸망할 것이다." 그리고 말씀하셨다. "바다
표면은 잡을 수 없는 섬광이다. 바닥은 칠흑 같은 어둠이다. 그 둘 사이
에는 두려움의 대상인 거대한 물고기들이 있다."

---

245 이집트인 니파리Niffari the Egyptian (Muhammad ibn al-Hasan an-Niffari, ?~965): 메소포타미
아 태생의 이슬람 신비주의자Sufi. 생애에 대해 거의 알려져 있지 않으나, 그의 통찰력 있는 시를
모은 《Kitab al-Mawaqif(Book of Standings)》이 전해짐.

이 비유는 매우 분명하다. 삶의 바다를 지나가는 항해자 개개인을 받치고 있는 배는 종파와 교회, 축적된 도그마, 종교조직을 말한다. 마침내 가라앉고 마는 널빤지는 전적인 자기포기가 부족한 모든 선행과 신과 결합하는 앎보다 덜 절대적인 모든 신앙들이다. 영원으로의 해방은 '스스로를 바다에 던진' 결과이다. 복음서들의 표현을 빌면, 자기 목숨을 건지려는 사람은 그것을 잃어야 한다. 그러나 스스로를 바다에 던지는 것은 위험한 일이다. 물론 최신의 독자적인 편의시설과 예배용 장식을 갖추었지만 바닷 속에 가라앉거나 기껏해야 잘못된 항구로 향할 엄청난 크기의 퀸 메리호로 여행하는 것만큼은 위험하지 않지만, 꽤 위험한 일인 것이다. 왜냐하면 바다 표면(시간과 다양성의 세상으로 표출된 신성한 근본바탕)은 거울에 비친 아름다운 이미지처럼 잡을 수 없는 반사된 찬란한 빛으로 반짝거리기 때문이다. 영원히 그 자체로 존재하는 근본바탕인 밑바닥은 그 심연을 응시할수록 분석적인 마음에게는 그저 어둡게만 보인다. 그리고 분석적 마음이 마침내 반드시 필요한 자기부정self-naughting으로 돌입하려는 의지를 내려 할 때, 마음이 가라앉으면서 《찬도기야 우파니샤드》에서 설명하고 있는 강렬한 가짜 구원(에고가 여전히 존재하지만 더 행복하고 자유로운 삶이 전개되는 매혹적인 심령세계로 들어가는 꿈-구원dream-salvation, 혹은 초의식에서의 결합이 아닌 잠재의식에서의 결합이 일어나는 가짜 삼매의 수면-구원sleep-salvation)의 집중 공격을 받아야 한다.

인간의 최종 목적을 달성하려는 한 개인의 기회에 관한 니파리의 판단은 과도하게 낙관적이지 않다. 모든 성인이나 종교 창시자, 영원의 철학 신봉자들은 전혀 낙관적이지 않았다. "부르심을 받은 사람은 많지만, 뽑히는 사람은 적다."[246] 선택받기를 원치 않는 사람들은 완전한 해방을 향해 전진할 수 있는 조건이 되어도 부분적인 구원 이상을 바랄 수는 없다.

---

246 신약성경 〈마태복음〉 22:14

14
불멸과 존속
Immortality and Survival

불멸immortality은 신성한 근본바탕의 영원한 현재에 참여하는 일이고, 존속survival은 어떤 시간형태를 고집하는 일이다. 완전한 해방의 결과가 불멸이다. 존속이란 부분적으로 해방되어 천국으로 가거나, 전혀 해방되지 않은 채 자기 고유의 비초월적 성질이 가진 법칙으로 인해 방금 떠나온 상태보다 더 고통스럽게 느껴지는 속죄하는 혹은 체현된 노예상태를 선택할 수밖에 없는 사람들의 운명이다.

선과 미덕은 사람들로 하여금 자신들의 불멸을 알고 사랑하며 믿고 거기에서 기쁨을 누리게 한다. 진정한 고결함을 통해 영혼이 정화되고 교화되면, 그 영혼은 신성한 빛을 더 많이 방사하고 이로써 신과 함께 있음을 느끼게 된다. 그 영혼은 그가 의지해서 살아가는 전능한 사랑은 죽음보다 강하다는 사실을 알고 있다. 그 영혼 속에서 되살리신 신 자신의 삶을 신께서 결코 저버리지 않으실 것임을 그 영혼은 알고 있다. 그분께 영원히 동참한 후에 일어나는 숨결과 헐떡임은 우리 내면에 존재하는 그분 자신의 호흡 에너지일 뿐이다.

플라톤주의자 존 스미스

영원 속에서 내게 주어진 모든 것을 이전에도 이미 보존해오고 있었으며 지금도 여전히 보존하고 있다. 신성의 충만함 속에 계신 신은 자신의 이미지인 영혼soul 속에 영원히 거주하고 계시므로.

에크하르트

물결이 일거나 잠잠하거나 물은 항상 물이다. 육체 안에 있는 육체를 벗어나든, 해탈한 자에게 어떤 차이가 있겠는가? 고요하든 사나운 비바람이 일든 바다의 동일함은 아무런 변화를 겪지 않는다.

《요가바시스타》[247]

"육체가 죽으면 영혼은 어디로 갑니까?"라는 질문에 야코프 뵈메가 대답하였다. "어디에도 갈 필요가 없다."

붓다의 칭호 중 하나인 '여래如來'라는 말은 어디에도 가지 않는 자, 어디에서도 오지 않는 자를 의미하며, 그러므로 그를 여래, 신성하면서 완전히 깨달은 자라 부른다.

《금강경》

---

247 요가바시스타Yogavasistha: 기원전 3세기경 인도 시인인 발미키Valmiki에 의해 산스크리트어로 쓰여진 힌두교의 영적 저서. 현자 바시스타Vasistha가 실의에 빠진 왕자 라마Rama에게 불이일원론 베단타와 관련된 여러 가지 가르침을 통해 해탈Moksha로 인도하는 내용.

그분만을 보면, 죽음을 초월한다. 거기에는 다른 방법이 없다.

《스웨타스와타라 우파니샤드》[248]

신이여, 우리의 영생은 당신을 아는 것에 있습니다.

《성공회 일반 기도서》[249]

나는 광물로 죽어서 식물이 되었네.

식물로 죽어서 동물로 태어났고,

동물로 죽어서 인간으로 태어났네.

왜 두려워해야 하는가? 죽어서 더 나빠진 때가 있었던가?

한 번 더 인간으로 죽어서 축복받은 천사로 높이 솟으리.

그러나 천사조차도 지나가야만 하리라.

신을 제외한 모든 것은 사라지기에.

천사의 영혼조차 희생했을 때,

한 번도 상상하지 못했던 것이 되리니.

오, 내가 존재하지 않기를! 비존재로 선언하나니,

"그분에게로 우리는 돌아가리라."

잘랄루딘 루미

---

248 스웨타스와타라Svetasvatara(또는 Shvetashvatara) 우파니샤드: 기원전 6세기 이후에 써진 것
으로 여겨지며, 용어나 내용에 당시 다양한 인도 사상의 흔적이 남아있음.

249 성공회 일반 기도서Book of Common Prayer(공도문公禱文): 종교개혁 이후 영국 국교회(성공회)
에서 일반인들이 쉽게 이해할 수 있도록 라틴어 대신 영어로 성공회 예배와 의식에 관한 규정, 성
경 구절과 기도문 등을 정리하여 수록한 책.

육체로서의 삶이 구원이나 해방을 성취하기 위한 독특하리만치 좋은 기회를 제공한다는 점에 동양과 서양이 일반적으로 모두 동의하고 있다. 사후 육체를 떠난 상태에 있는 영혼은 공덕을 쌓을 수 없으며, 과거 행위의 결과로 인해 연옥purgatory 또는 일시적인 처벌 상태에서 고통받을 수 있을 뿐이라고 주장하는 점에 있어서는 가톨릭과 대승불교의 교리가 동일하다. 그러나 가톨릭의 통설에서는 내생에는 진보의 가능성이 없고 영혼이 누릴 수 있는 지복의 정도는 오로지 지상에서의 삶 동안에 그가 행하고 생각했던 바에 따라 결정된다고 선언하는 반면, 동양의 내세론자들은 공덕을 쌓은 영혼이 행복한 개인적 존속이라는 천국에서 더 전진하여 시간을 초월한 영원한 신성과의 합일이라는 진정한 불멸로 진보할 수 있는 특정 사후 조건이 존재한다고 주장하고 있다. 그리고 물론, 어떤 형태로든 육체적인 삶으로 돌아올 가능성(사실 대부분의 사람들에게는 필요성) 또한 존재하는데, 이를 통해 완전한 지복을 향한 전진이나 깨달음을 통한 해방이 계속될 수 있다. 그러나 샹카라가 말했듯이, 인간의 몸으로 태어났다는 사실은 매일 신에게 감사를 드려야 하는 일들 중 하나다.

우리와 같은 영적 피조물에게는 육체가 필요하다. 그것을 앎으로써 축복받는 것들에 유일하게 접근할 수 있는 그런 앎은, 몸이 없이는 결코 도달할 수 없다.

성 베르나르

사람으로 태어난다는 드물고 축복받은 일을 달성했으니, 현명한 사람이라면 모든 허망한 것을 허망한 이들에게 내버려두고 삶이 죽음으로 바뀌기 전에 신 오직 그분만을 알기 위해 분발해야 한다.

《스리마드 바가바탐》

선한 사람은 자신의 몸을 영성화하고,

악한 사람은 자신들의 영혼을 육신화한다.

벤자민 위치코트[250]

더 정확히 표현하면, 선한 사람은 자신의 심신체mind-body를 영적으로 만들고, 악한 사람은 그들의 영을 육체적이고 정신적으로 만든다. 완전히 영적인 심신체는 여래如來이며, 죽었을 때 어디로도 가지 않는데, 왜냐하면 모든 사람들이 알지도 못한 채 잠재적으로는 항상 존재해왔던 곳에 그는 이미 실제적 그리고 의식적으로 항상 존재하기 때문이다. 이 삶에서 진여Thusness, 즉, 모든 존재상태의 영원한 원리로 진입하지 못한 사람은 임종 때 연옥이나 천국 같은 특정 상태로 들어간다. 힌두경전과 그 주석서에서는 사후 구원의 여러 가지 다른 종류들을 구분하고 있다. '여래'의 영혼은 신성한 근본바탕과의 완전한 결합으로 완벽하게 해방된다. 그러나 순화된 어떤 나-의식I-consciousness 형태를 취하면서 다른 종류의 해방mukti을 성취할 수도 있다. 사후에 일어나는 개인의 해방이 갖고 있는 성질은 세 가지 요인, 즉 육체로 있을 동안 그가 성취한 신성함의 정도, 그가 주로 헌신한 신성한 실재의 특정 측면, 그가 따르기로 선택한 특정한 길에 달

---

250 벤자민 위치코트Benjamin Whichcote (1609~1683): 영국의 청교도 신학자이자 케임브리지 플라톤학파의 지도자.

려있다. 마찬가지로 단테의 《신곡Divine Comedy》을 보면 낙원에는 여러 개의 계층circles이 존재한다. 동양의 내세론에서, 구원된 영혼은 승화된 개체성을 벗어나거나 심지어 천상의 시간을 살아가는 것에서도 떠나 영원으로의 완전한 해방으로 나아가는 데 반해, 단테의 영혼들은 육체로 한번 태어난 결과 가게 된 곳(연옥의 공덕 없는 고난을 통과한 후)에 영원히 머물러 있다. 전통적인 그리스도교 교리는 사후의 상태에서나 다른 육체를 입은 상태에서도 신성과의 완전한 결합이라는 궁극의 완성을 향해 더욱 성장할 수 있다는 점을 인정하지 않고 있다. 그러나 영원의 철학의 힌두교·불교 버전에서는 신성한 자비와 신성한 인내심이 대등하며, 두 가지는 모두 무한하다. 동양의 신학자들에게는 영원한 지옥살이란 존재하지 않는다. 일시적인 처벌의 상태만 있을 뿐, 그다음에는 인간과 모든 피조물의 최종 목표(모든 존재의 근본바탕과 완전한 재결합)를 향해 나아갈 수 있는 두 번째 기회가 끊임없이 주어진다.

죽은 후의 구원에 대한 집착은 그런 해방의 수단이 될 수 없으며, 사실상 해방으로 가는 길에서 쉽게 장애가 될 수 있다. 한 번도 교령회交靈會[251]에 참석하지 않았거나 사변적·증거적 문헌에 익숙하지 않은 사람들에 비해, 열렬한 영성주의자들spiritualists이 더 구원받기 쉽다고 가정할 만한 근거는 전혀 없다. 나는 그런 문헌에 아무것도 추가할 생각이 없으며, 다양한 종교전통 안에서 존속되고 있는 주제에 관해 저술되었던 바를 단도직입적으로 요약해 보려고 한다.

---

251 교령회séance: 산 사람들이 죽은 이의 혼령과 교류를 시도하는 모임.

그 주제에 관한 동양의 논의에서 볼 때, 인격personality은 죽음보다 오래 존속하지 못한다. 불교는 윤회reincarnation의 교리를 수용하였지만, 전달되는 것은 영혼soul이 아니라 기질character이다(불교는 영혼의 존재를 인정하지 않는다). 지상에서 벌어지는 우리 삶의 여정에서 우리의 정신적·육체적 구조로 만들기로 선택한 것은 심령매체에 영향을 주는데, 이런 매체 속에서 개별 마음들은 그 양면적 존재의 적어도 일부를 이끌어가며, 그 매체에서의 변화는 몸이 죽은 후에 천상, 연옥, 혹은 다른 몸에서 새로운 존재가 시작되는 결과를 낳는다.

베단타 우주론에서는, 신성한 근본바탕과 동일한 아트만 혹은 영적 참자아에 더하여, 거칠거나 미세한 몸으로 환생하거나 무형의 상태로 스스로를 드러내는 무언가가 영혼의 성질 속에 존재한다. 여기에서 영혼이란 죽은 사람의 인격이 아니라, 인격이 발생하는 특수화된 나-의식I-consciousness이다.

존속survival에 관한 이런 개념들 중 하나는 논리적으로 일관성이 있으며 '유령을 건지기' 위해 만들어질 수 있다. 다시 말해, 심령연구에서 도출된 특이하고 이해하기 어려운 사실들과 부합될 수 있다. 우리가 직접적으로 알고 있는 유일한 인격이란 육신을 갖춘 존재로서, 하나의 몸과 알 수 없는 어떤 x로 구성된 복합체다. 그러나 x에 육체를 더한 것이 인격이라면, 분명 x에서 육체를 제거한 것이 인격이 될 수는 없다. 심령연구에서 때때로 발견되는 듯이 보이는 명백히 개별적 존재는 x와 심령매체의 몸이 복합된 일시적인 유사인격으로 생각할 수 있다.

이런 두 개념은 서로 배타적이지 않으며, 존속이란 지속되는 의식과 심령매체의 어떤 변형이 합쳐진 결과물일 것이다. 만약 그렇다면,

특정 인간이 한 가지 이상의 사후 형태로 존속하는 것이 가능해진다. 그의 '영혼soul', 즉 과거나 미래 인격들의 비개인적인 바탕이자 요소는 어떤 한 가지 존재 양태로 계속 나아갈 수 있는 반면, 그의 생각과 의도가 심령매체에 남긴 자취들은 새로이 개별화된 존재의 출발점이 되어 전혀 다른 존재 양태를 띨 수 있다.

15
침묵
Silence

아버지께서는 한 말씀Word만 하셨다. 그 말씀이 그의 아들이다. 그 아들은 영원한 침묵 속에서 언제까지나 아버지를 이야기한다. 영혼은 침묵 속에서 그것을 들어야 한다.

십자가의 성 요한

영적인 삶이란 우리 내면에 존재하는 신의 영Spirit이 작용하는 것일 뿐이다. 그러므로 우리 자신의 침묵은 그것을 준비하는 데 큰 몫을 해야만 한다. 그 안에서 많이 말하고 기뻐하는 것은, 신의 영과 음성이 우리 안에서 말씀하시는 것을 들음으로써만 얻을 수 있는 선善을 전혀 방해하지 않는다….

다른 문제보다 영적 사항에 대한 미사여구나 잘 꾸민 표현은 더욱 무가치한 재잘거림에 불과하다. 요즘 세상이 상당히 그런 식인데, 열정적인 말 또는 인상적인 표현을 듣거나 말하면 진정한 선善이 증가한다고 생각하는 사람은 굉장히 많은 이야기를 떠들어 대겠지만, 천상에서는 말이 거의 없어질 것이다.

윌리엄 로

아는 자는 말하지 않는다.
말하는 자는 알지 못한다.

노자

절제할 줄 모르는 무분별한 대화는 도덕적으로 악할 뿐 아니라 영적으로 위험하기까지 하다. "잘 들어라. 심판 날이 오면 자기가 지껄인 터무니없는 말을 낱낱이 해명해야 될 것이다."[252] 이는 매우 가혹한 경구인 것 같다. 우리가 일상에서 내뱉는 말들을 검토해보면, 그 중 상당수는 세 가지 주된 주제, 즉 우리 이웃을 향한 악의와 냉혹함이 자아내는 말들, 탐욕·관능·자기애가 자아내는 말들, 단순한 어리석음이 자아내어 운율이나 이성도 없이 그저 산만한 소음을 만들기 위해 발설된 말들로 분류할 수 있음을 알 수 있다. 이런 것들이 터무니없는 말이다. 사태를 면밀히 들여다보면, 이런 말들은 이성·자비·필요에 의한 말보다 그 수가 많음을 알게 될 것이다. 마음속에서 일어나는 끝없는 독백의 미처 쏟아내지 못한 어리석은 말들을 세어본다면, 우리 대부분에게는 쓸모없는 말들이 압도적으로 많을 것이다.

이기적이고 몰인정한 것만큼이나 어리석은 이런 쓸모없는 말들은 모두 신성한 근본바탕과 결합하는 앎으로 가는 길에 놓인 방해물이

---

252 신약성경 〈마태복음〉 12:36

자, 내적·외적 광명을 흐리게 하는 먼지나 날파리의 춤에 불과하다. 혀를 감시하는 일은 물론 마음을 감시하는 일이기도 하지만 모든 고행 중에서 가장 어려우면서도 엄중하며, 그 결실은 가장 크다.

암탉이 알을 낳을 때는 꼬꼬댁거리며 울어야 한다. 이를 통해 암탉은 무엇을 얻는 것일까? 까마귀가 즉시 날아와 달걀을 빼앗아가고, 그러지 않았다면 살아서 병아리가 되었을 모든 알들을 삼켜버린다. 마찬가지로 사악한 까마귀, 악마는 큰 소리로 꼬꼬댁거리는 은둔자로부터 그들이 애써 낳은 모든 미덕들을 가져가 삼켜버린다. 떠들썩하게 지껄이지 않았다면 병아리처럼 그런 미덕들을 품고 천상을 향해 갔을 것이다.

《수녀의 계율》[253]을 현대화한 문헌 중에서

세속적인 이야기의 매력에서 벗어나도록 아무리 엄격하게 훈련해도 지나치지 않다.

페늘롱

삶 혹은 죽음과 관련된 것들이 우리 마음속에서 활동하며 거래하고 있는데, 밖에서 들려오는 수많은 소식들이 무슨 소용이란 말인가?

윌리엄 로

사랑하는 수녀님, 신성하게 될 사람들에게 자신들과 자신들의 일상

---

253 수녀의 계율Ancren Riwle: 13세기에 기술된 작자미상의 영문 저서로 수녀원 밖에서 계율생활을 하는 수녀를 위한 지침서.

에 대해 적게 말하라고 경고한 성인들의 가르침을 마음에 잘 새겨두시기 바랍니다.

성 프랑수아 드 살이 성 잔 드 샹탈[254]에게 쓴 편지에서

잘 짖는 개를 훌륭한 개라고 생각하지 않는다.
말을 잘한다고 해서 훌륭한 사람이라고 생각하지 않는다.

《장자》

개가 짖지만, 캐러밴[255]은 지나간다.

아랍 격언

저는 진심으로 당신의 행복을 바라기에, 당신에게 글을 쓰지 않는 것은 의지가 부족해서가 아닙니다. 필요한 모든 것을 성취할 만큼 이미 충분히 말한 것 같고, 실제로 무언가 필요하다면 정작 필요한 것은 쓰거나 말하는 것이 아니라 침묵과 일뿐이기 때문입니다. 말은 마음을 산란하게 하지만, 침묵과 일은 생각을 모으고 영spirit을 강화합니다. 그러므로 자신의 행복을 위해 언급된 말들을 이해했다면, 의견을 나누고 들을 필요가 없습니다. 그가 침묵과 집중을 통해 배운 것을 겸손과 사랑

254 성 잔 드 샹탈St. Jeanne de Chantal (1572~1641): 프랑스 성모마리아의 방문수도회 설립자. 프랑수아 드 살의 감화를 받아 가난한 사람이나 병자를 위한 봉사에 힘씀.
255 캐러밴Caravan: 사막에서 무리를 지어 여행하는 상인·순례자 등의 집단. 대상隊商. 인용된 속담은 '누가 뭐라 하건 자기 할 일을 하다' 또는 '누가 방해하거나 멈추려 해도 일어날 일(또는 삶)은 계속 일어난다'는 의미.

속에서 또 자신을 개의치 않으면서 착실하게 수행하기만 하면 됩니다.

십자가의 성 요한

몰리노스는 (그가 이렇게 분류한 최초의 인물은 아니겠지만) 침묵을 입의 침묵, 마음의 침묵, 의지의 침묵이라는 세 단계로 나누었다. 쓸모없는 말을 하지 않기도 어렵지만, 기억과 상상의 지껄임을 고요하게 하는 것은 더 어렵다. 제일 어려운 것은 의지will 안에서 갈망과 혐오의 목소리를 고요하게 잠재우는 일이다.

20세기는 무엇보다도 소음의 시대이다. 물리적 소음, 정신적 소음, 욕망의 소음, 우리는 이 모든 것에서 역사적인 기록을 세우고 있다. 놀랍지는 않다. 왜냐하면 현재 거의 기적에 가까운 우리의 기술적 자원들은 모두 침묵에 대항하여 공격을 퍼붓고 있기 때문이다. 최근의 모든 발명품 중에서 가장 인기 있고 영향력 있는 라디오는 이미 만들어진 소음이 우리 가정으로 흘러들어오는 도관에 불과하다. 이 시끄러운 소리는 물론 귓속보다 더 깊이 파고든다. 그것은 마음을 뚫고 들어가 마음을 어수선하고 왁자지껄한 소리(새로운 사항들, 서로 관계없는 정보들, 한바탕 떠들썩하거나 감상적인 음악, 매일 심지어 매시간 감정적 배설을 위한 욕구를 만들어낼 뿐 아무런 카타르시스를 전달해주지 않고 끊임없이 반복되는 드라마)들로 가득 채운다. 대부분의 나라들처럼 방송국이 광고주들에게 시간을 판매함으로써 스스로를 유지하는 곳에서는, 귀에서부터 환상·지식·느낌의 영역을 거쳐 소원과 욕망이라는 에고의 중심핵으로 그 소음이 전달된다. 언어로 된 것이든 인쇄된 것이든, 공중으로 방송되거나 종이로 출판된 모든 광고물은 의지will가 침묵을 성취하지 못하도록 하는 단 한 가지 목적을 갖고 있다. 무욕

Desirelessness은 해방과 깨달음을 위한 조건이다. 대량 생산 체계의 기술적 진보와 확산이라는 조건은 보편적인 갈망이다. 광고란 갈망을 확장하고 강화시키는 조직화된 노력이다. 모든 고등 종교의 성자와 스승들이 언제나 가르쳤듯이, 욕망의 작용을 확장하고 강화시키는 것은 고통과 악행의 주된 원인이자 인간의 영혼과 그것의 신성한 근본바탕 사이에 놓인 가장 큰 장애물이다.

16
기도
Prayer

'기도prayer'라는 용어는 적어도 네 가지 뚜렷한 과정, 즉 청원·간구·숭배·묵상에 적용된다. 청원petition은 우리 자신을 위해 무언가를 요청하는 것이다. 간구intercession란 다른 사람들을 위해 무언가를 요청하는 것이다. 숭배adoration란 인간적 측면, 혹은 인간의 형상으로 육화된 신을 향해 헌신의 행위를 함에 있어 지성·느낌·의지·상상을 이용하는 것이다. 묵상contemplation이란 영혼이 내부와 외부에 존재하는 신성한 근본바탕, 내재적이고 초월적인 신성에게 스스로를 열어놓는 깨어있는 수동적 조건을 말한다.

심리적으로 볼 때, 인간은 어떤 종류의 숭배를 통해 준비하지 않고는, 적어도 자주 간구하고 적어도 어떤 형태의 청원으로 되돌아갈 필요성을 느끼지 않고는 묵상을 수행하는 것이 거의 불가능하다. 반면에 묵상이나 숭배와는 달리 극단적이면서도 완전한 이기주의라는 드문 경우에는 간구와는 별도로 청원을 수행하는 것이 가능할 뿐 아니라 쉬운 일이기도 하다. 청원하고 간구하는 기도를 이용할 수 있다. 더욱이 신의 어떤 측면이든 거기에 가장 형식적이고 피상적으로나마 의지하지 않고서도 이런 기도를 이용하여 성공했다고 할 수 있을 정도로 성과를 낼 수 있다. 청원의 응답을 받을 수 있는 비결을 터득하기 위해서는 신을 알거나 사랑할 필요가 없으며, 마음속에 신에 대한 이미지를 알거나 사랑할 필요도 없다. 저 밖 이 우주 안에는 달콤한 말로 구슬리거나 강제로 그런 욕망들을 충족시킬 수 있는 무언가가 존재한다는 강한 확신으로, 자신의 에고와 에고의 욕망이 중요하다는 것을 뜨겁게 감지하는 것이 그에게 필요하다. 필요한 만큼의 믿음과 인내심을 갖고 '내 뜻대로 이루어지리라'를 반복한다면 조만간에 어떻게 해서든 내가 원하는 것을 얻을 기회가 있을 것이다. 내 의지가 신의 의지와 일치하는지, 내가 원하는 것을 얻는 것이 영적·도덕적 혹은 물질적으로도 좋은 것인지는 내가 미리 대답할 수 있는 질문이 아니다. 시간과 영원만이 대답해 줄 것이다.

한편으로는 전통 설화가 주는 경고에 주의를 기울이는 것이 현명할 것이다. 세계 각국의 동화를 쓴 익명의 현실주의자들은 소망과 소망의 충족에 대해 아주 많은 것을 알고 있었다. 우선 그들은 어떤 상황에서는 실제로 청원이 응답을 받는다는 사실을 알고 있었다. 그러나 신이 유일한 응답자가 아니라는 것도 알고 있었다. 나쁜 마음으로 무언가를 요청하면, 원하는 것을 받을 수도 있지만 벌과 함께 주어지며, 신성한 존재가 준 것이 아니다. 자기만을 위한 청원의 수단을 통해 원하는 것을 얻는 것은 자만심hubris의 한 형태로서, 거기에 걸맞은 응보nemesis를 불러들인다. 그러므로 북아메리카 인디언들의 전통 설화는 분별 있는 사람이 가져야 할 것보다 더 많은 것을 얻기 위해 이기적으로 단식하고 기도하는 사람들, 그리고 그들이 원하던 것을 받아서 그것 때문에 몰락을 초래한 사람들에 관한 이야기로 가득 차 있다. 세상의 다른 한편에서는 청원에 대한 응답을 위해 일종의 마술을 이용했지만 항상 우스꽝스럽거나 비극적인 결말을 맞은 사람들에 관한 온갖 이야기들이 있다. 전통적인 요정 설화인 〈세 가지 소원 Three Wishes〉은 소원 성취를 바라는 사람이 맞이하는 좋지 않은 결말을 이야기하는 대표적인 예가 될 것이다.

신께서 그대에게 이렇게 말한다고 상상해보라. "나의 아들아, 매일매일 네가 일어나서 기도하고, 나에게 '나의 아버지 신이시여, 저에게 부 富를 주소서!' 라고 말하면서 공손히 무릎을 꿇고 이마로 바닥을 치고 때로는 눈물까지 흘리는 것은 어째서인가? 내가 만일 너에게 부를 준다면, 너는 스스로를 뭔가 중요하다고 생각하고, 네가 아주 굉장한 무언가를 얻었다고 믿게 될지도 모른다. 네가 요청했기 때문에, 그것을 갖게 된 것일 뿐이다. 그러나 잘 사용할 수 있도록 주의를 기울여라. 그것을 갖기 전에는 겸손했지만, 부자가 되기 시작한 지금 너는 가난한 이들을 경멸한다. 너를 더 나쁘게만 만드는 것이 무슨 소용이 있는가? 왜냐하면 이미 나빠진 네가 더욱 나빠졌기 때문이다. 그리고 그것이 너를 더 나쁘게 만든다는 사실을 너는 모르고 있다. 그래서 너는 나에게 그것을 청하고 있는 것이다. 나는 그것을 네게 주면서 너를 검증했다. 너는 발견했지만, 또한 너 자신이 발각되었다! 나에게 이보다 더 나은 것을, 이보다 더 위대한 것을 달라고 하라. 나에게 영적인 것을 달라고 하라. 나에게 나 자신을 달라고 하라."

성 아우구스티누스

오, 신이시여, 걸인인 나는 당신에게 천명의 왕들이 당신께 청하는
것보다 더 많은 것을 청하나이다. 왕들은 각각 당신께 청할 필요가 있
는 무언가를 갖고 있나이다. 나는 당신에게 당신 자신을 달라고 청하러
왔나이다.

헤라트의 안사리

아퀴나스의 표현을 빌면, 우리가 당연히 욕망해야 할 무언가를 위
해 기도하는 것이 합당하다. 범죄나 악행과 같이 누구도 원할 권리가
없는 것들이 있다. 다른 것들은 영적 발달의 어떤 수준에 있는 사람
들이 당연히 원할 수 있지만 더 높은 다른 수준에 있는 사람들은 이
것들을 원해서는 안 된다(그리고 실제로는 원하기를 그친다). 그러므로
성 프랑수아 드 살은 "나는 거의 어떤 욕망도 갖지 않게 되었다. 내가
다시 태어난다면 조금의 욕망마저도 갖지 않을 것이다. 우리는 어떤
것도 요청하거나 거절하지 말아야 하지만, 신이 우리에게 명하는 것
을 결심하는 것 말고는 어떤 욕망에도 시간을 낭비하지 않고 신성한
섭리라는 팔 아래 스스로를 두어야 한다."고 말할 수 있는 경지에 도
달하였다. 그러나 동시에 수백만의 사람들이 주기도문의 세 번째 구
절[256]을 매일 반복하지만, 그들은 자신의 의지 이외에는 어떤 의지도
실현되도록 허용할 의도가 전혀 없다.

죽음 없는 삶의 바닷 속에서 헤매는 느낌은 내게서 모든 요청을 앗아

---

256 신약성경 〈마태복음〉 6:10 : "Thy will be done in earth, as it is in heaven."

가네.

씨앗 속에 나무가 있듯이, 이런 요청 속에 모든 병폐가 있는 법.

카비르

신이시여, 당신께 무엇을 달라고 해야 할지 모르겠나이다. 당신만이 제가 필요한 것을 아시나이다. 내가 나 자신을 사랑하는 방법을 아는 것보다 당신께서 저를 더 사랑하시나이다. 아버지시여, 스스로도 어떻게 달라고 해야 할지 모르는 것을 당신의 아들에게 주시옵소서. 저를 세차게 때리시거나, 치유하시거나, 저를 절망케 하시거나 고양시키시거나 간에 저는 당신의 목적을 알지 못한 채 그것을 모두 숭배하나이다. 저는 침묵하옵고, 저 자신을 제물로 바치나이다. 당신께 무릎을 꿇나이다. 당신의 의지를 성취하는 것 이외에는 어떤 욕망도 가지지 않겠나이다. 저에게 기도하는 방법을 알려주소서. 제 안에서 당신 스스로에게 기도하소서.

페늘롱

(알라는 결코 응답하는 법이 없으니 알라를 부르지 말라고 악마가 수도승을 유혹했다. "여기 있노라." 예언자 카디르[257]가 신의 메시지를 담은 비전속에서 그에게 나타났다.)

내게 봉사하라고 그대를 부른 것이 내가 아니었는가?

---

257 카디르Khadir (또는 키드르Khidr): 이슬람 경전에서 신의 정의로운 종이자 신에 관한 특별한 지식과 위대한 지혜를 가진 것으로 묘사되는 불가사의한 존재. 예언자나 영적 지도자의 모습으로 나타남.

나의 이름으로 그대를 바쁘게 만든 것도 내가 아니었는가?
네가 "알라!"라고 부르는 것이 곧 나의 "여기 있노라"니라.

잘랄루딘 루미

나는 기도한다, 전능하신 신에게. 그분이 안전한 길로 인도하신 수많은 사람들, 그분을 잊지 않도록 열정을 불어넣은 사람들, 모든 더러움을 씻어내어 그분 외에는 아무것도 그 안에 남아있지 않은 사람들, 심지어 그들에게 완전히 깃드시어 그분 외에는 어떤 것도 경애하지 않는 사람들 중에서도 우리를 신께서 선택하신 사람으로 두시기를.

알 가잘리

다른 수많은 주제와 마찬가지로 간구에 대해서도 가장 분명하고 단순하게 핵심을 쓴 사람은 윌리엄 로이다.

스스로를 신의 중재인으로 생각한다면 그대의 이웃이나 친척들과 평화롭게 지내는 것이 결코 어렵지 않음을 알게 될 것이다. 그대가 특히 신성한 은혜와 용서를 간청하는 그런 사람들을 참을성 있게 대해주고 용서하는 것이 쉬워질 것이다.

윌리엄 로

간구는 모든 차이들을 조정하는 최고의 중재자, 진정한 우정의 최상의 촉진자, 모든 불친절한 성미와 화내고 오만한 모든 감정을 최고로 치료하고 예방하는 것이다.

윌리엄 로

그대가 개인적으로 신의 대변자가 될 정도로 그 행복에 많은 관심을 두는 사람에게 나쁜 성질이나 불친절한 행동을 보이지는 못할 것이다. 그대의 개인적 기도로 인해 신의 사랑과 호의를 받기를 원하는 사람을 경멸하거나 조롱할 수는 없기 때문이다.

윌리엄 로

그렇다면 간구란 이웃에 대한 사랑의 수단인 동시에 그 표현이다. 마찬가지로 숭배는 신에 대한 사랑의 수단이면서 표현이다. 그 사랑은 묵상의 결실인 신성과 결합하는 앎에서 완성을 이룬다. 다음 발췌문의 저자들이 '기도'라는 용어를 사용할 때마다 언급하고 있는 것은 이와 같이 높은 형태의 신과의 교감이다.

기도의 궁극적 목적은, 우리와 관련된 존재로서의 신이 아니라 본질적인 그분 자체를 통해 신의 절대적 존엄을 우러러 공경하고, 인식하며, 경배하는 것이다. 그리고 그것이 우리에게 주는 것을 위해서라기보다는 선善 자체에 대한 사랑으로 그분의 선하심을 사랑하는 것이다.

보르고잉[258]

기도에 있어서 샤를 드 콩드랑은 자신의 지식과 추론의 한계에 멈추지 않았다. 그는 자신이 이해하는 바가 아니라 그 자체로서의 신과

---

258 프랑수아 보르고잉François Bourgoing (1585~1662): 프랑스 오라토리오 수도회장. 드 콩드랑을 계승.

신의 신비를 숭배했다.

아멜롯[259]

'본질적인 신 자체', '그 자체로서의 신과 신의 신비'라는 구절에
는 어딘지 칸트 철학 같은 느낌이 있다. 그러나 칸트가 옳았고 그의
말대로 물자체Thing in itself를 알 수 없다면, 보르고잉, 드 콩드랑 및 그
밖의 영적 삶의 스승들은 헛수고를 한 셈이다. 깨달음과 해방에 아직
도달하지 못한 마음에 관해서는 칸트가 옳았다. 물질적이든 심리적
이든 영적이든 간에 그런 마음들에게는 그들 자신의 개체적 성질이
라는 매체로 인해 어두워지고, 그런 성질에 물들고 굴절된 모습으로
실재가스스로를 드러낸다. 그러나 가슴이 순수하고 마음이 가난한
사람들은 실재를 왜곡하지 않는데, 그들에게는 어둡게 하거나 굴절
시킬 분리된 자아가 존재하지 않으며, '영원의 흰 빛'을 개인적·역사
적 빛깔로 물들이는 지적 신념이나 신성시하는 형상이라는 색깔을
입힌 환등 슬라이드가 없기 때문이다. 올리에가 말한 것처럼 그런 마
음에게는 "성자라는 개념, 성모마리아라는 개념, 인간의 모습을 한
예수 그리스도의 모습들은 순수한 모습의 신을 보는 데에 놓인 장애
물들이다." 물자체物自體는 인식할 수 있지만, 스스로 아무것도 아닌
것이 된 사람에게서만 이것이 가능하다.

나는 기도를 청원이나 간청으로 이해하지 않는데, 여러 학파들의 교

---

259 데니스 아멜롯Denis Amelote (1609~1678): 신약성경을 프랑스어로 번역한 프랑스의 성서학자.

리에 따르면 주로 이해를 통해 시행하는 기도란 개인이 신으로부터 받기를 구하는 것을 말한다. 그러나 여기에서 의미하는 기도란 신께서 우리에게 당연히 요구하시는 것은 무엇이든 그것을 신께 바치고 드리는 것이다.

이제 일반적 개념으로서의 기도는 마음을 신에게로 고양시키거나 더 광범위하고 명확하게 그렇게 하는 것으로 정의할 수 있다. 기도란 지성이 있는 영혼이 신께로 향하는 발동작용actuation으로써, 모든 선한 것들의 창조자이자 근원이신 그분께 전적으로 의지함을 표현하거나 적어도 암시한다. 또한 그분께서 현존하시는 가운데 자아와 모든 피조물들을 낮추고 완전히 소멸시킴으로써 그분께서 마땅히 받아야 할 온전한 사랑, 온전한 복종, 숭배, 영광, 예찬을 드리고자 하는 의지와 기꺼움을 표현하거나 적어도 암시한다. 마지막으로 기도란 영을 그분에게 결합시키고자 하는 소망이며 의도이다.

그러므로 기도란, 이성적인 영혼이 할 수 있는 가장 완전하면서도 신성한 행동으로 보인다. 모든 행동과 의무 중에서 기도는 가장 빼놓을 수 없는 것이다.

어거스틴 베이커

주여, 내가 당신을 구할 때 구할 방법을 가르쳐 주시고, 당신을 제게 드러내주소서. 왜냐하면 당신께서 가르쳐주시지 않는다면 당신을 구할 수 없고, 당신께서 스스로 드러내시지 않는다면 당신을 찾을 수 없기 때문입니다. 갈망 속에서 당신을 구하게 해주시고, 구함 속에서 당신을 갈망하게 해주시며, 사랑 속에서 당신을 찾게 해주시고, 찾는 가운데 당신을 사랑하게 해주소서. 주여, 당신께서는 이렇게 당신의 형상으로 저를 창조하시어 당신을 마음에 새겨놓으시고, 당신을 생각하며 사랑하게 하셨나이다. 이에 대해 당신을 찬양하고 당신께 감사드리나이다. 그러나 그런 형상은 부도덕으로 인해 파괴되고 낭비되며, 범죄의 연기로 흐려져서 당신께서 그것을 새롭게 하시고 새로이 창조하지 않으시는 한에는 그것이 만들어진 목적을 달성할 수가 없나이다. 영혼의 눈이 질병으로 어두워집니까? 아니면 당신의 영광으로 눈이 부시던가요? 분명 그것은 스스로 어두워지고 당신으로 인해 눈이 부십니다. 주여, 이것은 당신께서 거주하시는 접근할 수 없는 빛이나이다. 그것은 실로 너무나 밝아 볼 수 없나이다. 그러나 쇠약한 눈이 햇빛을 통해서는 볼 수 있지만 태양 자체는 볼 수 없듯이, 내가 무엇을 보든 그것을 통해 볼 수 있나이다. 오, 접근할 수 없는 최상의 빛이여, 오 신성하고 축복받은 진리여, 당신께 이렇듯 가까이 있는 저로부터 당신은 얼마나 떨어져 계시는 것인지, 제가 당신의 시야vision에 이렇듯 가까이 있음에도 불구하고 당신께서는 제 시야에서 얼마나 멀리 떨어져 있는 것인지요! 모든 곳에서 당신은 온전하게 존재하지만 저는 당신을 볼 수 없나이다. 저는 당신 안에서 움직이고 당신 안에서 저의 존재를 갖고 있지만 당신께 가까이 갈 수 없나이다. 당신은 제 안에 계시고, 제 가까이 계시지만 저는 당신을 느낄 수가 없나이다.

성 안셀무스[260]

---

260 캔터베리의 성 안셀무스St. Anselm of Canterbury (1033~1109): 이탈리아 아오스타Aosta 출신의 베네딕트회 수도사. 영국에서 캔터베리 대주교를 지냈으며 스콜라철학의 창시자 중 한 사람. 신앙을 전제로 이성을 추구한 점에서 아우구스티누스를 계승했으며, "Credo ut intelligam(이해하기 위해 믿는다)"는 격언으로 유명.

오, 주여, 저를 믿지 마옵소서. 왜냐하면 당신께서 저를 떠받치지 않으시면 저는 분명 실패하기 때문입니다.

성 필립 네리

모든 세속적 성향의 포기와 엄청난 겸손 없이 헌신devotion을 가장하는 것은 불가능한 바를 요구하는 것이다. 신앙심이 두터워지려면 우선 겸손해야 하며, 자신의 불행과 욕구, 그리고 세상의 덧없음을 충분히 느껴야 한다. 그때 그의 영혼은 신을 따르고자 하는 욕구로 가득 찰 것이다. 자만심에 차거나 우쭐대거나 속된 사람은 기도 매뉴얼은 사용할 수 있을지라도 신앙심이 두터워질 수는 없는데, 왜냐하면 헌신이란 그 유일한 행복으로서 겸손한 마음을 신께 전념하는 것이기 때문이다.

윌리엄 로

영spirit이 작동하기 위해서는 좋고 나쁜 모든 감각적인 이미지들을 제거해야만 한다. 영적 과정에 있는 초보자는 그 시작으로 지각할 수 있는sensible 좋은 이미지를 활용한다. 훌륭한 영적 과정을 영의 훈련으로 시작하는 것은 불가능하다… 내적으로 향하는 경향성이 없는 영혼들은 항상 지각 가능한 이미지를 이용하는 훈련을 지속시켜 나가야 한다. 그러면 이런 영혼들은 지각할 수 있는 훈련이 자신이나 타인에게 매우 유익할 뿐 아니라 신도 만족시킨다는 것을 알게 될 것이다. 이것이 적극적인 삶을 사는 방법이다. 그러나 내적으로 향하는 경향성이 있는 사람들은 감각의 훈련에만 머물지 않으며, 어느 정도 시간이 지나면 영의 훈련, 감각과 상상과는 별개일 뿐 아니라 지성적 혼이 지닌 의지를 신께로 고양시키는 훈련으로 대체할 것이다… 그 영혼은 상상의 대상이 아니라 하나의 영으로써 이해하여 파악된 신을 향해 자신의 의지를 드높인다. 인간의 영은 이런 식으로 신성한 근본 영과의 합일을 열망한다.

어거스틴 베이커

그대는 기도할 때 아무것도 하지 않는다고 말한다. 그러나 그대가 하고 있는 것, 즉 그대의 무가치함과 불행을 신께 제시하고 말로 표현하는 것 말고는 기도할 때 따로 무엇을 바라겠는가? 걸인이 자신의 욕창과 궁핍을 우리에게 보여준다면 그것이 그들이 할 수 있는 최선의 간청이다. 그러나 그대가 내게 말하는 내용으로 보면, 그대는 때로 이런 일을 전혀 하지 않고 그림자나 조각상처럼 거기 누워있기만 한다. 사람들은 그저 왕의 눈을 즐겁게 하기 위해 조각상들을 궁전에 둔다. 신이 계신 곳에서도 기꺼이 그렇게 있으라. 신께서 원하시면 그 조각상에 생명을 불어넣어줄 것이다.

성 프랑수아 드 살

내 마음을 그야말로 기도에만 한정짓지 않는다는 것을 알게 되었다. 기도 속에서 나는 언제나 스스로 무언가 하기를 원하며, 그 점에서 아주 잘못되었다…

내 마음을 그런 모든 것에서 확실하게 끊어내고 분리시켜, 가능한 온 힘을 다해 유일한 관심과 순전한 합일에 붙들어두기를 바란다. 기도의 상태로 들어가지 못하는 두려움을 용납함으로써, 그리고 뭔가 나 자신의 성취를 소망함으로써, 나는 기도를 전부 망쳐버렸다.

성 잔 드 샹탈

그대가 깨달음을 추구하는 한,

특히 스스로 그것을 위해 수행하는 한, 그대는 도달할 수 없다. [261]

영가 현각

"어떻게 도道와 하나 될 수 있겠습니까?"

"나는 아직 도와 하나 되지 못했다."

석두 희천

어떻게 그것을 붙잡을 수 있겠는가? 잡으려 하지 말라.

더 이상 잡는 것이 없을 때 남는 것이 참자아the Self니라.

판차다시[262]

나는 그대에게 신 안에서 혹은 신과 가까이 머물기만 하라고 명하노라. 거기에서 아무것도 하려고 애쓰지 말고, 그분께서 권유하지 않으신한 신께 아무것도 묻지 말라.

성 프랑수아 드 살

숭배는 애정 어린, 그러나 여전히 분리된 인격 활동이다. 묵상이란 모든 존재의 신성한 근본바탕과 하나 된 상태를 말한다. 최고의 기도는 가장 수동적인 것이다. 필연적으로, 자아가 적을수록 신은 더 많

---

261 《증도가》 중 '求佛施功早晚成(불성을 구하기 위해 공덕을 베푼다고 한들 언제 이루어질 것인가)' 부분.
262 판차다시Panchadasi: 14세기경 인도의 철학자인 비드야라냐Vidyāranya(통칭 마다바Mādhava)에 의해 저술된 불이일원론 베단타 철학에 관한 15개의 논문집.

이 계신다. 이런 이유로 수동적인 혹은 관상기도infused contemplation의 길이 그토록 어려우며, 많은 사람들에게는 고통스럽기까지 하다. 이는 연속되거나 동시에 일어나는 어두운 밤Dark Nights을 통과하는 통로로써, 이때 순례자는 그 자체가 목적인 감각적 삶에 대해, 사적이고 전통적으로 신성시되어온 생각과 믿음의 삶에 대해, 마지막으로 모든 무지와 죄악의 깊은 원천인 분리되고 개별화된 의지의 삶에 대해 죽어야만 한다.

17
고통
Suffering

신성은 고통을 느끼지 않는다. 왜냐하면 완전함과 통합unity이 있는 곳에는 고통이 있을 수 없기 때문이다. 불완전성, 분열, 그리고 모든 것을 망라하는 전체성으로부터 분리된 곳에서 고통을 견디는 역량이 발생한다. 피조물이 처한 이런 조건을 강화하려는 충동에 의해 불완전성·분열·분리가 동반하는 만큼 그 역량은 실현된다. 왜냐하면 자신의 유기체 안에서 통합을 이루고 신성한 근본바탕과 합일한 사람에게는 고통이 끝나기 때문이다. 창조의 목적은, 모든 살아있는 존재들이 고통이라는 결과를 낳는 현혹적인 분리에로의 충동과 분리감에서 벗어나, 결합하는 앎unitive knowledge을 통해 영원한 실재의 온전함으로 돌아가는 것이다.

인간을 형성하는 요소들은 괴로움苦을 낳는다.
괴로움의 원인은 개체적 삶에 대한 욕구集이다.
욕구로부터 벗어남이 괴로움의 소멸滅이다.

괴로움의 소멸에 이르는 길道은 팔정도이다.

불교의 사성제四聖諦

분리에로의 충동 혹은 독립적이고 개체화된 존재에 대한 열망은 세포적이고 생리적인 수준에서 시작하여 본능적인 수준을 거쳐 완전히 의식적인 수준에 이르기까지 모든 생명 수준에서 스스로를 드러낼 수 있다. 그것은 환경 및 신성한 근본바탕과의 분리를 강화하려는 유기체 전체의 갈망일 수 있다. 혹은 한 유기체의 일부가 전체로서의 유기체적 삶과 분리되어, 그 결과 전체로서의 유기체적 삶을 희생시키면서 부분적인 삶을 강화하려는 충동일 수 있다. 첫 번째 경우, 우리는 충동, 열정, 욕망, 자기의지, 죄악에 대해서 말하는 것이고, 두 번째 경우는 질병, 상해, 기능적 혹은 기관의 질병으로 일어나는 것을 표현하고 있다. 양자의 경우 모두 분리되려는 갈망이 갈망의 주체뿐만 아니라 갈망 주체가 처해있는 인식 가능한 환경, 즉 외부 세계에 존재하는 다른 유기체나 동일한 유기체 내에 있는 다른 기관들에게 고통을 초래한다. 어떤 면에서 고통은 완전히 사적인 것이지만 다른 면에서 볼 때는 불행하게도 전염이 된다. 살아있는 어떤 피조물도 다른 피조물의 고통을 경험할 수는 없다. 그러나 갈망하는 자에게 어떤 형태로든 공유할 수 없는 사적인 고통을 조만간 직간접적으로 안겨줄 분리를 향한 갈망은, 다른 사람들에게도 동등한 (공유할 수 없고 사적인) 고통을 조만간 직간접적으로 안겨준다. 고통과 도덕적 죄악은 동일한 원천, 즉 생명 있는 모든 존재의 일차적 소여datum인 분리를 강화하려는 갈망을 가진다.

몇 가지 예를 들어 이런 일반화를 보여주는 것이 좋을 것이다. 첫째로 살아있는 유기체가 계속 살아가는 과정에서 스스로에게나 다른 살아있는 유기체에게 가하는 고통을 생각해보자. 그런 고통의 원인은 특히 배고픔hunger의 형태로 스스로를 표현하는, 개별적 존재에 대한 갈망에 있다. 배고픔은 전적으로 자연스러운 현상으로서, 모든 피조물의 다르마dharma의 일부다. 배고픔이 배고픈 자와 배고픔을 만족시키는 자에게 똑같이 야기하는 고통은 살아있는 생명체의 존속과 별개가 아니다. 살아있는 생명체의 존재는 궁극적으로 그들 각각의 최고선에 해당하는 목표와 목적을 갖고 있다. 그러나 동시에 생명체의 고통은 하나의 사실이면서 생명이 있는 존재에게 필요한 부분이기도 하다.

사실이 이런 만큼 창조는 추락Fall의 시작이 된다. 생명체가 자신의 존재 법칙이 규정한 한계 너머로 자신의 분리를 강화하려고 애쓸 때 완전한 추락이 일어난다. 생물학적 수준에서 보면 추락은 진화가 일어나는 역사 과정에서 아주 자주 그 정점에 도달한 것처럼 보일 때 일어난다. 인간을 제외한 모든 종들은 분화specialization라는 수단을 통해 즉각적이고 단기적인 성공을 선택하였다. 그러나 분화는 항상 막다른 골목으로 안내한다. 어떤 유기체가 합리적 지성(특정 환경에서 진행되는 특정한 삶에 몸과 본능을 완전히 적응하도록 만들지 않는 것에 대한 보상)으로 진보할 수 있는 것은 불안정하게 일반화됨으로써 가능하다. 분별력 있는 지성은 한편으로는 유례없는 세속적 성공을 가능하게 할 뿐 아니라, 또 다른 한편으로는 영성을 향한 그 이상의 진보 그리고 결합하는 앎을 통해 신성한 근본바탕으로 회귀하는 것을 가능하게 한다.

생물학적 수준에서 볼 때 인간 종은 추락의 정점에 이르지 않았기 때문에, 개별적 인간은 이제 자아를 비우고 신과 결합하거나 분리된 자아를 강화하는 것 중에서 선택할 수 있는 소중한 힘을 갖추고 있는데, 이것은 하등동물의 인식 범위를 완전히 넘어선다. 선에 대한 그들의 역량은 무한한데, 그들이 원한다면 자신의 내부에서 신성한 실재를 위한 여지를 만들 수 있기 때문이다. 그러나 이와 동시에 악에 대한 역량은 실로 무한하지는 않지만 (악은 궁극적으로는 항상 자기파괴적이라서 일시적인 성격을 띤다) 유례없이 엄청나다. 지옥이란 신으로부터 완전히 분리된 것이며, 악마는 그런 분리를 향한 의지이다. 이성적이고 자유롭기 때문에, 인간은 극악무도해질 수 있다. 이것이야말로 어떤 동물도 모방할 수 없는 재주이다. 왜냐하면 어떤 동물도 악마가 될 수 있을 만큼 충분히 영리하지도, 충분히 고의적이지도, 충분히 의지가 강하거나 도덕적이지도 않기 때문이다(엄청난 규모로 극악무도해지기 위해서는 밀턴Milton의 사탄Satan처럼 자비와 지혜만을 제외한 모든 도덕적 미덕을 수없이 보여주어야만 한다는 사실에 주목해야 한다).

어떤 동물보다도 자신의 분리성을 열렬하게 갈망하는 인간의 역량은 도덕적 죄악 및 어떤 식으로든 죄악의 희생자와 가해자에게 도덕적 죄악이 가하는 고통을 야기할 뿐 아니라, 인간의 특징인 신체에서의 특정한 기능이상을 초래한다. 동물들은 주로 전염성 질환과 기생충 감염에 의한 질병으로 고통을 받는다. 전자는 번식의 욕구가 유달리 과잉 번식에 유리한 환경과 결합할 때마다 급속히 확산되는 것으로 추정된다. 후자는 다수의 생물종들이 공존하면서 오직 서로의 희생으로만 생존할 수 있을 때 불가피하게 발생하는 정말 특별한 경우의 고통이다. 문명화된 인간은 이런 전염병들로부터 스스로를 보호하는 데 상당히 성공을 거두었지만, 그 대신에 인간은 하등동물에서는 거의 나타나지 않는 어마어마한 퇴행성 질환들을 불러들였다. 이런 퇴행성 질환 대부분은 어떤 수준에 있는 문명화된 인간이건 그들이 도道 혹은 사물의 신성한 성질과 조화를 이루며 살고 있지 않다는 사실에 기인한다. 그들은 폭식을 통해 자신들의 자아를 강화하길 좋아하므로, 적절치 않은 음식을 먹으며 또 너무 많이 먹는다. 그들은 금전에 대한 만성적인 불안을 스스로에게 가하며, 흥분을 갈망하기 때문에 만성적으로 과도한 자극을 받는다. 근로시간 중에는 만성적인 권태와 좌절로 고통을 받는다. 이는 완전히 기계화된 대량 생산의 결실을 위해 인위적으로 자극된 수요를 만족시키기 위해 성취해야 하는 작업들 때문에 부과된 것이다.

심리-생리적 유기체를 잘못 사용한 결과로는 심장·신장·이자·소장·동맥과 같은 특정 기관의 퇴행적인 변화가 있다. 유기체 전체로부터 독립을 선언하면서 자신들의 부분적인 자아를 주장하는 퇴행성 기관들은 스스로에게는 물론 자신들의 생리적 환경에도 고통을 준다. 정확히 똑같은 방식으로 사람들 각자는 이웃·대자연·신으로부터의 분리와 부분적인 자아를 주장하여 자기 자신은 물론 가족·친구·사회 일반에게 파괴적인 결과를 초래한다. 거짓된 철학으로 살아가는 전문가 집단이나 가족, 무질서한 사회는 거꾸로 그 구성원들에게 자신들의 개별적 자아성과 분리감을 주장하도록 영향을 미치는데, 이는 마치 그릇되게 살아가고 생각하는 개인이 기능 과잉이나 부족으로 인해 자신의 기관에 영향을 미쳐서 유기체 전체를 희생시켜가며 그 기관들의 자아성을 주장하게 만드는 일과 같다.

고통의 결과는 그것을 견뎌내고 반응하는 방식에 따라 도덕적·영적으로 나쁘거나 중립적이거나 좋을 수 있다. 다시 말해서 고통은 고통받는 자에게 분리감을 강화시키려는 의식적·무의식적 갈망을 자극할 수도 있고, 고통받기 이전의 갈망으로 그대로 남겨둘 수도 있으며, 고통을 완화시켜 자기포기 및 신에 대한 사랑과 앎 쪽으로 가도록 진보할 수 있는 수단이 될 수도 있다. 이미 분석한 바에 따르면 이런 세 가지 대안 중 어떤 것을 실현할지는 고통받는 자의 선택에 달려있다. 이것은 인간 이하의 수준에도 적용되는 것 같다. 종종 고등동물들은 어쨌든 만물의 신성한 본성이 그들에게 명한 바를 평온한 수용력을 갖고 받아들이며 스스로를 고통, 질병, 죽음에 내맡기는 듯하다. 그러나 다른 경우에는 터무니없는 공포, 투쟁, 그런 명령에 대한 광적인 저항이 존재한다. 육신을 가진 동물적 자아는 고통에 직면해서 적어도 어느 정도까지는 자기포기나 자기주장을 자유로이 선택할 수 있는 것 같다. 육신을 가진 인간 자아들에게도 이런 선택의 자유가 있음은 의심할 여지가 없다. 고통에 직면해서 자기포기를 선택하는 것은 은총grace(영적인 수준에서는 신의 사랑과 앎에로의 접근이라는 형태로, 정신적·생리적 수준에서는 공포, 자신에 대한 지나친 관심, 심지어 고통까지도 감소시킨다는 형태로 나타나는 은총)을 받아들일 수 있게 한다.

고통의 사랑the love of suffering을 생각할 때, 우리는 감각의 감수성을 잃어버리고 죽으며, 그 죽음의 정원에서 살아갈 것이다.

시에나의 성 카타리나

사랑을 위해 고통받는 자는 고통스럽지 않다.
모든 고통을 잊기 때문에.

에크하르트

이 삶에서 연옥이란 없고 천국과 지옥만이 존재한다. 왜냐하면 인내심으로 고난을 견디는 사람은 천국을, 그렇지 않은 사람은 지옥을 안고 있기 때문이다.

성 필립 네리

많은 고통들은 도덕적 죄악의 직접적인 결과이며, 그 괴로움의 원인이 뿌리 뽑히지 않는 한, 고통받는 사람에게 어떤 좋은 영향도 미칠 수 없다.

각각의 죄악은 특별한 영적 고통을 초래한다. 이런 종류의 고통은 지옥의 고통 쪽으로 가는 것과 마찬가지이다. 왜냐하면 그대가 더 많이 고통받을수록 그대는 더 나빠지기 때문이다. 이런 일이 죄인들에게 일어난다. 죄로 인해 받는 고통이 더 클수록 죄인들은 더 많이 사악해진다. 그리고 고통에서 벗어나기 위해 그들은 계속해서 점점 더 죄 속으로 빠져든다.

《그리스도를 따라서》

남을 대신해서 받는 고통이라는 개념은 너무 자주 법률적이고 상업적인 용어로 조잡하게 표현되었다. A라는 사람이 법적으로 처벌받을 만한 범죄행위를 저질렀는데, B가 자발적으로 그 처벌을 받는다고 하자. 재판관과 입법자의 명예는 충족되므로 그 결과 A는 풀려날 것이다. 그렇지 않으면 그것은 모두 부채와 상환의 문제가 된다. A가 C에게 갚을 수 없는 빚을 졌는데, B가 현금을 갖고 끼어들어 C가 담보권을 행사하는 것을 막는다고 하자. 인간의 고통에 관한 사실들과 신성한 근본바탕과의 관계에 적용시켜 본다면, 이런 개념들은 계몽적이지도 교훈적이지도 않다. 정통적인 속죄Atonement 교리는 인간의 지배자에게조차도 불명예스러울 수 있는 특징들을 신에게 귀속시키고 있으며, 이 교리에서 말하는 우주에 관한 모델은 철학적 성찰을 통해 합리적으로 설명되는 영적 통찰의 산물이 아니라 율법학자의 환상을 투사한 것이다. 한탄스러울 정도로 조잡한 개념 설명에도 불구하고, '남을 대신하여 받는 고통' 및 이와 매우 밀접하게 관련된 '공덕功德의 양도'라는 개념은 진정한 경험적 사실에 근거를 두고 있다. 자아를 비우고 신으로 가득 찬 사람은 자신의 분리감과 자아를 강화하려는 습관적인 갈망 때문에 신성한 것을 느끼지 못하는 불행한 사람들에게 은총이 통과할 수 있는 통로로서 활동할 수 있고 또 그렇게 하고 있다. 전적으로 비강제적이기에, 성자들은 그만큼 더 그들의 동료에게 권위를 행사할 수 있기 때문이다. 그들은 공덕을 필요로 하는 사람에게 공덕을 양도transfer merit한다. 그러나 자기의지self-will의 희생자를 개종시켜 그들을 해방의 길 위에 두는 것이 성자다운 사람의 공덕은 아니다. 깨끗이 씻겨서 물이 흐를 수 있도록 하는 파이프처럼, 영원한 실재가 스스로를 그렇게 할 수 있도록 만드는 데에 그 공덕이 있다. 그것은 그가 운반하는 신성한 임무, 그 자신이 전달수단이 되는 영원한 실재다. 마찬가지로 속죄하는 성인이 고통을 대신하면서 경험하는 것은 실제 고통이 아니다. 왜냐하면 신이 죄악에 분노하고 있으며 특정 양의 고통을 바치지 않고서는 그분의 분노를 가라앉힐 수 없다고 믿는 것은 신성한 본성을 모독하는 일이기 때문이다. 전혀 그렇지 않다. 그들의 동료를 돕기 위해 고통을 받아들일 준비가 되어있는 사람들, 자신을 비우고 신으로 충만한 이런 사람들이 자아에 갇힌 이들에게 시간적 질서 너머로부터 선사하는 선물이 구원이다. 보살菩薩의 서원誓願이란, 자아를 비우고 스스로 통로가 되는 은총과 보살의 노력 덕분에 모든 살아있는 존재들이 최종적이고 완전한 해방에 이를 때까지 깨달음이라는 즉각적인 결실을 멀리하고 환생rebirth과 이에 불가피하게 수반되는 고통이나 죽음을 되풀이해서 받아들인다는 약속이다.

북쪽과 동쪽 사이에서 단조롭고 우울한 색조를 띤 물체 덩어리를 보았다. 나는 이 덩어리가 그들이 할 수 있는 한 최대의 고통 속에서 살아가고 있는 인간임을 알았다. 나는 그들과 함께 섞여버렸으며 이제부터는 내 자신을 별개의 분리된 존재로 생각하지 말아야 한다.

존 울먼

정의로운 자와 결백한 자들이 왜 부당한 고통을 견뎌야만 하는가? 사건과 사물에 대한 흄의 생각처럼, 사람들 각자를 '느슨하고 분리된 loose and separate' 존재로 생각하는 사람에게, 이런 질문에 대한 답 중에서 수용할 수 있는 것은 없다. 그러나 사실상 사람들 각자는 느슨하고 분리된 존재가 아니며, 그들이 그렇다고 생각하는 유일한 이유는 우리가 잘못 해석한 이기심 때문이다. 우리는 '진짜로 좋아하는 것을 하길' 원하고 '좋은 시간'을 가지길 원하지만, 책임은 원치 않는다. 그 결과 언어의 부적절성에 의해 호도되는 것이 편하고, 우리가 말에 대해 생각할 때 말들이 그렇듯이 사물·사람·사건들은 각자 서로 완전히 구별되고 분리되었다고 믿는 것이 (물론 늘 그렇지는 않지만 그런 것이 적합할 때는) 편하다는 사실을 알게 된다. 실제로 우리 모두는 신, 대자연, 다른 사람들과 유기적으로 연결되어 있다. 모든 사람이 의식적으로 끊임없이 자신의 신성하고 자연적이며 사회적인 환경과 적절한 관계를 맺는다면 천지창조로 인해 피할 수 없게 된 고통만이 존재할 것이다. 그러나 대부분의 사람들은 신, 대자연 그리고 최소한 몇 사람과는 만성적으로 잘못된 관계를 맺고 있다. 이런 잘못된 관계의 결과는 사회적 수준에서 전쟁·혁명·착취·무질서로 드러난다. 자연적 수준에서는 그 무엇으로도 대체할 수 없는 자원의 낭비와 고갈로, 생물학적 수준에서는 퇴행성 질병과 쇠퇴로, 도덕적 수준에서는 도가 지나친 오만함으로, 영적 수준에서는 신성한 실재에 대한 무분별함과 인간 존재의 이유와 목적에 대한 완전한 무지로 드러난다.

　이런 상황에서 결백한 자와 정의로운 자들이 고통을 받지 않는다면 그것이 오히려 놀라울 것이다. 마치 결함 없는 신장과 정의로운 심장이 맛난 것을 좋아하는 입천장과 과부하된 위장이 저지른 죄악으로 인해 고통을 받지 않는다면 놀라운 일일 것처럼. 이 기관들이 속해있는 게걸스러운 사람의 의지가 이 기관들에게 부과한 죄를 이런 죄악에 추가시켜야 할 것이다. 이는 마치 다른 사람들, 그 시대와 이전 시대의 사람들이 거대하고 지속적인 질병 그 자체로 만들어 버려서, 그 구성원들에게 고통을 안겨주며 무지와 사악함을 감염시키는 사회에 스스로 속한 것과 마찬가지이다. 정의로운 자는 고통을 받아들이고 그것을 넘어 나아감으로써 고통으로부터 벗어날 수 있다. 그는 정의로움righteousness으로부터 완전히 자아를 비우고 신 중심으로 전환됨으로써, 그저 한 사람의 바리새인이나 훌륭한 시민이 되기를 멈추고 '하늘에 계신 아버지께서 완전하신 것처럼 완전'하게 됨으로써만 이것을 성취할 수 있다. 그런 변용의 길에는 분명 엄청난 어려움이 따른다. '권위를 가지고 말하는' 사람들 중 어느 누가 완전한 해방의 길이 쉽다거나 그 문은 '작고 좁을' 뿐이라고 말했던가?

18
믿음
Faith

'믿음faith'이라는 말에는 다양한 의미가 있지만 이들을 구별하는 것이 중요하다. 첫 번째로 X박사의 진단 기술 혹은 Y변호사의 성실성에 대한 믿음을 갖고 있다고 말할 때처럼 '신뢰trust'와 유사한 단어로 사용되는 경우가 있다. 두 번째로는 첫 번째 의미와 유사한 것으로 권위에 대한 '믿음', 즉 어떤 사람이 특정 주제에 대해 말하는 것이 그의 특별한 자격으로 인해 사실일 가능성이 있다는 믿음이 있다. 세 번째로는 우리 스스로 입증할 필요는 없지만 만약 의향·기회·필요한 능력을 갖추고 있다면 우리가 입증할 수 있으리라 알고 있는 일들에 대한 믿음을 의미한다. 즉, 비록 오스트레일리아에 가본 적은 없지만 우리에게는 거기에 오리너구리 같은 생물이 있다는 '믿음'이 있으며, 원자이론의 근거가 되는 실험을 수행한 적이 없을 뿐 아니라 그 이론을 지지하고 있는 수학을 이해할 수 없어도 우리에게는 원자이론에 대한 '믿음'이 있다. 마지막으로, 〈아타나시우스 신경 Athanasian Creed〉에 관한 명제나 무원죄 잉태설Immaculate Conception 교리를 구성하고 있는 명제들처럼 우리가 하고 싶어도 증명할 수 없는 것으로 알려진 명제들에 대한 '믿음'이 있다. 스콜라철학자들은 이런 종류의 '믿음'을 의지의 동의하에 일어난 지성의 행위로 정의한다.

세 번째까지의 의미에서의 믿음은 일상생활의 활동에서뿐만이 아니라 순수 및 응용과학에서도 매우 중요한 역할을 한다. "이해하기 위해 믿는다Credo ut intelligam"라는 라틴어 표현이 있는데, 우리는 여기에 행동하기 위해ut agaim와 살기 위해ut vivam를 추가해야 한다. 믿음은 온갖 체계적인 앎, 목적 있는 행위, 남부럽지 않은 삶의 선행조건이다. 사회는 주로 소수의 강제적인 권력으로 인해 발생하는 다수의 공포로써가 아니라, 다른 구성원들이 기본적 품위를 지키리라는 폭넓은 믿음에 의해 결속된다. 그런 믿음은 믿음 자체의 대상을 만들어내는 경향이 있다. 예를 들어 전쟁이나 내적 불화로 인해 널리 퍼진 상호불신은 불신의 대상을 만들어낸다.

이제 도덕적 영역에서 지적 영역으로 넘어가면, 우리는 조직화된 모든 사고의 뿌리에는 믿음이 놓여있다는 사실을 알게 된다. 우주의 확실성에 대한 믿음이 없다면, 클라크 맥스웰[263]의 표현으로는, 자연이라는 책이 서로 상관없는 조각들로 뒤범벅된 잡지가 아니라 실제로 한 권의 책이라는 일관성 있는 예술작품임을 우리가 암암리에 믿지 않는다면, 과학과 기술은 존재할 수 없다. 세계는 합리적이고 신뢰할 수 있다는 이런 일반적인 믿음에 더해서, 진리를 찾는 자들은 두 가지 종류의 특별한 믿음을 추가해야 한다. 한 가지는 자격을 갖

---

263 제임스 클라크 맥스웰James Clerk Maxwell (1831~1879): 전자기파설의 기초를 세운 영국의 물리학자.

춘 전문가들의 권위에 대한 믿음으로, 이는 개인적으로 입증하지 못한 진술들을 그들의 말을 통해 받아들일 수 있게끔 한다. 다른 하나는 그 자신의 작업가설working hypothesis에 대한 믿음인데, 이는 적절한 행동을 통해 잠정적인 신념을 검사하도록 유도할 수 있다. 이런 행동은 그것을 촉발시킨 신념을 확실하게 하거나 반대로 원래의 작업가설이 잘못되었음을 입증할 것이다. 이 경우 사실과 일치하여 믿음의 영역에서 지식의 영역으로 넘어갈 때까지 그 작업가설은 수정되어야 할 것이다.

네 번째 종류의 믿음을 보통 '종교적 신앙'이라고 부른다. 이 용어를 적절하다고 볼 수 있는 것은, 다른 종류의 믿음이 세속사에서만큼 종교에서도 근본적이 아니기 때문이 아니라, 의지력의 행사로 증명할 수 없다고 알려진 명제에 동의하는 것은 앞의 세 가지 의미인 신뢰로서의 믿음, 권위에 대한 믿음, 증명되지는 않았지만 증명 가능한 명제에 대한 믿음에 독특하게 추가되는 믿음으로 종교, 오직 종교에서만 유일하게 일어나기 때문이다. 그리스도교 신학에 따르면 이것은 명분 있고 구원을 주는 믿음이다.

절대 타협하지 않는 극단적인 경우 그런 교리는 아주 위험할 수 있다. 루터가 보낸 한 편지에서 인용한 글귀가 그 예이다. "용감하게 죄인이 되고 죄가 되라. 그러나 죄악·죽음·세상의 정복자이신 그리스도를 더 용감하게 믿고 그 안에서 기뻐하라. 지금의 모습에 머물러 있는 한 죄악을 저지를 수밖에 없다. 이 삶은 의로운 행위가 머무는 장소가 아니다." '신앙에 의한 정당화'라는 교리에 대한 믿음이 죄악에 대한 변명을 돕거나 심지어 죄로 이끌 수 있다는 위험성을 또 다른 위험으로 추가해야 한다. 말하자면, 구원되리라는 믿음은 증명할 수 없을 뿐만 아니라 이성과 도덕적 감각과도 일치하지 않으며, 사물의 본성에 대한 영적 통찰의 조건을 충족시킨 사람들이 발견한 바와 완전히 불일치하는, 이론상의 믿음일 수 있다. 루터는 "아주 소수만을 구원하고 다수를 심판하는 신은 자비로우며, 우리가 반드시 지옥살이를 하도록 운명 짓고, 비열한 사람들의 고문에 기뻐하면서, 사랑받기보다는 미움을 더 받을 만한 분이 그분이라고 믿는 것이 믿음의 정점이다. 그토록 많이 분노하고 가혹하신 신께서 얼마나 자비롭고 정의로우신지 이성의 모든 노력으로 상상할 수 있다면, 더 이상 믿음이 필요치 않다"라고 자신의 《노예의지론De Servo Arbitrio》에서 말했다. 계시Revelation(진정한 계시인 경우, 신을 볼 수 있을 정도로 가슴이 순수하고 마음이 가난한 사람들의 꾸밈없는 기록)는 이런 끔찍한 교리들에 대해서는 아무런 말도 하지 않는데, 여기에 대해 의지will는 지성이 꽤 못마땅해하는 일을 동의하도록 강요한다. 그런 생각들은 성자들의 통찰에서 나왔다기보다는, 이기심과 (그들에게 익숙한 유대 및 로마법 입장에서 우주를 해석한 어리석음과 뻔뻔스러움을 지닌) 교육의 편견을 전혀 초월하지 못한 율법학자들의 너저분한 환상의 산물이다. "저주받으라, 율법학자여"라고 그리스도는 말씀하셨다. 위협적인 경고는 예언적인 성격을 띠며 영원히 그러할 것이다.

모든 고등종교의 핵심이자 영적인 본질은 영원의 철학Perennial Philosophy이다. 그리고 영원의 철학은 루터가 앞의 단락에서 서술한 종류의 믿음에 의지하지 않고도 그 내용에 동의하고 그것을 근거 삼아 행동할 수 있게 한다. 물론 신뢰로서의 믿음도 반드시 존재한다. 왜냐하면 동료들에 대한 믿음이 인간을 향한 자비의 출발이며, 물질적일 뿐 아니라 도덕적이고 영적인 우주의 신뢰성에 대한 확신이 신과 관련된 자비 혹은 사랑-앎love-knowledge의 출발이기 때문이다. 거기에는 권위, 자기를 비움으로써 직접적인 접촉과 기록을 통해 모든 존재의 영적 근본바탕을 알 수 있도록 자격이 부여된 자들의 권위에 대한 믿음 또한 있어야 한다. 마지막으로는 진정한 계시의 관점에서 철학자들이 진술한 실재에 대한 명제들, 믿는 자들이 필요한 조건을 충족시킬 준비가 되었다면 스스로의 힘으로 증명 가능하다고 알려진 명제들에 대한 믿음도 있어야 한다. 그러나 그 근본적인 단순함에서 영원의 철학을 수용하는 한, 증명 불가능하다고 알려진 명제들에 대해서 사전에 의지를 가동해 동의할 필요는 없다. 그런 증명 불가능한 명제들은 강한 믿음이 심리적 토대에 영향을 줌으로써 추론된 객관성이 실제로 '거기에 있음'을 발견할 수 있는 어떤 존재를 창조할 수 있을 정도로 증명 가능해질 수 있음을 첨언할 필요가 있다. 그러나 강하게 믿는 사람들의 정신적 활동으로부터 그 객관성을 끌어내야만 하는 존재는 세상의 영적인 근본바탕이 될 수 없으며, '종교적 믿음'이라는 자발적이고 지적인 활동에 바쁘게 종사하는 마음은 근본바탕과 결합하는 앎에 필요조건인 무아selflessness나 기민한 수동성alert passivity 상태에 있을 수 없다는 사실을 기억하자. 이런 이유 때문에 불교신자들은 "지극한 믿음은 극락으로 이끌어주지만, 다르마에 대한 복종은 니르바나로 이끌어준다"라고 단언하였다. 궁극적인 영적 실재보다 낮은 어떤 초자연적 실체의 존재나 힘에 대한 믿음, 자기부정이 부족한 모든 형태의 숭배에 대한 믿음은 그 믿음의 대상이 본질적으로 선한 것이라면 분명 인격의 개선을 가져오며, 사후에 '극락 같은' 조건에서 개선된 성격으로 살게 되는 결과를 낳을 것이다. 그러나 여전히 시간적 질서 안에 존재하는 이런 개인적 생존은 근본 영과의 영원한 결합에서 오는 영생은 아니다. 이런 영생은 신성보다 낮은 무언가에 대한 믿음에서가 아니라 신성을 '아는' 데서 성립한다.

어떤 객관적 조건, 예를 들어 지고의 신성보다 못한 무언가를 사랑하고 믿음으로써 고취된 훌륭한 일을 통해 공덕을 쌓고, 행위 안에서 숭배 대상과 결합되는 조건은 종말을 면할 수 없다. 왜냐하면 카르마karma는 결코 해방의 조건이 아니라고 경전에서 분명하게 언급하고 있기 때문이다.

상카라

'카르마'란 시간 속의 인과적 연쇄를 말하며, 시간적 자아에 대해서 '죽고' 시간과 원인을 넘어선 영원한 것과 결합함으로써만 그로부터 해방된다. 저명한 신학자이자 철학자인 테넌트 박사의 말을 인용하면, 그 이유는 다음과 같다. "제1원인 혹은 자기원인Causa Sui의 개념과 관련해서, 인과성이 일반화되면 그것은 한편으로는 모순을 내포하기 때문에, 인과 범주의 적용을 확대시키면 그 인과성을 확립하려 애쓰는 가운데 스스로를 반박하고 있다는 사실을 염두에 두어야 한다. 다른 한편으로 궁극적인 근본바탕은 단지 '존재한다'는 사실을 기억해야 한다." 또한 그 개인이 사랑-앎을 통해서 근본바탕과 결합함으로 인해 '단순히 존재한다simply is'는 경우에만 완전하고 영원한 자유가 의심할 바 없이 성취된다.

19
신은 조롱받지 않는다[264]
God Is Not Mocked

당신은 왜 "내가 그토록 많은 죄를 지었는데도,

자비로운 신께서는 나를 벌주지 않으십니까?"라고 물으셨습니까?

내가 당신을 수없이 많이 때렸는데도 당신은 전혀 모르십니다!

당신은 머리부터 발끝까지 제 사슬에 묶여 있습니다.

당신의 가슴에는 녹이 쌓이고 쌓여

신성한 신비를 보지 못합니다.

완고한 사람이 악한 행위를 할 때

그는 분별력의 눈 위에 먼지를 뿌리는 것입니다.

그는 죄악에 대해 오래된 수치심이 있으며

더 이상 신을 부르지 않습니다.

그의 거울에는 먼지가 다섯 층이나 쌓입니다.

---

264 신약성경 〈갈라디아서〉 6:7 : "Be not deceived; God is not mocked: for whatsoever a man soweth, that shall he also reap(자기를 속이지 마십시오. 신은 조롱을 받으실 분이 아니십니다. 사람은 무엇을 심든지, 심은 대로 거둘 것입니다)."

녹슨 곳이 그의 강철을 갉아먹기 시작해서
그가 지닌 보석의 빛깔은 점점 흐려만 갑니다.

잘랄루딘 루미

만약 자유가 있다면(심지어 결정론자들도 시종일관 자유를 확신하는
것처럼 행동하지만), 그리고 아는 의식의 최종점이자 목적인 영적 실
재가 있다면(이 주제에 대해 말할 자격이 있는 사람은 누구나 항상 확신하
고 있듯이), 모든 삶은 일종의 지능검사와 비슷한 일이 되며, 자각 수
준이 높고 생명체의 잠재력이 클수록 던지는 질문이 날카로우면서도
어려워진다. 왜냐하면 배젓[265]의 말을 인용할 경우 "우리가 기대하는
우주에 살고있다면, 우리는 마땅히 되어야 할 존재가 될 수 없다…
보이지 않는 신의 섭리, 혼란스러운 삶, 이상야릇한 물질세계, 한창
일 때 갑자기 뚝 꺾이는 생활 등은 실제로는 곤경이 아니라 도움이
되는 것들이다. 왜냐하면 그것들 혹은 그와 비슷한 것들은 예속된 존
재로 살아가는 도덕적 삶에 필수적인 조건이기 때문이다." 우리는
자유롭기 때문에, 삶이 던지는 질문들에 대해서 좋게도 나쁘게도 대
답을 할 수 있다. 나쁜 대답을 한다면 스스로를 조롱하는 일self-
stultification이 될 것이다. 대부분 이런 자기조롱은 미묘하고도 즉각 감
지할 수 없는 형태를 띠는데, 왜냐하면 우리가 올바로 대답하지 못함
으로써 우리 존재의 보다 높은 잠재력을 실현하는 것이 불가능해지
기 때문이다. 자기조롱이 때로는 신체적인 수준으로 드러나서, 개인

---

265 월터 배젓Walter Bagehot (1826~1877): 영국의 경제학자·사회학자·문예 비평가. 인류학의 새
로운 발견들을 사회와 국가의 발전에 적용시키려 함.

뿐만 아니라 사회전체가 재앙을 맞거나 보다 천천히 붕괴할 것이다. 올바른 대답은 영적 성장 및 숨겨진 잠재력의 점진적인 인식이라는 일차적인 보상을 받으며, 이차적으로는 (상황이 가능한 경우) 나머지 사람들 모두를 현실화된 신의 나라에 초대하는 보상을 받는다. 카르마는 존재하지만 거기에 해당되는 행위와 보상은 초기 불교도들이나 히브리 저자들이 그래야만 한다고 순진하게 상상한 것처럼 항상 분명하면서도 물질적인 모습으로 나타나지는 않는다. 부유하게 살고 있는 나쁜 사람은 자신이 알지 못하는 사이에 내면적으로는 녹슬고 어두워져 부식되는 반면, 고난을 겪고 있는 착한 사람은 그 보상으로 영적 성장의 과정에 있을 수 있다. 신은 조롱받지 않는다. 뿐만 아니라, 그분을 이해할 수 없음을 언제나 기억하자.

> 따라서 너희의 세상에 부여된 시각으로 영원한 정의를 보는 것은
> 눈으로 바다를 바라보는 것과 같으니,
> 해변에서는 바닥을 볼 수 있지만
> 바다 한복판에서는 그럴 수 없기 때문이다.
> 바닥은 거기에 있지만 심연이 그것을 감추고 있노라.[266]

사랑은 신의 신비를 측정하는 추이자 아스트롤라베다. 가슴이 순수한 자는 신성한 정의의 깊이를 저 멀리 내다볼 수 있으며, 우주과정의 세부사항을 볼 수는 없지만 적어도 그 원리와 성질을 일별할 수는 있다. 노리치의 율리아나[267]가 말한 것처럼 이런 통찰로 인해 그들

---

266 단테의 《신곡》 중 〈천국〉편 제19곡, 58~63 부분

은 모든 것이 잘될 것이고, 시간에 상관없이 모든 것은 좋은 것이며, 영원 안에서 악의 문제는 그 해결책을 찾을 수 있다고 말할 수 있다. 원한다면 인간은 이를 경험할 수는 있지만 결코 설명할 수는 없다.

당신은 인간이 본성상 필요해서 죄를 저지르는 경우 용서할 수 있다고 주장한다. 그러나 당신은 이런 사실로부터 무엇을 추론할 수 있는지는 설명하지 못한다. 그들에 대한 분노가 자람에도 불구하고 신께서 참고 계신 것일까? 혹은 그들은 신에 대한 앎과 사랑 속에 존재하는 행운을 받을 만한 가치가 있는 것일까? 당신이 전자라고 말한다면, 신께서는 화를 내지 않으시고 모든 것은 그의 명령으로 일어난다는 것에 나도 동의한다. 그러나 나는 이런 이유로 모든 사람들이 행복해야만 한다는 점은 부정한다. 분명 인간은 용서받을 수 있으며 그럼에도 불구하고 행복을 놓쳐 수많은 방식으로 괴로움을 겪는다. 말馬은 인간이 아니라 말이기 때문에 용서받을 수 있다. 그러나 사람이 아니라 말이어야 한다. 개에게 물려 미쳐버린 사람은 용서받을 수 있다. 그러나 숨이 막혀 죽는 게 당연하다. 자신의 격렬한 감정을 다스릴 수 없으며, 법을 존중하여 이것들을 자제할 수 없는 사람은 그 사람의 취약함으로 인해 용서받을 수는 있지만, 영과 신에 대한 앎 및 사랑과 이루는 조화를 즐길 수는 없다. 또한 그는 필연적으로 길을 잃게 된다.

스피노자[268]

---

267 노리치의 율리아나Juliana of Norwich (또는 줄리안Julian of Norwich, 1342~1416): 영국의 항구 도시 노리치에서 은둔자의 삶을 산 그리스도교 여성 신비주의자. 기도와 환상을 통해 신과 그리스도의 사랑, 기쁨 등을 체험하고 이를 저작으로 남김.

수평적으로나 수직적으로나. 신체적이고 기질적인 양상뿐 아니라 타고난 능력과 선천적인 선함의 정도에 있어서 사람들은 저마다 엄청나게 다르다. 왜 그런가? 어떤 목적으로 어떤 과거의 이유로 그런 것일까? "선생님, 장님으로 태어난 사람은 그 사람이나 그 부모가 죄를 지은 탓입니까?"라는 질문에 예수께서는 "이 사람도 그의 부모도 죄를 짓지 않았다. 그러나 그 사람에게서 신의 일이 드러날 것이다."라고 대답하였다. 이와는 달리 과학자는 잘못된 유전자를 물려주었거나 피할 수도 있는 질병에 걸리게 하여 아이들을 눈멀게 만든 부모에게 책임을 돌릴 것이다. 카르마 법칙(개인과 개인들로 이루어진 집단이 그들의 행동을 통해서 그들뿐 아니라 서로에게, 또 자손에게 부과하는 운명)에 따라 환생을 믿는 힌두나 불교신자들은 다른 대답을 하면서 맹인은 전생에 그가 행한 바에 따라 실명을 물려받을 부모를 선택하게끔 예정되었다고 말한다.

이 세 가지 대답은 서로 상반되지 않는다. 부모는 유전과 양육을 통해 어린아이를 눈멀게 한 책임이 있다. 어린아이로 육화된 영혼이나 성격이 과거 행동으로 인해 특정한 부모를 선택할 수밖에 없었을 수 있다. 물질적이면서 유효한 원인과 함께 최종적 원인, 앞에서 목적론적으로 끌어당기는 원인이 존재한다. 목적론적인 이런 당김은 유한한 마음이 미래라고 간주할 수밖에 없는 시간을 초월해서 현재에 작용하고 있는 사물의 신성한 근본바탕에서 오는 인력이다. 인간

---

268 바뤼흐 스피노자Baruch de Spinoza (1632~1677): 네덜란드의 유대계 철학자. 데카르트의 이원론과 종교적 도그마에 반대하여 일원론적 범신론을 주장했으며, 비범한 형이상학적 성취로 루소·헤겔·괴테 등 독일 관념론과 계몽주의, 사회주의에 큰 영향을 끼침.

은 죄를 짓고, 그의 부모들도 죄를 지었지만, 신의 일은 모든 살아있는 존재 속에서 현시되어야만 하고(비통상적으로 치유된 경우처럼 예외적인 방식으로나 통상적인 사건이라는 경로로), 마침내 피조물이 신과 결합하는 앎, '내가 아니라, 내 안의 신'이라는 상태가 완벽하고 완전하게 드러나도록 스스로 조율할 때까지 영원의 무한한 인내심으로 반복해서 현시되어야만 한다.

힌두교인들에 따르면 "카르마는 무지와 동일한 범주에 있으며 무지를 결코 몰아내지 못한다. 빛만이 어둠을 몰아내듯이, 앎만이 무지를 쫓아낸다."

다른 말로 표현하면, 인과과정은 시간 속에서 일어나므로 시간으로부터의 해방이라는 결과를 낳을 수 없다. 그런 해방은 영원이 시간적 영역에 개입한 결과로서만 성취될 수 있다. 그리고 개인의 의지가 자기부정이라는 창조적인 행위를 하고 그럼으로써 영원이 흘러들어올 수 있는 빈 공간을 만들지 않는다면 영원은 개입할 수 없다. 시간 속에서의 인과과정이 그 자체로 시간으로부터의 해방을 가져온다고 생각하는 것은 공기가 빠져나가지 않은 공간에 물이 들어올 것이라고 상상하는 것과 같다.

기도와 행위 간의 올바른 관계는, 행위가 중심이 되고 기도는 그것을 돕는 관계가 아니라, 기도가 중심이 되고 행위는 그것을 검증하는 데 있다.

템플 대주교[269]

인간 삶의 목표와 목적은 신과 결합하는 앎에 있다. 그런 목표에 도달하는 데 있어 없어서는 안 될 수단으로 올바른 행위를 꼽을 수 있으며, 성취된 미덕의 정도와 종류를 통해서 해방을 주는 앎의 정도를 측정할 수 있고 그 질도 평가할 수 있다. 한마디로 표현하면, 나무는 그 결실을 통해서 알 수 있다. 신은 조롱받지 않는다.

종교적 신념과 수행은 분명 주어진 사회의 행동을 결정하는 유일한 요인들이 아니다. 그러나 그것들은 결정적 요인에 속한다는 것 또한 확실하다. 한 국가의 총 행위는 적어도 어느 정도까지는 그 내부에 만연하고 있는 종교를 위한 테스트이자, 그 종교의 교리적 타당성과 사람들을 인간 존재의 목적으로 진보하게끔 돕는 데 있어 실제적인 효율성을 정당하게 판단할 수 있는 하나의 준거가 된다.

과거 그리스도교 국가들은 자신들의 신앙의 이름으로 박해를 가했고 종교전쟁을 일으켰으며, 무신론자와 이교도들에 대항해서 십자군 파견을 감행하였다. 오늘날 그들은 명목상으로만 그리스도교인으로 남아있으며, 그들이 고백한 유일한 종교는 국수주의, 국가 숭배, 지도자 숭배, 혁명론과 같은 편협한 우상숭배이다. 역사적 그리스도 정신이라는 이런 열매(다른 것들 중에서)로부터 나무의 성질에 관해 어떤 추론을 할 수 있을까? 12장 〈시간과 영원〉 단락에서 이미 이런 질문에 대답을 했다. 그리스도교인들이 예전에는 박해자로 행동했기 때문에 이제 더 이상 그리스도교인이 될 수 없다고 한다면, 그 이유

---

269 템플 대주교Archbishop Temple (본명 William Temple, 1881~1944): 영국의 요크와 캔터베리의 대주교를 지낸 성공회 사제 · 설교자 · 종교철학자. 정치나 사회문제에도 관심이 많아 노동자의 권리와 사회개혁을 지지했고, 교회일치운동Ecumenical movement을 이끎.

는 그들의 종교로 편입된 영원의 철학이 (신은 결코 조롱받지 않기 때문에) 필연적으로 나쁜 행동으로 이끄는 잘못된 신념에 덮여 어두워졌기 때문이다. 이런 잘못된 신념들에는 한 가지 공통 요소가 있는데, 즉 시간 속에서 일어나는 사건들을 과대평가하고, 영원히 지속되는 영원의 무시간적 사실을 과소평가한 점이다. 그러므로 머나먼 역사적 사건들의 구원이 최고 중요하다는 믿음은 매우 적절치 않으며 종종 혼란스러운 기록을 해석하는 데 있어 피비린내 나는 논쟁을 초래한다. 로마제국의 몰락 후에 발달한 성직-정치-재정적 기구의 신성함, 혹은 실제적인 신성에 대한 믿음은 그들을 통치하기 위한 지나치게 인간적인 투쟁에 비통함을 더해주었을 뿐 아니라 교회 내에서, 또 교회를 통해서 지위·부·권력을 쟁취하기 위해 싸웠던 사람들 중 최악의 사람들을 합리화하고 정당화하는 데 봉사했다. 이것으로 전부가 아니다. 그리스도교인들로 하여금 한때는 박해를 가하게 만들고 종교전쟁을 치르게 했던, 시간 속에서 일어나는 사건들을 똑같이 과대평가한 것이 마침내 종교에 대한 무관심으로 이끌었지만, 온갖 일에도 불구하고 종교는 부분적으로는 여전히 영원에 몰두해있다. 그러나 자연은 텅 빈 진공을 싫어하므로 이런 무관심의 지루한 공백 속으로 정치적인 우상숭배라는 밀물이 흘러들어왔다. 그런 우상숭배의 실제 결과는 우리가 현재 보고 있듯이 전면적인 전쟁, 혁명, 독재였다.

한편 다음과 같은 좋은 항목들도 발견할 수 있다. 기술 및 행정기관 효율성의 엄청난 증대와 과학적 지식의 엄청난 증가가 그것인데, 이들 각각은 처음에는 그리스도교 영역 내부에서 그 후에는 필연적으로 그 밖에서 일어났던 것으로서, 서구 사람들의 주의가 일반적으로 영원에서 시간적 질서로 옮아간 결과를 낳았다.

20
종교로 인해 짓는 죄
Tantum religio potuit suadere malorum

거짓된 불과 빛으로 스스로와 다른 이들을 기만하고, 신으로부터의 비범한 부르심이라는 미명하에 특히 이적을 행하는, 신성한 삶의 정보·빛·통로에 대해서 소유권을 주장하는 그토록 많은 수의 가짜 영혼이 어떻게 세상에 출현했는지 아는가? 사실은 이렇다. 그들은 스스로에게 등 돌리지 않은 채 신께 전향했으며 자신의 성질을 죽이기 전에 신을 알아차렸을 것이다. 이제 자아 혹은 부패한 성질의 손에 맡겨진 종교는 있는 그대로의 자연보다 더 나쁜 악덕을 발견하기 위한 목적으로만 이용되고 있다. 그러므로 세상사에 대해서만 차용했던 격렬한 감정보다 더 나쁜 불길로 타오르는 종교적 인간의 무질서한 감정들이 생겨났다. 종교적 열정이라는 구실하에 자만심·자기고양·증오·박해는 있는 그대로의 자연조차도 인정하기를 부끄러워하는 행동들을 신성하게 만들 것이다.

윌리엄 로

'스스로에게 등 돌리지 않고 신께로 전향함'이라는 형식적인 문구는 터무니없이 단순하다. 그 문구는 비록 단순하지만 종교라는 미명 하에 저질러진 온갖 어리석은 짓들과 부정행위들을 설명하고 있다. 스스로에게 등 돌리지 않고 신께로 전향한 사람들은 몇 가지 특징적이면서도 쉽게 인식할 수 있는 방식으로 악행에 마음이 끌린다. 무엇보다 먼저 그들은 그들의 청원에 억지로 응답하고, 일반적으로는 그들의 사적 혹은 집단적 목적에 종사하도록 신을 강요할 수 있기를 희망하는 마술적 의식을 수행하려는 유혹에 빠진다. 제물, 주문, 예수께서 '빈말의 되풀이'라고 부른 모든 추악한 거래는 완전한 자기부정을 통해서 도달해야 하는 목적이기보다는 한계 없는 자기과장의 수단으로 신을 다루려는 소망의 산물이다. 그다음으로 그들은 지위, 권력, 부를 추구하면서 자신들이 행위를 정당화하기 위해 신의 이름을 사용하려고 한다. 그들은 자신들의 행위에는 신성한 정당성이 있다고 믿기 때문에 양심이 선한데도 불구하고 계속해서 '있는 그대로의 자연조차도 인정하기를 부끄러워할' 혐오감을 주는 행위들을 저지른다. 야망에 찬 이상주의자들은 기록된 역사를 통해서 그들 자신의 말솜씨와 권력에의 갈망으로 인해 자신들은 형제들의 최고선을 위해 행동하고 있다고 확신할 정도로 스스로를 기만함으로써 믿을 수 없을 만큼 많은 해악을 끼쳤다. 과거의 경우 그런 사악함을 정당화시킨 것은 '신' 혹은 '교회' 혹은 '진정한 신앙'이었다. 오늘날 이상주의자들은 '혁명', '새로운 질서', '보통사람들의 세상' 혹은 단순히 '미래'라는 명목하에 사람들을 죽이고 고문하며 착취한다. 마지막으로는 가짜 종교인들인 자신들의 종교를 빙자한 마술적인 수행의 결실인 힘을 얻기 시작할 때 생기는 유혹들이 있다. 왜냐하면 제대로 한 경우 제물, 주문, '빈말의 되풀이'는 특히 신체적 고행과 함께 수행하는 경우 실제로 결실을 맺기 때문이다. 물론 스스로에게서 돌아서지 않고 신께로 전향한 사람들도 신에게 도달하지 못한다. 그러나 그들이 정력적으로 자신들의 가짜 종교에 헌신한다면 결실을 얻게 될 것이다. 물론 이런 결실의 일부는 자기암시의 산물이다(쿠에[270]가 환자들 스스로 병을 치료하게 만든 것은 '빈말의 되풀이'를 통해서였다). 다른 것들은 분명 정신적 매개체 속에 존재하는 '우리가 아닌 어떤 것', 반드시 정의를 위해서는 아니지만 언제나 힘을 향하는 어떤 것에 기인한다. 이 어떤 것이 개별 숭배자나 그들의 동료 및 조상들에 의해 그 매개체로 투사된 일부 간접적인 객관성인지, 정신적 수준에서 볼 때 물질적 우주의 자료에 상응하는 일부 직접적인 객관성인지, 혹은 이 둘의 조합인지는 판단할 수가 없다. 여기에서 언급할 필요가 있는 바는 자신들에게서 등 돌리지 않고 신께 전향한 사람들은 종종 자신들의 청원에 응답을 얻는 기술을 획득한 듯이 보이며, 때로는 심령치유와 초감각적 지각 같은 비범한 힘을 상당히 계발한 것처럼 보인다. 그러나 이런 질문을 해볼 수 있다. 어떤 사람이 원하는 대로 그 청원에 응답을 받을 수 있는 것이 반드시 좋은 일일까? 이런 '기적적' 힘을 소유하는 것이 영적으로 얼마나 도움이 될까? 이런 것들은 16장 〈기도〉단락에서 고려했던 질문들이며 〈기적〉에 관련된 23장에서 더 많이 논의할 것이다.

위대한 점성가가 예복을 차려입고 도살장으로 가서 돼지들에게 말을 걸었다. "너희들이 어떻게 죽음에 반대할 수 있을까? 나는 세 달 동안 너희들을 살찌울 것이다. 나는 열흘 동안 나 자신을 훈련하고 사흘 동안 단식할 것이다. 조각된 제물 접시 위에 좋은 풀을 뿌리고 너를 통째로 그 위에 놓을 것이다. 네 마음에 들지 않느냐?"

그런 다음 돼지의 입장에 서서 그는 계속 말을 이어갔다. "밀기울을 먹고 살면서 도살장을 빠져나가는 것이 결국 더 나을 것 같습니다."

그는 자신의 입장에서 말하면서 "그러나 살아있을 때 영광을 누리려면 전쟁터의 방패막이나 사형장의 이슬로 기꺼이 죽어야 할 것이다."

그래서 그는 돼지의 입장을 거부하고 자신의 입장을 받아들였다. 그렇다면 그는 어떤 의미로 돼지와 다르단 말인가?

《장자》

자신의 개성이나 자신의 이익 이외에 모든 것을 희생하는 사람은 《장자》의 돼지와 정확히 똑같은 수준에 있는 셈이다. 돼지들은 생명과 밀기울을 명예나 도살장보다 좋아하는 까닭에, 자신의 이익만을 추구한다. 산 제물을 바치는 사람은 마술적이면서 신을 제한시키는 돼지의 죽음을 자신들의 격렬한 감정 및 자기의지의 죽음보다 선호하는 까닭에 자신의 이익만을 추구한다. 제물에 적용되는 것이 주문, 의식, 빈말의 되풀이에도 똑같이 적용되는데, 이런 것들이 (고등종교에서조차도 자주 그렇듯이) 충동적인 마술의 형태로 사용될 때 그렇다. 의식과 빈말의 되풀이는 묵상의 보조수단으로써, 산란한 세상사의 혼란 와중에서 잠시 잊게 되는 진리를 상기하는 수단으로써 종교에서 정당한 위치를 차지하고 있다. 말하거나 수행하기 위해 이들을 일

---

270 에밀 쿠에Émile Coué (1857~1926): 프랑스의 약리학자. 1920년 낭시의 진료소에서 환자들에게 "나는 매일, 그리고 모든 면에서 점점 더 좋아지고 있다"라는 문장을 자주 반복하도록 하는 심리치료법을 도입하였는데, 이러한 자기암시요법을 쿠에 요법이라고 함.

종의 마술로 사용하는 것은 완전히 무의미하거나 에고를 높이는 결과를 낳는데(이는 더 나쁘다), 이는 어쨌든 인간의 최종 목적에 도달하는 데 아무런 기여도 하지 않는다.

> 이시스Isis의 의복은 그 색깔이 다양하여 우주를 표현하고 있다. 오시리스Osiris의 의복은 흰색으로, 우주 너머의 지성 있는 광명을 상징하고 있다.
>
> 플루타르크[271]

숭배자의 마음속에서 상징이 상징 대상과 강하게 결부되어 있고 그것에 도움이 되는 한, 흰색과 여러 색깔의 의복 같은 상징들을 사용하는 것은 아무런 해도 끼치지 않는다. 그러나 상징이 떨어져 나와 그 자체로 목적이 되면 기껏해야 무용한 심미주의와 감정의 표출이 되며, 최악의 경우에는 심리적으로 효과가 있는 마술의 형태가 되어 버린다.

> 모든 외양은 사랑에 굴복해야 한다. 왜냐하면 그것들은 사랑을 위한 것이지 그것들을 위해 사랑이 있는 것이 아니기 때문이다.
>
> 한스 뎅크

---

271 플루타르크Plutarch (46~120): 그리스의 역사학자·철학자·수필가·전기 작가. 그리스 명문가 출신으로 아테네, 이집트, 로마에서 두루 공부하면서 당대의 명사들과 많은 친분을 쌓았으며, 플라톤 철학을 비롯하여 자연과학·신학·수사학 등 다방면에 통달하여《영웅전》을 포함한 광범위한 저술을 남김.

의식 자체는 죄악이 아니다. 그러나 세례를 통해서나 빵을 함께 나누어 먹음으로써 생명에 도달할 수 있다고 생각하는 사람은 누구나 아직도 미신 속에 있는 것이다.

한스 뎅크

그대가 항상 말의 문자만을 다루고, 항상 문자를 핥아먹고, 항상 문자들을 씹어먹는다면, 그대가 뭐 그리 대단한 존재란 말인가? 그대가 굶주린 사람이 된다고 해도 전혀 놀랍지 않다.

존 에버라드

올바른 법Dharma이 여전히 널리 퍼져있지만, 붓다의 가르침 사행 시구 중 반이나 한 구절만 듣고서도 다르마의 깊이를 헤아린다는 개종자改宗者가 수없이 많다. 그러나 우리는 모사품의 시대, 불교의 말법末法시대에 와있기 때문에 실로 현자와는 거리가 멀다. 사람들은 문자의 바다에서 허우적거리는 자신들을 발견한다. 그들은 유일하게 진실인 하나의 실체에 도달하는 방법을 알지 못하고 있다. 이런 이유로 선불교를 창시한 자들이 출현하였고, 이들은 인간 마음을 직접 가리켜 보이면서 우리에게 모든 존재의 궁극적 토대를 여기에서 보라고, 그리하여 불성에 도달하라고 말했다. 이것은 경전적 가르침 밖에서 일어나는 특별한 전수로 알려져 있다. 특별한 재능을 갖거나 마음이 특별히 예민한 사람이라면 하나의 몸짓이나 한마디 말로써 즉각적으로 진리를 알기에 충분할 것이다. 그들은 '특별한 전수'의 옹호자이기 때문에 무문無門[272] 선사는 (역사상의) 붓다를 극도로 무례하게 다루었으며, 약산藥山[273] 선사는 자신의 추종자들에게 경전조차도 읽지 말라고 금지하였다.

선禪은 이런 불교의 분파에게 붙여진 명칭으로, 이는 스스로를 붓다로부터 멀리하고 있다. 이는 또한 신비적인 분파로 알려져 있는데, 경전의 문자적 의미에 집착하지 않기 때문이다. 이런 이유로 붓다가 밟은 단계를 맹목적으로 따르는 사람들은 확실히 선을 비웃는 반면, 문자를 좋아하지 않는 사람들은 당연히 신비적인 접근 쪽으로 기울어지는 경향이 있다. 두 학파의 추종자들은 서로를 거절하는 방법을 알고 있지만 결국 이들은 서로 보완하고 있다는 사실을 인식하지 못하고 있다. 선은 육바라밀六波羅蜜[274] 중 하나가 아닌가? 만일 그렇다면 그것이 어떻게 붓다의 가르침과 상충된다는 말인가? 내가 보기에 선은 붓다의 가르침의 결과이며, 신비적인 문제는 문자로부터 나온다. 붓다의 가르침 때문에 선을 멀리해야 할 이유는 없으며, 선의 신비적 가르침 때문에 문자를 무시할 필요도 없다… 경전 위주의 불교를 배우는 사람들은 경전에 구애받는 사람이 되어 그 진정한 의미를 이해하지 못한다. 그런 사람은 결코 궁극의 실상을 포착하지 못하는데, 선은 그들에게 구원이 될 수 있다. 반면에 선을 공부하는 사람들은 공허한 말을 지어내고 궤변만 늘어놓는 습관에 빠져드는 경향이 있다. 그들은 문자의 중요성을 이해하지 못한다. 그들을 구원하기 위해서는 불교 경전을 공부하는 것이 필요하다. 한 측면만을 강조하는 이런 견해를 서로 수정함으로써만 붓다의

---

272 무문無門 혜개慧開 (1183~1260): 중국 남송의 임제종 선사. 선불교의 유명한 공안 48개를 모아 평창한《무문관無門關》을 남김. 무문관 1칙 조주구자趙州狗子 평창에서 '봉불살불逢佛殺佛 봉조살조逢祖殺祖(부처를 만나면 부처를 죽이고, 조사를 만나면 조사를 죽인다)' 라며 수행의 치열함을 강조.

273 약산藥山 유엄惟儼 (745~828): 중국 당나라의 선사. 석두石頭 희천希遷과 마조馬祖 도일道一의 가르침을 받았고, 석두의 법맥을 이음.

274 육바라밀六波羅蜜: 열반에 이르기 위한 대승불교의 여섯 가지 실천수행법으로, 보시布施·지계持戒·인욕忍辱·정진精進·선정禪定·반야般若(지혜智慧)의 여섯 덕목.

가르침을 온전하게 이해할 수 있다.

장지기[275]

선불교의 한 스승이 11세기에 쓴 앞의 구절보다 영적으로나 심리적으로 현실적인 마음이 조만간 도달할 결론을 더 낫게 요약한 것을 찾기는 어려울 것이다.

다음 인용문은 스스로에게서 돌아서지 않고 신에게 전향함으로써, 영적으로 숭배되어야만 하는 근본 영이자 그분을 앎으로써 인간의 영생이 있게 되는 '자아 없는 앎 속에서 드러나는 영원한 실재'보다는 역사상의 그리스도교 정신이라는 시간적 측면, 즉 교회조직, 당치 않은 논리 세우기, 경전의 글자들에 더 열렬한 관심을 두었던 16세기 종교개혁가들이 종교의 이름으로 저지른 범죄와 어리석음에 반대했던 감동적인 항의다. 이 인용문의 주인공은 한때 칼뱅이 사랑했던 제자였으며, 자기 스승이 그 자신의 이단에 반하는 이단이라는 이유로 세르베투스[276]를 화형에 처했을 때 스승과 친분을 끊었던 세바스찬 카스텔리오이다. 자비와 일반적인 예의를 간청했을 때, 카스텔리오는 운 좋게도 바젤에 살고 있을 때였다. 제네바에서 글을 썼다면 그는 고문받고 죽음을 맞이했을 것이다.

---

275 장지기蔣之奇 (1031~1104): 중국 송宋나라 때의 관리이자 재가수행자로, 불교 경전과 인물들에 대한 글을 남김. 인용문은 능가경의 역사와 당시 송나라 불교 사상계의 상황에 대해 설명한 《능가경서楞伽經序》(1085)의 일부로, 스즈키 다이세츠鈴木大拙(1870~1966)가 영문으로 서구 사회에 소개한 내용.
276 미카엘 세르베투스Michael Servetus (1511~1553): 스페인의 신학자이자 의사. 삼위일체에 관하여 깊이 연구하였으며 정통교리를 비판함으로써 프로테스탄트와 가톨릭교회에게 이단으로 단죄당하고 칼뱅파에 의해 처형됨.

빛나는 군주이신 뷔르템베르크Württemberg 공작님, 당신의 신하들에게 당신이 불특정한 시간에 그들을 방문하러 올 것이고 당신께서 오실 때 흰옷을 입고 맞이할 준비를 하라고 지시했는데, 당신이 도착하셨을 때 그들이 흰옷을 입지 않고 당신에 대한 격렬한 논쟁으로 시간을 소비하고 있다는 사실을 알게 된다면 어떻게 하시겠습니까? 어떤 사람은 당신이 프랑스에 계신다, 또 다른 이는 스페인에 계신다고 주장하고, 어떤 사람은 당신이 말을 타고 오신다고, 다른 사람은 마차를 타고 오신다고 말하며, 어떤 사람은 당신이 거창한 행렬과 함께 오신다고, 어떤 사람은 당신이 어떤 행렬이나 수행원도 없이 오실 거라고 하면서 말입니다. 그들이 말로만 논쟁하지 않고 주먹을 휘두르며 칼로 친다면, 자신과 다른 사람들을 죽이고 파괴하는 데 성공한다면 특히 뭐라고 하시겠습니까? "그는 말을 타고 올 거야." "아니야 그렇지 않아. 마차를 타고 올 거야." "당신은 거짓말을 하고 있어." "나는 아니야. 당신이 거짓말쟁이야." "받아라!" 하며 주먹으로 때리고, "맛 좀 봐라!" 하며 칼로 찔러 죽입니다. 군주시여, 그런 시민들을 당신께서는 어떻게 생각하십니까? 그리스도께서는 우리에게 순수하고 성스러운 삶이라는 흰옷을 입으라고 청하셨습니다. 그러나 우리의 생각을 차지하고 있는 것은 무엇입니까? 우리는 그리스도의 길뿐만 아니라 그리스도와 그의 아버지이신 신, 삼위일체, 예정설, 자유의지, 신의 본성, 천사, 사후 영혼의 상태, 구원에 반드시 필요치 않은 수많은 문제들, 게다가 영적으로 인식되어야 하기 때문에 우리 가슴이 순수해질 때까지 결코 알 수 없는 문제들에 관해서까지도 논쟁을 벌입니다.

세바스찬 카스텔리오

사람들은 요청한 바를 항상 얻게 된다. 오로지 문제가 되는 것은 자신들이 요청한 바가 사실상 무엇인지는 그것을 얻을 때까지 결코 알 수 없다는 데 있다. 그러므로 원했다면 프로테스탄트들은 카스텔리오와 뎅크의 뒤를 따랐겠지만 그들은 칼뱅과 루터를 선호했는데, 믿음에 의한 정당화와 예정설 교리가 영원의 철학 교리보다 더 흥미로웠기 때문이다. 더 흥미로웠을 뿐 아니라 덜 엄격했다. 그런 교리가 사실이라면 마음 내키지 않는 자기부정self-naughting의 과정, 즉 영원한 실재Reality에 대한 앎으로 해방되는 데 반드시 필요한 선행조건을 거치지 않고도 구원을 받을 수 있기 때문이다. 덜 엄격할 뿐 아니라 분명한 교의와 추상적 진리를 삼단논법으로 증명하는 지성인들의 구미에 더 잘 맞았다. 신을 믿고 기다리는 일은 지루한 법이다. 논쟁하고, 반대파를 꼼짝 못하게 하고, 화를 내면서 그것을 '정당한 분노'라고 부르고, 그리고 마침내는 논쟁에서 주먹질로, 언쟁에서 성 아우구스티누스가 '자애로운 가혹함benignant asperity'이라고 달콤하게 묘사한 박해와 처벌로 가는 것은 얼마나 재미있는가!

그들과 동시대인이었던 다른 영적 개혁가들 대신에 칼뱅과 루터를 선택함으로써 프로테스탄트 유럽은 자신이 선호하는 종류의 신학을 얻었다. 그러나 예상치 못한 그 밖의 부산물로는 30년 전쟁, 자본주의, 현대 독일의 첫 번째 조짐들이 있다. "독일이 세상에 가져다준 고통의 부담을 지울 수 있는 희생양을 원한다면… 최악의 천재적인 그 나라 악마는 히틀러·비스마르크·프리드리히 대왕이 아니라 마틴 루터라는 확신이 점점 강하게 들고 있다… 루터교는 정의롭지도 자비롭지도 않은 신을 경배한다… 부당한 권위에 대항해서 호소하는 법정이 되어야 할 대자연의 법칙을 (루터는) 현존하는 사회질서와 동일시했으며 여기에 완전히 복종해야 했다."라고 딘 잉게[277]는 쓰고 있다. 올바른 믿음(정견正見)[278]은 해방으로 이끌어주는 팔정도의 첫 번째 범주에 속한다. 가장 중요한 근본적인 속박의 원인은 잘못된 믿음 또는 무지無知다. 무지는 완전히 극복하기가 어렵지 않지만, 결국 항상 의지will의 문제임을 기억하자. 만약 우리가 모른다면, 그것은 모르는 것이 더 편리하다는 것을 알기 때문이다. 최초의 무지는 최초의 죄악original sin(原罪)과 같다.

---

277 딘 잉게Dean Inge (본명은 William Ralph Inge, 1860~1954): 영국의 신학자이자 성공회 신부. 세인트폴 대성당의 주임 사제를 지냄.

278 정견正見은 '바른 견해'로 풀이되지만, 아직 이 지혜를 확립하지 않은 사람에게는 본문에서와 같이 '바른 믿음'의 의미로도 사용됨.

21
우상숭배
Idolatry

더 원시적인 종류의 우상숭배는 잘 교육받은 사람들을 더 이상 매료시키지 못한다. 특정한 자연물이 신이라거나, 어떤 상징과 이미지는 신성한 실체의 형상으로서 이를 숭배하고 비위를 맞추어야 한다고 믿고 싶은 유혹에는 저항하기 쉽다. 사실상 물신숭배적인 미신은 오늘날에도 존속하고 있다. 그것이 아직 존속하고는 있지만 존중할 만하다고 생각하지는 않는다. 음주와 매춘처럼 원시 형태의 우상숭배를 용인하고는 있지만 인정하고 있지는 않다. 인정된 가치의 위계 질서에서 그것들은 가장 낮은 수준에 위치하고 있다.

보다 현대적인 발달된 형태의 우상숭배 경우와는 얼마나 다른가! 이런 우상숭배는 존속하고 있을 뿐 아니라 높은 존경을 받고 있다. 과학자들은 이들을 진정한 종교의 첨단 대용물로 추천하고 있으며 다수의 전문적 종교 지도자들은 신을 숭배하는 것과 동일시하고 있다. 이 모든 현상은 개탄스럽기는 하지만 전혀 놀랍지는 않다. 우리의 교육은 보다 원시적인 형태의 우상숭배를 비난하는 동시에 영원의 철학과 영성수행을 비난하거나 적어도 무시하고 있다. 맨 아래층에는 허튼소리, 맨 윗층에는 내재적이고 초월적인 신성 대신에 숭배·믿음·경배의 대상으로서 정확히 인간적인 개념들과 이상들로 구성된 신전을 구축하였다. 학자 집단과 고등교육을 받은 사람들 사이에는 물신숭배를 하는 사람이 거의 없지만 헌신적으로 묵상을 하는 사람들도 거의 없다. 그러나 어떤 형태의 정치적·사회적 우상숭배이든 간에 여기에 열성적으로 헌신하는 자들은 블랙베리만큼이나 흔하다. 대학 도서관을 이용하고 있었을 때, 나는 영적 종교에 관한 책이 대중 도서관(장기적인 고등교육의 혜택을 누리지 못하거나 고등교육에 불리한 조건이 되어 고통을 받는 남녀가 주로 애용하는)보다 대학 도서관에서 적은 빈도로 대출된다는 중요한 사실을 알게 되었다.

수없이 다양한 고등 우상숭배 형태는 기술적·정치적·도덕적이라는 세 가지 주요 주제로 구분할 수 있다. 세 가지 중에서 기술적 우상숭배는 가장 순진하면서 원시적이다. 왜냐하면 낮은 수준의 우상을 숭배하는 사람들과 마찬가지로 그것에 헌신하는 자들은 속죄와 해방은 물질적 대상, 이 경우에는 기계장치들에 달려있다고 믿기 때문이다. 기술적 우상숭배는 하나의 종교로서 신문과 잡지(자본주의 국가의 수백만 남녀, 어린이들이 삶을 영위하는 철학을 끌어내는 자료)의 광고들이 명시적으로나 암묵적으로 그 교리를 선전하고 있다. 소비에트 러시아도 기술적 우상숭배를 맹렬하게 전파하고 있어서 그 나라가 산업화되는 동안 기술이 일종의 국가 종교가 되어버렸다. 기술적 우상에 대한 현대인들의 신앙이 전폭적이기 때문에, (기계화된 무력충돌이 주는 모든 교훈에도 불구하고) 휴브리스(오만)와 네메시스(응보)라는 오래되었지만 아주 현실적인 교리의 흔적을 우리시대의 대중적 사고에서는 전혀 찾을 수 없게 되었다. 기계장치와 관련해서 우리가 공짜로 뭔가를 얻을 수 있다는 믿음, 어떤 불이익도 치르지 않은 채 정교하고 자본 집약적이며 지속적으로 발전하는 기술의 모든 이득을 즐길 수 있다는 매우 일반적인 믿음이 존재한다.

정치적인 우상숭배자들은 약간 덜 순진하다. 그들은 기계장치 숭배를 사회적·경제적 기구의 숭배로 대체시켰다. 인간에게 올바른 조직이 생기면 죄악과 불행에서부터 국수주의와 전쟁에 이르기까지 모든 문제들이 자동적으로 사라질 것이다. 대부분의 정치 우상숭배자들은 동시에 기술 우상숭배자들이기도 하다. 이 두 가지 유사종교가 결국에는 서로 양립할 수 없다는 사실에도 불구하고 그렇다. 왜냐하면 기술적 진보가 현 속도로 이루어진다면 아무리 정교한 정치적 청사진을 그린다고 해도 몇 세대가 아니라 몇 년, 때로는 몇 달 사이에 그 청사진이 무의미해지기 때문이다. 게다가 인간은 불행히도 자유의지를 부여받은 피조물이다. 따라서 어떤 이유에서건 개개인이 그것을 잘되도록 선택하지 않는다면, 비록 최고의 조직일지라도 그 조직이 의도했던 결과를 낳을 수 없을 것이다.

도덕 우상숭배자들은 현실주의자들이다. 이들은 기계장치와 조직이 미덕의 승리와 행복의 증대를 보장하기에는 충분치 않으며, 사회를 형성하고 기계를 사용하는 사람들이 인간관계에서 품위를 유지할 것인가, 사회에 질서 혹은 무질서를 가져올 것인가를 최종적으로 결정하는 조정자라는 사실을 알고 있기 때문이다. 물질적·조직적 수단은 반드시 필요하지만, 좋지 않은 수단보다는 좋은 수단이 더 바람직하다. 그러나 무관심하고 악의적인 사람의 손에서는 최고로 훌륭한 기계라도 소용이 없어지거나 악의 수단이 되어버린다.

도덕주의자들이 신이 아니라 자신들의 윤리적 이상을 숭배하는 한, 신을 알고 사랑하기 위한 필요조건으로서가 아니라 미덕 그 자체를 목적으로 삼는 한(이런 식의 앎과 사랑이 없는 미덕은 완전해질 수 없으며, 사회적으로도 비효율적이다), 그들은 더 이상 현실적이지 않으며 오히려 우상숭배의 죄를 범하게 된다.

다음의 내용은 1836년 토머스 아놀드[279]가 자신의 옛 제자이자 미래의 전기 작가인 A. P. 스탠리[280]에게 쓴 매우 탁월한 편지에서 인용한 것이다.

"광신Fanaticism은 우상숭배다. 거기에는 우상숭배라는 도덕적 죄악이 깃들어 있다. 즉 광신도는 무언가 자기 자신의 욕망의 산물을 숭배한다. 그러므로 그것을 지지하는 자기희생마저도 외관상의 자기희생에 불과하다. 왜냐하면 사실상 전혀 가치를 두지 않고 있는 자신의 성질이나 마음의 일부를 가장 가치를 두는 것을 위해 제물로 바치기 때문이다. 내게는 도덕적 결함이 우상숭배로 보인다. 즉 우리 마음에 가장 맞는 어떤 생각을 세우고, 그것을 (그분께서는 완전함에 대한 모든 생각을 결합시켜 그것을 조화롭게 하고 연결시켜서 드러내 보이시기 때문에 그분만이 우

279 토머스 아놀드Thomas Arnold (1795~1842): 영국의 교육자·종교인. 1827년 럭비학교의 교장을 맡아 각 과목에 종교적·도덕적 가치를 부여하고 신체운동을 통해 다양한 덕성을 기르도록 장려하는 등 '그리스도교의 신사'로 길러내는 교육개혁을 성공시켜 당시 악평을 받고 있던 영국 공립학교를 근본적으로 변화시킴. 올더스 헉슬리의 외종조부.

280 A. P. 스탠리Arthur Penrhyn Stanley (Dean Stanley, 1815~1881): 영국 성직자·웨스트민스터 대성당 주임 사제. 교회 역사에 관한 저서를 남김.

상이 될 수 없으며 우상숭배를 고쳐시킬 수 없는) 그리스도의 자리에 놓는 것처럼 보인다. 이제 내 마음의 자연스러운 경향으로 볼 때, 즉 내 마음을 가장 좋은 상태에 둘 때, 진리truth와 정의justice는 내가 따라야 할 우상이 될 것이다. 그것들은 우상이 되기 쉬운데, 왜냐하면 그것들은 마음이 원하는 모든 양식을 공급하지 않을 것이기 때문이다. 그것들을 숭배하는 한 존경, 겸손, 부드러움을 잊어버릴 가능성이 높다. 그러나 그리스도 자신은 진리·정의, 그리고 이 모든 여타의 자질들을 포함시키셨다… 편협한 마음은 사악해지지 쉬운데, 왜냐하면 그런 마음은 우리의 도덕적 본성의 모든 부분에까지 그 조심스러움을 확장시키지 못하며, 그렇게 무시하면 무시된 부분에서 사악함이 생기기 때문이다."

이것은 심리적 분석의 훌륭한 예가 된다. 한 가지를 빠뜨린 것이 유일한 흠인데, 왜냐하면 영원의 질서로부터 세속으로 유입되는 은총 혹은 영감이라 불리는 것을 고려하지 않았기 때문이다. 한 인간이 자기의지를 포기하고 지속적인 묵상과 비집착을 통해 순간순간 신의 의지에 맡길 때, 또 그렇게 하는 한 은총과 영감이 주어진다. 만물의 신성한 본성이 그 원천인 동물적 은총, 영적 은총뿐 아니라 인간적인 가짜 은총, 예를 들어 어떤 형태의 정치 혹은 도덕 우상숭배에 자기를 희생시킬 때 이에 따라 힘과 미덕이 증가한다. 진정한 은총과 가짜 은총은 종종 구분하기 어렵다. 그러나 시간과 환경이 영혼에 미치는 결과의 전체 범위를 드러내기 때문에 특별한 통찰의 재능을 부여받지 않는 관찰자들조차도 구별이 가능하다. 은총이 진실로 '초자연적'인 경우, 전 성격 중 한 측면에서 일어난 개선이 다른 측면의 위축이나 퇴화를 초래하지 않는다. 신의 사랑과 앎을 수반하면서 이로서 완전해진 미덕이란 그리스도에게는 최악의 도덕적 죄악에 속하는 것으로 보이는 '율법학자와 바리새인들의 정의'와는 아주 다르다. 견고함, 광신, 무자비함, 영적 교만들은 (자기 힘으로 하거나 도움을 받더라도 개인이 자신의 진정한 목적이 아닌 목적의 성취에 전념할 때, 신께 목적이 있는 것이 아니라 자신이 좋아하는 관념들이나 도덕적 탁월성을 과장하여 투사할 때 주어지는 유사은총에 의해서만 보강되는) 개인적 노력이라는 수단을 통해 성취한 금욕적인 자기개선 과정에서 일어나는 일상적인 부작용이다. 윤리적 미덕 자체를 우상숭배 식으로 숭앙하는 것은 그 대상을 무효화하는데, 아놀드가 주장하듯이 전면적인 발달이 부족하기 때문일 뿐 아니라 무엇보다도 가장 고차원적인 형태의 도덕적 우상숭배조차도 신을 가리고, 그럼으로써 깨달음과 해방을 주는 실상에 대한 앎을 얻지 못하게 하기 때문이다.

22
감정에 호소하기
Emotionalism

그대는 전적으로 타인에게 헌신할 뿐 결코 자기본위적이어서는 안
된다는 믿음으로 모든 삶을 소비하였다. 자기애로부터 멀리 벗어나서
항상 관대하게 이웃에게 헌신한다는 내적 선언만큼 자만심을 만족시키
는 것은 없다. 그러나 남을 위한 것처럼 보이는 이 모든 헌신은 실제로
는 그대 자신을 위한 것이다. 그대의 자기애가 빈번한 자축self-
congratulation의 경지에 이르면 그대는 거기에서 자유로워진다. 그대의
모든 감수성은 그대가 자아에 충분히 만족하지 않도록 하는 데 있다.
이것이야말로 그대가 지니고 있는 모든 감수성의 근저에 놓여있는 것
이다. 그대를 날카롭고 예민하게 만드는 것은 바로 '나'다. 그대는 인간
은 물론 신께서도 그대에게 만족하기를 바라며, 신과의 모든 거래에서
그대 스스로에게 만족하기를 바란다.

게다가 그대는 단순한 선의에 만족하는 데 익숙하지 않다. 그대의 자
기애는 생동감 넘치는 정서, 기운을 북돋는 즐거움, 어떤 매력이나 흥
분을 원한다. 그대는 상상의 안내를 받는 데 아주 익숙해있고 마음과

의지의 작용을 의식하지 않는다면 그것들이 활동을 멈출 것이라는 생각에 익숙해있다. 그러므로 그대는 격정을 불러일으키거나 연극적인 표현과 비슷한 종류의 흥분에 의존한다. 미세한 구별에 의해 그대는 반대 극단, 즉 상상의 진정한 조악함에 떨어진다. 믿음의 삶 뿐 아니라 진정한 지혜에 이보다 동떨어진 것은 없다. 사람들이 환상을 피하려고 애쓰는 공상보다 더 위험한 환상은 없다. 우리를 잘못된 길로 들어서게 만드는 것은 상상력이다. 상상, 느낌, 맛을 통해 우리가 찾는 확실성은 광신이 일어나는 가장 위험한 원천 중 하나다. 이것은 신께서 그대가 그대의 가슴에서 발견하게 만드는 허영과 부패의 심연이다. 그대는 진정한 겸손에 속하는 고요함과 단순함으로 그것을 지켜보아야 한다. 자기 자신의 불완전성을 바라보며 슬픔에 잠기는 것은 자기애일 뿐이다. 그러나 그것들의 비위를 맞추거나 묵인하지도 않으면서, 토라지지 않은 채 스스로를 수정하려 노력하면서 그것들을 직면하는 것, 이것이 그 자체로 그리고 신을 위해 좋은 것을 소망하는 행위다.

페늘롱

캉브레Cambrai의 대주교가 쓴 편지인데, 얼마나 큰 사건이자 귀중한 영예인가! 그러나 화려하게 장식된 봉인을 뜯을 때 굉장히 두려웠을 것이 분명하다. 성인의 인격과 마르셀 프루스트의 재능이 결합된 사람에게 자신에 대한 조언과 솔직한 의견을 청하는 것은 자존심에 가장 심각한 타격을 가하라고 요청하는 것과 마찬가지다. 가장 아름다우면서도 알기 쉬운 산문으로 쓰여 있어 그 충격을 충분히 처리할 수 있었겠지만, 그런 충격과 더불어 마음을 몹시 아프게 만드는 결과에 대한 영적 해독제도 마련해주었다. 페늘롱은 편지를 받는 사람의 자기만족적인 에고를 해체시키는 일에 결코 주저하지 않았다. 그러나 더 높고 자기중심적이지 않은 수준에서 재통합할 수 있는 관점을 가지고 그런 해체작업을 수행하였다.

이 특수한 편지는 칭송받을 만한 성격분석일 뿐 아니라 영적 삶과의 관계에서 정서적 흥분이라는 주제가 갖는 매우 흥미로운 논평을 담고 있다.

'경험experience의 종교'라는 구절에서 '경험'은 뚜렷하면서도 서로 양립할 수 없는 두 가지 의미를 갖고 있다. 하나는 영원의 철학이 다루고 있는 '경험', 즉 자아를 비운 가슴이 순수한 사람에게만 충분히 가능한 직관적 행위 속에서 신성한 근본바탕을 직접적으로 파악하는 경험이다. 또 하나는 신앙부흥 운동자의 설교, 감동적인 의식, 혹은 자신의 상상을 동원하는 자의적인 노력에 의해 유도된 '경험'이다. 이런 '경험'은 정서적 흥분 상태인데, 이런 흥분은 약하면서 지속적이든지 짧지만 발작적으로 격렬하며, 때로는 환희에 차고 때로는 절망적이고, 여기에서는 노래나 춤으로 저기에서는 참을 수 없는 울음으로 스스로를 표현한다. 그러나 정서적 흥분은 그 원인이 무엇이든 그 성질이 어떻든 간에 항상 개별화된 자아의 흥분으로서, 신성한 실재에 따라 살려고 하는 사람은 누구나 이런 자아에 대해 죽어야만 한다. 신에 관한 정서로서의 '경험'(이런 종류의 흥분 중 최상의 형태)은 그 가장 고양된 정서마저도 극복하는 순수한 가슴을 통해 신을 직접 지각하는 것으로서의 '경험'과는 양립하지 않는다. 이런 이유로 앞의 인용문에서 페늘롱은 '고요함과 단순함'의 필요성에 대해 강조한 것이며, 지치지 않고 성 프랑수아 드 살이 스스로 끊임없이 수행했던 평온함을 설파했던 것이며, 모든 불교 경전들이 해방의 필요조건으로서 마음의 고요함을 되풀이해서 말한 것이다. 모든 이해를 넘어선 평화는 영spirit이 맺는 결실 중 하나다. 그러나 이해를 넘어서지 않은 평화도 존재하는데, 정서적인 자제심self-control과 자기부정self-denial 이라는 더 겸손한 평화로서, 이는 영이 맺는 결실이 아니라 영의 결실에 반드시 필요한 뿌리 중 하나다.

> 불완전한 자는 진정한 헌신을 파괴한다. 왜냐하면 그들은 기도 속에서 감각적인 달콤함을 찾기 때문이다.
>
> 십자가의 성 요한

> 꿀에 앉은 파리가 날개를 사용할 수 없듯, 영적 달콤함에 집착하는 영혼은 자유를 파괴하고 묵상을 방해한다.
>
> 십자가의 성 요한

달콤한 감정에 해당되는 것이 씁쓸한 감정에도 해당된다. 왜냐하면 건강에 나쁜 것을 즐기는 사람이 있듯이 좋지 않은 양심을 즐기는 사람이 있기 때문이다. 회개Repentance란 '메타노이아metanoia' 혹은 '마음의 변화'다. 이것이 없다면 영적인 삶을 시작할 수조차 없다. 왜냐하면 영의 삶은 그 행위, 생각, 그 존재 자체가 진로를 방해하는 회개해야 할 죄악인 그 '낡은 사람'의 삶과 조화를 이룰 수 없기 때문이다. 반드시 필요한 이런 마음의 변화는 보통 슬픔과 자기혐오를 수반한다. 그러나 이런 감정들이 지속되어서는 안 되며, 양심의 가책이 고정된 습관이 되도록 허용해서도 안 된다. 중세 영어에서 '양심의 가책remorse'이 갖는 문자 그대로의 의미는 '또다시 물다again-bite'로 번역될 수 있는데 이는 지금의 독자들에게는 놀랍고도 자극을 주는 일이다. 이런 식의 야만적인 만남에서 누가 누구를 무는 것일까? 관찰과 자기분석을 통해 해답을 얻을 수 있다. 칭찬할 만한 자아의 측면이 불명예스러운 자아의 측면을 물고 스스로도 물려서 회복불가능한 수치심과 절망으로 인해 괴로움이 되는 상처를 입는다. 그러나 페늘롱의 말을 빌면, "자신의 불완전성을 바라보며 슬픔에 잠기는 것은 자기애self-love에 지나지 않는다." 자기비난self-reproach은 고통스럽지만 바로 그 고통이 자아가 아직 온전하다는 뚜렷한 증거다. 태만한 에고에 주의를 고정시키고 있는 한 신에게 주의를 고정시킬 수 없으며, (주의를 먹고 살아가고 그런 영양공급을 끊을 때만 사라지는) 에고는 신성한 광명 속에서 녹아내리지 않는다.

그대 자신이나 그대의 범죄에 대해서 지옥처럼 생각하지 말라. 스스로를 부끄럽게 하거나 우리 주님을 사랑하는 것 이외에는 결코 이런 것들을 생각해서는 안 된다. 천상에도 그런 성자들이 많지만 일반적으로 그대 스스로를 죄인으로 간주하는 것으로 충분하다.

샤를 드 콩드랑

우리 자신을 고치려는 노력을 늦추지 않은 채, 스스로의 굴욕을 위해 결점을 이용한다면 그런 결점은 선하게 변할 것이다. 낙담은 아무런 쓸모가 없다. 그것은 단지 상처받은 자기애의 절망일 뿐이다.

자기 자신의 잘못에 대해 창피함을 느끼는 것을 통해 이익을 얻는 진정한 방법은 자아에게는 아무런 희망도 걸지 않는 반면 신 안에서 희망을 찾기를 멈추지 않으면서 그 잘못이 진정 흉측하다는 사실을 직면하는 것이다.

페늘롱

그녀(마리아 막달레나)는 신을 향한 갈망의 고지로부터 죄 많은 삶의 심연으로 내려와서 그녀 영혼의 더럽고도 악취 풍기는 늪과 거름더미에서 돌아다니고 있단 말인가? 아니다. 단연코 그녀는 그렇게 하지 않았다. 그렇다면 왜인가? 왜냐하면 신께서 결코 그녀 스스로 그런 일을 하지 않았음을 그녀 영혼 안에서 은총을 통해 알려주었기 때문이다. 그런 일을 통해서 그녀가 지은 모든 죄악을 용서받기보다는, 더 많은 죄악을 저지를 수 있는 능력을 기를 수 있기 때문이다.

《무지의 구름》

위에서 언급한 내용을 살펴보면, 주로 정서적인 온갖 종류의 종교에게 항상 위협이 될 수 있는 특별한 영적 위험을 이해할 수 있다. 양심의 가책을 자극하고 갑작스러운 개종의 위기를 유도하기 위해 신앙부흥운동이라는 극적인 기법을 쓰는 지옥의 불hell-fire 신앙, 성 베르나르가 육욕적 사랑amor carnalis 혹은 화신과 인격적 신을 육체적으로 사랑하는 일이라고 규정했던 것을 언제나 선동하는 구세주 숭배, 성찬식과 의식, 음악과 향, 신비스러운 어둠과 신성한 빛을 수단으로 하여 경외감, 존경심, 고조된 미적 황홀감의 느낌을 불러일으키는 의례적인 신비–종교mystery-religion, 이들 각각은 그 나름의 특별한 방식으로 일종의 심리적 우상숭배가 될 위험이 있다. 신은 그러한 정서적 종교 안에서 신을 향한 에고의 정서적 태도와 동일시되며, 그런 정서는 마침내 그 자체가 목적이 되어 그들만의 거짓된 낙원을 추구하면서 삶을 소비하는 약물 중독자처럼 그런 것들을 열심히 추구하고 숭배한다. 이 모든 것은 분명하다. 정서에 호소하지 않는 종교에는 분명 추종자가 거의 없다. 정서적으로 강하게 호소하는 유사종교가 출현하면 그런 종교는 진정한 종교로부터 아무런 의미나 위안을 받지 못하는 대중들 가운데 즉시 수백만의 열광적인 헌신자들을 얻는다. 유사종교(현재 통용되고 있는 국수주의와 혁명주의가 혼합된 정치적인 우상숭배와 같은)를 믿는 추종자들은 어느 누구도 진정한 영성의 길로 들어설 수 없지만, 정서에 가장 많이 호소하는 진실된 여러 종교 추종자들에게도 그런 길은 항상 열려있다. 사실상 신성한 근본바탕과 결합하는 앎에 목적을 둔 길을 따라가는 사람들은 전체 중 아주 소수에 불과하다. 수많은 사람들이 신의 부르심을 받지만, 선택되기를 바라는 사람은 드물기 때문에 선택받는 자도 드물다. 영원의 철학의 동양 옹호자들이 말하는 바에 따르면, 나머지 사람들의 경우 그들에게 주어진 당연한 응보에 따라 어느 정도 좋은 환경을 만나면 우주적 지성 테스트를 받을 또 다른 기회가 주어진다. '구원을 받는다면' 그들은 보다 자유로운 개인적 존재라는 천국 같은 상태로 불완전하면서도 불명확하게 해방되며, 거기에서 출발하여 (직접 혹은 더 많은 환생 incarnation을 거쳐) 영원으로의 최종적 해방에 이르기까지 계속 나아간다. 만일 그들이 '길을 잃는다면', 더 짙은 어둠과 모든 죄악의 근본 뿌리이면서 원리인 자기의지라는 더 압제적 속박의 일시적이면서도 잠정적인 조건들이 그들 자신의 '지옥'이 된다.

그렇다면 정서적인 종교 방식이 지속되는 경우, 그것은 실로 최고의 선善으로 이끌어갈 수는 있지만 가장 위대한 것으로 이끌어가지 못한다는 것을 알 수 있다. 그러나 정서적인 방식은 결합하는 앎으로 가는 길을 열어주며, 이렇게 다른 길을 가는 데 관심을 가진 사람들이 도중에 그들을 괴롭히는 유혹에 굴복하지 않으면서 정서적 접근을 한다면 이런 과업을 수행할 준비가 잘 갖추어진 셈이다. 오로지 자기를 비우고 깨우친 사람만이 실제적이거나 잠재적인 죄악의 대가를 치르지 않고도 이로움을 줄 수 있다. 세계의 종교체계는 주로 완전히 자기를 버리거나 깨달음을 얻지 못한 사람이 구축한 것이다. 그러므로 모든 종교는 어둡고 공포스럽기까지 한 측면을 지니고 있는데, 그들이 베푼 선행은 거의 공짜가 아니라 대부분 그에 대한 대가를 그 자리에서 당장 혹은 여러 번 나누어 치러야만 한다. 세계의 모든 조직화된 종교에서 중요한 역할을 담당하고 있는, 감정을 자극하는 교리나 수행법들은 이런 규칙에서 벗어나지 않는다. 그들은 선행을 하지만 보상을 바라지 않는 것이 아니다. 거기에 대해 지불해야 할 대가는 개별 숭배자들의 성질에 따라 다양하다. 이들 중 일부는 일부러 감정에 호소하고 느낌의 우상숭배자가 되어 사실상 그런 선행을 능가할 수 있는 영적 죄악을 저지름으로써 자신들의 종교가 주는 선행에 대한 대가를 치른다. 어떤 사람들은 자기향상self-enhancement의 유혹에 저항하면서 자아의 정서적 측면을 포함한 자아의 고행을 향해 나아가거나 신에 대한 자신들의 느낌이나 환상 대신에 신을 숭배하는 쪽으로 나아간다. 이 방향으로 더 많이 갈수록 그들은 감정에 호소하는 것이 그들에게 안겨주었으며 그것이 아니었다면 그들 대부분이 결코 행할 수 없었던 선행에 대해 대가를 치러야 하는 정도가 줄어든다.

23
기적
The Miraculous

계시Revelations는 신앙의 일탈이다. 계시는 신과 관련된 단순성을 훼손시키고, 영혼을 당황하게 만들며, 신과 관련된 직접성으로부터 벗어나게 만드는 오락이다. 계시는 영혼을 산란하게 만들며 영혼을 신 이외의 다른 것들로 채운다. 특별한 광채·소리·예언 등은 미래와 미래에 관한 신의 심판에 관한 유혹이나 불안의 공격을 버틸 수 없는 영혼 속에 내재하는 취약함의 징표들이다. 예언은 또한 한 영혼 속에 존재하는 피조물의 호기심을 나타내는 징표로, 신께서 그 영혼을 관대히 대하시어, 성가시게 졸라 대는 아이의 아버지로서 식욕을 만족시키려고 아이에게 약간의 사탕을 주시는 것이다.

J. J. 올리에

신성하게 하는 최소한의 은총은 하나의 기적보다 우월하다. 기적은 그 본질적인 실재에 의해서가 아니라 그 원인 때문에, 그 만들어진 양식quoad modum으로 인해 초자연적이다. 송장에게 불어넣는 생명력은 은총과 비교할 때는 참으로 저급한 자연의 생명력일 뿐이다.

가리구 라그랑주

물위를 걸을 수 있는가? 그대는 지푸라기보다 낫지 않다.
공중을 날 수 있는가? 그대는 한 마리 청파리보다 낫지 않다.
그대의 가슴heart을 정복하라. 그러면 대단한 사람이 될 수 있으리니.

헤라트의 안사리

신성한 근본바탕에 대한 직접적 자각에 종종 수반되는 비정상적인 신체 상태는 물론 그 경험의 본질적인 부분이 아니다. 실로 많은 신비가들이 그것을 신성한 은총의 표시라기보다는 신체적 취약함의 표시로 보고 그에 대해 유감스럽게 생각하였다. 공중부양을 하고, 트랜스 상태에 빠지고, 감각의 사용을 잃어버리는 것, 이런 것들은 드 콩드랑의 표현을 빌면, '신과 그 성스러운 소통의 영향을 매우 동물적이고 세속적인 방식으로 받아들이는 것'이다.

성 프랑수아 드 살은 이렇게 말씀하시곤 했다. "신성한 은총 일 온스는 신학자들이 '쓸데없다'고 하는 백파운드의 은총보다 더 가치가 있는데, 기적의 재능이 그 중에 속한다. 그런 재능을 받았음에도 불구하고 인간적 죄악에 빠질 수 있으며, 구원받기 위해서는 그런 재능들이 필요하지도 않다."

장 피에르 카뮈

수피들은 기적을 영혼과 신 사이에 드리워진 '장막veils'으로 생각한다. 힌두교 영성의 스승들은 제자들에게 한 가지에 집중하는 명상 one-pointed contemplation의 부산물로서 구하지도 않았는데 찾아올 수 있는 싯디siddhis, 즉 심령능력에 주의를 기울이지 말라고 충고하였다. 이런 능력의 개발은 영혼을 실재로부터 벗어나게 만들어 깨달음과 해방의 여정에서 넘을 수 없는 장벽을 쌓는다고 경고하였다. 최고의 불교 스승들도 비슷한 태도를 취하였고, 한 팔리어 경전에는 붓다의 제자 한사람이 실시한 공중부양의 놀라운 묘기에 대해 붓다 특유의 냉담한 비평을 기록한 일화가 있다. 그는 "이것은 개종하지 않은 자들이 개종하는 데 도움을 주지도 않을 것이고, 개종한 자들에게도 도움이 되지 않을 것이다."라고 하였다. 그런 다음 해방에 대한 논의로 돌아갔다.

합리주의자들rationalists은 영성에 대해서 아무것도 모르고 물질세계와 물질세계에 대한 가정을 최고로 중요하다고 생각하기 때문에, 기적은 일어나지도 않고 일어날 수도 없다고 스스로에게뿐 아니라 남들에게 확신시키기를 간절히 바란다. 영원의 철학 옹호자들은 영적인 삶과 그 부산물을 경험했기 때문에 기적이 일어날 수 있다고 확신하지만, 기적을 전혀 중요하지 않으며 주로 부정적이고 반영성적인 것으로 간주한다.

현재 그 요구가 엄청나게 크면서 꾸준히 공급되고 있는 기적으로는 심령치유psychic healing가 있다. 어떤 환경에서 어느 정도로 심령치유 능력을 사용할지는 복음서에 분명하게 나타나 있다. "중풍환자에게 그대의 죄가 용서받았다고 말하는 것이 쉬운가? 아니면 일어나 자리를 걷고 걸어가라고 말하는 것이 쉬운가?" 누군가는 '죄를 용서'할 수 있으며 치유의 재능을 안전하게 사용할 수 있다. 그러나 죄를 용서하는 일은 신성한 근본 영에 대해 자아를 비운 통로라는 미덕으로 '권위를 갖고 말하는' 사람에게만 충분히 가능하다. 신을 믿지 않는 사람들은 사랑과 경외심이 혼합된 감정을 갖고 신 중심적인 이런 성자들에게 반응한다. 그들과 가까워지길 갈망하지만 그들이 성스럽기 때문에 부득이 "나를 멀리 하십시오. 나는 죄 많은 사람입니다."라고 말한다. 그런 성스러움은 거기에 접근하는 사람이 그 죄를 용서받고, 그들로 하여금 새로이 출발하여 죄악을 중화시키거나 죄악을 긍정적인 선으로 만들 수 있는 새로운 정신으로 과거 잘못의 결과를 직면하게 만든다면 (결과는 남아있기 때문에) 성스럽다. 눈에 띌 정도로 성스럽지는 않지만 어떤 식으로든 죄인들이 신비스러운 은총의 통로라고 믿는, 어떤 제도가 위임한 권위를 빌어 말하는 사람에게는 완벽한 용서가 덜 주어질 수 있다. 이 경우 신을 믿지 않는 영혼과 신성한 근본 영 사이의 접촉은 직접적인 것이 아니라 죄인의 상상을 통해 매개된다.

자아를 비워 근본 영의 통로가 됨으로써 신성해진 사람들은 전적으로 안전하게 심령치유를 할 수 있다. 왜냐하면 어떤 환자가 신체치료라는 순수한 기적과 함께 용서를 수용할 태세가 되어있는지 알게 될 것이기 때문이다. 신성하지는 않지만 은총의 통로라고 믿는 제도에 속함으로서 죄를 용서할 수 있는 사람들도, 이점보다 해로움이 더 많지는 않을 거라는 편견 없는 확신을 갖고 치유를 행할 수 있다. 그러나 불행히도 일부 사람에게는 심령치료 기술이 선천적인 듯 보이며, 어떤 사람은 전혀 성스럽지 않은데도 그런 기술을 갖고 있을 수 있다(그런 은총을 받았음에도 불구하고 인간적 죄악에 빠질 수 있다). 그런 사람들은 남에게 보이거나 이득을 취하기 위해 그런 기술을 무분별하게 사용할 것이다. 종종 그들은 극적으로 치료하지만, 죄를 용서하거나 자신들이 기적적으로 몰아낸 증상들의 심리적 상관관계나 조건과 원인들을 이해할 수 있는 힘이 부족하여, 한 영혼을 텅 비고 잘 치워진 정돈된 상태에 둠으로써 첫 번째 악마보다 더 나쁜 다른 일곱 악마들이 침입하기 쉽게 만든다.

24
의식, 상징, 성찬식
Ritual, Symbol, Sacrament

아스왈라Aswala : 야즈나발캬여, 희생의 제물과 관련된 온갖 것들이 죽음으로 넘치고 죽을 운명에 있는데, 제물을 바치는 자가 무슨 수로 죽음을 극복한단 말입니까?

야즈나발캬Yajnavalkya : 제물을 바치는 자와 불火, 의식에 쓰이는 말이 동일함을 앎으로써 가능하다. 의식에 쓰이는 말은 실로 제물을 바치는 자이고, 그것은 불이며, 브라흐만과 하나인 불은 제물을 바치는 자이니라. 이런 앎이 해방으로 이끌어준다. 이런 앎으로 인해 죽음을 넘어서 도록 이끌어준다.

《브리하다란야카 우파니샤드》

다른 말로 표현하면, 의식, 성찬식, 예식은 거기에 참여하는 사람에게 사물의 진정한 본성을 상기시켜주고, 그들이 마땅히 그래야 할 것과 그들이 세상 및 신성한 세상의 근본바탕과 맺는 관계가 사실 어떤 것일지를(그들이 내재적이고 초월적인 근본 영에 순종하는 경우에만) 상

기시켜주는 한에서 가치 있다. 이론적으로 말하면, 모든 의식이나 성
찬식은 상징화된 대상이 사실상 신성한 실재의 어떤 측면이며, 상징
과 사실 간의 관계가 분명하게 정의되고, 그 관계가 변하지 않는다
면 항상 그 밖의 다른 의식이나 성찬식만큼이나 이롭다. 이와 마찬
가지로 이론적으로 볼 때 어느 한 언어는 다른 언어만큼이나 이롭
다. 인간의 경험에 대해서는 영어나 불어만큼이나 중국어로도 효율
적으로 생각할 수 있다. 그러나 실제로 중국어는 중국에서 자란 사
람들을 위한 최선의 언어이며, 영어는 영국에서, 불어는 프랑스에서
자란 사람들에게 최선의 언어다. 물론 의식의 순서를 배우고 그 교
의적 의미를 이해하는 것이 외국어의 복잡함에 숙달하는 것보다 훨
씬 쉽다. 그럼에도 불구하고 크게 보면 언어에 관한 것이 종교적 의
식에도 해당된다. 어느 한 상징의 집합이라는 수단을 통해 신을 생
각하도록 길러진 사람에게는 다른 상징 혹은 그들의 눈에는 신성하
지 않은 단어·의식·심상의 집합으로 신을 생각하는 것이 매우 어렵
다.

그때 붓다께서는 수보리Subhuti에게 다음과 같이 말씀하셨다. "수보
리야, 마음으로 여래를 헤아리지 말라. 법Dharma을 위해 가르침의 체계
를 명확하게 해야 한다는 생각을 결코 하지 말라. 왜 그런가? 그런 생각
을 마음에 품고 있으면, 그 제자는 여래의 가르침을 오해하고 있을 뿐
아니라 비방하는 것이 될 것이다. 게다가 '가르침의 체계'라는 표현은
아무런 의미가 없다. 왜냐하면 진리(실재라는 의미에서)를 나누어서 한
체계로 배열할 수 없기 때문이다. 언어는 말의 모양일 뿐이다."

《금강경》

언어들이 참조하고 있는 사실들이 전혀 다르면서 부적절할지라도, 우리가 사용하는 상징 중에서 언어는 가장 믿을 만하면서 정확하다. 사실과 아이디어들을 정확하게 보고하고 싶다면 언어에 의지해야 한다. 의례나 조각된 심상 혹은 그려진 심상들이 언어적 문구가 할 수 있는 것보다 더 좁은 범위로 더 생생하게 더 많은 의미와 의미에 담긴 뜻을 전달할 수는 있다. 그러나 그것은 더 모호하고 부정확한 형태로 전달하기 쉽다. 현대문학을 접해보면 중세 교회에는 신학적 총서에 상응하는 건축·조각·회화물들이 있으므로 그것을 우러러보는 중세 숭배자들은 교의가 제시하는 주제에 정통하고 있다는 생각을 갖게 된다. 중세의 열렬한 성직자들은 분명 이런 견해에 반대한다. 콜턴[281]은 회중들이 설교를 듣기보다는 교회의 그림들을 살펴봄으로써 가톨릭교회 교리에 대해 완전히 잘못된 생각을 하게 된다고 불평하는 설교자들의 말을 인용하고 있다(마찬가지로 오늘날 가톨릭을 믿는 중앙아메리카 인디언들은 스페인 정복자들이 교회에 채워넣은 조각과 회화적 상징들을 곱씹다가 가장 기괴한 형태의 이단을 발달시켰다). 클뤼니파[282] 건축·조각·의례의 풍부함을 성 베르나르가 반대한 이유는 지적인 이유뿐 아니라 도덕을 엄격히 고려했기 때문이다. "엄청나고도 놀라운 다양한 형태들이 눈에 들어와 책보다는 대리석 조각을 읽고, 신의 법칙을 명상하기보다는 이런 조각들을 하나씩 살펴보면서 하루를 보내고 싶어진다." 영혼은 심상이 없는 묵상 속에서 실재와 결합하

---

281 G. G. 콜턴George Gordon Coulton (1858~1947): 영국의 중세 역사 연구가. 예리한 논쟁가였으며 격렬한 반가톨릭적 입장을 취함.

282 클뤼니파Cluniac: 중세 수도원 운동 중 한 분파인 베네딕트파로부터 갈라진 개혁 세력.

는 앎에 도달한다. 그 결과 성 베르나르와 시토 수도회 수도사들처럼 인간의 최종 목적을 성취하는 데 진정으로 관심을 갖는 사람들에게는 마음을 산란하게 만드는 상징들이 적을수록 좋다.

　사람들 대부분은 세속적인 일의 성공을 위해 신을 숭배한다. 이런 물질적 성공은 (그런 숭배를 통해) 이 지상에서 빨리 얻을 수 있다.

《바가바드기타》

　선한 행위를 통해 정화된 사람들 중에는 나를 숭배하는 네 부류의 사람이 있다. 사는 것이 시들해진 사람, 지식을 추구하는 사람, 행복을 추구하는 사람, 영적 분별력을 지닌 사람들이 그들이다. 이들 중 영적 분별력이 있는 사람이 최상의 부류에 속한다. 그는 끊임없이 나와 결합한다. 그는 항상 나에게 헌신하며 다른 누구에게도 헌신하지 않는다. 나는 그런 사람에게 매우 소중하기 때문에 그 또한 나에게 그러하다.

　확실히 이 모든 사람들이 숭고하다.
　그러나 분별력이 있는 사람을
　나는 나의 참자아로 본다.
　왜냐하면 그만이 나를 사랑하고,
　나 스스로가
　그의 헌신적인 가슴의
　마지막이자 유일한 목표이기 때문이다.

　수없이 긴 생을 통해

그의 분별력은 숙성하였다.
그는 나를 자신의 은신처로 삼고
브라흐만이 모든 것임을 알고 있다.
그런 사람은 얼마나 드문가!

세속적 욕망으로 분별력이 흐려진 사람은 타고난 성품의 충동에 따라 이런저런 의식이나 제례를 실시하고 여러 신들에게 의지한다. 그러나 그가 믿음을 가지고 있다면, 헌신자가 숭배하기로 선택한 것이 어떤 신이더라도 나는 그의 믿음을 확고하게 만든다. 내가 그에게 부여한 믿음을 가지고, 그는 그 신을 숭배하며 그로부터 그가 기도하는 모든 것을 얻는다. 실제로는, 나만이 주는 자이다.

하지만 인식이 부족한 이런 사람들은 오직 일시적이고 사라지기 쉬운 것을 위해서만 기도한다. 데바의 숭배자들은 데바에게로 갈 것이다. 나를 숭배하는 사람은 나에게 올 것이다.

《바가바드기타》

민음과 헌신의 정신으로 성찬의식을 끊임없이 반복하면 심령 매체 안에서 다소 지속적인 효과가 일어난다. 개인의 마음은 그 속에 잠기며 거기에서 어느 정도 충분히 발달된 성격으로 구체화되는데 그런 성격과 관련된 몸의 다소 완벽한 발달에 따라 그렇게 된다. (저명한 현대의 철학자 브로드[283] 박사가 〈심령연구협회 회보〉에 기고한 텔레파시에

---

283 C. D. 브로드Charlie Dunbar Broad (1887~1971): 영국의 철학자. 존 로크를 계승한 인식론자이며 철학사 및 철학의 과학적 접근과 심리학 연구의 철학적 접근에 관한 저서들을 남김.

관한 소론에서 그는 이와 같은 심령 매체에 대해 다음과 같이 썼다. "그러므로 우리는 한 개인의 경험이 자신의 마음도 아니고 뇌도 아닌 무언가의 구조나 과정을 어느 정도는 영구히 변화시킬 수 있다는 가능성을 신중하게 생각해야 한다. 마음과 살아있는 신체에게 적용되듯이 이런 토대substratum에게 '나의 것', '당신의 것', '그의 것'과 같은 소유격 형용사를 바르게 적용할 수 있다고 생각할 이유는 없다… M의 어떤 과거 경험에 의해 그 토대에서 생긴 변화가 N의 현재 경험이나 관심사에 의해 활성화된다면, 그것들은 그 후에 일어나는 N의 경험을 일으키거나 변화시키는 원인적 요소들이다.")

이런 심령매체나 개별 마음의 비인격적 토대 안에는 우리가 은유적으로 소용돌이vortex라고 여기는 무언가가 독립적인 존재로서 존속하여, 거기에서 유도된 이차적 객관성을 지님으로써 믿음과 헌신이 충분히 강한 사람들이 의식을 행하는 곳마다 사실상 '저기 밖에 존재하는' 무언가를 발견하게 되는데, 이는 우리 상상 속에 있는 주관적인 것과는 뚜렷이 구별된다. 이렇듯 투사된 심령체가 숭배자의 믿음과 사랑을 통해 강화되면 그것은 객관성뿐 아니라 사람들이 기도의 응답을 받을 수 있게 해 주는 힘을 갖게 된다. 물론 궁극적으로 물질적 측면뿐 아니라 정신적, 영적 측면에서 우주를 지배하는 신성한 법칙에 따라 이 모든 것이 일어난다는 의미에서 '오로지 나만이 주는 자이다.' 그럼에도 불구하고 데바devas(자발적인 무지로 인해 사람들이 그 아래에서 신성한 근본바탕을 숭배하는 불완전한 형태)는 상대적으로 독립적인 힘들로 생각된다. 신들은 사람들이 바친 제물을 먹고산다는 원시적인 생각은 심오한 진리에 대한 유치한 생각일 뿐이다. 믿음과 헌신의 강도가 약해져 숭배가 줄어들면 데바들은 병이 들고 결국 죽어버린다. 유럽에는 그들이 한때 가지고 있었던 힘과 정신적 객관성을 잃어버린 성자와 성처녀, 유물들의 오래된 성지聖地로 넘쳐난다. 그러므로 초서[284]가 살아서 글을 쓸 당시에는, 토머스 베켓[285]이라 불렸던 데바가 믿음이 충분한 캔터베리 순례자라면 누구에게나 청하는 모든 은혜를 베풀었다. 한때 강력했던 이 신은 지금은 완전히 죽었지만, 가장 비종교적이고 심령을 믿지 않는 관광객조차도 어떤 강력한 '초자연적' 실재를 인식할 수 있는 교회·사원·신전들이 서구 사회에는 아직도 존재한다. 물론 이런 존재가 근본 영이고 따라서 영적으로 숭배해야 할 신의 존재라고 생각하는 것은 잘못이다. 오히려 그것은 '인간이 타고난 성질의 충동에 따라' 의지하는, 신의 특별하고 제한된 형상에 대한 인간의 생각과 느낌들의 심령적 존재이다. 과거의 어떤 고통이나 범죄 장면에 생각과 느낌들이 끊임없이 붙어다니듯이, 다른 종류의 생각과 감정들은 동등한 강도로 객관적 현실에 투사되거나 신성한 장소에 출몰한다. 신성화된 건물에 존재하는 현존, 전통적인 의식을 수행함으로써 촉발되는 현존, 성찬식 물건, 이름 혹은 제문에 내재하는 현존, 이 모든 것들은 진정한 현존이지만, 신이나 신의 화신인 아바타가 아닌 신성한 실재를 반영하고 있으며 그보다 적지만 전혀 다른 어떤 것이 진정으로 현존하는 것이다.

---

284 제프리 초서Geoffrey Chaucer (1343?~1400): 근대 영시英詩의 창시자이자 '영시의 아버지'로 불리는 영국의 시인. 중세 이야기 문학의 집대성으로 일컬어지는 《캔터베리 이야기(미완성)》 등을 남김.

285 토머스 베켓Thomas Becket (1118~1170): 영국 가톨릭의 캔터베리 대주교. 헨리 2세와의 정치적 대립 때문에 캔터베리 대성당에서 살해당한 후 그 무덤이 기적적인 치유의 힘을 가진 곳으로 알려지면서 1538년 헨리 8세에 의해 파괴될 때까지 중세 유럽에서 가장 유명한 순례지가 됨.

예수의 기억memoria은 달콤해라
가슴에 진정한 기쁨을 선사하네.
그러나 꿀과 그 어떤 것보다
달콤한 것은 그의 현존이라네.

12세기 유명한 찬송가의 이 첫 구절은 의식적인 현존과 진정한 현존 간에 존재하는 관계 및 각각에 대한 숭배자의 반응 성격을 15개 단어로 요약하고 있다. 체계적으로 계발된 메모리아memoria(본질적으로 달콤함이 넘치는 것)는 우선 기억의 환기evocation에 기여하고, 그다음 어떤 영혼에게는 완전히 다르면서도 질 높은 기쁨을 가져다주는 현존praesentia을 직접 포착하게 하는 결과를 낳는다. 그 투사된 객관성이 때로는 아주 완벽해서 독실한 숭배자뿐 아니라 무관심한 문외한조차도 이해할 수 있는 이런 현존이란 여기에서는 예수로, 저기에서는 크리슈나나 아미타불阿彌陀佛로 지금까지 항상 기억되었던 신성한 존재의 현존이다.

아미타불의 이름을 반복하는 이런 수행의 가치는 다음과 같다. 어떤 사람은 자신의 (영성적) 방법을, 다른 사람은 다른 방법을 수행하는 경우 서로 상쇄되어 그들은 만나지 않은 것이나 마찬가지이다. 반면에 두 사람이 동일한 방법을 수행한다면, 그들의 마음챙김은 더 깊어져서 이들은 서로를 기억하게 되고 삶을 거듭하면서 서로에 대한 친화력이 계발된다. 게다가 현재나 미래에 아미타불의 이름을 염송하는 사람은 누구나 확실히 아미타불을 보게 되며 그와 결코 떨어지지 못할 것이다. 그런 연관에 의해, 향수 제작자와 어울리는 사람에게도 동일한 향이 스며들듯이 그는 아미타불의 자비에 의해 향기로워지고, 어떤 다른 방편에 의지하지 않고도 깨달음을 얻을 것이다.

《능엄경》

그렇다면 우리는 수많은 사람들이 동일한 형태의 숭배와 영적 훈련을 인내심을 갖고 수행하면서 강한 믿음을 갖는 것은 그 내용인 생각이나 기억을 객관화시킴으로써 초자연적인 진정한 현존을 어느 정도 창조하는 경향이 있으며, 매우 다른 방식이긴 하지만 숭배자들이 그것을 실제로 '여기 이 안에' 있는 만큼 '저기 저 밖에' 있는 것으로 발견한다는 사실을 알게 된다. 이런 경우, 의례주의자들이 다른 맥락에서라면 마술적이라고 부를 수 있는 힘을 자신의 신성한 행위와 언어의 덕으로 돌리는 일은 전적으로 옳다. 만트라는 효력이 있고 제물은 실제로 무언가를 하며, 성찬식은 사효성事效性[286]으로 은총을 준다. 이것들은 직접경험의 문제, 필요한 조건을 채우기로 한 사람은 누구나 스스로 경험적으로 증명할 수 있는 사실이며 그런 사실일 수 있다.

그러나 사효성으로 주어진 은총은 항상 영적 은총은 아니며, 신성시된 행위와 문구는 힘을 지니고 있지만 이는 반드시 신으로부터 오지 않는다. 숭배자들은 서로서로 은총과 힘을 얻으며, 어떤 장소·문구·행위와 깊이 연결된 독립된 심령존재에 투사시킨 선조들의 믿음과 헌신을 통해서도 은총과 힘을 얻을 수 있으며 또한 종종 얻는다.

---

286 사효성事效性(ex opere operato): 다른 조건에 관계없이 '성사聖事 그 자체로' 은혜롭다는 의미.

의례를 중시하는 상당수 종교들은 영성靈性이 아니라 세련되고 좋은 뜻에서 하는 일종의 백마술인 오컬티즘occultism이다. 예술이나 과학 활동을 그 자체가 목적이 아니라 모든 삶의 최종 목적을 위한 수단일 뿐이라고 생각한다면 해로움보다는 엄청난 이득이 있는 것처럼, 백마술white magic을 진정한 종교가 아닌 진정한 종교로 가는 여정의 하나로('그분을 아는 것이 영생으로 이끈다'라고 말할 수 있는 신께서 존재한다는 어떤 심리-생리적인 구조를 사람들에게 상기시킬 수 있는 효과적인 방법으로) 다룬다면 그것은 전혀 해롭지 않고 오히려 상당히 이로울 가능성이 있다. 의례를 중시하는 백마술을 본질적으로 진정한 종교라고 생각한다면, 그것이 불러일으키는 존재를 신에 관한 혹은 신보다 낮은 어떤 것에 관한 인간적 생각과 느낌의 투사가 아닌 신 자체로 간주한다면, 성찬의식을 '영적 달콤함'의 경험과 부여받는 힘과 이익을 위해 수행하고 거기에 참석한다면 우상숭배가 된다. 이런 우상숭배는 좋게 말하면 아주 고결하면서 많은 면에서 혜택을 주는 종교가 된다. 그러나 신을 근본 영으로 숭배하고, 어떤 식이든 영과 진리로 예배하지 않으면 우상숭배는 부분적인 구원으로만 안내할 뿐, 영혼이 영원한 근본바탕과 궁극적으로 재결합하는 것을 지연시킨다는 의미에서 그 결과는 바람직하지 않다.

종교의 역사는 엄청나게 많은 사람들에게 의례와 예식을 향한 뿌리 깊은 욕구가 있다는 사실을 분명히 증명해주고 있다. 다음과 같은 기록에서 알 수 있듯이 거의 모든 유대인 예언자들은 의례주의에 반대했다. "그대의 의복이 아니라 그대의 가슴을 쥐어뜯으라" "나는 제물이 아니라 자비를 소망하느니라" "나는 그대들의 축제를 미워하고 경멸하느니라. 나는 그대들의 경건한 회합에서는 어떤 기쁨도 얻지 못하니라." 예언자들의 기록은 신성한 영감을 받은 것으로 간주되었음에도 불구하고, 예루살렘 사원들은 그 전성기가 지난 수백 년 동안에도 의례, 예배, 피에 젖은 제물을 바치는 종교의 중심지가 되었다. (어떤 사람 자신의, 동물 혹은 다른 인간의 피를 흘리는 일은 간청에 대해 응답하고 비범한 힘을 부여하는 '오컬트occult'나 심령세계를 강요하는 데 특히 효과가 있다는 점을 가볍게 언급하는 것이 좋겠다. 이것이 사실이라면 인류학과 고서 연구의 증거를 통해서 볼 때 그것은 야만적인 신체적 고행, 동물 제물을 피하는 또 하나의 유력한 이유가 될 것이다. 그리고 심지어 생각도 행위의 한 형태이기 때문에 어떤 그리스도교 단체에서 아주 흔히 일어나는, 흘린 피를 상상하며 기뻐하는 것처럼 보인다.) 예언자들이 있음에도 불구하고 유대인들이 행한 바를, 그리스도가 계셨음에도 불구하고 그리스도교인들은 행하였다. 복음서의 그리스도는 설교자였지 성찬식이나 의식수행을 베푸는 자가 아니었다. 그는 '빈말의 되풀이'를 반대하는 말씀을 하셨다. 그는 개인적인 예배private worship가 최고로 중요하다고 강조하셨다. 그에게는 제물이 아무런 소용이 없었으며 사원을 이용할 필요는 더더욱 없었다. 그러나 이것은 역사상의 그리스도교가 지나치게 인간적인 자신만의 길을 가는 것을 막지 못했다. 정확히 유사한 발달과정이 불교에서도 일어났다. 팔리 경전상의 붓다에게 의례란 깨달음과 해방으로부터 영혼을 묶어두는 하나의 족쇄였다. 그럼에도 불구하고 그가 창시한 종교는 의례, '빈말의 되풀이', 성찬 예식을 마음껏 이용하였다.

역사적 종교에서 관찰된 발달에는 두 가지 주요 요인이 있는 것처럼 보인다. 첫째, 사람들 대부분은 영성이나 해방보다는 그들에게 정서적인 만족, 기도에 대한 응답, 비범한 힘, 사후의 천국이라는 부분적 구원을 주는 종교를 원한다. 둘째, 영성과 해방을 원하는 소수의 사람들 중 일부는 이런 목적을 위해 가장 효과적인 수단이 의례, '빈 말의 되풀이', 성찬 예식임을 알게 되었다. 모든 존재의 영원한 근본 바탕을 가장 강하게 상기하게 되는 때는 이런 행위에 참여하고 이런 주문들을 외울 때이다. 상징화된 것에 가장 쉽게 도달할 수 있는 것은 상징 자체에 몰두함을 통해서이다. 모든 사물, 모든 사건이나 생각은 피조물과 창조주, 어느 정도 거리가 먼 신의 현시와 소위 드러나지 않은 신성의 빛 사이에 있는 교차점이다. 그러므로 모든 사물, 모든 사건이나 생각은 한 영혼이 시간에서 영원으로 통과할 수 있는 문이 될 수 있다. 이런 이유 때문에 의례를 중시하고 성찬식을 중시하는 종교는 해방으로 이끌 수 있다. 그러나 동시에 모든 인간은 힘과 자기고양self-enhancement을 사랑하며, 신성시되는 모든 의례, 모든 주문 형태, 모든 성찬 예식은 매혹적인 심령적 우주에서 흘러나온 힘이 육화된 자아의 우주로 흘러들어갈 수 있는 통로가 된다. 이 때문에 의례를 중시하고 성찬식을 중시하는 종교는 동시에 해방으로부터 멀어질 수 있다.

조직화된 모든 성찬중시주의sacramentalism 체계에 내재한 또 다른 결점이 존재하는데, 그것은 성직자 계급에게 주어지는 권력으로서 그들은 그 권력을 아주 자연스럽게 남용한다. 구원은 오로지 혹은 주로 특정한 성찬을 통해 일어나며, 전문적인 성직자들만이 이런 성찬을 효과적으로 집행할 수 있다고 배우는 사회에서는 그런 전문 성직자들이 엄청난 강제력을 지닌다. 그런 힘을 소유하면 개인적인 만족이나 단체의 확장을 위해 그 힘을 이용하고 싶어 하는 유혹이 지속적으로 일어난다. 성자가 아닌 대부분의 사람들은 종종 반복되는 이런 유혹에 결국 굴복하고 만다. 이런 이유로 그리스도는 제자들에게 유혹에 빠지지 않도록 기도하라고 가르치셨다. 이것이 모든 사회적 개혁의 지도 원리이며, 또 지도 원리가 되어야 한다. 즉 인간들 간의 경제적·정치적·사회적 관계를 그 사회에 속한 어떤 개인이나 집단에게 탐욕스러움·자만심·잔인성·권력을 향한 갈망에의 유혹이 최소가 되는 방식으로 조직하는 것이다. 인간의 현재 모습을 볼 때, 인간사회가 적어도 죄악으로부터 어느 정도 벗어나려면 유혹의 수나 강도를 줄일 필요가 있다. 주로 성찬을 중시하는 종교를 수용하는 사회에서 성직자 계급이 경험하는 그런 유혹들은 가장 성자적인 면모를 갖춘 사람만이 지속적으로 저항할 수 있는 유혹들이다. 종교 성직자들이 이런 유혹에 빠질 때 어떤 일이 일어나는가는 로마 가톨릭교회의 역사가 분명하게 보여주고 있다. 가톨릭 그리스도교는 변형된 형태의 영원의 철학을 가르치기 때문에 위대한 성인을 연속해서 탄생시키고 있다. 그러나 과도한 성찬중시주의와 세속사에 우상 숭배적으로 몰두함으로서 영원의 철학이 거기에 압도되어, 그 위계질서에서 성자의 면모를 덜 지닌 사람들은 엄청나면서도 매우 불필요한 유혹에 노출되며, 그런 유혹에 당연히 굴복함으로써 박해, 성직매매, 권력정치, 비밀스러운 외교, 고수입, 절대군주와의 협력에 나서게 된다.

주님께서 당신의 은총을 통해 사랑하는 아들에 대한 믿음으로 나를 인도하셨기 때문에, 일상적인 삶의 여정에서조차도 나의 사랑하는 주님과 구세주의 상한 몸과 피 흘리심을 기억하지 않고, 또 그와 관련된 어떤 경건한 느낌 없이 빵을 먹거나 포도주를 마신 적이 있는지 극히 의심스럽다.

스테판 그릴렛[287]

조직화된 종교숭배의 핵심이 되도록 독려되는 경우 의례중시주의와 성찬중시주의는 순수한 축복이 전혀 아님을 보았다. 한 인간의 평범한 삶 전체가 그로 인해 일종의 지속적인 의식으로 변형되어야 하며, 그 주변에 있는 세상의 모든 대상을 세상의 영원한 근본바탕의 상징으로 생각해야 하고, 그의 모든 행동은 성찬식처럼 수행해야 한다는 것, 이것이 전적으로 바람직해 보인다.《우파니샤드》의 저자들에서 소크라테스, 붓다로부터 성 베르나르에 이르기까지 영적 삶을 살았던 모든 스승들은 자기에 대한 앎self-knowledge이 없이는 신을 충분히 알지 못하며, 끊임없는 묵상 없이는 완전한 해방이 있을 수 없다는 사실에 동의하고 있다. 사물을 상징으로, 인간을 성령의 사원으로, 행위를 성찬sacraments으로 생각하도록 배운 사람은 자신이 누구인지, 우주와 그 근본바탕과의 관계에서 자신이 어디에 서있는지, 자신의 형제들에게 어떻게 행동해야 하는지, 최종 목적에 도달하기 위해서 자신이 무엇을 해야 하는지 스스로에게 끊임없이 상기시키는 방법을 배운 사람이다.

"로고스가 내재함으로써 모든 것은 하나의 실재reality를 갖게 된다. 그것들은 베단타의 경이로운 말처럼 환상이 아니고 성찬이다"라고

---

287 스테판 그릴렛Stephen Grellet (1773~1855): 프랑스의 퀘이커교 선교사. 북아메리카와 유럽 여러 국가를 다니며 선교활동을 하였으며 특히 감옥과 병원에서의 교육적 환경을 개선하려고 노력함.

의식, 상징, 성찬식 451

케네스 손더스[288]는 〈요한복음〉《기타Gita》《묘법연화경》에 관한 귀중한 연구에서 썼다. 사물, 생명, 의식적인 마음에는 로고스가 존재한다. 〈요한복음〉의 저자보다도 베단타 철학자들이 로고스 속에 있는 이것들을 훨씬 더 강조하면서 명확하게 가르쳤다. 물론 도교 체계도 똑같은 생각을 기본으로 하고 있다. 사실상 모든 사물은 신성한 현시와 비현시된 신성의 빛의 교차점에서 존재하지만 모든 사람이 항상 이런 사실을 반드시 안다고 할 수 없다. 그렇기는커녕, 엄청난 수에 달하는 대다수 사람들은 자신의 자아와 주변 사물들이 로고스와는 완전히 독립된 자체적인 실재를 갖는다고 믿고 있다. 이런 믿음이 그들을 감각, 갈망, 사적인 생각과 자신의 존재를 동일시하도록 인도하지만 있는 모습 그대로와의 자기동일시는 신성한 영향과 해방의 가능성으로부터 그들을 효과적으로 차단시키지는 못한다. 대부분의 경우 우리 대다수에게 사물들은 상징이 아니며, 행위는 성찬이 아니다. 그러므로 우리는 의식적으로 또 의도적으로 그들이 그렇다는 사실을 스스로에게 가르칠 필요가 있다.

행위가 신을 숭배하는 것으로 수행될 때를 제외하고는, 세상은 그 자신의 활동에 갇혀있다. 그러므로 그대는 모든 행위를 성찬식처럼 수행하고(신성한 로고스-본질Logos-essence에서 볼 때, 마치 제물이 그 희생제를 받는 신성과 동일한 것처럼), 결과에 대한 모든 집착으로부터 풀려나

---

288 케네스 손더스Kenneth Saunders (1883~1937): 영국의 동양학자. 인도와 동아시아를 깊이 연구하였으며 옥스퍼드 대학의 교수로 재직하였으나 의문의 자살로 생을 마감함.

야 한다.

《바가바드기타》

사람들, 심지어 사물까지도 성령의 사원으로 생각해야 하며, 행하고 고통받는 모든 것을 끊임없이 '신에게 바쳐야 한다'고 추천한 그리스도교 저자들에게서도 정확히 비슷한 가르침을 발견한다. 이런 의식적 성찬화의 과정은 본질적으로 사악하지 않은 행위에만 적용시킬 수 있다는 사실을 첨언할 필요는 없을 것이다. 다소 불행한 일이긴 하지만《기타Gita》는 원래 독립적인 작품이 아니라 서사시의 신학적 여담으로 출판되었다. 대부분의 서사시와 마찬가지로《마하바라타》[289]는 전사들의 공훈에 주로 관심을 갖기 때문에, 집착 없는 마음으로 행동하고 신을 위해서 행동하라는《기타》의 조언은 일차적으로는 전쟁 상태와 관련이 있다. 이제 전쟁은 무엇보다 분노와 증오, 교만, 잔인함과 공포의 광범위한 유포를 동반하거나 여기에 뒤따라 일어난다.

그러나 다음과 같이 물을 수 있다. 이런 감정들처럼 신을 완전히 가리는 행동이 그 심리적 부산물이 될 때 이런 행동들을 신성하게 만드는 것이 가능할까(만물의 본성은 있는 그대로의 모습이기 때문에)? 팔리 경전에서 붓다는 분명 이런 질문에 대해 부정적인 대답을 주었다.

---

289 마하바라타Mahābhārata:《라마야나》와 함께 인도의 2대 서사시 중 하나. '바라타족族의 (전쟁에 관한) 대서사시'라는 의미로, 기원전 10세기경 발생한 친척 간의 권력쟁탈전에 관한 이야기가 기원전 4~5세기경 현재와 유사한 형태로 정리되었다고 추정됨. 전쟁이야기를 뼈대로 수많은 신화와 전설, 철학이 묘사되고 있는 힌두교의 백과사전적 작품으로,《바가바드기타Bhagavadgītā》도 이 서사시의 일부임.

《도덕경》의 노자도 그럴 것이다. 공관복음의 그리스도도 그럴 것이다. (일종의 문학적인 사고로 인해 마하바라타의 크리슈나이기도 한)《기타》의 크리슈나는 긍정적인 답변을 하였다. 그러나 이런 긍정적 대답은 제한된 조건하에서 보호되고 있음을 기억해야 한다. 집착 없는 마음으로 행하는 살상은 전사계급에 속하는 사람들에게만 추천되고 있는데 그들에게 전쟁이란 하나의 의무이자 소명이다. 그러나 전사계급인 크샤트리야에게 의무 또는 다르마dharma인 사항은 사제계급인 브라흐만에게는 의무사항이 아니며 금지되어 있다. 그것은 또한 상인계급이나 노동계급의 정상적인 소명이나 계급의무에도 속하지 않는다. 힌두교인들은 계급의 혼란, 즉 다른 사람의 소명과 계급적 의무를 어떤 사람이 떠맡는 것은 항상 도덕적 죄악이며 사회 안정에 위협이 된다고 말한다. 그러므로 스스로를 선지자에 적합하게 만들어 우주와 인간의 최종 목적, 해방으로의 길에 대한 성질을 자신의 동료들에게 설명해주는 것은 브라만의 일이다. 군인이나 통치자, 고리대금업자나 제조업자, 노동자가 브라만의 기능을 점유해서 우주에 관한 자신의 여러모로 왜곡된 생각에 따라 삶에 관한 철학을 체계적으로 말한다면 사회는 혼란에 빠진다. 이와 마찬가지로 비강제적인 영적 권위를 행사하는 사람인 브라만이 크샤트리야의 강제적인 힘을 떠맡거나, 은행가와 주식중개인이 크샤트리야의 통치 업무를 점유하거나, 징발을 통해 싸움하는 전사계급의 다르마를 브라만·바이샤·수드라에게 부과한다면 혼란만 커질 뿐이다.

중세 후기와 르네상스의 유럽 역사는 주로 선지자여야만 했던 수많은 사람들이 금전과 정치적 권력을 선호하여 영적 권위를 포기할 때 발생한 사회적 혼란의 역사이다. 그리고 현대역사는 정치적 지도

자, 사업가 혹은 계급에 민감한 노동자 계급들이 삶의 철학을 발전시키는 브라만의 기능을 떠맡고, 고리대금업자가 정책을 지시하고 전쟁과 평화에 관한 이유들에 대해 논쟁을 벌이고, 심리-생리적 기질과 소명을 무시한 채 모든 사람들에게 전사계급의 의무를 부과할 때 무슨 일이 생기는지를 보여주는 추악한 기록이다.

25
영적 훈련
Spiritual Exercises

  의례·성사·예식·성찬식, 이 모두는 대중들이 숭배하는 것들이다. 이들은 어떤 집단의 개별 구성원이 사물의 진정한 본성과 이들 서로 간의 적절한 관계 및 우주와 신을 상기할 수 있는 장치들이다. 대중의 숭배와 의례가 맺고 있는 관계는 영적 훈련이 사적인 헌신과 맺고 있는 관계와 같다. 영적 훈련이란 고독한 개인이 자신의 방으로 들어가 문을 닫아걸고 신에게 비밀리에 기도할 때 그 사람이 이용할 수 있는 장치다. 찬송가를 부르는 일에서 스웨덴어 연습에 이르기까지, 논리에서 내연기관에 이르기까지의 온갖 장치들도 마찬가지지만 영적 훈련을 잘 이용할 수도 잘못 이용할 수도 있다. 영적 훈련을 이용하는 일부 사람들은 영의 삶에서 진보하지만 일부 사람들은 똑같은 훈련을 해도 전혀 진보하지 못한다. 영적 훈련을 하는 경우 깨달음이 일어나거나 깨달음이 보장된다고 믿는 것은 우상숭배이자 미신에 불과하다. 이들을 모두 무시하면서 최종 목적을 성취하는 데 있어서 이들이 도움이 될지, 도움이 된다면 어떤 식일지를 알아보는 일마저 거절하는 것은 독선이자 완고한 반계몽주의에 지나지 않는다.

성 프랑수아 드 살은 이렇게 말씀하시곤 했다. "지금까지의 이야기로 보아, 나는 모든 면에서 오직 완벽성에 대해 들었다. 그러나 그것을 실제로 행하는 사람을 거의 본적이 없다. 모두 완벽에 대한 자신만의 생각을 갖고 있다. 어떤 사람은 그의 옷차림, 어떤 사람은 단식, 어떤 사람은 자선행위나 성찬식에 자주 가는 것, 명상, 어떤 특별한 묵상의 재능, 혹은 비범한 재능이나 은총에 완벽성이 있다고 생각한다. 그러나 내 생각에 그들은 수단이나 결과를 목적 및 원인과 혼동하여 잘못 판단한 것이다.

내가 알고 있는 유일한 완전성이란 신에 대한 진심 어린 사랑이고, 이웃을 내 몸처럼 사랑하는 것이다. 최고의 사랑Charity은 우리를 신과 인간에게 올바로 결합시키는 유일한 미덕이다. 그런 결합이 우리의 최종 목표이자 목적이며 나머지는 모두 환상에 불과할 뿐이다."

장 피에르 카뮈

성 프랑수아 자신은 신과 이웃에 대한 사랑의 수단으로서 영적 훈련을 이용할 것을 추천하고 있으며, 그런 훈련을 아주 소중하게 간직할 필요가 있다고 단언하였다. 그러나 정신적 기도라는 고정된 형태나 지속 시간에 대한 애착은 지나쳐서는 안 된다고 경고하고 있다. 개인의 영적 훈련을 수행하기 위해 자비나 복종을 긴급하게 요청하는 것을 무시하는 일은 목적 및 궁극적 목표와 얼마간 떨어져있는 수단을 위해 가까운 수단을 무시하는 일이 될 것이다.

영적 훈련은 특정 부류의 금욕적 훈련의 일부인데, 그 일차적 목적은 신성한 실재와 관련해서 영혼이 본질적으로 수동적인 고차원 형태의 기도를 위해 지성과 감성을 준비하는 것이고, 이차적 목적은 이런 식으로 자신을 빛에 노출시키고 자신에 대한 앎이 커지며, 거기에서 일어나는 자기혐오라는 수단을 통해 인격을 바꾸기 위한 것이다.

알려지지는 않았지만 동양에서는 분명 매우 초기부터 체계적인 정신적 기도가 진행되었다. 그리스도 탄생 몇 세기 전부터 인도와 중국 양쪽에서는 영적 훈련(어느 정도 정교한 신체적 훈련, 특히 호흡훈련을 수반하고 있으며 이런 훈련들이 선행될 필요가 있는)을 이용해왔다는 사실이 알려지고 있다. 서구에서는 테베 지방 승려들이 묵상이나 신과 결합하는 앎의 수단으로서 매일매일 상당부분을 명상으로 보냈다. 또한 그리스도교 역사가 진행된 전 기간 동안 공적·사적 숭배를 위해 사용했던 소리를 내는 기도를 보충하기 위해서 어느 정도 조직적인 정신적 기도를 주로 사용하였다. 교회의 대분열[290]로 인해 당황하고 성직자들의 부패로 깊은 충격을 받은 평신도들의 종교적 삶을 강화하며 쇠퇴해가는 수도원 생활에 새로운 활기를 불어넣기 위한 노력으로 교회 내의 개혁가들이 중세 후기까지 이 새로운 형태의 영성을 대중화시킨 것으로 보이지만, 정신적 기도를 정교한 영적 훈련으로까지 체계화하는 작업은 착수되지 않았다. 초기에 체계화시킨 사람들 가운데 가장 효과적이면서 영향력을 미쳤던 사람들은 공동생활형제회[291]와 아주 밀접한 관계가 있었던 빈데샤임[292]의 사제 평의원들이었다. 대체로 16세기 후반과 17세기 전반에는 영적 훈련이 유행했

---

290 교회의 대분열Great Schism: 14세기 후반과 15세기 전반에 걸쳐 일어난 로마 가톨릭교회의 교황 계승을 둘러싼 분열.

던 것 같다. 초기 예수회 수사들은 성 이그나티우스 로욜라의 지적이
고 창의적인 훈련을 체계적으로 받은 사람들이 얼마나 뛰어난 인격
의 변화, 얼마나 강한 의지와 헌신을 성취할 수 있는지를 보여주었
다. 이 시기에 가톨릭 유럽에서 예수회 수사들의 신망이 높아질수록
영적 훈련에 대한 신망도 높아졌다. 반종교개혁Counter-Reformation이
일어난 첫 세기 동안 다양한 정신적 기도 체계가(그중 다수는 이그나티
우스식 훈련과는 달리 분명히 신비적이었다) 형성되고 유포되었으며, 열
성적으로 받아들여졌다. 정적주의자Quietist에 관한 논란 후에 신비주
의에 대한 평판이 나빠졌으며, 묵상을 향한 길에서 영혼을 돕기 위해
저자들이 고안한 한때 유행했던 수많은 것들도 신비주의와 함께 평
판이 나빠졌다. 이 흥미로우면서도 중요한 주제에 관해 더 상세한 정
보를 얻고 싶은 독자들은 푸라[293]의 《그리스도교 영성Christian
Spirituality》, 비드 프로스트[294]의 《정신적 기도의 기술The Art of Mental
Prayer》, 에드워드 린[295]의 《정신적 기도를 통한 진보Progress through
Mental Prayer》와 앨프리다 틸야드[296]의 《영성 훈련Spiritual Exercises》을
참고하기 바란다. 다양한 종교전통 중에서 일부 특징적인 견본만을

---

291 공동생활형제회the Brethren of the Common Life: 14세기 후반에 네덜란드를 기점으로 형성된 종
교 공동체. 13~14세기 유럽에 팽배했던 지나치게 사색적인 영성을 비판하고 명상과 내적 생활을
강조함.
292 빈데샤임Windesheim: 공동생활형제회가 1376년 그레고리 11세의 허락을 받아 준수도원적 교
단을 설립한 네덜란드의 도시로, 그들은 이를 계기로 영향력을 더욱 확장할 수 있게 됨.
293 피에르 푸라Pierre Pourrat (1871~1957): 프랑스의 신학자. 《그리스도교 영성》를 통해 신학을
교의·윤리·영성의 세 가지로 분류하고, 교의와 윤리신학을 기초로 영성신학이 나온다고 하면서
한때 부정적으로 쓰였던 '영성spirituality'이란 표현을 재조명시켰고, 고대부터 근대까지 그리스도
교 영성의 역사를 정리함.
294 비드 프로스트Bede Frost (1877~1961): 영국 성공회 사제.
295 에드워드 린Edward Leen (1885~1944): 아일랜드 출신의 가톨릭 사제.

보여줄 수 있다.

> 그대 자신을 잃어버리는 것을 배웠을 때, 사랑받는 이the Beloved에게
> 닿게 될 것임을 알라. 배워야 할 다른 비밀은 없으며, 나는 이 이상을
> 알지 못하느니.
>
> 헤라트의 안사리

우리가 이미 살펴본 바와 같이, 6백년 뒤에 성 프랑수아 드 살은 신과 결합하는 앎을 성취하기 위한 쉽고도 틀림없는 비결을 알려줄 수 있을 거라는 순진한 희망을 품고 그에게 온 젊은 카뮈와 다른 사람들에게도 똑같은 말을 해 주었다. 사랑받는 이the Beloved 안에서 자신을 잃어버리는 것, 그 밖에는 어떤 비밀도 없다. 그리스도교인들처럼 수피들도 영적 훈련을 풍부하게 활용했는데, 물론 그 자체가 목적은 아니었고 신과 결합하는 주요한 수단, 즉 자아를 잊는 애정 어린 묵상을 위한 수단으로서였다.

> 12년 동안 나는 내 영혼을 연마하는 대장장이였다. 내 영혼을 고행의
> 용광로에 넣고 전투의 불로 태웠으며, 질책의 모루에 올려놓고 거울이
> 될 때까지 내 영혼을 비난의 망치로 세게 때렸다. 5년 동안 나는 내 스
> 스로 거울이 되었으며 숭배와 신심의 여러 행위로 그 거울을 닦았다.
> 그런 다음 일 년 동안 나는 묵상 속에서 응시했다. 나는 자만심, 허영,

---

296 앨프리다 틸야드Aelfrida Tillyard (1883~1959): 영국의 작가·영매·신비주의자·비교종교학자.

자기기만, 헌신에 의지하고 내 일을 칭찬하는 거들을 내 허리에 두르고 있음을 알았다. 그 거들이 닳아 없어지고 이슬람을 새로이 고백할 때까지 5년을 더 노력하였다. 나는 창조된 만물이 죽어있음을 보았다. 나는 죽어있는 만물 위에서 아크비르akbir를 네 번 낭송했으며 그 장례식에서 돌아왔다. 피조물의 개입 없이 오로지 신의 도움을 통해서만 나는 신께 도달하였다.

비스툰의 바야지드

가장 단순하면서도 가장 널리 수행되는 영적 훈련의 형태는, 신성한 이름을 반복하거나 신의 존재를 확신하는 구절, 영혼이 신께 의지함을 확신하는 어떤 구절들을 반복하는 것이다.

그러므로 그대가 이런 일(묵상)을 결심하고 은총을 통해 신의 부르심을 받았다고 느낀다면 부드러운 사랑의 감동으로 그대의 가슴을 신께 들어올리라. 그리고 그대를 만들고, 그대를 대접하며, 친절하게도 그대를 그대의 신분으로 명하신 신을 가슴에 품고 신에 대한 생각 이외에는 어떤 것도 받아들이지 말라. 그대가 원치 않는다면 이 모든 것이 필요치 않다. 왜냐하면 신 이외의 어떤 다른 이유 없이 신께로 향한 적나라한 의도만이 전적으로 충분하기 때문이다.

그대가 그것을 더 잘 붙잡기 위해 한마디 말로 이런 의도를 감싸고 포장하길 원한다면 한 음절만을 취하라. 이는 두 음절보다 더 낫기 때문이다. 단어가 짧을수록 영의 활동에 더 잘 맞는다. 신GOD이나 사랑 LOVE이라는 말이 그런 말이다. 그대가 원하는 어떤 말이라도, 그대가 좋아하는 어떤 한 음절이라도 좋다. 이 단어를 가슴에 새기고 닥쳐오는 다른 일로 가지 않도록 하라.

평화로울 때나 전쟁 중에도 그 말은 그대의 방패가 되고 그대의 창이 되리라. 그대는 이 단어로 그대 위에 있는 이 구름과 이 어둠을 뚫고 갈 것이다. 이 단어로 그대는 온갖 종류의 생각들을 세게 내려쳐서 '망각의 구름' 아래로 보낼 것이다. 어떤 생각이 떠올라 그대가 생각하는 바를 묻는다면, 이 한마디 단어(신이나 사랑)로 대답할 정도로. 생각이 풍부한 학식으로 그 단어를 해석해주겠노라고 하면 그 단어를 쪼개거나 원래로 돌리지 않은 채 전체로서 갖겠노라고 말하라. 이 목적을 고수한다면, 확실히 그 생각은 더 이상 머무르지 않을 것이다.

《무지의 구름》

《무지의 구름》의 저자는 다른 장에서 우리의 최종 목적을 상징하는 그 말은 때로는 그 목적과 관련된 우리의 현재 위치를 표시하는 말과 번갈아 사용해야 한다고 말하고 있다. 이런 훈련에서 반복되는 말은 죄악SIN과 신GOD이다.

이런 단어들의 질을 고려하면서 이성의 호기심으로 이런 단어들을 쪼개거나 해석하지 말라. 마치 그대가 그렇게 생각함으로써 헌신이 더 커질 것처럼. 나는 이런 경우 그리고 이런 일에서 그렇게 하지 말아야 한다고 믿는다. 이런 말들을 전체로 껴안으라. 그리고 죄악SIN이라는 단어는 그대가 결코 알지 못하는 어떤 덩어리, 그대 자신 이외에는 그 어떤 것도 아닌 것을 의미한다. 그대는 이 비참한 삶을 살고 있기 때문에 항상 이 더럽고 냄새나는 죄 덩어리를 어느 정도 느껴야만 한다. 왜냐하면 그것은 그대 존재의 본질과 하나가 되어 엉겨있기 때문이다. 그러므로 그대는 죄와 신이라는 두 단어를 번갈아 말한다. 이런 일반적인 이해로 그대가 신을 갖는다면 죄악이 없을 것이고, 그대에게 죄악이 없다면 그대는 신을 갖게 될 것이다.

《무지의 구름》

샤이흐[297]는 내 손을 잡고 수도원으로 갔다. 나는 현관에 앉았으며 샤이흐는 책 한 권을 집어들더니 읽기 시작했다. 나는 학자답게 무슨 책인지 궁금할 수밖에 없었다.

샤이흐는 내 생각을 알아채고 말했다. "아부 사이드, 12만 4천 명의 예언자들은 한마디 말을 설교하기 위해 오셨다. 그들은 사람들에게 '알라Allah'라고 말하고 그분께 헌신하도록 명하셨다. 귀로만 이 말을 들은 사람은 다른 귀로 이 말이 빠져나가게 했다. 그러나 영혼으로 이 말을 들은 사람들은 그 말을 영혼에 새기고 그 말이 가슴과 영혼을 통과하여 이 말이 존재 전체가 될 때까지 반복하였다. 그들은 이 말의 발음과 독립된 글자가 내는 소리로부터 해방되었다. 이 말의 영적 의미를 이해한 그들은 그 말에 완전히 몰입하여 자신의 비존재non-existence를 더 이상 의식하지 못하였다."

아부 사이드[298]

찬송가의 짧은 구절을 취하라. 그러면 그것은 그대의 모든 적에 대항

---

297 샤이흐shaykh: '장로'라는 뜻으로, 아랍 이슬람 사회에서 종교적·공적으로 권위를 가진 자에 대한 존칭.
298 아부 사이드Abū-Saʿīd Abul-Khayr (967~1049): 이슬람 신비주의의 성인이자 시인. 신비주의·철학 사상을 담은 4행시(루바이)를 보급함.

하는 보호막과 방패가 될 것이다.

카시안²⁹⁹(이삭 수도원장³⁰⁰의 말씀을 인용)

인도에서는 신성한 이름 혹은 만트라mantra(헌신적이거나 교의적인 짧은 문구)를 반복하는 것을 자파japa라고 하며 이는 힌두교와 불교의 모든 종파들이 선호하는 영적 훈련에 속한다. 가장 짧은 만트라는 'OM'으로, 이는 베단타의 모든 철학이 그 안에 집약된 언어로 된 상징이다. 힌두교인들은 이 만트라나 다른 만트라들에 일종의 마술적 힘이 있다고 믿는다. 이들을 반복하는 것은 하나의 성찬 행위로서 사효성으로 은총을 준다. 불교도·이슬람교도·유대교도·그리스도교도들이 사용하는 성스러운 단어와 형식적인 문구들에도 유사한 효험이 있다고 생각되었으며 지금도 여전히 그렇게 생각되고 있다. 물론 전통적인 종교의식이 수세대를 걸친 숭배자들의 신앙과 헌신에 의해서 정신적 객관성으로 투사된 존재의 실제 현존을 불러일으키는 힘을 가진 듯이 보이는 것처럼, 오랫동안 신성시해왔던 단어와 구절은 그 순간 우연히 그 말을 입 밖으로 낸 사람에 속할 뿐 아니라 그보다 더 큰 힘을 전달하는 통로가 될 수 있다. 한편 '신'이나 '사랑'이라는 단어의 지속적인 반복은 상황이 좋을 때는 잠재의식에 지대한 영향

299 존 카시안John Cassian (360~435): 4세기경 이집트 사막의 교부Desert Father들과 동방교회의 영성적 전통을 서방교회의 수도원 영성에 접목시켜 이후의 그리스도교 영성에 지대한 영향을 끼친 수도사·신학자. 관상기도의 체계를 수립하는 데에도 크게 공헌.
300 이삭 수도원장Abbot Isaac (?~383): 4세기 후반 이집트 사막에서 은둔 수행을 하던 그리스도교 수도자. 로마 황제 발렌스Valens가 가톨릭을 박해할 때 계시를 받고 378년 콘스탄티노플로 가서 박해 중지를 호소하며 황제의 죽음을 경고. 그의 예언대로 황제가 전쟁에서 죽은 뒤 위대한 수도자이자 예언자로 공경받음. 달마티안Dalmatian 수도회의 설립자.

을 끼쳐서 자기를 비운 의지·생각·느낌의 집중을 유발하는데, 그것이 없다면 신과 결합하는 앎이 가능하지 않다. 게다가 추론적인 분석을 통해 '그 단어를 쪼개거나 해석하지 않은 채 전체로서' 단순히 반복하는 경우, 통합적인 직관의 형태로 단어 자체가 영혼에게 제시됨으로써 그 단어가 의미하는 사실로 마무리가 될 것이다. 이런 일이 일어나면, 수피식 표현으로는 '이 단어가 갖고 있는 글자의 문이 열리면서' 영혼은 실재Reality로 진입한다.

이 모든 일은 일어날 가능성이 크지만 반드시 일어나지는 않는다. 신으로부터 분리되어 신을 상실한 고통을 겪는 영혼에게는 영적 특효약이나, 쾌적하고 틀림없는 만병통치약이란 존재하지 않기 때문이다. 보증된 치료란 없다. 그리고 잘못 사용하는 경우, 영적 훈련이라는 약은 새로운 질병을 유발하거나 기존의 병을 악화시킬 수 있다. 예를 들어 신성한 이름을 기계적으로만 반복하는 것은 일종의 둔감한 마비상태를 일으켜서 분석적 사고에 훨씬 못 미치거나 이보다 상위에 위치한 지성적 비전에 못 미칠 수 있다. 신성한 단어는 그것의 반복으로 유도되는 경험에 대해서 일종의 선입견을 형성하기 때문에, 이런 마취상태나 그 밖의 다른 비정상 상태를 실재에 대한 직접적인 자각으로 받아들여서 우상숭배식으로 이를 계발하고 추구하여, 의지가 자아로부터 돌아서기 전에 신으로 추정되는 것에 의지를 기울이는 결과를 낳는다.

보다 정교한 영적 훈련을 이용하는 사람들은, 고행이 충분치 않고 묵상과 자각이 충분치 않은 자파 수행자가 만나는 위험과 동일하거나 이와는 다른 형태의 위험을 만난다. 동서양의 수많은 스승들이 추천하는, 이미지나 생각에 강하게 집중하는 훈련은 특정 상황에 처한 사람들에게는 크게 도움이 되지만 다른 경우에는 아주 해롭다. 집중으로 인해 정신이 고요해지고 지성·의지·느낌이 침묵함으로써 신성한 단어가 마음속에서 발음될 정도가 되면 도움이 된다. 집중 대상인 이미지가 환상 속의 실재가 되어 그것을 객관적인 진정한 실재로 받아들이면서 우상숭배적으로 숭앙한다면 해롭다. 집중훈련으로 인해 이를 경험하는 사람들이 개인적인 자만심을 특별한 은총과 신성한 소통으로 간주함으로써 비일상적인 심리-생리적 결과를 낳는 경우에도 해롭다. 비일상적인 이런 심리-생리적 사건 가운데서 가장 흔히 볼 수 있는 것으로는 환영·환청·예지·텔레파시 및 그 밖의 심령능력과 강한 열이라는 흥미로운 신체현상을 들 수 있다. 집중훈련을 수행하는 많은 사람들은 이런 열을 때때로 경험한다. 가장 잘 알려진 성 필립 네리와 시에나의 성 카타리나를 포함한 수많은 그리스도교 성자들은 지속적으로 이것을 경험하였다. 동양에서는 강한 집중에서 생기는 열의 증가를 조절하고 통제하였으며, 매우 추운 날씨에 수행을 통해 온기를 유지하는 예에서처럼 유용한 일로 전환시킬 수 있는 기법을 개발하였다. 이런 현상을 잘 이해하지 못했던 유럽에서는 많은 수에 달하는 자칭 묵상가들이 이런 열을 경험하고는 이를 신의 어떤 특별한 가호나 결합의 경험으로 상상하였으며, 고행과 겸손함이 충분치 못한 경우에는 이로 인해 우상숭배와 신을 가로막는 영적 자만에 빠졌다.

대승불교의 한 경전에서 인용한 다음 글은 소승불교 스승들이 지시한 종류의 영적 훈련, 즉 상징적 대상에 대한 집중, 무상과 소멸(영혼을 세속적인 것들에 대한 집착으로부터 분리시키기 위한), 계발되어야 할 다양한 미덕들, 불교의 근본 교리 등에 관한 명상들에 대한 엄중한 비판을 담고 있다. (팔리 경전 협회가 완역하고 출판한 책인《청정도론 The Path of Purity》에서는 이런 식의 많은 훈련을 길게 설명하고 있다. 드와이트 고다드[301]가 번역한《능엄경Surangama Sutra》과 에반스 웬츠[302]가 편집한 티베트 요가에 관한 책에서는 대승불교도들의 훈련을 설명하고 있다.)

수행자는 훈련 중에 태양이나 달, 연꽃처럼 보이는 것, 지하세계 혹은 하늘, 불과 같은 다양한 형태를 (상상을 통해서) 본다. 이런 모습들은 모두 그를 철학자의 길로 안내한다. 이들은 그로 하여금 성문의 상태와 연각의 영역으로 옮아가게 한다. 이 모든 것을 제쳐두고 이미지가 없는 상태에 있을 때는 진여와 일치된 상태가 드러나며, 온 국토에서 붓다들이 모여들어 그들의 빛나는 손으로 이 수혜자의 머리를 만질 것이다.

《능가경》

달리 말해서 어떤 이미지(그 이미지가 연꽃 같은 성스러운 상징일지라도)든, 지옥에 대한 생각에서부터 어떤 바람직한 미덕에 대한 생각 혹은 신성한 속성 중 하나인 미덕의 극치에 대한 생각에 이르기까지 어떤 생각이든, 그것에 대한 강한 집중은 항상 누군가의 마음속에서 일어난 무언가에 대한 집중이다. 고행을 하고 묵상을 하는 사람에게

---

301 드와이트 고다드Dwight Goddard (1861~1939): 미국 선禪불교 운동의 선구자·저술가. 1920년대 중국에 그리스도교 선교사로 갔다가 불교를 접한 뒤 개종. 1932년 스즈키 다이세츠D. T. Suzuki와 함께《능엄경》을 영어로 번역했고, 같은 해에 중국과 일본의 불교 문헌을 모아《불교 성전The Buddhist Bible》을 펴내는 등 제1차 세계대전 이후 불교와 도교 등 동양사상을 서구 사회에 알리는 데 공헌함.
302 에반스 웬츠Evans-Wentz (1878~1965): 미국의 인류학자. 티베트 불교 연구의 선구자로《티베트 사자의 서》《티베트의 위대한 요가수행자 밀라레파Milarepa》를 포함한 티베트 불교 자료들을 영어로 번역하여 서구사회에 널리 알림.

집중행위는 때로는 진정한 묵상이 가능해지는 개방성과 기민한 수동성의 상태로 동화된다. 그러나 집중은 집중하는 사람 자신의 마음속 산물이라는 사실로 인해 때로는 일종의 그릇되거나 불완전한 묵상을 초래한다. 진여나 모든 존재의 신성한 근본바탕은 의지·상상·느낌, 혹은 지성에서 자아중심이 없는(타인 에고 중심성도 없는) 사람에게서 드러난다.

> 그렇다면 나는 내향성introversion을 거부해야 한다고 말한다. 왜냐하면 외향성을 결코 용인해서는 안 되기 때문이다. 그러나 우리는 지속적으로 신성한 본질의 심연, 사물의 무無 속에서 살아야 한다. 누군가가 때때로 이들로부터(신성한 본질과 창조된 무) 분리되었음을 알 때 그는 내향을 통해서가 아니라 소멸을 통해서 거기로 돌아가야 한다.
>
> 캔필드의 베넷

내향성이란《능가경》이 수행자의 길, 최악의 경우에는 우상숭배로 안내하고 최상의 경우에는 내면의 정점에서 신에 대한 부분적인 앎으로 안내할 뿐, 외면인 동시에 내면인 충분히 완전한 앎으로 안내하지 않는 길로서 비난했던 과정이다. 대승불교도들에게 (베넷 신부가 수동과 능동의 두 가지로 구분했던) 소멸Annihilation이란, 묵상으로 말하면 '이미지가 없는 상태'이며, 활동적인 삶으로 말하면 시간 속에서 영원을 포착할 수 있고 삼사라가 니르바나와 하나인 완전한 비집착 상태이다.

> 그러므로 그대가 넘어지지 않고 서 있으려면, 그대의 계획을 결코 멈

추지 말고, 그대와 그대의 신 사이에 존재하는 이 무지의 구름을, 갈망하는 사랑의 예리한 화살로 더 많이 두드리라. 신 밑에 있는 것은 무엇이나 생각하는 것을 혐오하라. 일어나는 어떤 것도 좋아하지 말라. 왜냐하면 이것만이 죄악의 바탕과 뿌리를 파괴하는 일이기 때문이다.

그리고 무엇이 더 필요한가? 그대가 지은 죄악과 그리스도의 수난에 대해 그렇게 많이 슬퍼하지 말라. 혹은 천상의 기쁨에 대해 너무 많이 생각하지 말라. 그것이 그대에게 무엇을 할 수 있겠는가? 확실히 그것은 그대에게 많은 행복과 많은 도움, 많은 이익, 많은 은총을 줄 것이다. 그러나 사랑의 이런 맹목적인 촉발과 비교하면, 사랑 없이 그런 것들로 할 수 있는 것은 거의 없다. 이것은 그 자체로 (마르타 대신) 마리아가 택한 '좋은 몫'이다. 이것이 없으면 그런 것들은 거의 전혀 도움이 되지 않는다. 이것은 죄악의 바탕과 뿌리를 파괴할 뿐 아니라 미덕을 가져온다. 진정으로 이를 마음에 품으면, 그대의 의도가 전혀 끼어들지 않고서도 은은하지만 완전하게 모든 미덕을 품고 느끼며 이해할 것이다. 어떤 누군가가 이것 없이도 수많은 미덕을 갖고 있다면, 그것은 모두 부정직한 의도와 섞여있을 것이며 그런 미덕들은 그런 만큼 불완전하다. 왜냐하면 미덕이란 단순히 신께로 향한 정연하면서도 신중한 사랑에 불과하기 때문이다.

《무지의 구름》

집중훈련, 신성한 이름의 반복, 혹은 신의 속성에 대한 명상, 성자나 화신의 삶에 대한 상상적 장면을 명상하는 일이 자기를 비우고, 개방시키며, 영혼이 신성과 결합될 수 있게 하는 (어거스틴 베이커의 구절을 이용하면) '순수한 신성에 대한 사랑'에 도달하기 위해 이들을 이용하는 사람들을 도울 경우, 그런 영적 훈련은 전적으로 효용이 있으며 바람직하다. 그 밖에 다른 결과를 낳는다면 그 열매를 통해 나무를 알게 될 것이다.

《완전성의 법칙The Rule of Perfection》을 쓰고 마담 아카리[303]와 베륄 추기경의 영적 안내자였던 영국 카푸친 수도회 소속 캔필드의 베넷은 자신의 논문에서 어떤 이미지에 대한 집중은 이미지가 없는 묵상, '맹목적 바라봄blind beholding', '순수한 신성에 대한 사랑'으로 도약할 수 있음을 넌지시 암시하고 있다. 그리스도의 수난 장면에 강하게 집중함으로써 정신적 기도의 시기를 시작한다. 그다음 마음은 신성한 인간에 대한 이런 상상을 폐기하고 여기에서 그 인간으로 육화된 무형상·무속성의 신성으로 나아간다. 《티베트 사자의 서Tibetan Book of the Dead (Bardo Thödol)》(매우 특별할 정도로 심오하고 아름다운 책으로, 다행히도 현재는 에반스 웬츠 박사의 소중한 서론과 주석을 담은 번역본을 구할 수 있다)에 놀랍도록 유사한 훈련이 서술되어있다.

그대의 수호신이 어떤 존재이든지 그 형상에 대해 오랜 시간 동안 명상하라. 실제로 존재하진 않지만, 생생히 눈에 보이는 것처럼, 마술사에 의해 만들어진 형상처럼… 그러고 나서 수호신의 심상이 팔다리에서부터 녹아 없어지게 하라. 그것을 전혀 볼 수 없을 때까지. 그리고 무

---

303 마담 아카리Mme.Acarie (교회명 Marie de l'Incarnation, 본명 Barbara Avrillot, 1566~1618): 프랑스의 신비주의자·수녀. 아카리는 그녀와 결혼하여 6명의 자녀를 두고 사별한 남편의 성. 27세 때 성흔이 나타났고, 치유와 예지의 능력과 함께 가난하고 병든 사람들을 향한 자비심으로 17세기 초반 파리의 유명인사가 되었으며, 성 뱅상 드 폴, 성 프랑수아 드 살 등 당대의 뛰어난 종교인·영성가들과 교류함. 아빌라의 성 테레사의 계시를 받고 사촌인 베륄 추기경과 함께 프랑스 카르멜 수도원을 설립.

언가로도 생각할 수 없는 청정함과 공the Clearness and the Voidness의 상
태에 그대를 두고, 그 상태에서 잠시 머물라. 수호신에 대해 다시 명상
한 다음, 다시 청정한 빛에 대해 명상하라. 이것을 번갈아 실시하라. 나
중에는 그대의 지성이 팔다리부터 점차 녹아 없어지게 하라.

《티베트 사자의 서》

에크하르트의 문장을 이용하여 문제 전체를 최종적으로 요약할 수
있을 것이다. "고정된 형상으로 신을 찾는 자는 그 형상은 잡고 있지
만 그 안에 숨겨진 신을 놓치고 있다." 여기에서 키워드는 '고정된'
이다. 처음에는 잠정적으로 실재의 한 상징으로만 인지한 하나의 형
상으로 신을 찾는 것이 무방하다. 조만간 그 상징은 그것이 지시하는
것을 위해 폐기되어야 한다. 고정된(실재의 형태로서 간주했기 때문에
고정된) 형상으로 신을 찾는 것은 환상 및 일종의 우상숭배 오류를 범
하는 일이다.

어떤 형태의 정신적 기도가 되었든 그것을 수행하는 길에 놓인 주
요 장애물은 만물의 본성에 대한 무지(물론 의무교육이 실시되는 이 시
대보다 더 최악은 아니다)와 자기이익, 격정 및 기술적으로 볼 때 '좋은
시절'로 알려진 것과 관련된 긍정적·부정적 정서에 대한 몰입이다.
수행을 해 나갈 때 정신적 기도의 목표를 향한 진전에 놓인 주요 장
애물은 산만함distraction이다.

모든 사람, 심지어 가장 성스러운 사람조차도 산만함으로 인해 어
느 정도 고통을 받는다. 정신적 기도 중간중간에 산만해지고, 침착성
을 잃으며, 자기중심적인 삶을 사는 사람이 겪는 산만함은 자신이 누
구인지 자신이 우주 및 그 신성한 바탕과 어떤 관련을 맺고 있는지를

잊지 않으면서 마음을 한곳에 모으고 살아가는 사람보다 씨름해야 할 산만함이 더 클 뿐 아니라 산만함의 질 또한 더 나쁠 것이다. 가장 도움이 되는 일부 영적 훈련은 실제로 산만함을 이용하며, 자기포기, 정신적 고요함, 신과 관련된 수동성에 있어서의 이런 장애물들을 진보의 수단으로 변형시킨다.

우선 정신적 기도의 예술을 가르치는 모든 스승들은 하나같이 이런 훈련을 설명하는 서두에서 묵상 중에 마음에서 일어나는 산만함에 대해 표면의지를 이용해서 맹렬하게 노력하지 말라고 제자들에게 조언하고 있다는 점을 주목해야 한다. 캔필드의 베넷은《완전성의 법칙》에서 그 이유를 간단명료하게 언급하고 있다. "더 많이 움직일수록 그는 더 많이 존재한다. 그가 더 많이 존재할수록 그 내면에서 신은 더 적게 존재한다." 분리된 개인적 자아가 더 커지면 거기에 비례해서 신성한 실상에 대한 자아의 자각이 줄어든다. 산만함에 대해 표면의지가 격렬한 반응을 보이면 분리된 개인 자아가 자동적으로 커지며, 따라서 신에 대한 앎과 사랑에 닿을 수 있는 기회가 줄어든다. 신을 가로막는 우리의 백일몽을 없애려고 억지로 노력하지만 타고난 무지의 어둠을 심화시킬 뿐이다. 그렇기 때문에 우리는 산만함과 싸우려는 노력을 포기하고 산만함에서 빠져나갈 길을 찾거나 어떤 방법을 써서라도 그것을 이용해야 한다. 예를 들어 우리가 실재와 관련시켜서 기민한 수동성을 이미 어느 정도까지 성취하였는데도 불구하고 산만함이 끼어든다면, 우리와 우리의 '단순한 주시simple regard' 사이에 존재하는 해로우면서도 탐욕스러운 멍청이를 그저 '어깨 너머로 볼 수 있다'. 이제 산만함이 의식 전면에 나타나면, 그 존재를 알아차리고 나서는 가볍고 부드럽게, 무리하게 의지를 쓰지 않은 채 우리가 일견하거나 예측하거나 (과거의 경험이나 믿음의 행위로) 단지 알고 있는, 배경에 존재하는 실재Relity로 주의의 초점을 돌린다. 많은 경우, 이러한 애씀 없는 주의의 이동으로 인해 산만함은 그 강박적인 '그곳에 존재함thereness'을 잃어버리고 적어도 한동안은 사라져버릴 것이다.

> 가슴이 방황하거나 산만해지면 아주 부드럽게 한 지점에 돌려놓고 그것을 주님의 현존으로 바꿔놓으라. 시간 내내 가슴을 되돌려 우리 주님의 현존에 반복해서 놓는 일 이외에 아무것도 하지 않는다 하더라도, 돌려놓을 때마다 그것이 다시 달아나도, 그대는 그대의 시간을 잘 사용한 것이다.
>
> 성 프랑수아 드 살

이 경우, 산만함을 우회하는 일은 인내와 끈기에 있어 소중한 교훈을 준다. 《무지의 구름》에서는 우리 가슴속에 존재하는 원숭이를 이용하는 더 직접적인 또 다른 방법을 설명하고 있다.

> 그대가 그것들(산만함)을 결코 내려놓을 수 없을 거라고 느낄 때면, 마치 겁쟁이나 전쟁에서 진 비겁자처럼 그 밑에 몸을 숙이고, 그것들과 싸우는 일은 어리석을 뿐이라고 생각하면서 그대를 그대 적의 손 안에서 신에게 맡기라… 내 생각에는 이런 방법을 실로 마음속에 품고 있으면, 그것은 무無 보다 훨씬 더 심한, 가련하면서도 더러운 있는 그대로의 그대를 진정으로 알고 느끼는 것이다. 그렇게 알고 느끼는 것이 온순함(겸손)이다. 이런 온순함의 공로로 신께서 힘차게 내려오셔서 그대

의 적들에게 복수하여, 마치 야생돼지와 미칠 듯이 물어대는 곰의 입에서 막 죽으려는 어린아이에게 아버지가 하듯 그대를 들어올려 그대 영혼의 눈을 소중히 닦아줄 것이다.

《무지의 구름》

마지막으로 인도에서 많이 채택하고 있는 훈련으로서, 이는 산만함을 떠오르는 대로 냉정하게 검토하고, 특정한 생각·느낌·행동에 관한 기억을 통해 기질·성격·체질·획득된 습관 속에 있는 그 기원을 추적하는 방법이다. 이런 절차는 영혼에게 존재의 신성한 근본바탕과의 분리가 일어난 진정한 원인을 보여준다. 영혼은 자아의 타성적인 고집이나 무조건적인 반항 때문에 영적 무지가 생겼음을 깨닫게 되며, 신을 가리우는 자아가 마치 단단하고 조밀한 덩어리처럼 응결된 지점을 구체적으로 발견한다. 그런 다음 광명으로 가는 데 놓여 있는 장애물을 제거하기 위해 일상생활에서 자신이 할 수 있는 것을 하겠다는 결심을 한 다음, 그런 생각들을 조용히 밀쳐두고 텅 비고 정화되고 조용한 상태로 저 너머에 있는 동시에 내면에 있는 것이 무엇이든 거기에 스스로를 수동적으로 드러낸다.

"주님, 제가 저를 알고 당신을 알게 하소서Noverim me, noverim Te"라고 아씨시Assisi의 성 프란체스코는 반복하곤 했다. 자기증오와 겸손으로 이끄는 자기에 대한 앎은 신을 사랑하고 알기 위한 조건이다. 산만함을 이용하는 영적 훈련은 이런 엄청난 장점이 있으며 자기에 대한 앎을 키워준다. 신에게 접근하는 모든 영혼은 자신이 누구인지 어떤 존재인지 자각해야만 한다. 소위 자신의 도덕적 위치보다 높은 정신적 혹은 말로 하는 기도를 수행하는 일은 행위로써 속이는 일이다. 그런 거짓말의 결과로 신에 관한 잘못된 개념, 사적이면서도 비현실적인 환상을 우상숭배적으로 숭앙하는 일,(자신을 앎으로써 생기는 겸손이 부족하여) 영적 자만심이 일어난다.

　이런 방법에는 다른 모든 것과 마찬가지로 이점이 있지만 동시에 위험도 따른다. 이런 훈련을 하는 사람들에게는 아주 추잡하게도 개인적인 수단을 위해 목적을 잃어버리고 싶은 '화가 난 원숭이'가, 이제는 그 앞에서 즐겁게 기억하는 모든 환상적인 속임수를 쓰면서 순수한 신성을 배제한 채 눈가림용 혹은 후회로 가득 찬 자서전적 에세이에 젖어들고 싶은 유혹이 지속적으로 일어난다.

　이제 우리는 일상생활에서의 영적 훈련으로 부를 수 있는 것에 도달하였다. 여기에서는 문제가 아주 간단하다. 일하고 노는 동안 일이나 즐거움에 몰입하고 있는 사람의 눈에 비치는 것보다 훨씬 더 많은 것이 우주에 존재한다는 사실을 스스로에게 계속 상기시킬 수 있는 방법은 무엇일까? 이런 질문에 대한 유일한 해답은 존재하지 않는다. 어떤 종류의 일과 오락은 매우 단순하면서 정밀함을 요구하지 않아서 신성한 이름이나 구절을 계속 반복하거나, 신성한 실재에 대해 끊임없이 생각하거나, 더 나은 경우에는 중단 없는 정신적 고요함과 기민한 수동성을 위한 여지가 허용된다. 로렌스 수사[304](그의 《신의 임재 연습The Practice of the Presence of God》이 없었다면 정신적 기도나 영적 훈련에 전혀 무관심했을 유명 인사들이 그것을 향유했다)의 일상 업무에 해당

---

304 로렌스 수사Brother Lawrence (본명 Nicolas Herman, 1614~1691): 프랑스의 수도사. 파리의 카르멜회 수도원에서 부엌일을 하는 수사로 지내며 평범한 일상 속에서 신의 임재를 체험. 사후에 그의 편지와 대화 기록을 엮은 《신의 임재 연습》은 가톨릭과 프로테스탄트 모두가 인정하는 그리스도교의 영적 고전이 됨.

하는 일들은 거의 대부분 이렇듯 단순하고 정밀하지 않은 것들이었다. 그러나 너무 복잡해서 이런 식의 지속적인 묵상이 허용되지 않는 다른 업무들도 있다. 그러므로 에크하르트를 인용하면 "묵상에 지나치게 몰두하는 미사 집행자는 실수를 저지르기 쉽다. 최선의 방법은 전후에 마음을 집중하려고 애쓰는 것이다. 그러나 말할 때는 아주 단도직입적으로 말하려고 해야 한다." 이런 조언은 전적인 주의를 요구하는 모든 일에 적용된다. 그러나 전적인 주의를 요구하는 경우는 드물며 이를 한번에 길게 유지하기도 어렵다. 항상 이완하는 시간이 있기 마련이다. 어느 누구나 이런 휴식 시간을 백일몽으로 채울지, 그보다 나은 것으로 채울지는 자유롭게 선택할 수 있다.

신을 마음속에, 모든 사물 속에서 단지 신을, 그리고 오로지 신만을 품고 있는 사람, 그런 사람은 자신의 모든 일과 모든 장소에서도 신을 품고 있다. 오로지 신만이 그가 하는 모든 일을 하신다. 그는 신 이외에는 어떤 것도 찾지 않으며 신만이 그에게 도움이 된다. 그는 모든 생각에서 신과 하나가 된다. 어떤 다양성도 신을 흩어지게 할 수 없듯이, 어떤 것도 이 사람을 흩어지게 하거나 그를 다양하게 만들 수 없다.

에크하르트

우리가 일부러 우리 자신을 산만하게 만들어야 한다는 의미가 아니다. 신은 그것을 금하신다! 그것은 신을 시험하고 위험을 찾는 일이 될 것이다. 그러나 어쨌든 신의 섭리로 온 그런 산만함을 적절한 주의와 기도와 독서라는 사려 깊게 보호된 시간으로 만난다면 그것은 좋게 변할 것이다. 그대로 하여금 종종 고독을 그리워하게 만드는 것들은 가장 완전한 고독 자체보다 그대를 모욕하고 자기부정하게 만드는 데 더 도움이 된다… 때로는 자극이 되는 헌신에 관한 책, 강렬한 명상, 인상적인 대화가 그대의 기호를 만족시키고 그대로 하여금 자족하고 편하게 만들어 스스로 완전성에 더 가까워졌다고 상상하게끔 할 수 있다. 그대를 비현실적인 생각으로 채움으로써 항상 그대의 자만심을 부풀리고, 그대의 종교적 훈련으로 인해 그대의 의지에 반하는 것은 무엇이든 거기에 덜 관대해지도록 만든다. 나는 그대가 이 단순한 규율을 고수하도록 만들고 싶다. 그대를 산란하게 만드는 어떤 것도 찾지 말라. 그러나 그대가 찾지 않았지만 신께서 주신 것은 무엇이든, 탕진이든 훼방이든 그것을 조용히 견디라. 우리가 우리 이웃과 우리 자신의 수많은 불완전함으로 인해 일어나는 그 모든 것들을 겸허하고 용감하게 견디는 한, 일상의 자질구레한 일에도 신께서 우리와 함께하신다는 사실을 무시한 채 도달할 수 없는 먼 곳에서 신을 찾는다는 것은 엄청난 망상이다.

페늘롱

그대의 삶이 계속 사라져간다는 사실을 생각하라. 그리고 시계가 울릴 때마다 그대 마음을 모든 것을 초월한 신께로 들어올려 말하라. "신이시여, 나는 당신의 영원한 존재를 숭배하나이다. 내 존재가 매 순간 소멸하여 매 순간 당신의 영원성에 경의를 표할 수 있어 행복하나이다."

J. J. 올리에

홀로 어딘가로 걸어갈 때, 신께서 천상, 지구, 지구 아래서 베푸시는 자비, 정의의 모든 활동을 명하신 신의 일반 의지를 힐끗 보고 전적으로 성스럽고, 전적으로 정의로우며, 전적으로 아름다운 그 최고 의지를

인정하고 칭찬하며 사랑하라. 그다음에는 신의 특별 의지, 그를 통해
그분께서 그 자신의 것들을 사랑하시고, 위안과 고된 시련이라는 다양
한 방식으로 그들 속에서 일하시는 의지를 일견하라. 그런 다음 그대는
다양한 위안들, 특히 선한 이들이 겪는 고된 시련을 생각하며 좀 더 숙
고해야 한다. 그런 다음 큰 겸손함으로 이 모든 의지를 인정하고 칭찬
하며 사랑하라. 그대 자신뿐 아니라 죄악을 제외하고 그대에게 다가오
는, 그리고 다가올 수 있는 모든 선한 이들과 병든 자들 안에 존재하는
그 의지를 생각하라. 그리고 그 모든 것을 인정하고, 칭찬하며, 사랑하
면서 그대가 그 최고 의지를 존경하고 숭배할 것이라고 맹세하고, 신의
즐거움에 복종하고 그대의 모든 것, 그중에 내가 속한 모든 것을 그분
께 바치라. 그 의지를 엄청나게 신뢰하는 것으로 끝을 맺으면, 그것은
우리와 우리의 행복을 위해서 아주 이롭게 작용할 것이다. 그대가 이런
식의 훈련을 2~3번 수행한다면, 그대는 그것을 최선의 것으로 줄이고,
변화시키며, 각색할 수 있다. 왜냐하면 그것은 종종 그대의 가슴속에
하나의 열망으로 파고들기 때문이다.

성 프랑수아 드 살

빛 속에 거주하면 비틀거려 넘어질 일이 전혀 없다. 왜냐하면 빛 속
에서 모든 것들을 볼 수 있으니까. 그대가 집 밖을 걸을 때, 그 빛은 그
대 가슴속에 그대와 함께 현존하므로 자 여기, 자 저기라고 말할 필요
가 없다. 그것은 그대가 침대에 누워있을 때 그대를 가르치기 위해 나
타나고, 밖으로 방황하는 그대의 마음과 그대의 드높은 생각들 그리고
상상을 판단한다. 그리고 그것들이 복종하도록 만든다. 왜냐하면 그대
생각을 쫓아가면 그대는 금방 길을 잃기 때문이다. 이 빛 속에 거주함

으로써, 그 빛은 그대에게 죄악의 몸과 그대의 타락과 그대가 있는 파멸의 땅을 보여줄 것이다. 그대에게 이 모든 것을 보여주는 그 빛 속에 서 있으라. 오른쪽으로도 왼쪽으로도 가지 말라.

조지 폭스

다음의 인용문은 아슈바고샤[305]가 쓴 《대승기신론大乘起信論》[306]이라는 책(원래 1세기경 산스크리트어로 저술되었다고 하나 원본은 사라짐)의 중국어본을 와이타오Waitao와 고다드가 번역한 것에서 채택하였다. 아슈바고샤는 자기 논문의 한 절을 불교 용어로는 '방편方便'에 할애했는데, 방편에 의해 진여와 결합하는 앎이 성취될 수 있다. 반드시 필요한 이런 방편들의 목록에는 인간뿐만 아니라 인간보다 낮은 모든 살아있는 존재들을 향한 너그러움과 자비, 자기부정 혹은 고행, 절대적 불성佛性의 화신에 대한 개인적인 헌신, 분리감과 독립적인 자아에 대해 판단력을 잃게 만드는 욕망으로부터 마음을 해방시켜 마음의 본질이 절대마음Mind의 보편적인 본질과 동일함을 깨달을 수 있도록 고안된 영적 훈련이 포함되어 있다. 이런 여러 '방편' 중 나는 마지막 두 가지, 즉 평온의 길Way of Tranquillity과 지혜의 길Way of Wisdom만을 인용할 것이다.

---

305 아슈바고샤Ashvaghosha (마명馬鳴, 80?~150?): 고대 인도의 불교 시인. 초기 대승불교 학자로, 불교를 소재로 한 산스크리트의 미문체 문학을 창작함. 서사시 《붓다차리타Buddhacarita(佛所行讚)》가 대표작. 대승불교의 중요한 경전 일부가 그의 이름으로 전해져 후대에 '마명馬鳴 보살'의 칭호를 얻었으나, 최근의 연구에 의하면 《대승기신론》등이 그의 저작인지는 그리 확실치 않다고 함.
306 대승기신론大乘起信論, Awakening of Faith (in the Mahayana): 대승불교의 교리를 찬술한 대표적인 논서. 반야사상과 유식사상, 여래장사상 등 대승불교의 여러 교리가 종합적으로 잘 정리되어 있음.

평온의 길. 이 훈련의 목적은 두 가지이다. 첫 번째로는 명상과 깨달음을 위해 마음을 집중하는 것이 가능해질 수 있도록 마음을 어지럽히는 모든 생각들을 멈추고(분별하는 모든 생각들은 마음을 어지럽힌다), 마음을 빼앗는 모든 기분과 정서를 고요하게 만든다. 두 번째로는 추론적인 모든 생각들을 멈추고 평온해질 때, 분별적이고 분석적인 방식으로가 아니라 보다 지성적인 방식으로(이성과 지성 간의 학구적인 구분을 비교해보라) 생각과 경험의 의미와 중요성을 깨달음으로써 '숙고'나 명상을 수행하는 것이다. '멈추고 깨닫는' 두 가지 훈련을 통해 이미 깨어난 개인의 믿음이 발달하고, 이 훈련의 두 가지 측면을 점차 서로 결합시키면 깨달음 속에서 마음은 완전히 고요한 반면 가장 활발하게 된다. 전에는 당연히 분별력(분석적 사고)이라는 기능을 신뢰했지만 이제는 이것을 지우고 끝내야 한다.

'멈추는' 것을 훈련하는 사람들은 어떤 조용한 장소로 물러나 그곳에서 똑바로 앉아 마음을 고요하게 하고 집중시키려고 열심히 노력한다. 처음에는 호흡에 대해 생각할 수 있지만 이 훈련을 아주 오래 계속하는 것은 현명하지 않다. 마음을 특정한 외양·광경이나 감각에서 일어나는 개념들, 예를 들어 지·수·화·풍(소승불교도들이 자신들의 영적 훈련의 한 단계에서 집중하는 것이 관례인 대상들)과 같은 원초적 요소들에 머물도록 만드는 것도 현명하지 않으며, 마음의 지각, 특별한 예, 분별, 기분이나 정서에 마음을 머물게 하는 것도 현명하지 않다. 온갖 종류의 표상작용은 일어나자마자 버려야 한다. 통제하고 버린다는 생각마저도 없애야 한다. 마음이 대상을 판단하거나 보유하지 않고 사물들을 반사하는 거울처럼 되어야 한다. 개념 자체는 어떤 실체가 없으므로 그것들이 떠오르면 주목받지 못한 채 사라지게 하라. 감각과 낮은 마음에서 일어나는 개념들에 주의를 두어 포착하지 않으면 스스로 형태를 취하지 않을 것이다. 이것들을 무시하면 일어남과 사라짐도 없을 것이다. 마음 밖에 존재하는 조건도 마찬가지다. 그것들이 주의를 빼앗아 훈련을 방해하지 않도록 해야 한다. 마음을 완전히 비울 수는 없다. 감각과 낮은 마음에서 일어나는 생각들을 버리고 무시할 수 있기 때문에 올바른 정신활동으로 그 자리를 메워야 한다. 그렇다면 질문이 생긴다. 무엇이 올바른 정신활동인가? 마음 자체를 깨닫는 것, 미분화된 순수한 마음의 본질을 깨닫는 것이다. 마음이 그 순수한 본질에 고정되어 있을 때, 자아라는 관념, 깨닫는 행위에 있어서의 자아라는 관념조차도 남아있지 않으며 한 현상으로서의 깨달음에 대한 관념도 남지 않는다…

　지혜의 길. 이 훈련의 목적은 앞의 훈련의 결과로서 그에게 다가오는 통찰을 적용하는 습관을 들이는 것이다. 일어나고, 서고, 걷고, 무언가를 하고, 멈출 때, 끊임없이 마음을 그 행위와의 관계나 그 성질 혹은 가치가 아닌 그 행위와 그것을 하고 있음에 집중해야 한다. 걷기가 있다, 멈추기가 있다, 알아차림이 있다고 생각해야 한다. 내가 걷고, 내가 이것을 하고, 이것은 좋은 것이고, 이것은 싫은 것이며, 나는 공덕을 쌓는다가 아니다. 그것이 얼마나 좋은가를 깨닫는 것은 내가 아니다. 그 때문에 변덕스러운 생각, 고양감, 혹은 실패와 불행의 느낌이 온다. 이 모든 것 대신에 단순히 행위 자체에 마음을 집중하는 훈련을 해야 한다. 이것이 마음의 평온함, 깨달음, 통찰과 지혜를 위해 도움이 되는 수단임을 이해하면서. 그리고 믿음, 자발성, 기쁨으로 수행해야 한다. 오래 수행하면 낡은 습관의 속박이 약해지고 사라지며, 그 자리에 확신, 만족, 자각, 평온이 나타난다.

　이 지혜의 길은 무엇을 성취하기 위한 것일까? 깨달음의 길에서 앞으로 나아가는 것을 방해하는 세 부류의 조건들이 있다. 첫 번째로는 감각에서, 외부 조건에서, 분별하는 마음에서 일어나는 유혹들이 있다. 두 번째로는 마음의 내적 조건들, 그 생각, 욕망, 기분이 있다. 초기 훈련들은(윤리적·금욕적) 이 모든 것을 제거하기 위해 고안되었다. 세 번째 부류에 속하는 장애물은 개인의 본능적이면서도 근본적인(그러므로 가장 모르는 사이에 진행되며 끈질긴) 충동들, 즉 살고 즐기려는 의지, 개인의 성격을 간직하려는 의지, 탐욕과 육욕, 두려움과 분노, 자기만족과 자만심, 이기주의를 낳는 번식하고자 하는 의지들에 있다. 지혜 바라밀(열반을 갈망하는 사람을 위해 규정된 수행)은 이런 근본적이면서도 본능적인 장애물을 조절하고 제거하기 위한 것이다. 그것을 통해 마음은 점차 명료해지고, 더 빛이 나며 더 평화로워진다. 통찰은 더 날카로워지고, 믿음은 깊고 넓어져 마침내 이것들은 마음의 순수한 본질에서 나오는 상상도 못할 삼매로 녹아든다. 지혜의 길 수행을 지속해가면 안락함이나 고독감에 대한 생각들이 점차 적어지고, 믿음은 더 분명해지고 충만해지며, 유용해지고 기뻐지며, 퇴전의 두려움이 사라진다. 그러나 완전한 경지에 쉽고 빠르게 도달할 수 있다고 생각하지 말라. 수많은 환생이 필요할 수도, 수 겁의 세월이 흘러가야만 할 수도 있다. 의심, 불신, 비방, 나쁜 행위, 카르마의 훼방, 약한 믿음, 자만심, 게으름, 정신적 동요가 지속되는 한, 그것들의 그림자가 머물러 있는 한, 붓다의 삼매에 도달할 수는 없다. 그러나 최고 삼매의 빛 혹은 결합하는 앎에 도달한 사람은 모든 살아있는 존재가 불성의 법신Dharmakaya과 완전하게 합일을 이루는 것을 모든 붓다와 함께 실현할 수 있을 것이다. 완전한 법신 속에는 이원성이란 존재하지 않으며, 분리의 그림자도 없다.

모든 살아있는 존재들이 그것을 깨달을 수 있기만 한다면 그들은 이미 니르바나 속에 있다. 마음의 순수한 본질이 최상의 삼매이자, 아누다라삼먁삼보리阿耨多羅三邈三菩提이자, 반야바라밀다般若波羅蜜多이자, 최고의 완전한 지혜이다.

아슈바고샤

26

끈기와 규칙성
Perseverance and Regularity

영적 훈련 과정과 기도를 중단하는 사람은

새 한 마리가 손에서 빠져나가도록 허용한 사람이다.

그는 그 새를 다시 잡을 수 없다.

십자가의 성 요한

후퇴하지 않으려면, 뛰어야 한다.

펠라기우스[307]

만일 그대가 "이제 충분하다. 나는 완전함에 도달했다."고 말한다면

모든 것을 잃는다. 왜냐하면 자신의 불완전성을 알게 만드는 것이 완전

---

307 펠라기우스Pelagius (354?~418): 영국 출신의 그리스도교 수도사·신학자. 원죄原罪와 그리스도를 통한 구원을 부정하고, 인간은 신으로부터 받은 자유의지를 통해 율법을 지키고 그리스도를 따르는 노력을 통해 스스로 구원받을 수 있음을 역설. 아우구스티누스·히에로니무스 등의 강한 반박을 받아 종교회의에서 이단으로 규정되었으나, 도덕적이고 금욕적인 수도생활로 존경을 받음.

함의 기능이기 때문이다.

성 아우구스티누스

불교도들에게도 '아라한이 자신을 아라한이라고 생각한다면, 그가 아라한이 아니라는 증거'라는 유사한 취지의 말이 있다.

그대에게 말하노니 엄청난 노력 없이는 아무도 이런 탄생(영혼 안에서 실현되는 신의 탄생)을 경험할 수 없다. 자신의 마음을 사물에서 완전히 철수시키지 않는 한 이런 탄생에 도달할 수 없다.

에크하르트

분명하게 참회한다면, 자기회상self-recollection을 통해 스스로 기도를 준비하는 것보다 기꺼이 자주 떠맡지 않을지도 모른다. 사탄이 나를 맹렬하게 공격하여 저항할 수 없거나 나의 나쁜 습관이 너무 강해서 기도에 전념할 수가 없다. 기도실에 들어갈 때 느끼는 슬픔이 너무 강렬하여 억지로 그 안에 들어가려면 온갖 용기가 필요하다. 사람들은 내게 나의 용기가 보잘것없지 않다고 말하고, 신께서 내게 한 여인이 가질 수 있는 이상의 용기를 주셨다고 알고 있지만, 나는 그것을 잘못 사용하고 있다. 결국 주님께서 나를 구하러 오셨으며, 나 자신에게 이런 폭력을 행사했을 때 나는 때때로 기도를 추구했을 때보다 더 큰 평화와 기쁨을 느낀다.

성 테레사

우리의 사랑하는 신부님(성 프랑수아 드 살)께서 자신의 영적 아이 중 하나에게 말씀하시길, "모든 사람에게 인내심을 가져라. 그러나 무엇보다도 너 자신에게 인내심을 가져라. 너의 불완전함으로 낙담하지 말고 항상 새로운 용기로 일어서라는 말이다. 나는 네가 매일 새로이 시작하는 것이 기쁘다. 영적 삶에 도달하기 위한 수단으로, 계속 다시 시작하고 충분히 했다는 생각을 하지 않는 것보다 좋은 것은 없다. 자신의 잘못을 참지 못한다면 이웃의 잘못을 어떻게 참을 수 있겠는가? 실패 때문에 초조해지는 사람은 실패를 고치지 못할 것이다. 모든 유익한 교정 correction은 고요하고 평화로운 마음에서 나온다."

장 피에르 카뮈

내적 기도에 전념하지만 어떤 때는 마음이 매우 흐릿해지고 감정이 아주 둔해져서 거기에 대해 스스로 매우 내키지 않는다는 사실을 발견하는 드문 영혼들이 있다. 그러므로 불완전한 영혼이 제대로 교육을 받거나 준비를 갖추지 않으면 위험에 처하게 될 것이다. 그런 경우 열등한 성질이 갖는 모순이 오래 지속되어 실망을 하고 기도를 지속하지 못할 것이다. 왜냐하면 그들은 자신들의 묵상이 전혀 쓸모없다고 생각하기 쉽기 때문이다. 왜냐하면 무엇을 생각하거나 신을 향해 어떤 행동을 하더라도 그것은 단지 시간의 손실일 뿐 아니라 전혀 가치가 없으며, 그러므로 시간을 다른 데 쓰는 것이 더 도움이 되는 것처럼 보이기 때문이다.

실로 어떤 영혼들은 다른 방법이 아닌 무미건조한 기도를 통해 전능하신 하느님의 인도를 받지만 모든 묵상에서 어떤 만족도 느낄 수 없고 오히려 지속적인 고통과 모순만을 느낀다. 그러나 그럼에도 불구하고 영 속에 깊이 각인된 비밀스러운 은총과 용기로 멈추지 않고 오히려 온

갖 어려움을 단호히 뚫고 나가 최선을 다해 자신들의 내적 훈련을 계속
해 나감으로써 그들의 영은 엄청나게 진보하게 된다.

어거스틴 베이커

27
묵상, 행위, 사회적 유용성
Contemplation, Action and Social Utility

영원의 철학이 언급한 역사상 모든 진술로부터 추출한 공리는 다음과 같다. 인간 삶의 궁극은 묵상(엄밀한 표현으로는 '관상觀想')contemplation 혹은 신을 직접적이고 직관적으로 자각하는 것이고, 행위action는 그런 목적의 수단이라는 것, 사회society는 그 구성원들에게 묵상을 가능하게 하는 한에서 선하다는 것, 적어도 소수 묵상가의 존재는 모든 사회에서 웰빙을 위해 필요하다는 진술이다.

우리 시대에 유행하는 철학은 다음과 같은 내용을 당연한 사실로 받아들이고 있다. 즉, 인간 삶의 궁극의 목표는 행위이며, (낮은 형태의 추론적 사고에서 볼 때) 묵상은 그 목적을 위한 수단이고, 사회 구성원들의 행위가 기술과 조직에 진보(윤리적·문화적 진보와 인과적으로 관련되어 있다고 가정하는 진보)를 가져오는 한에서 선하며, 소수의 묵상가들은 완전히 쓸모가 없고, 그 사람들을 견뎌내는 단체에 해롭기까지 하다는 것이다. 현대의 세계관Weltanschauung을 더 자세히 설명할 필요는 없을 것이다. 명시적으로 또 암묵적으로 모든 신문이나 잡지 광고란의 모든 페이지에서는 이것을 설명하고 있다. 다음의 인용문은 영원의 철학에 관한, 더 오래되었으며 참되지만 우리에게 덜 친숙한 주제를 보여주기 위해 선택한 것이다.

> 행위란 실재를 인식하기 위한 것이 아니라 마음을 정화하기 위한 것이다. 진리에 대한 깨달음은 수천만의 행위 속에서가 아니라 미묘한 차이를 분간하는 힘discrimination에 의해 얻어진다.
>
> 샹카라

> 각각의 사물의 최종 목적은 사물의 첫 번째 창시자 혹은 원동력이 의도하는 바에 있다. 그리고 우주의 첫 번째 창시자이자 원동력은 지성intellect이다. 그러므로 우주의 최종 목적은 지성의 미덕이 되어야 하며 이것이 진리다. 그러므로 진리는 전 우주의 최종 목적이어야 하며, 이것에 관해 생각하는 것이 지혜의 주된 과제가 되어야 한다. 이런 이유로 육신의 옷을 입은 신성한 지혜는 진리를 알리기 위해 이 세상에 왔노라고 선언한다… 더구나 아리스토텔레스는 제1철학을 진리에 대한 앎으로 정의하였다. 어떤 특정한 진리가 아니라 모든 진리의 근원인 진리, 즉 모든 사물의 존재의 첫 번째 원리를 지칭하는 진리, 이로 인해 모든 진리의 근원이 되는 진리다. 왜냐하면 사물들의 경향성은 존재에서와 마찬가지로 진리에서도 동일하기 때문이다.
>
> 성 토마스 아퀴나스

하나의 사물은 두 가지 방식으로 묵상적 삶에 속한다고 할 수 있는데, 본질적으로 혹은 하나의 경향성으로서 그렇다… 도덕적 미덕은 일종의 경향성으로서 묵상적 삶에 속해 있다. 본질적으로 묵상적 삶을 이루는 묵상 행위는 성급한 격정과 외적인 방해물, 모두에 의해 방해받는다. 이제 도덕적 미덕들은 성급한 격정을 억제하고 외적인 업무로 인한 마음의 동요를 진정시킨다. 그러므로 도덕적 미덕들은 하나의 소인으로서 묵상적 삶에 속한다.

성 토마스 아퀴나스

이러한 자비의 행위는 활동적이지만 많은 도움이 되며, 처음에는 그 이후의 묵상에 도달할 수 있게끔 준비시킨다.

월터 힐턴

베단타와 마찬가지로 불교에서, 그리고 가장 최근의 그리스도교 형태를 제외한 그리스도교에서 말하는 올바른 행위란 묵상을 위해 마음을 준비시키는 수단이다. 팔정도의 첫 일곱 개는 진여眞如와 결합하는 앎을 위한 적극적이면서도 윤리적인 준비가 된다. 다른 모든 미덕들이 포함되는 네 가지 덕행Four Virtuous Acts(미움을 사랑으로 보답함, 포기, '성스러운 무관심' 혹은 욕망 없음, 다르마 또는 만물의 본성에 대한 복종)을 착실히 훈련하는 사람들만이 삼사라와 니르바나가 하나라는, 인간과 그 밖의 존재들 모두가 자신들의 살아있는 원리로서 지성적인 광명 혹은 여래장을 지니고 있다는, 해방을 가져오는 깨달음의 성취를 소망할 수 있다.

이제 아주 자연스럽게 하나의 질문이 떠오른다. 묵상이라는 최고 형태의 기도에 부르심을 받은 이는 누구인가? 그 대답은 명백하고 단순하다. 모든 사람이 묵상에의 부르심을 받았다. 왜냐하면 모두가 해방을 달성하도록 부르심을 받았기 때문인데, 해방이란 바로 아는 자가 알려진 것, 즉 영원한 근본바탕 또는 신성과 하나 되는 앎이다. 동양의 영원의 철학 옹호자들은 지금 여기에서 모든 사람이 부르심을 받는다는 사실을 아마도 거부할 것이다. 그들은 이 특정한 삶에서 어떤 특정한 개인이 부분적인 해방, 예를 들어 어떤 종류의 '천국'에서 개인적으로 생존하는 것 이상을 성취하는 것이 사실상 불가능하다고 말할 것이다. 그런 천국에서는 완전한 해방을 향해 진보할 수 있거나 물질적 환경으로 되돌아가는데, 영적 삶을 살고 있는 모든 스승들이 동의하고 있듯이 이런 환경은 깨달음을 낳는 우주적인 지능검사를 거치기에 드물게 안성맞춤인 환경이다. 정통 그리스도교에서는 개인 영혼이 하나 이상의 육신을 가질 수 있다는 사실을 부정하거나 사후존재로 진보할 수 있다는 사실을 부정한다. 그 영혼이 지옥에 가면 그는 거기에 머물러 있다. 만일 연옥으로 간다면 그 영혼은 과거에 저지른 죄악을 보상하여 축복에 넘치는 비전이 가능해진다. 천국으로 가면 그 영혼은 지상에서 살았던 짧은 한생 동안에 그 영혼의 행위로 인해 가능했던 축복 넘치는 비전을 가질 뿐 그 이상은 영원히 가질 수 없다.

이런 가정을 인정할 경우, 모든 사람이 묵상으로의 부르심을 받는다면, 그들은 존재의 위계질서에서 갖는 특정한 위치, 본성·양육·자유의지·은총이 협력해서 그들에게 부과한 위치에서 부르심을 받는 것이라는 결론이 내려진다. 현대의 뛰어난 신학자 가리구 라그랑주의 말을 빌면, "모든 영혼은 멀리서 오는 신비한 삶에 대해 일반적인 부르심을 받는다. 그리고 마땅히 그래야 하듯 모두가 치명적인 죄뿐 아니라 사소한 죄를 충실히 피한다면, 각자 자신의 조건에 따라 일반적으로 성령에 순응한다면, 그리고 그들이 충분히 오래 산다면, 높은 완전성 및 소위 신비적 삶에로의 직접적이면서도 유효한 소명을 받게 될 날이 올 것이다." 그렇다면 이런 입장, 즉 신비적 묵상의 삶이 침착성과 신에 대한 헌신이라는 '내면의 삶interior life'의 절절하면서도 정상적인 발달이라는 입장은 다음과 같은 것을 참작함으로서 정당화된다. 첫째, 두 가지 삶의 원리는 동일하다. 둘째, 내면의 삶이 그 정점을 이루는 것은 오로지 신비적 묵상의 삶 안에서다. 셋째, 영원한 생명eternal life이라는 그들의 목적은 동일하다. 게다가 신비적 묵상의 삶만이 직접적으로 또 완전하게 그 목적을 이룰 준비를 한다.

묵상가들이 거의 없다.
온전히 겸손한 영혼이 거의 없기 때문이다.

《그리스도를 본받아》[308]

신께서는 그런 숭고한 소명(신비적 묵상)을 특정 영혼만을 위해 남겨 두지 않으신다. 그와는 반대로 모든 사람이 그것을 받아들이기를 원하신다. 그러나 그들을 위해 그런 숭고한 일을 행하도록 그분을 받아들이는 사람이 거의 없다는 사실을 아신다. 신께서 그들에게 시련을 주실 때, 응당 그래야 하듯이 완벽한 인내로 받아들이는 대신에 무미건조함

---

308 그리스도를 본받아The Imitation of Christ(준주성범): 성경 다음으로 애독된다고 하는 그리스도교 신앙에 관한 명저. 독일의 가톨릭 신비사상가인 토마스 아 켐피스Thomas a Kempis(1379~1471)가 썼다고 전해짐.

과 고행을 견디기를 거부하고 노력을 피하는 사람들이 많다.

십자가의 성 요한

모든 사람들이 묵상의 부르심을 받는다는 이런 주장은 타고난 기질의 다양성에 대해 우리가 아는 바와 해방으로 이르는 데는 적어도 세 가지 주된 길, 즉 앎의 길뿐만 아니라 행위의 길, 헌신의 길이 있다는 교리와 충돌하는 것처럼 보인다. 그러나 겉으로만 그렇게 보일 뿐 실제로는 그렇지 않다. 헌신과 행위의 길이 해방으로 이끈다면, 이들이 앎의 길로 이끌어서이기 때문이다. 왜냐하면 완전한 해방이란 오직 결합하는 앎을 통해서만 오는 까닭이다. 헌신과 행위의 길로부터 앎의 길로 가지 못하는 영혼은 완전히 해방될 수 없으며, 기껏해야 '천국'이라는 불완전한 구원만을 성취한다. 이제 기질의 문제로 돌아오면, 실제로 어떤 사람들은 주된 교리적·실질적 강조를 어느 한곳에 두도록, 어떤 사람들은 다른 곳에 두도록 자연스럽게 이끌린다는 사실을 알게 된다. 타고난 헌신자, 타고난 행동가, 타고난 묵상가가 있지만 그럼에도 불구하고 기질적 기이함의 극단에 있는 사람조차도 자신들이 자연스럽게 끌리는 것과는 다른 길들을 이용할 수 있다. 광명의 인도에 충분히 순종할 수 있다면 타고난 묵상가도 행위로 자신의 가슴을 정화하는 법을 배울 수 있으며, 하나로 집중된 흠모의 마음을 통해 그의 마음을 지배하는 법을 배울 수 있다. 타고난 헌신자와 타고난 행동가조차도 '고요히 하고 내가 신임을 알라'를 배울 수 있다. 어느 누구도 자신이 지닌 특이한 재능의 희생자가 될 필요는 없다. 이런 특징 저런 특징이 적든 많든, 그것들은 위대한 한 가지 목적을 성취하는 데 이용하라고 주어진 것이다. 그것들을 잘 쓸지 못 쓸지, 즉 쉬우면서도 나쁜 방식으로 쓸지, 어렵지만 나은 방식으로 쓸지를 선택할 수 있는 힘이 우리에게 있다.

활동적인 삶이 더 맞는 사람들은 활동적인 삶을 훈련함으로써 스스로 묵상을 위해 준비할 수 있다. 반면에 묵상적인 삶이 더 맞는 사람들은 묵상에 더 잘 맞게끔 활동적인 삶의 행위를 스스로에게 부과할 수 있다.

성 토마스 아퀴나스

믿음이 강하고 이해가 약한 사람은 일반적으로 아무짝에도 쓸모없는 사람을 신뢰하며 잘못된 대상을 믿는다. 이해가 강하지만 믿음이 약한 사람은 부정직한 쪽으로 기울어지고 약 때문에 생긴 질병처럼 고치기가 어렵다. 이 두 가지가 동일한 사람은 올바른 대상을 믿는다.

집중이 강하지만 에너지가 약한 사람은 나태함에 압도되는데, 집중에는 어느 정도 나태함의 성질이 존재하기 때문이다. 에너지가 강하지만 집중이 약한 사람은 산만함에 압도되는데, 왜냐하면 에너지에는 산만함의 성질이 일부 존재하기 때문이다. 그러므로 이들은 서로 동일해져야 한다. 왜냐하면 양쪽이 동일해야만 묵상과 황홀경이 오기 때문이다.

마음챙김Mindfulness은 어디서나 강해야 한다. 왜냐하면 믿음, 에너지, 이해에는 일부 산만함의 성질이 있는데, 마음챙김은 마음이 쉽게 빠질 수 있는 산만함에 가까이 가지 못하도록 막기 때문이다. 그리고 집중에는 일부 게으른 성질이 있는데, 마음챙김은 마음이 빠질 수 있는 게으름에 가까이 가지 못하도록 막기 때문이다.

붓다고사[309]

이 시점에서 신은 결코 묵상의 유일한 대상이 아니라고 덧붙일 필요가 있겠다. 그동안 수많은 철학적·미적·과학적 묵상가들이 존재해왔고 지금까지도 존재하고 있다. 최고가 아닌 어떤 하나에 집중하는 것은 위험한 우상숭배의 하나가 될 수 있다. 후커[310]에게 쓴 편지에서 다윈은 "내가 내 것에 몰입하는 만큼 어떤 주제에 대해 몰입하는 것은 누구에게나 저주받은 죄악이다"라고 썼다. 그런 하나에로의 집중은 마음의 한 측면 외에는 거의 전체적인 마음의 위축을 초래할 수 있기 때문에 죄악이다. 다윈 자신은 인생의 후반에 시, 예술, 혹은 종교에 조금도 관심을 기울일 수 없었노라고 기록하였다. 사람은 자신이 선택한 전공과 관련해서는 전문적으로 완벽하게 성숙해질 수 있다. 그러나 그는 신과 관련해서, 그리고 이웃과 관련해서 영적으로 때로는 윤리적으로 태아보다 낫다고 할 수가 없다.

하나에 집중한 묵상이 신에 관한 것인 경우, 마음이 사용하지 않은 능력은 위축될 위험도 있다. 티베트와 테베 지방의 은자들은 확실히 마음이 하나로 집중되어 있지만 배제와 절제를 통한 하나에로의 집중이었다. 그러나 만일 그들이 진정으로 '성령에 순응'해왔다면, 배제를 통한 하나에로의 집중은 기껏해야 준비과정에 불과하며 포함을 통한 하나에로의 집중, 즉 개별 영혼의 내적 정점뿐 아니라 우주적 존재의 충만함으로 존재하는 신을 깨닫기 위한 준비과정에 불과하다

---

309 붓다고사Buddhaghosha (한자명 불음佛音, 생몰미상, 5세기): 인도 출신으로 스리랑카에서 활동한 불교학자. 430년경 스리랑카로 건너가 싱할라simhala어로 된 상좌부上座部 불교의 삼장三藏을 배워 팔리pāli어로 번역하고 그에 대한 주석서를 지음. 만년에 인도 또는 미얀마로 갔다고 전해지며, 《청정도론》 등을 남김.

310 조지프 후커Joseph Dalton Hooker (1817~1911): 영국의 식물학자. 찰스 다윈의 열렬한 지지자로 《종의 기원》 출판을 지원했고, 세계 각지를 탐사하면서 식물지리학과 식물분류학에 업적을 남김.

는 점을 이해하였을 것이다. 도교 현자들과 마찬가지로 그들은 자신들의 온순하면서도 정신적으로 새로 태어난 개체성에 올라타서 마침내 세상으로 돌아올 것이다. 그들은 '먹고 마시며', '세금징수원과 죄인들' 혹은 불교적인 표현으로는 '술고래와 푸주한'과 사귈 것이다. 완전히 깨달았으며 전적으로 해방된 사람에게 삼사라와 니르바나, 시간과 영원, 현상과 실상은 근본적으로 하나다. 그의 전 생애는 사물·생명·마음, 무언가로 되어가는 세상의 사건들 속에서 또 그것들을 통해 깨어있으면서 집중한 상태를 유지하며 신성을 묵상하는 일로 되어있다. 여기에는 영혼이 손상되지 않으며 그 힘과 역량에 있어서 위축됨이 전혀 없다. 오히려 일반적으로 의식이 증가하고 강화됨과 동시에 확장되고 변형된다. 신에게 몰입하는 일이 '저주받은 죄악'이라고 불평한 성자는 아무도 없다.

> 최초에 말씀이 있었다. 마리아가 들으신 그분을 보라.
> 그리고 그 말씀이 육신이 되었다. 마르타가 봉사한 그분을 보라.
>
> 성 아우구스티누스

> 신께서는 묵상 속에서 우리를 품고 그분께로 데려가신다. 그러려면 우리는 전적으로 그분의 것이 되어야 한다. 그러나 나중에는 신이라는 근본 영이 사랑과 선행의 훈련을 위해 우리를 밖으로 내보내신다.
>
> 로이스부르크

아퀴나스는 행위Action란 기도의 삶에서 제거해야 할 것이 아니라 추가해야 할 것이 되어야 한다고 말하였다. 이렇게 추천한 이유 한 가지는 엄격히 실용적인 것이었다. '기도하는 삶에서 벗어난' 행위는 실재와의 접촉으로 빛을 얻지 못하고 영감을 얻지 못하며 인도받지 못한 행위이므로 그것은 효율적이지 않을 뿐 아니라 해롭기까지 하다. "옛날 현자들은 우선 스스로를 위해 도를 구한 다음, 다른 사람들을 위해 도를 구했다"라고 장자는 말했다. 당신의 눈에 있는 들보가 신성한 태양을 보지 못하게 하고 그 빛이 작용하지 못하게 하는 한 다른 사람의 눈에서 먼지를 제거할 수는 없다. 묵상을 통해 행위할 수 있는 힘을 얻는 것보다 즉각적인 행동을 선호하는 사람들에 대해 말하면서 십자가의 성 요한은 "그들이 과연 무엇을 성취할 수 있는가?"라고 물었다. 그는 "거의 아무것도 없으며 때로는 전혀 없다. 그리고 때로는 해롭기까지 하다"고 대답하였다. 수입은 지출과 균형을 이루어야 한다. 이는 경제적 수준에서뿐만 아니라 생리적·지적·윤리적·영적 수준에서도 필요한 일이다. 음식의 형태로 된 연료로 몸을 채우지 않는 한 신체적 에너지를 낼 수는 없다. 우리보다 나은 사람들의 말을 읽고 내적으로 소화하지 않는다면 어떤 가치 있는 말도 하기를 바랄 수는 없다. 만물의 신성한 본성이 인도하는 바에 스스로 열려있는 습관에 젖지 않는 한 올바르고 효율적으로 행동할 수 없다. 시간의 재화를 세상에 내보낼 수 있으려면 영원의 재화를 끌어들여야 한다. 그러나 적어도 그들을 조용히 기다리기 위해 우리의 시간을 일부 포기하지 않는다면 영원의 재화를 얻을 수 없다. 이는 윤리적 소비가 영적 수입과 균형을 이루는 삶이란, 행위와 휴식이 번갈아 일어나고, 기민한 말이 수동적인 침묵과 번갈아 일어나는 삶이 되어야 한다는 뜻이다. "진리에 대한 사랑은 신성한 휴식을 추구한다. 사랑의 필요성은 올바른 행동을 약속한다." 인간과 동물의 신체는 긴장

뒤에는 항상 이완이 뒤따르는 왕복 엔진이다. 잠들지 않는 심장조차
도 맥박과 맥박 사이에 휴식한다. 인간의 위대한 기술적 발명품인 끊
임없이 돌아가는 바퀴를 닮은 것은 살아있는 대자연에서는 거의 존
재하지 않는다. (현대식 공장에서 마치 기계처럼 동일한 속도로 돌아가는
원운동에 자신들의 신체적, 정신적 운동을 강제로 적응시켜야만 하는 사람
들의 권태·소진·무감동이 이러한 사실을 명백하게 설명해주고 있다) 에크
하르트는 "묵상을 통해 받아들인 것을 사랑 속에서 방사한다"고 말
하였다. 선의를 가진 인본주의자와 자신의 가슴·영혼·마음을 다해
신을 어떻게 최선으로 사랑할 수 있을지 생각할 시간을 갖지 않고 위
대한 십계명의 두 번째 계율에 복종할 수 있다고 생각하는 근육적 그
리스도교인[311]은 결코 다시 채워지지 않는 그릇으로부터 끊임없이 쏟
아낸다는 불가능한 과업에 종사하는 사람들이다.

> 사랑의 딸회[312]는 몸이 영혼을 사랑하듯이 기도를 사랑해야 한다. 몸
> 이 영혼 없이 살 수 없듯이 영혼은 기도 없이 살 수 없다. 마땅히 해야
> 할 기도를 하는 한 딸들은 잘할 것이다. 그녀는 주님의 길에서 걷지 않
> 고 뛸 것이며, 엄청난 신의 사랑으로 고양될 것이다.
>
> 성 뱅상 드 폴[313]

---

311 근육적 그리스도교Muscular Christianity: 신약성경 내용에 근거를 두고, 신앙과 동시에 강건한
육체와 명랑한 삶을 존중한다는 그리스도교 신앙운동.
312 사랑의 딸회Daughters of Charity of St. Vincent de Paul: 1633년 성 뱅상 드 폴 신부와 성 루이즈 드
마리약Louise de Marillac(1591~1660) 수녀가 프랑스 파리에 설립한 가톨릭 수녀회. 가난한 이들에
대한 적극적인 봉사활동을 펼친 세계 최초의 활동 수도회로 평가됨.

한 사람이 선善과 미美를 마음에 새길 때 가족, 도시, 시골, 국가들이 엄청난 행복을 누릴 것이다… 그런 사람은 스스로를 자유롭게 할 뿐 아니라 그들이 만나는 사람들을 자유로운 마음으로 채운다.

필로

신비주의자들을 영혼과 그 영혼의 역량 및 결점들에 대해 우리가 지니는 앎의 궁극적 원천으로 보았을 뿐 아니라, 인간사회를 부패하지 않도록 하는 소금으로 보았던 알 가잘리가 유사한 견해를 피력하였다. "철학자들의 시대에도, 모든 다른 시대에서와 마찬가지로 이렇게 열렬한 신비가들이 일부 존재했다. 신은 그들을 이 세상에서 빼앗아 가시지 않는데, 그들이 세상을 지탱하기 때문이다." 스스로에 대해 죽음으로써 영원한 영감inspiration이 가능했던 사람들은, 회개하지 않아 근본 영의 섬세한 접촉에 무감각한 사람들에게 신성한 은총을 전달하는 도구가 되었다.

---

313 성 뱅상 드 폴St. Vincent de Paul (빈첸시오 아 바오로, 1581~1660): 프랑스의 가톨릭 성직자. 가난한 이들을 위해 헌신하였으며 자애·겸손·봉사를 실천함으로써 '자비의 사제'로 불림.

보편적 상용어인 '영원'이 철학적·사상적 맥락에서 특정한 의미를 지닐 때는 그 함의에 보다 큰 무게가 실린다. 영원을 말할 때 우리는 보통 영원한 것, 변하지 않는 것, 궁극의 것, 보편적인 것 등을 연상하며, 이는 자연스럽게 신·절대자·보편자·우주·불성·도道·브라만·알라 등으로 이어진다. 20세기의 탁월한 지성으로 꼽히는 올더스 헉슬리Aldous Huxley는 인생 후반기에 인간의식의 궁극을 탐구하였고, 이에 대한 해답을 찾기 위해 스스로 수행에 몰입했을 뿐 아니라 동서양의 고전들을 다양하게 섭렵한 후, 이 책에서 영원이라는 주제를 광범위하고 심도 있게 다루고 있다. 이 책은 헉슬리의 그러한 형이상학적·심리적·윤리적 탐구의 결실이라고 할 수 있다.

개념으로서의 '영원의 철학'
이 책《영원의 철학》은 신성한 실재Reality를 이해하고 거기에 접촉하고자 한 동서양의 철학자·사상가·신비가·성자·현자들이 남긴 글과 체험을 망라한 선집의 형태로 되어있다. 그렇다면 '영원의 철학'이란 무엇일까? 헉슬리는 책 서두에서 아래와 같이 밝히고 있다.

'영원의 철학'은 세계의 본질인 '신성한 실재'를 인정하는 형이상학이자, 인간의 영혼에서 '신성한 실재와 유사하거나 동일한 무언가'를 발견하는 심리학이며, '모든 존재의 내재적이면서 초월적인 바탕에 대한 앎'을 인간의 최종 목표로 두는 윤리학으로, 아득한 옛날부터 전해져온 보편적인 개념이다. 모든 원시민족의 전통 구전설화에서 영원의 철학의 기초를 발견할 수 있으며, 모든 고등종교에서 완전하게 발달된 형태를 찾을 수 있다. (14쪽)

즉 '영원의 철학'이란 '세계 대부분의 종교적 전통들이 공유하고 있는 세계관·인간관·윤리관'으로서, 이들 모든 종교적 지식이나 원리들이 전제하고 있는 유일하면서도 보편적인 진리를 말한다. 헉슬리는 '영원의 철학philosophia perennis'이라는 말을 라이프니츠가 최초로 사용했다고 언급하지만, 실제로는 그보다 훨씬 이전에 이탈리아 구약성경학자 아고스티노 스테우코Agostino Steuco가 자신의 저서 《Deperenni philosophia》(1540)에서 처음 사용한 용어이다. 라이프니츠가 '역사를 초월해서 전승되는 형이상학적 근본진리'라는 의미로 본격적으로 사용한 것이며, 19세기 초월주의자들 사이에서 대중화되었고, 20세기에 와서는 헉슬리에 의해 영어권 대중들에게 알려져 뉴에이지 운동으로까지 이어졌다. 최근에 와서는 켄 윌버Ken Wilber가 '세계의 위대한 영적 스승·철학자·사색가들이 채택한 보편적인 세계관'으로 언급하였고, 영원의 철학을 자신의 통합사상의 기본 전제로 삼으면서 또다시 학계와 대중의 관심을 끌고 있다.

영원의 철학에 따르면, 기독교·불교·유교·도교·이슬람교·유대교·힌두교 등 세계의 종교는 영원의 철학이 제안하는 보편적인 진리가 각 시대와 문화권에 따라 다르게 해석되고 적용된 결과로 나타난 모습이다. 이 보편적인 진리의 핵심은 다음과 같다.

첫째, 물질·생명·정신권의 근본바탕에는 신성한 실재가 존재하며, 모든 현상은 그러한 실재를 떠나서는 존재할 수 없다. 둘째, 신성한 실재는 분석적 사고를 통해서는 포착할 수 없으며, 더 높은 차원의 직관적 통찰을 통해서만 가능하다. 셋째, 인간은 현상적 자아ego와 영원한 참자아Self라는 이중성을 지니며, 참자아는 신성한 실재와 근본적으로 동일하다. 넷째, 인간 삶의 궁극적인 목표는 이러한 실재와 경험적으로 합일하는 데 있다. 수많은 성인·현자·예언가·철학자·신비가들은 시대적·문화적·지리적 차이에도 불구하고 이런 보편 진리를 거듭 재발견하였으며, 시간이 지나면서 세속화되기 쉬운 종교에 대해 그 본질을 새롭게 환기시킴으로써 이를 혁신해왔다.

작품으로서의 '영원의 철학'

이 책의 첫 장은 "그대가 그것이다Tat tvam asi"로 시작한다. 이 문구는 《찬도기야 우파니샤드》에 등장하는 것으로, 최초의 순수한 상태인 참자아 혹은 아트만은 모든 현상의 바탕이자 기원인 궁극의 신성한 실재(브라흐만)와 동일하다는 말이다. 그러므로 모든 인간의 궁극적인 목표는 이 사실을 스스로 깨닫고 자신이 누구인지를 발견하는데 있다. 헉슬리는 신성한 실재를 파악하기 위해 우리가 특정한 조건, 즉 '스스로를 사랑스럽게 만들고, 가슴이 순수하면서, 마음이 가난한 사람'이 될 필요가 있다고 말하면서, 이런 조건을 충족시켰던 사람들의 수가 매우 적다고도 하였다. 비록 소수에 불과하지만 이런 사람들은 성자·예언가·현자·깨달은 자로 불리며, 이들은 침묵·기도·고행·믿음 등 영적 훈련을 통해 인간으로서의 존재양식을 근본적으로 변화시켜 거듭 태어났다.

이 책은 헉슬리 스스로도 서두에서 언급했듯이 '영원의 철학 선집(대표적 작품을 뽑아 엮은 책)'이다. 직업적인 전문 철학자의 현학적이고 관념적인 철학서가 아니라, '심리적이고 윤리적인 실험'을 통해 스스로 거듭남으로써 궁극의 실재를 직접 통찰하여, '자신들이 말하고 있는 바를 직접 알고 있을 정도로 자질을 갖춘, 진실로 성인 같은 남녀'들이 여러 시대와 장소에 걸쳐 토로한 구절들에 헉슬리의 해설을 덧붙인 모음집이다. 모든 존재의 근거인 신성한 실재는, 사고와 언어로는 접근할 수 없는 체험을 통한 '직접적인 영적 앎'의 영역이다. 헉슬리는 이 점을 드러내기 위해 불교·힌두교·도교와 기독교·이슬람교 신비주의 등의 여러 경전을 면밀하게 탐구한 후, 자신의 해박한 지식을 바탕으로 이들을 비교·분석하면서 이들 간의 공통성을 찾아 종합했다. 인용한 글들만 총 400여 개에 이르고 있다.

가톨릭 신비주의자 마이스터 에크하르트와 윌리엄 로의 글을 가장 많이 인용하고 있으며, 십자가의 성 요한, 잘랄루딘 루미, 성 프랑수와 드 살도 자주 인용하였다. 프로테스탄트(개신교)의 덴크와 프랑크, 퀘이커교를 창시한 조지 폭스의 글뿐만 아니라 셰익스피어·톨스토이·워즈워스 같은 문학 대가들의 글도 심심찮게 등장한다. 동양의 현자 중에서는 초월적인 존재가 내재한다는 점에서 장자와 노자의 글을 자주 인용하였고, 힌두의 경전《우파니샤드》와《바가바드기타》도 그 인용 횟수가 적지 않다. 다양한 불교 경전도 인용하고 있는데, 달마가 혜가에게 전했다는《능가경》이 가장 많고, 그밖에《육조단경》《전심법요》《신심명》등 선禪의 정수를 보여주는 내용들과 함께《대승기신론》《청정도론》《능엄경》《법구경》《금강경》등 웬만큼 불교를 안다고 하는 사람들도 혀를 내두를 정도로 대승과 소승, 교종과 선종의 핵심을 골고루 아우르고 있다. 이런 인용문들은 국내에 처음 소개되는 희귀한 자료도 많을 뿐 아니라 그 폭과 깊이, 자료 선정의 안목, 해당 주제와 절묘하게 맞아 떨어지는 복합적 구성 등을 통해 오랜 세월이 흐른 지금에도 지적·영적으로 의외의 놀라움을 계속 안겨준다. 이처럼 동서양 영적 천재들의 다종다양한 목소리를 총결집시킨 헉슬리의 방대한 독서량과 사유의 지평, 그리고 해설에서 묻어나오는 체험의 깊이는 그의 천재성이 주는 경이감과 함께 의식이 고양되는 즐거움을 선사한다.

지성을 넘어 영성을 추구한 20세기의 천재 작가

올더스 헉슬리는 과연 어떤 사람인가?《멋진 신세계Brave New World》의 저자로 널리 알려진 헉슬리는 1894년 영국에서 태어나 1963년 미국에서 사망한 작가·시인·철학자이다. 그는 과학·의학·예술·문학 분야에서 걸출한 인재들을 배출하여 브리태니커 백과사전에도 등재된 유명한 '헉슬리 가문'에서 태어나, 어려서부터 풍성한 지적 자극과 창의적 재능의 격려를 받으며 성장하였다. 다윈의 자연도태설을 옹호하고 종교적 전통에 강하게 반발하며 '불가지론 agnosticism'이라는 용어를 최초로 만들어 주장한 저명한 생물학자 토머스 헨리 헉슬리가 그의 조부였고, 명문 차터하우스학교 부교장이자 전기 작가인 레너드 헉슬리가 그의 아버지였으며, 유네스코 초대 사무총장으로 과학의 대중화에 앞장섰던 현대 진화론의 대가 줄리언 헉슬리는 그의 형, 노벨생리의학상을 받은 앤드루 헉슬리는 그의 이복동생이었다. 외가 쪽으로는 영국에 교육개혁을 일으킨 교육자이자 종교인인 토머스 아놀드가 그의 외증조부였고, 저명한 시인이자 문예비평가인 매튜 아놀드는 그의 외삼촌, 사회와 종교문제를 대담한 소설로 그려낸 험프리 워드 부인은 그의 이모였다.

20세기 중반 영국에서 가장 영향력 있는 문인으로 평가되는 헉슬리는 시·희극·소설·여행기·수필·비평 등 문학의 여러 장르를 섭렵했을 뿐 아니라 철학자, 신비가, 사회현상에 대한 예언가로서 활발한 활동을 펼쳤다. 초기 작품들 속에서 그는 날카로운 지성과 풍자, 냉소적인 비평을 통해 사회비평가로서의 모습을 갖추지만, 후기에는 철학적 신비주의와 초심리학 등에 관심을 가지면서 종교적이고 영적인 주제에 몰입하게 된다. 그의 뛰어난 지성을 암시하는 재미난 일화가 있다. 유아시절에 머리가 너무 크고 무거워 두 살 때까지도 잘 걷지 못했다는데, 당시 아버지의 모자가 꼭 맞을 정도였다고 한다. 여기에 튀어나온 이마와 투명한 눈, 과민하게 떨리는 입을 가진 모습 때문에 도깨비ogre라는 별명이 붙을 정도였다.

옥스퍼드를 수석 졸업한 헉슬리는 제1차 세계대전 동안에 정부 관료로 일하다가 이튼칼리지에서 잠시 교편을 잡았고, 1920년에 작가로서의 활동을 본격적으로 시작했다. 1921년에 출판된 소설 《크롬 옐로Crome Yellow》는 총명하고 날카로우며 다소 충격적인 풍자를 담고 있어 문학계의 주목을 받기 시작했다. 1928년에 발표한 《연애대위법 Point Counter Point》은 문체나 주제가 그전과는 전혀 달라서 헉슬리의 문학적 경력에 새로운 지평을 여는 소설로 평가되는데, 여기서 그는 종교·예술·성·정치학에 대한 대중의 미몽을 깨뜨렸다. 이러한 그의 스타일은 전체주의 정부, 기분을 상승시키는 물질, 성의 이상한 조합을 그린 1932년 작품 《멋진 신세계》로 이어졌다. 1930년대에 헉슬리는 철학·사회학·정치학·윤리학의 근본 문제들을 탐구하기 시작했다. 1936년에 발표한 《가자에서 눈이 멀어Eyeless in Gaza》는 냉소적 인물에서 신비가로 근본적인 변형을 겪는 한 남자의 자전적 이야기를 담고 있는데, 헉슬리 자신도 평화주의자로서 국제주의 운동에 가담했다. 그의 근본적 변형은 그 후로도 계속 이어져 1940~1950년대에는 영적인 삶, 특히 인간과 신성의 직접적 교류 가능성에 몰두하게 되었다.

1939년부터 그가 사망한 1963년까지는 스와미 프라바바난다Swami Prabhavananda가 설립한 남캘리포니아 베단타협회와 인연을 맺으면서 명상과 영적 수련을 지속해왔으며 《베단타와 서구Vedanta and the West》라는 잡지에 50여 편에 달하는 글을 기고하였다. 《영원의 철학The Perennial Philosophy》(1945)은 이러한 그의 여정 속에서 발표된 책이다. 이 시기에 그는 메스칼린과 LSD를 사용하면 기도·명상·단식으로 도달하는 것과 유사한 상태에 이를 수 있다고 생각하였으며, 환각제에 대한 입장 차이로 인해 스와미와의 관계가 냉랭해지기까지 했다고 한다. 이 시기《인식의 문The Doors of Perception》(1954),《천국과 지옥Heaven and Hell》(1956)은 환각제 효과를 그린 책으로, 1960년대 서구에서 유행했던 반문화운동의 기본서가 될 정도였다. '지고의 선과 즐거움'을 향한 그의 탐구는 1963년 11월 22일 사망할 때까지 이어졌다.

새로운 통합의 시대를 여는 기본서

1945년에 영어로 출판된 책이 약 70년 만에 한국에서 번역 출판된 데는 그 나름의 의미가 있다고 하겠다. 21세기 새로운 천년을 맞아, 이성과 합리성이 시대정신을 주도하던 근대, 비이성적이고 불합리한 것을 억압하는 형식적 합리성의 지배를 피하려는 탈근대적 시도를 넘어 새로운 통합의 시대가 열리고 있다. 객관적·이성적 사유를 기반으로 과학이 발달하고 기술·산업의 발전을 향유하고 있는 밝은 그림과는 대조적으로, 삶의 상품화, 질적 차이의 평준화, 생명세계의 파편화, 천박한 유물론이라는 어두운 그림자를 경험한 인류는 지성을 넘어 영성이라는 보편적 가치를 향한 갈망이 점차 커져가고 있다. 그동안 종교의 영역으로 치부해왔던 '영성'이라는 주제는 2000년대에 들어와 의료계를 통해 정신건강에 미치는 긍정적인 효과들이 꾸준히 보고되면서 그 의미와 가치에 대한 관심이 폭발적으로 증가하였다. 또한 최근 대중들 사이에서 동양고전에 대한 관심이 부활하고 있는 점을 보아도 삶의 의미와 가치를 찾으려는 도덕적·윤리적 욕구가 증가하고 있음을 알 수 있으며, 이는 곧 우리 모두가 근본에서 하나임을 보여주는 '영성'이라는 궁극의 도덕과 직접 관련된다고 할 수 있을 것이다. 이러한 시대적 흐름을 고려할 때, 동서양 영적 천재들의 다양한 목소리를 종합하여 고대부터 내려오는 인류 보편의 진리가 존재함을 보여준 《영원의 철학》은 새로운 시대의 초입에서 반드시 읽을 필요가 있는 기본서이다. 특히 인터넷의 발달로 '지구촌'으로서의 세계를 생생하게 실감할 수 있는 정보시대에 동서양의 통합을 지향한다는 점에서도, 동서고금의 지혜를 한 자리에서 볼 수 있다는 것은 보다 높은 의식의 지평을 여는 단초가 될 것이다.

이 책을 번역하는 일은 지난하면서도 힘겨운 작업이었다. 20세기 영미문학에서 문학·철학·과학·심리학의 문제를 포괄적으로 다루었던 천재 작가의 글인 만큼, 표현이 섬세하고 문학적 상상력이 넘칠 뿐 아니라 그 특유의 풍자마저 섞여 번득이는 지성을 따라가는 일이 결코 쉽지 않았다. 특히 동서양 영적 선각자들의 글을 풍부하게 인용하면서 헉슬리 생존 당시의 서구 사회와 정치를 은유적으로 비판하는 대목들은, 시대적 상황과 문화적 배경이 다른 역자로서는 정확히 해독하기조차 버거웠음을 고백한다. 또한 이미 대중화되었거나 반대로 일부 전문가들만 알 법한 동양고전의 구절들을 외국어에서 다시 한글로 옮길 때에는 우리에게 의미가 통하는 용어와 문장으로 일일이 찾아 바꾸는 일에 다른 차원의 노력이 필요했다. 아무런 설명 없이 본문에서 언급되는 수많은 인물과 자료들의 이해를 돕기 위해, 원서에는 아예 없던 300여개의 주석을 추가하는 데에도 많은 시간을 들였다. 이런저런 어려움에도 불구하고 여러 차례 교정 작업을 거치면서 본문 속 수많은 자료를 일일이 재검토하고 오역을 바로잡아 주는 등 끝까지 인내심 있게 함께 해 준 김영사 편집부의 김동현 님께

감사의 마음을 전하고 싶다. 그의 지지와 격려가 없었다면 지금까지 오지 못했을 것이다. 성인·현자·철학자·신비가·종교가 등 한국에 미처 알려지지 않은 본문 속 인물들과 자료들을 뒤져 책의 내용과 문장을 세심히 보강해주었다. 본문이 담고 있는 다수의 인물을 찾는 데 노력을 아끼지 않았던 사랑하는 딸 현채와 수많은 동양고전의 원전을 찾아서 도움을 준 윤상일 군에게도 감사를 드린다. 함께 해온 노력과 인내에 대해 이 책에서 인용한 장 피에르 카뮈의 글을 전한다.

영적 삶에 도달하기 위한 수단으로, 계속 다시 시작하고 충분히 했다는 생각을 하지 않는 것보다 좋은 것은 없다. 자신의 잘못을 참지 못한다면 이웃의 잘못을 어떻게 참을 수 있겠는가? (486쪽)

마지막으로, 영원의 철학이 규정한 선과 악에 대해 헉슬리가 언급한 부분을 인용하면서 옮긴이의 글을 마무리해본다.

영원의 철학에서 선善이란 분리된 자아가 자아에게 존재를 부여한 신성한 근본바탕에 순응하고 마침내는 그 속에서 소멸되는 것이며, 악惡이란 분리감의 강화, 근본바탕이 존재한다는 사실을 알고 싶어 하지 않는 것임을 알 수 있다. (311쪽)

2014년 6월 과천에서
역자 조옥경

- AL-GHAZZALI. *Confessions*. Translated by Claud Field (London,1909).
- ANSARI OF HERAT. *The Invocations of Sheikh Abdullah Ansari of Herat*. Translated by Sardar Sir Jogendra Singh (London,I939)-
- ATTAR. *Selections*. Translated by Margaret Smith (London,1932).
- AUGUSTINE, ST. *Confessions* (numerous editions).
- AUROBINDO, SRI. *The Life Divine*, 3 vols. (Calcutta, 1939).
- BAKER, AUGUSTINE. *Holy Wisdom* (London, 1876).
- BEAUSOBRE, JULIA DE. *The Woman Who Could Not Die* (London and New York, 1938).
- BERNARD OF CLAIRVAUX, ST. *The Steps of Humility* (Cambridge, Mass., 1940).
  - *On the Love of God* (New York, 1937).
  - *Selected Letters* (London, 1904). An admirably lucid account of St. Bernard's thought may be found in *The Mystical Doctrine of Saint Bernard*, by Professor fitienne Gilson (London and New York, 1940).
- BERTOCCI, PETER A. *The Empirical Argument for God in Late British Philosophy* (Cambridge, Mass., 1938).
- *Bhagavad-Gita*. Among many translations of this Hindu scripture the best, from a literary point of view, is that of Swami Prabhavananda and Christopher Isherwood (Los Angeles, 1944). Valuable notes, based upon the commentaries

of Shankara, are to be found in Swami Nikhilananda's edition (New York, 1944), and Professor Franklin Edgerton's literal translation (Cambridge, Mass., 1944) is preceded by a long and scholarly introduction.

- BINYON, L. *The Flight of the Dragon* (London, 1911).
- BOEHME, JAKOB. A good introduction to the work of this difficult writer is *The Mystic Will*, by Howard H. Brinton (New York, 1930).
- BRAHMANANDA, SWAMI. Records of his teaching and a biography by Swami Prabhavananda are contained in *The Eternal Companion* (Los Angeles, 1944).
- CAMUS, JEAN PIERRE. *The Spirit of St. Francois de Sales* (London, n.d.).
- CAUSSADE, J. P. DE. *Abandonment* (New York, 1887).
  - *Spiritual Letters*, 3 vols. (London, 1937).
- CHANTAL, ST. JEANNE FRANÇOISE. *Selected Letters* (London and New York, 1918).
- CHAPMAN, ABBOT JOHN. *Spiritual Letters* (London, 1935).
- CHUANG Tzu. *Chuang Tzu*, Mystic, Moralist and Social Reformer. Translated by Herbert Giles (Shanghai, 1936).
  - *Musings of a Chinese Mystic* (London, 1920).
  - *Chinese Philosophy in Classical Times*. Translated by E. R. Hughes (London, 1943).
- *The Cloud of Unknowing* (with commentary by Augustine Baker). Edited with an introduction by Justice McCann (London, 1924).
- COOMARASWAMY, ANANDA K. *Buddha and the Gospel of Buddhism* (New York, 1916).
  - *The Transformation of Nature in Art* (Cambridge, Mass., 1935).
  - *Hinduism and Buddhism* (New York, n.d.).
- CURTIS, A. M. *The Way of Silence* (Burton Bradstock, Dorset, 1937)
- DEUSSEN, PAUL. *The Philosophy of the Upanishads* (London, 1 906).
- DIONYSIUS THE AREOPAGITE. *On the Divine Names and the Mystical Theology*. Translated with an introduction by C. E. Rolt (London, 1920).
- ECKHART, MEISTER. *Works*, translated by C. B. Evans (London, 1924).
  - *Meister Eckhart*, A Modern Translation. By R. B. Blakney (New York, 1941).
- EVANS-WENTZ, W. Y. *The Tibetan Book of the Dead* (New York, 1927).
  - *Tibet's Great Yogi, Milarepa* (New York, 1928).

- *Tibetan Yoga and Secret Doctrines* (New York, 1935).

• *The Following of Christ.* Unknown author, but mistakenly attributed to Tauler in the first English edition (London, 1886).

• Fox, GEORGE. *Journal* (London, 1911).

• FROST, BEDE. *The Art of Mental Prayer* (London, 1940).

- *Saint John of the Cross* (London, 1937).

• GARRIGOU-LAGRANGE, R. *Christian Perfection and Contemplation* (London and St. Louis, 1937).

• GODDARD, DWIGHT. *A Buddhist Bible* (published by the editor, Thetford, Maine, 1938). This volume contains translations of several Mahayana texts not to be found, or to be found only with much difficulty, elsewhere. Among these are "The Diamond Sutra", "The Surangama Sutra", "The Lankavatara Sutra", "The Awakening of Faith" and "The Sutra of the Sixth Patriarch".

• GUÉNON, RENÉ. *Man and His Becoming according to the Vedanta* (London, n.d.).

- *East and West* (London, 1941).

- *The Crisis of the Modern World* (London, 1942).

• HEARD, GERALD. *The Creed of Christ* (New York, 1940).

- *The Code of Christ* (New York, 1941).

- *Preface to Prayer* (New York, 1944).

• HILTON, WALTER. *The Scale of Perfection* (London, 1927).

• HUEGEL, FRIEDRICH VON. *The Mystical Element in Religion as Studied in Saint Catherine of Genoa and Her Friends* (London, 1923).

• IBN TUFAIL. *The Awakening of the Soul.* Translated by Paul Bronnle (London, 1910).

• *The Imitation of Christ.* Whitford's translation, edited by E. J. Klein (New York, 1941).

• JOHN OF THE CROSS, ST. *Works,* 3 vols. (London, 1934-1935).

• JONES, RUFUS. *The Spiritual Reformers in the 16th and 17th Centuries* (New York, 1914).

- *The Flowering of Mysticism* (New York, 1939).

• JORGENSEN, JOHANNES. *Saint Catherine of Siena* (London, 1938).

• JULIANA OF NORWICH. *Revelations of Divine Love* (London, 1917).

- LAO Tzu. There are many translations of the Tao Teh King. Consult and compare those of Arthur Waley in *The Way and Its Power* (London, 1933), of F. R. Hughes in *Chinese Philosophy in Classical Times* (Everyman's Library) and of Ch'u Ta-Kao (London, 1927) reprinted in *The Bible of the World* (New York, 1939).
- LAW, WILLIAM. Several modern editions of the *Serious Call* are available. But many of Law's finest works, such as *The Spirit of Prayer* and *The Spirit of Love*, have not been reprinted in recent years and are hard to come by. An excellent anthology of Law's writings, *Characters and Characteristics of William Law*, was compiled by Alexander Whyte towards the end of last century (3th ed., London, 1898).
- LEEN, EDWARD. *Progress through Mental Prayer* (London, 1940).
- McKEON, RICHARD. *Selections from Medieval Philosophers*, 2 vols. (New York, 1929).
- *The Mirror of Simple Souls*. Author unknown (London, 1927).
- NICHOLAS OF CUSA. *The Idiot* (San Francisco, 1940).
  - *The Vision of God* (London and New York, 1928).
- NICHOLSON, R. *The Mystics of Islam* (London, 1914).
- OMAN, JOHN. *The Natural and the Supernatural* (London, 1938).
- OTTO, RUDOLF. *India's Religion of Grace* (London, 1930).
  - *Mysticism East and West* (London, 1932).
- PATANJALI. *Yoga Aphorisms*. Translated with a commentary by Swami Vivekananda (New York, 1899).
- PLOTINUS. *The Essence of Plotinus* (G. H. Turnbull, New York, 1934). A good anthology of this very important and voluminous mystic.
- PONNELLE, L. and L. BORDET. *St. Philip Neri and the Roman Society of His Time* (London, 1932).
- POULAIN, A. *The Graces of Interior Prayer* (London, 1910).
- POURRAT, P. *Christian Spirituality*, 3 vols. (London, 1922).
- PRATT, J. B. *The Pilgrimage of Buddhism* (New York, 1928).
- RADHAKRISHNAN, S. *The Hindu View of Life* (London and New York, 1927).
  - *Indian Philosophy* (London and New York, 1923-1927).
  - *Eastern Religions and Western Thought* (New York, 1939).

- RAMAKRISHNA, SRI. *The Gospel of Sri Ramakrishna*. Translated from the Bengali narrative of "M" by Swami Nikhilananda (New York, 1942).
- RUMI, JALAL-UDDIN. *Masnavi*. Translated by E. H. Whinfield (London, 1898).
- RUYSBROECK, JAN VAN. *The Adornment of the Spiritual Marriage* (London, 1916). Consult also the studies by Evelyn Underhill (London, 1915) and Wautier d'Aygalliers (London, 1925).
- SALES, ST. FRANÇOIS DE. *Introduction to the Devout Life* (numerous editions).
  - *Treatise on the Love of God* (new edition, Westminster, Md., 1942).
  - *Spiritual Conferences* (London, 1868).
  - See also J. P. Camus.
- *The Secret of the Golden Flower*. Translated from the Chinese by Richard Wilhelm. Commentary by Dr, C. G. Jung (London and New York, 1931).
- STOCKS, J. L. *Time, Cause and Eternity* (London, 1938).
- STOUT, G. F. *Mind and Matter* (London, 1931).
- *Sutra Spoken by the Sixth Patriarch, Hui Neng*. Translated by Wung Mou-lam (Shanghai, 1930). Reprinted in A Buddhist Bible (Thetford, 1938).
- SUZUKI, B. L. *Mahayana Buddhism* (London, 1938).
- SUZUKI, D. T. *Studies in Zen Buddhism* (London, 1927).
  - *Studies in the Lankavatara Sutra* (Kyoto and London, 1935).
  - *Manual of Zen Buddhism* (Kyoto, 1935).
- TAGORE, RABINDRANATH. *One Hundred Poems of Kabir* (London, 1915).
- TAULER, JOHANN. *Life and Sermons* (London, 1907).
  - *The Inner Way* (London, 1909).
  - Consult Inge's *Christian Mysticism*, Rufus Jones's *Studies in Mystical Religion* and Pourrat's *Christian Spirituality*.
- TENNANT, F. R. *Philosophical Theology* (Cambridge, 1923).
- *Theologia Germanica*. Winkworth's translation (new edition, London, 1937).
- TILLYARD, AELFRIDA. *Spiritual Exercises* (London, 1927).
- TRAHERNE, THOMAS. *Centuries of Meditation* (London, 1908).
  - Consult *Thomas Traherne*, A Critical Biography, by Gladys I. Wade (Princeton, 1944).
- UNDERHILL, EVELYN. *Mysticism* (London, 1924).
  - *The Mystics of the Church* (London, 1925).

- Upanishads. *The Thirteen Principal Upanishads.* Translated by R. E. Hume (New York, 1931).
  - *The Ten Principal Upanishads.* Translated by Shree Purohit and W. B. Yeats (London, 1937).
  - *The Himalayas of the Soul.* Translated by J. Mascaro (London, 1938).
- WATTS, ALAN W. *The Spirit of Zen* (London, 1936).
- WHITNEY, JANET. *John Woolman, American Quaker* (Boston, 1942).
  - *Elizabeth Fry, Quaker Heroine* (Boston, 1936).